JN302165

How to Promote Children's Social and Emotional Competence

認知行動療法を活用した
子どもの教室マネジメント
社会性と自尊感情を高めるためのガイドブック

ウェブスター-ストラットン 著　佐藤正二・佐藤容子 監訳

金剛出版

HOW TO PROMOTE CHILDREN'S SOCIAL AND EMOTIONAL COMPETENCE
Edition by Carolyn Webster-Stratton

English language edition published by Paul Chapman Publishing Ltd.,
a Sage Publications Company of London, Thousand Oakes and New Delhi
©Carolyn Webster-Stratton 1999 (Reprinted 2002)

Japanese translation published by arrangement with Paul Chapman Publishing Ltd.,
a Sage Publications Company through The English Agency (Japan) Ltd.

まえがき *Preface*

　私は，教育心理学者として，教師と共に広く仕事をしてきました。さらに，私は，現在11歳と14歳の二人の子どもの母親でもあります。時には，これら二つの役割がほとんど重ならないように思えるときがあります。すべての親と同じように，私も子どもたちの学業成績はもちろんのこと，社会性の発達や情緒の発達をサポートすることを気にかけています。このことは，自然と教師との長年にわたる多くの会話を含むものです。その会話は，理想的には，常に双方のやりとりが行われるべきです。しかしながら，話し合おうとする私の試みに対して，私の子どもの教師はがっかりするほど協働作業が進まないような対応をとるので，私は再度挑戦することにも二の足を踏んでしまうことになりました。
　たとえば，もう何年も前のことですが，元気一杯で自信に満ち溢れていた私の娘が，学校から帰って，「私はクラスで一番間抜けな子なの。私以外はみんな字が読める」と言いました。彼女の読みの学習が難しいのは，学校の楽しさやクラスに参加しようとする気持ちが影響しているのですが，それだけではなく，彼女の自尊心にも影響していることがわかりました。この問題について教師と話し合うことが重要であると私は感じました。しかし，私が面談の予約をしようと電話をかけたとき，教師から感じ取ったことは，親との面談を計画するのは負担が大きいという印象でした。それにもかかわらず，私は面談に行きました。夫と私は，娘が元気でいること，そして彼女が読みを心配しているのを止めさせたいと話しました。娘の学校への熱意に与える影響について私が抱える心配は，小さくなることはありませんでした。しかし，私は，専門家として，親と教師の協力が重要であることを知りながらも，むやみに教師の時間を取ることに罪の意識を感じ始めました。
　1年後，娘は読みの遅れがあると診断されました。私は，教師が私の心配を軽視したことと，親として娘のニーズを代弁したり，心配事をうまく伝えられなかったりしたことに怒りをおぼえました。
　もし，翌年に私がある経験をしなかったら，この経験が教師と協働していこうとする気持ちをくじいてしまったことは疑いありません。ある日，娘の担任教師から電話がかかってきました。それは，娘がクラスの子どもが難しい状況を問題解決するのを助けてくれたというすばらしい出来事を伝える電話でした。夫と私は，笑顔一杯になりました。それから数週間後に，教師が娘の野球の試合を見に来ました。（後からわかったことですが，この教師はクラスの子ども全員の大切な行事に足を運んでくれていたのです。）その結果，娘は学校で元気な自分を取り戻

し，私たちはこの教師のために何かをしたいと思うようになりました。夫と私は，教師と一緒にいるとき，誰か聞く人がいれば教師を賞賛するようにしました。教師に対するほんのちょっとの親切と気遣いで，基本的なやり方の中にあった家庭と学校のギャップを乗り越えることができたのです。

研究の背景

　私は，過去20年間にわたって，非常に攻撃的で，衝動的で，言うことを聞かない幼児の母親を対象にした養育プログラムを評価したり，子どもの社会的，学業的コンピテンスを促進し，行動上の問題を少なくするための最も効果的な方法を理解できるように親を援助したりしてきました。私自身の研究（Webster-Stratton, 1984, 1985, 1989, 1994, 1998a; Webster-Stratton, Hollingsworth and Kolpacoff, 1989; Webster-Stratton, Kolpacoff, and Hollingsworth, 1988）でも，他の研究者の研究でもそうなのですが，親が効果的な子どもマネジメントスキルを用いるようにトレーニングを受けると，子どもの社会性や自尊心が高まり，攻撃行動の問題が少なくなるのです。しかしながら，親が家庭で調和のとれた家庭生活を送れるようになっていても，学校での子ども同士の関係が，それに対応して改善するとは必ずしも言えません。子どもがクラスの中でいまだに挑戦的で，不注意で，妨害的で，仲間関係にかなりの困難を抱えているという声が多くの教師から聞かれます。さらに，30名かそれ以上の子どもが在籍するクラスの中で，困難を抱える子どもに対応していくには，時間とエネルギーを使い，教師がストレスを感じると報告しています。また，教師はこうした子どもに必要な規律を教えたり，必要な社会的スキルトレーニングを提供したりする際に，その準備が十分でないと感じているのです。

　1991年に私は幼児のための社会的スキル・問題解決・怒りマネジメント・カリキュラム（ダイナソー・カリキュラムと呼ばれている）を開発しました。このプログラムは，子どもを対象にしたのですが，一方で，親たちも毎週養育クラスに参加し，子どもの中には，放課後プログラムに参加するものもいました。子どもへのトレーニングと親に対するトレーニングを組み合わせた場合の加算効果を評価する無作為割付研究において，ダイナソー学校に参加した子どもは，このプログラムに参加しなかった子どもと比較して，仲間との相互作用において，有意に優れた問題解決スキルと向社会的行動を示しました（Webster-Stratton and Hammond, 1997）。この結果は，家庭で行動上の問題をもっていることに加えて，学校で仲間とやり取りすることが難しい子どもは，「情緒リテラシー」（Goleman, 1995）と呼ばれる，あるいは，私が「社会的コンピテンス」と呼んでいる能力を促進するために考案されたカリキュラムから利益を得ることができると確信させるものでした。

　事実，学力はもちろんのこと，効果的な社会的スキルや問題解決を重視する教育からすべての子どもが，利益を受けることができると私には思えるのです。そこで，私は親だけでなく，教師にトレーニングをすることによる加算効果を評価する研究プログラムを開始しました。教師と親の協働作業は，子どもの個々のニーズに対して，お互いに支えあい，一緒にプランを立てる教師－親関係に根本的な変化をもたらしました。教師も親もあまりストレスを感じず，対立することもなく，互いに支えあって，子どものニーズに応えていきました。私たちのデータは，まだ予備的なものですが，そこから得られた結果が示していることは，親と教師が共に訓練プログラムに関与すると，攻撃的な子どもの行動に改善が見られるだけでなく，クラス全体

が協調的になり，学習への取り組みも良くなるということでした（Webster-Stratton, 1998b）。

　過去7年間にわたって，私たちは，小学校教師だけでなく，ヘッドスタート保育園の教師を含めて，3歳から9歳の子どもを担当する何百という教師にトレーニングをしてきました。これらのトレーニングのうちのいくつかは，攻撃的な子どもを援助するための特別なプログラムでしたが，そのほかに子ども全体の社会的コンピテンスを向上させるための予防的プログラムも実施してきました。本書は，これらのトレーニングの結果とそのプログラムに参加した教師によって共有されている考え方を踏まえて作られたものです。私は，子どもの社会的コンピテンスを育むためのさまざまな方法や考え方を教え，共有してくれた教師から多くの恩恵を受けました。これがなければ，本書は世に出なかったでしょう。

本書の目的

　本書は，年少の子ども（3歳から10歳）を担当する教師を念頭において，いくつかの目的をもって執筆されました。第一の目的は，子どもの教育的，情緒的ニーズに応える際に，教師と親が協力する方法を指し示すことでした。第1章は，このトピックを直接扱っています。しかし，他のすべての章にも，これと関連する教材が含まれています。たとえば，第2章，第4章，そして第5章では，進行中のプログラムにおいて，家庭と学校をつなぐ活動，教室への参加などへの親の関与を得ながら，また，子どもが困難な問題を克服するのを援助するための誘因プログラムの計画作成を通して，教師がどのようにして子どもとの有意義な関係を発展させることができるかについて論じています。第7章と第8章では，親が行う規律性育成プランの実施方法やユニークな気質をもつ子どもにもっとうまく働くやり方を教師が理解するのを援助する方法などを示しています。第9章，第10章，第11章は，社会的スキル，怒りマネジメント，問題解決を学校や家庭で育てるためのカリキュラムに親が参加する方法について説明しています。

　本書の第二の目的は，子どもの社会的コンピテンスや学力を高めるために，教師が選択できるさまざまな教室マネジメント法を提案することです。子どもの情緒リテラシーは，学業リテラシーと同じくらい重要なものです。それぞれの章は，その前の章をベースとしていることを示しているのが指導ピラミッドです。本書の前の方の章は，子どものポジティブな行動を促したり，自信，自尊心，問題解決，そして学習への動機づけを高めたりする方法に焦点をあてています。これらの章では，教師－子ども－家庭の関係がうまく取れるための基本を示しています。第3章と第6章は，子どもに自分の行動の責任を徐々にとらせながら，学級崩壊を最小限に食い止め，対立を避け，円滑に機能する教室を作るように考案された，明示的ルール，見通しのきいた制限，再契約法，規律性構造といった先手を打つ教室マネジメント法に焦点をあてています。第7章と第8章は，子どもが言葉や体を使って暴力を振るった場合に必要とされるタイムアウトや特権の剥奪といった立ち入った規律性育成法についての説明です。第9章，第10章，第11章では，社会的スキル，怒りマネジメント，問題解決を教えるためのカリキュラム活動，ゲーム，台本などが示されています。

　本書の第三の目的は，リスクの高い子どもに特殊な社会性及び情緒に関するニーズに対応する個別化プログラムの設定をどのようにしたらよいかについて例示することです。学習障害，多動性，衝動性，注意欠陥障害，言語と読字の遅滞，高い攻撃的行動などのような生物学的要因ないしは発達遅滞を原因として，子どもは社会性の面，学習の面に問題を抱えるリスクが高

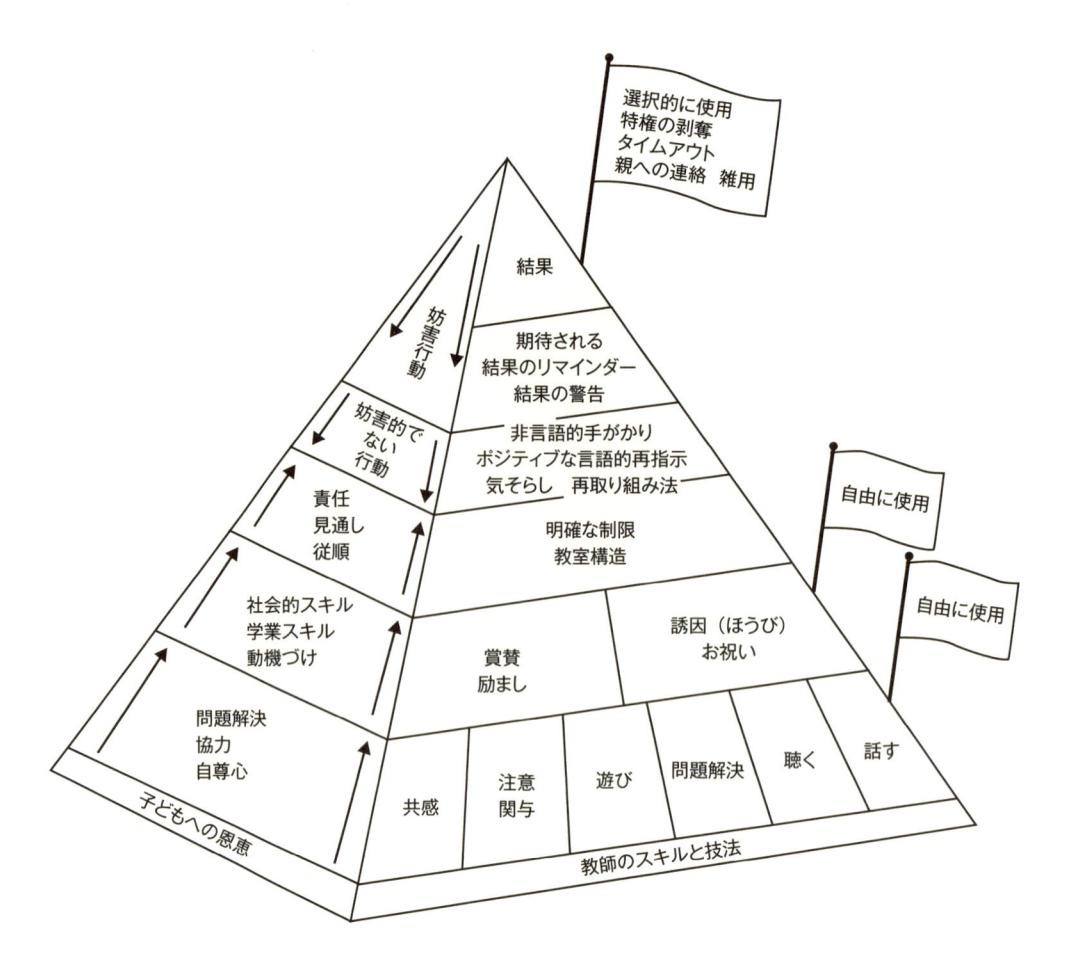

```
                    選択的に使用
                    特権の剥奪
                    タイムアウト
                    親への連絡  雑用

              結果

         妨
         害     期待される
         行    結果のリマインダー
         動     結果の警告
      妨害的
      でない   非言語的手がかり
       行動   ポジティブな言語的再指示
              気そらし  再取り組み法
    責任
    見通し       明確な制限
    従順         教室構造
                                      自由に使用
  社会的スキル
  学業スキル              誘因（ほうび）
  動機づけ    賞賛      お祝い
             励まし
                                      自由に使用
問題解決
協力     共感  注意  遊び  問題解決  聴く  話す
自尊心        関与
  子どもへの恩恵       教師のスキルと技法
```

指導ピラミッド

いのです。ある子どもは，大人が応答しなかったり，虐待されたりするような家庭状況の中で，また，ある子どもは，大人がストレスに圧倒されて，子どものニーズに応えられない家庭状況の中で，困難のリスクを高めていきます。教師は，クラスのすべての子どもの社会的コンピテンスを高めつつ，リスクの高い子どものための個別化された介入を教室に組み入れながらどのようにして統合させるか。その道筋を本書で明らかにしています。

早期介入の重要性

　これまでの研究が指摘しているように，子どもの攻撃性はエスカレートしていきます。このことは年齢が幼いほど顕著です（Campbell, 1990, 1991; Webster-Stratton, 1991, 1998b）。最近の研究報告によると，就学前児か小学校低学年の子どもの10％から25％が，反抗挑戦性障害か早期発生の行為問題の基準に合致します。つまり，これらの子どもは，高いレベル，もしくは臨床レベルで，攻撃，妨害，反抗，多動といった行動上の問題を示します。

　これらの傾向は，これらの子どもの家族だけでなく，私たちすべてにとって気がかりなことです。なぜなら，年少児における「早期発症」の行動上の問題は，青年や成人の時期の薬物乱

用，抑うつ，非行，反社会的行動，暴力を予測することがわかっているからです（Kazdin, 1985; Kupersmidt and Coie, 1990; Loeber, 1990, 1991; Moffitt, 1993）。殺人，レイプ，強盗，放火，飲酒運転，虐待などの行為は，児童期から続く慢性的な攻撃性を示す人によって，大部分が実行されるのです（Kazdin, 1995）。したがって，年少児に生じる攻撃性が激しさを増すという問題は，私たち自身や私たちの子どもの安全性を予告する上での関心を集めるだけでなく，人種，経済状態，地域などと関係なく，社会全体にとって大きな懸念材料となるのです。素行障害は，社会にとって最もコストのかかる精神障害の一つです（Robins, 1981）。反社会的な子どもの大部分は，生涯を通じてメンタルヘルスの機関や刑事司法制度と関わりをもち続けます。言い換えると，これらの子どもが放置され，行動上の問題が治療されなければ，すべての人たちが，個人的にも，経済的にも，長期にわたって償いをしないといけなくなるのです。

　過去20年にわたって，さまざまな家族介入や学校介入が子どもの行為上の問題に対処するために開発されてきました（Estrada and Pinsof, 1995）。これらの介入を評価する研究において示唆されていることは，子どもが就学前か小学校低学年くらいの早期に介入が実施されると，慢性的なパターンへの進展を効果的に予防できるということです。事実，介入時に子どもが年少であればあるほど，家庭や学校での子どもの行動的な適応はよいとする証拠があります（Strain et al., 1982）。したがって，素行障害への進展を予防し，攻撃性の早期サインを見せている子どもを非行の道に近づけないようにするために，早期から子どもに介入することは有効です。

　本書の第四の目的は，子どもの社会的コンピテンスと情緒的安寧の増進にもっと注目を集めるために，学校を支援することです。子どもの認知的コンピテンスが学習能力に影響を与えるのとまさに同じように，子どもの社会的コンピテンスと情緒的安寧が学習能力に影響することを教師はわかっています。本書がこうした取り組みを支えるための有効な道具となることを期待しています。

　情緒面を教えようとする教師は，ある子どもにとっては，親の精神病理や家族のストレスの影響から守ってくれる緩衝の働きをしてくれますし，親が子どもを守る役を果たせないときには，支援の手を差しのべることもできます。教師と親がパートナーとなって一緒に子どもの社会的コンピテンスを促していけるようになると，リスクのある子どもばかりでなく，すべての子どもや家族を援助することができます。私たちが共有する目標は，子どもの学校にしっかりと関与してくれる親となること，その子たちの社会性や情緒の面からのニーズを考慮に入れることにより，しっかり学習に取り組む子どもになること，そして，親の支援を受けて，満足感をもてる教師になることです。このビジョンを広げると，われわれの目標は，楽しい家庭生活を送る家族であること，強圧的なしつけをしない親であること，そして，将来的に，幸福な結婚をして，抑うつになることがなく，離婚することがないように関係スキルをしっかりと学習する子どもをめざしています。最後には，暴力のない，思いやりにあふれた社会を作り出せるように援助することの利点を私たちみんなが手に入れることができると信じています。

文　献

Campbell, S.B. (1990) *Behavior Problems in Preschool Children: Clinical and Developmental Issues*, New York: Guilford Press.

Campbell, S.B. (1991) Longitudinal studies of active and aggressive preschoolers: individual differences in early behavior and outcome. In D. Cicchetti and S.L. Toth (eds.) *Rochester Symposium on Developmental Psychopathology* (pp.57-90), Hillsdale, NJ: Erlbaum.

Estrada, A.U. and Pinsof, W.M. (1995) The effectiveness of family therapies for selected behavioral disorders of childhood, *Journal of Marital and Family Therapy*, 21 (4), 403-40.

Goleman, D. (1995) *Emotional Intelligence*, New York: Bantam.

Kazdin, A. (1985) *Treatment of Antisocial Behavior in Children and Adolescents*, Homewood, IL: Dorsey Press.

Kazdin, A. (1995) Child, parent and family dysfunction as predictors of outcome in cognitive-behavioral treatment of antisocial children, *Behavior Research and Therapy*, 3, 271-81.

Kupersmidt, J.B. and Coie, J.D. (1990) Preadolescent peer status, aggression, and school adjustment as predictors of externalizing problems in adolescence, *Child Development*, 61 (5), 1350-62.

Loeber, R. (1990) Development and risk factors of juvenile antisocial behavior and delinquency, *Clinical Psychology Review*, 10, 1-41.

Loeber, R. (1991) Antisocial behavior: more enduring than changeable? *Journal of the American Academy of Child and Adolescent Psychiatry*, 30, 393-7.

Moffitt, T.E. (1993) Adolescence-limited and life-course-persistent antisocial behavior: a developmental taxonomy, *Psychological Review*, 100, 674-701.

Robins, L.N. (1981) Epidemiological approaches to natural history research: antisocial disorders in children, *Journal of the American Academy of Child Psychiatry*, 20, 566-80.

Strain, P.S., Steele, P., Ellis, T. and Timm, M.A. (1982) Long-term effects of oppositional child treatment with mothers as therapists and therapist trainers, *Journal of Applied Behavior Analysis*, 15, 1163-69.

Webster-Stratton, C. (1984) Randomized trial of two parent-training programs for families with conduct-disordered children, *Journal of Consulting and Clinical Psychology*, 52 (4), 666-78.

Webster-Stratton, C. (1985) Predictors of treatment outcome in parent training for conduct disordered children, *Behavior Therapy*, 16, 222-43.

Webster-Stratton, C. (1989) Systematic companson of consumer satisfaction of three cost-effective parent training programs for conduct problem children, *Behavior Therapy*, 20, 103-15.

Webster-Stratton, C. (1991) Annotation: strategies for working with families of conduct-disordered children, British Journal of Child Psychtatry and Psychology, 32 (7), 1047-62.

Webster-Stratton, C. (1994) Advancing videotape parent trainning: a comparison study, *Journal of Consulting and Clinical Psychology*, 62 (3), 583-93.

Webster-Stratton, C. (1998a) Parent training with low-income clients: promoting parental engagement through a collaborative approach. In J.R. Lutzker (ed.) *Handbook of Child Abuse Research and Treatment* (pp.183-210), New York: Plenum Press.

Webster-Stratton, C. (1998b) Preventing conduct problems in Head Start children: strengthening parent competencies, *Journal of Consulting and Clinical Psychology*, 66, 715-30.

Webster-Stratton, C. and Hammond, M. (1997). Treating children with early-onset conduct problems: a comparison of child and parent training interventions, *Journal of Consulting and Clinical Psychology*, 65 (1), 93-109.

Webster-Stratton, C., Hollinsworth, T. and Kolpacoff, M. (1989) The long-term effectiveness and clinical significance of three cost-effective training programs for families with conduct-problem children, *Journal of Consulting and Clinical Psychology*, 57 (4), 550-3.

Webster-Stratton, C., Kolpacoff, M. and Hollinsworth, T. (1988) Self-administered videotape therapy for families with conduct-problem children: comparison with two cost-effective treatments and a control group, *Journal of Consulting and Clinical Psychology*, 56 (4), 558-66.

目　　次 Contents

まえがき Preface　iii

序章　　　ストレスマネジメント　　　　　　　　　　　　　　3
Introduction: Managing Personal Stress

第 1 章　親と力を合わせる　　　　　　　　　　　　　　　　9
Chapter One: Working with Parents

なぜ教師と親の協力関係づくりが大切か？　9
親の参加を促進するための方法　11
教師と親の協力モデル　12
親との効果的なコミュニケーション：面談を成功に導くためのヒント　14
結　　論　28

第 2 章　子どもと良い関係をつくる　　　　　　　　　　　　31
Chapter Two: Building Positive Relationships with Students

子どもとその家族を知ること　31
教師の気遣いを示そう　36
子どもを信頼していることを示す　39
子どもと遊ぶことの大切さ　41
結　　論　44

第 3 章　先手を打つ教師
Chapter Three: The Proactive Teacher

安全で見通しのよい学習環境を準備する　47
創造的な方法を使って，子どもの注意を引きつけ，維持させよう　52
効果的な制限と再指示　53
結　　論　63

第 4 章　ポジティブな行動を伸ばす：注目，励まし，賞賛
Chapter Four: Promoting Positive Behavior: Attention, Encouragement and Praise

教師による注目，励まし，賞賛の大切さ　65
教師からよく受ける質問　66
賞賛や励ましの効果を高める　71
集団をほめる　77
新しい課題を学ぶことの難しさに理解を示す　77
お互いのよいところを見つけ，ほめ合う時間をつくる　79
インパクトを倍増させる　80

第 5 章　子どものやる気を引き出すごほうびを使用する　83
Chapter Five: Using Incentives to Motivate Students

学習を具体的にする　83
教師からよくある質問　86
目標を定める　88
最も効果的なごほうびを選ぶ　93
特別な表彰とお祝い　96
個人だけではなく，
　　チームやグループに対してやる気を引き出すごほうびを使用する　102
効果的なやる気を引き出すプログラムのその他の原則　106

第 6 章　問題行動を管理する：無視と再指示　117
Chapter Six: Managing Misbehavior: Ignoring and Redirecting

問題行動を無視する　118
無視をすることの結末　124
妨害行動に対してセルフモニタリングを促す　124
問題行動への再指示　126
結　　論　133

第 7 章　問題行動への対処：
　　　　　自然な「結果」と理にかなった「結果」　135
Chapter Seven: Managing Misbehavior: Natural and Logical Consequences

自然に生じる結果と理にかなった結果　136
この他の結果　142
この他の指導原理　146

第 8 章　問題行動への対処：タイムアウト　149
Chapter Eight: Managing Misbehavior: TimeOut

タイムアウト・クールダウンの設定のステップ　150
タイムアウト実行の落とし穴　157
その他のタイムアウトの原則　163
教師の規律性の階層を発展させる　169
問題をもつ子どもに対する個別行動計画の作成　172
親を規律性育成プランに引き入れる　180
規律性を超えた進展　181

第 9 章　問題解決のやり方を教える　187
Chapter Nine: Teaching Students to Problem-Solve

なぜ問題解決を子どもに教える必要があるのか？　187
問題解決法に関する実証的エビデンス　188
先生は良きモデル　189
ゲーム形式や指人形，仮想場面を駆使して問題解決のプロセスを教える　189
問題解決をもっとうまくする　201
結　　論　212

第10章 仲間関係の問題と友情スキル　215

Chapter Ten: Peer Problems and Friendship Skills

なぜ，子どもによっては，友だち作りが難しいのか？　215
仲間とのやりとりを始めたり，集団に参加する方法を教える　216
年少の子どもに遊び方を教える　217
指示に従う方法を教える　219
友だちとの話し方を教える　219
友情スキルを教えるために話し合いや協同的な学習活動をさせる　222
よくある人間関係上の問題に対処するためにロールプレイを使う　224
共感訓練　227
他者の気持ちを考える練習をするために探偵の帽子を廻す　228
問題解決と葛藤解決を子どもに教える　229
ポジティブなセルフトークを教える　229
人づきあいが苦手な子どものための賞賛と強化子をもたらすプログラム　230
親と協力する　231
クラスメイトを家に招くように親に勧める　231
家で子どもと遊ぶように親に勧める　232
教室，学校，コミュニティでの子どものネガティブな評判を変えるのに
　教師はどのような支援ができるか？　232

第11章 情動への対処の学習を支援する　237

Chapter Eleven: Helping Students Learn to Handle their Emotions

情動調節とは何か？　238
子どもは情動調節をどのように学ぶか？　239
子どもが情動調節をいかに早く学ぶかを決定するのは何か？　240
教師に何ができるか？　240
ゲームや活動を用いて感情語の使用を促そう　243
ゲームと活動を使って他人の感情の理解を促そう　246
子どもに自分で落ち着く方法とリラクセーションの方法を教える　249
不適切な怒りの爆発にはタイムアウトを使おう　256
情動が爆発するきっかけとなる典型的な状況を明らかにし，
　問題解決と怒りマネジメントの足がかりとして使おう　256
親と協力しよう　260

監訳者あとがき　262
索　引 Index　264

認知行動療法を活用した
子どもの教室マネジメント
社会性と自尊感情を高めるためのガイドブック

Introduction | Managing Personal Stress

序章　ストレスマネジメント

　教師は誰でも，手のかかる子どもや困難な学級を担任すると，怒りや落ち込みを感じることがある。イライラすることもある。また，罪の意識を抱くこともある。気持ちが乱れることは，当然起こりうることなのだが，しかし，それが大切なことであったり，役に立ったりすることもある。気持ちの乱れは，変化や問題解決の必要性を知らせてくれるのであり，また，意欲を高めてくれる。しかしながら，これらの感情が，教師を圧倒するようになると，落ち込みによって身動きできなくなったり，感情をコントロールできなくなったりして，危機が生じるようになる。そこで，これらの感情を避けたり，葛藤を取り除いたりすることよりも，自己コントロールができやすい方法で，葛藤に対する情緒的反応に対処することを学ぶことこそ重要である。

　私たちが，ある場面について何を考えているか，その場面についてどのように感じたかということが，その場面において私たちがいかに行動するか，いかに個々人を関係づけるかということと明らかに関係していることが，研究者によって証明されてきた（たとえば，Seligman, 1990）。このことがどのように働くかを理解するために，教師がその場面に対応するさまざまなやり方について考えてみたい。教室が非常に騒がしいとする。子どもが二人，部屋のあちこちで大声で叫んでいる。教師が授業をしようとしているのに，他の二人の子どもがペチャクチャと私語を続けている。また別の子どもが二人，遅れてぶらぶらと教室に入ってくる。そこで，クラスメートがはやし立てる。「おい，お前ら遅いぞ」。こんな教室なら大混乱の状態にあると感じるだろう。その騒がしさに悩まされながら，教師は，「このクラスは，手に負えない，思慮分別のない，無責任な，そして，怠惰なクラスだ。授業ができるようになる前に，まずは子どもたちを落ち着かせることが厄介な問題だ」と自分に言い聞かせるだろう。教師がこうしたネガティブな考えをもってしまうと，教師の怒りは高まり，子どもたちを批判したり，怒鳴りつけたりしてしまう。他方，教師がその状況を絶望的であるととらえると，自分を責めるようなことを考えてしまう。「ダメな教師なのは私に欠点があるからだ」，「私は何もできない」このような場合，教師は，落ち込み，ためらいを感じてしまい，子どもに要求をしたり，規律を守らせたりすることを避けるようになる。しかしながら，教師がその場に対処し，気持ちを落ち着けることに集中し続けていれば，「これらの子どもたちに話のルールを思い出させなければならない」と自分に言い聞かせるだろう。このような考えは，子どもの不適切な行動に対して，冷静で効果的な反応を促すはずである。

　真実はこうである。私たちが怒るのは，できごとそのものに理由はなく，そのできごとをど

のようにとらえたかによるのである。既に気づいていると思うが，騒々しい教室であっても，日によって，うるさいとは思わなかったり，非常にイライラした気持ちになったりするものである。本章の目的は，教師をくたくたにさせるようなネガティブな自己陳述を見つけ出し，葛藤中にそのネガティブな自己陳述を対処反応に置き換える方法を探すことである。

ステップ1：ネガティブな考え方とポジティブな考え方に気づこう

あなたの思考は，いつもあなたと共にある。そして，それは，あなたのコントロールのもとにあり，他の誰のもとにもない。しかし，自分の考えはいつも自分と共にあるので，それを当然のことと思い，その考えにほとんど注意を向けることがない。自分の考えに注意を向けることを学習しないと，自分の考えを変えることはできない。次のシーンを想像してみよう。

あなたは，難しいクラスを担当している。毎日，まるで消火につとめているように見える。クラスの騒音のレベルは，運動場のようだ。男子の一人が立ち上がり，教室をあちこち回りながら，他の友達の作業をじゃましている。他の子どもたちは，教師の教えを聞くこともなく，クスクス笑ったり，私語をしたりしている。今あなたは何を考えたか。それはおそらくネガティブな考えであろう。

ステップ2：ネガティブな考えを減らそう

自分のネガティブな思考パターンに気づくようになったら，次のステップは，ネガティブな考えを減らすことである。そのためには四つのやり方がある。

1. **思考を中断させる**——自分がネガティブな考えをしていることがわかるとすぐに，その考えをストップさせよう。「今すぐ，それを考えるのを止めよう」と自分に言い聞かせてみよう。ある先生は，腕にゴムバンドをつけて，ネガティブな考えが出てきたときはいつも，それをストップさせることを思い出すために，ゴムをパチンとはじいている。「心配は止めよう。心配は何も役に立たない」

2. **心配時間や怒り時間を再調整しよう**——ある特定の子どもか，あるいはクラスの子どもたちが，教師に怒りやすべての心配事を引き起こさせる。そのことをいつもずっと心の中で考えてしまうと，精根尽き果てる。こうしたネガティブに考える時間をどれくらいにするか決定し，この時間をその日のスケジュールの中に組み込んでみる。たとえば，午後9時30分に，怒りたいだけ怒ってみるようにする。それ以外の時間では，遊びであっても，仕事であっても，気分を悪くするネガティブな考えをしてはならない。このやり方は，不快なことを一緒に考えるのをストップするのではなくて，ネガティブな考えをする最良の時間を決めることである。一日あたり，30分で十分だろう。

3. **場面を客観視する**——ネガティブな自己対話をストップさせるための第三のやり方は，葛藤が生じたときに，自分が考えていることや，していることが，目標達成に役立つかどうか自問してみることである。
   (a) 目標は何だろう？（教室の騒がしさを減らすため，あるいはうろつく子どもをもっと長い時間着席させるため）
   (b) 今何ができるだろう？（イライラや怒りが出てきたとき）
   (c) 長期的な目標に到達するのに役立つようなことを何かしているだろうか？ いや，何もしていない。感情的な言い合いをしたり，怒鳴ってばかりだ。

(d) もしそうしなかったら，他に何かすべきことがあるだろうか？　もっとポジティブに考えて，プランを提案しよう。

このやり方は，「カメテクニック」と呼ばれている。つまり，自分の行動を調べるためにしばらく甲羅の中に引きこもるのである。理想的には，教師がコントロールを失う前にこの「カメテクニック」を使うのが良い。しかし，初めのうちは，教師がクラスで怒鳴る直前か直後の中途半端なときに，この反応を使うことになるかもしれない。

4. **場面を正常化する**——ある場面を客観視するもう一つの方法は，すべての教師が子どもたちへの対応で，すべての教師は子どもについて困難や葛藤を経験するということや，すべての子どもは行動上の問題を抱えているということを思い浮かべることによって，その場面を正常化するのである。さらに，すべての教師や子どもが，罪悪感や抑うつ，不安，怒りの感情を示していることを思い浮かべると良い。自分の考えを正常化したら，ネガティブな考えをストップすることが重要である。「私はイライラしているけれども，普通なんだ」あるいは「多くの教師がたまにはがっかりするものだ。この気持ちはいずれ消えていくだろう」などと自分に言い聞かせると良い。

ステップ3：ポジティブな考えを増やそう

ネガティブな考えが減少すると，ポジティブな考えが自動的に増えてくるというものではない。ここでポジティブな考えを増やすのに役立つ六つのステップを取り上げることにする。

1. **ネガティブな自己対話に抵抗しよう**——「〇〇すべきである」とか「〇〇ねばならない」という言い方を含む自己対話や「ひどい」とか「嫌だ」などの言葉を含む一般化に戦いを挑もう。「良き教師であるべきだ」と考える代わりに，「なぜ完全な教師であらねばならないのか」と自分に言い聞かせてみよう。「うちの子どもは動物のようだ」と自分に不平を言わないようにしよう。「うちの子どもはそんなに悪くない」と言ってみよう。考えを正常化させ，不適切な行動を客観化させよう。過剰な反応をするとき，ある場面を思い出すなら，それをよく調べて，ネガティブな自己対話を見つけ出し，ネガティブな自己対話に対抗できる方法を考えることが役に立つ。
2. **ネガティブな考えを落ち着いてうまく対処できる考えに置き換えよう**——混乱した考えやネガティブな自己陳述を落ち着いた考えに置き換えるもう一つの方法がある。もし教師が敵意的な言葉で，ある子どものことを考えているのに気づいたら（彼は私を混乱させようとして，不適切に行動している），そこで考えをストップし，自分に対処能力があることを強調した考え（「その子どもが自分をコントロールできるように，学習の援助をしてあげている」，「自分次第だ」，「彼が不適切な行動をするのは，家庭で社会的スキルを教えてもらってないからだ」）に置き換えてみよう。
3. **時間予測**——これは，ストレスがかかっている期間が終わる時点に向かって心の中で旅をすることによって，よりポジティブに考えることである。たとえば，「数週間前後で行動プランに大きな進歩が見られた子どもが他にいた」と言い聞かせる。行動上の問題と教師の怒りや落ち込みは，いつかは消えてしまうことは教師にもわかっている。教師が子どもを無視したために，子どもが不適切な行動をしているなら，かんしゃくが収まるのに数分間はかかるだろう。子どもがストレスの多い家庭場面，たとえば，離婚や別離

落ち着き，上手に対処し，自己賞賛する考え

- 彼があんなふうにしているときは，それは嫌い。でも，それに何とか対処できる。
- 私の仕事は，落ちついたままで，やりたいことをもっとうまくたずねる方法を彼が学習できるよう援助することである。
- 私は，彼女がもっと上手に振る舞う方法を学ぶ手助けができる。
- 彼女は制限を試している。私は，それを使って彼女を援助できる。
- これはこの世の終わりではない。彼は賢い子どもだし，私は面倒見の良い教師である。二人でこの憂鬱をはらすことができる。
- 彼は本当にそれをあまりしていない。でも，きっと一時的なつまずきである。
- 彼にイライラするのは自分の責任ではない。そのことを彼と話してみよう。
- ベストを尽くして，ポジティブな行動をもっと学習するように彼女を援助できる。
- それをうまく処理するプランを作ることができる。
- その問題にこだわる必要がある。でも自分にあてつけたものとして，それを受け止めてはいけない。
- これらの下品な言葉がどのような意味なのかを，彼は本当は理解していない。それで混乱することはない。
- 一人でそんなにしなくてよい。完全完璧を期待しないで。一歩一歩進もう。
- ポジティブなことを探そう。結論を急がないで。
- これをやり終えた。日に日によくなっていく。
- うまく対処できる。
- 私は怒らない。まかせなさい。
- 考えも怒りもコントロールできる。
- 私は良い教師だ。
- しっかりやろう
- 本来の問題に焦点をあて続ける必要がある。不適切な行動に悩むのは二の次だ。

に反応しているのであれば，これがよくなるまでにもっと長い期間が必要であろう。しかしながら，数カ月が経過すれば，問題は小さくなることを知っておくことは重要である。時間予測は，ストレスに満ちた感情に気づき，そして教師がより満足のいく将来があることを理解し，心理的な苦痛が致命的なものではないことを教師に思い出させてくれるのである。

　教師は子どもたちが抱える問題が，一時的なものであることを彼らに思い出させることさえできるのである。読みができないことでイライラしている7歳の女児に，「来年の今頃はきっと読めるようになっているよ。すごいことじゃない」とか，「今はとてもつらい時間だけど，そのうちきっとうまくなるよ」などと言ってあげるとよい。

4. **自己賞賛できることを考え，それを声に出して言おう**——もっとポジティブに考えるための第四の方法は，教師が自分のできばえを自分でほめてあげるのである。多くの人たちは，自分のやったことを自分で賞賛することはしない。特に，教えるという困難な仕事をやり遂げても賞賛などしない。そして，ことがうまく進まないと，自己卑下してしまう。毎日，自分がやり遂げたことに目を向けるようにすることを忘れないで欲しい。

5. **ユーモア**——ユーモアは，怒りや落ち込みを減少させるのに役立つ。あまり真剣になり

すぎないようにしよう。話を聞かない子どもを月に送るわよと脅しているときには，冗談めかして自分に言ってみよう。「よし，カンペキね。私は決してカッとしたりしないわ」。自分を笑えることは，気持ちを落ち着かせるのにきっと役立つ。教室の中で，特に緊張を感じるときには，机の上にジョーク集の本をおいておくとよい。

6. **うまく対処するための自己対話と自己賞賛の考え** —— ある問題に直面したとき，その問題を処理し，自己賞賛するような考えを使うことを学習すると，それを声に出して言ってみるとよい。教師は，子どもにとって強力なモデルになる。一日の間，困難な場面に対してどのように考えたり，処理したりすればよいかを教師が子どもたちにはっきりと手本を示す機会は数えきれないほどある。これらの反応を観察することによって，子どもたちもその考えを使うことを学習する。

もちろん，自己コントロール法を使うのが難しいと思うことが何度かあるだろう。でも心配はいらない。逆戻りの問題も予想されることである。練習を積めばうまくなっていく。小さな成果について考えよう。少しずつの進歩を過小評価してはいけない。あなたの努力をほめて欲しい。最初にあなたが腹を立てる必要があったのか自問してみよう。そして，やったことをほめるのを忘れないで欲しい。

文　献

Seligman, M. (1990) *Learned Optimism*, Sydney: Random House.

Chapter One | Working with Parents

第1章　親と力を合わせる

なぜ教師と親の協力関係づくりが大切か？

　子どもの学習に親が参加すると，子どもの学業成績や社会的コンピテンス，学校生活の質が高まることが明らかにされている。このことから，親が子どもの学習に参加することの必要性は広く受け入れられている。高い評価を得ている書籍，「エビデンスの新世紀：家庭が子どもの成績を決める（原題：*A New Generation of Evidence: The Family Is Critical to Student Achievement*）」は，以下の文章から始まる――「そのエビデンスには現時点で反論の余地はない。学校が家庭と共同して学習支援を行えば，子どもたちは学校の中だけでなく，人生を通じて成功へと向かっていくのである（Henderson and Berla, 1994）」。子どもたちの文化的背景や経済状況，家庭環境が子どもの学校適応や学業成績を大きく左右しうるものであることを考慮すると，家庭の役割をより中心に据えて，学習面でのニーズと同じように情緒面でのニーズにももっと焦点をあてることによって，子どものニーズに最も応えることができるようになる。革新的な学校では，子どもとその家族に対して，親教育クラスや親支援室，親が学級の支援員となるためのコース，教養教育資格（General Education Diploma: GED）を取得するためのクラス，雇用訓練のためのワークショップ，もしくは子どもが適切な社会的スキルや問題解決法，怒りマネジメント法を身につけるよう援助するコースなどといった，学習面以外のサービスを提供している。このような学校では，家庭と学校の関係が根本から変わり始めている。

　家庭との連携が子どもの学業成績に影響するという証拠があるにもかかわらず，多くの学校では家庭との連携によって得られるメリットに，ほとんど注目されないままになっている。多くの教師は，家庭との連携を図ったり，親との協力関係を作り上げたりすることを体系的に行ってはおらず，また，そのような働きかけが学校側からあっても，親の側がいつもそれに応じているわけでもない。家庭との連携を妨害する主要な原因のいくつかは学校側にある。一つめの妨害要因は，教師に時間の余裕がなく，学級全体の要請にも応えなければならないために，

親と連携をとろうとする教師の意欲がなくなってしまっていることである。人数の多い学級を担任する教師の思いは，個々の子どもと過ごせる時間ですらほとんどないので，親と過ごす時間などないということだろう。さらに，教師の時間とエネルギーが限られていることを考慮すると，管理職側も教師と家族の連携をサポートしようとはしないかもしれない。

　二つめの妨害要因は，教師と親との間の誤解である。教師は，親が子どもの教育に関心がなく，十分な能力もないと思い込んでいるかもしれない。親は反対に，教師や管理職の先生のことを怖がっているかもしれないし，自分は子どもの教育を援助するための知識がないと感じているかもしれない。親はこれまでに学校で嫌なことを経験して，学校に対して不快な感情を持っていたり，教師への信頼を失っていたりすることがある。居住状況や職業の違いが，家庭−学校間の強固な協力関係を作り上げることを一層難しくしているかもしれない。人種が異なっている場合には，教師と親が違った文化的・経済的背景を持っていたり，時には価値観や信条が対立することもある。経済的に恵まれていない家庭やマイノリティの家庭では，言葉の壁，学校までの移動手段がない，教師に質問をした経験がない，特定の地域に住んでいるために夜間に学校まで行くのが怖い，などといった問題に直面する。このような家庭では生活上のストレスに圧倒されるあまり，子どもの教育に協力するエネルギーはほとんど残っていない。さらには，共働きや一人親の家庭の増加によって，親にとっては学校と協力するための時間はそれほどない。以上のような，信頼関係の欠如，貧困，離婚，病気や職業ストレスなどといった妨害要因によって，親は教師と協力関係を結ばなくなっており，残念なことに「親は教師と協力関係を作ることには関心がないに違いない」という教師のネガティブな認識を強化する結果となってしまっている。

　三つめの妨害要因は，家庭と共同作業を進めるために必要なスキルや自信に欠けている教師がいるという点である（Epstein, 1992）。このようなことが起こる理由として，一般的な家庭についての知識や，親と協力する方法，親との話し合いを成功させるための効果的なコミュニケーションや交渉の方法について，教師の側に適切な準備ができていないことが挙げられる（Burton, 1992）。教員養成課程において，親との人間関係や協力関係を作るための方法について十分に触れられていないことを指摘した研究もある（Chavkin, 1991）。教師には家庭との協力を効果的に進めるための具体的なスキルや知識，そしてポジティブな態度が求められる。そして教師には，伝統的な親と教師の話し合いだけに留まらず，もっと別の援助（たとえば，親教育クラスや支援サービスなど）を通じて家庭と連携をとったり，子どもの学校生活について家族が抱えているニーズに応えたりするためのトレーニングが求められている。このような援助は，学校との協力関係が怖くて難しいものであると感じているマイノリティや経済的に恵まれていない親にとっては特に重要である。

　教師が親との協力関係をうまく作り上げるためには，子どもの学習を進めていく上で家庭が重要な役割を本来持っていることを教師が認識し，伝統的な教師の役割の範囲を超えた部分にまで働きかけようとする意識を持つことが必要とされる。教師と親の良好な協力関係は，子ども個人の情緒面と学習面のニーズの理解に基づいた教育プログラムの作成に役立つだけでなく，教師がよりストレスを感じずに済み，子どもの家族から尊重され，サポートされていると感じることへとつながっていくのである。

親の参加を促進するための方法

新しい学年が始まる前にすべきこと

　親との協力関係づくりは，新しい学年が始まる前に着手する必要がある。子どもの家族と知り合いになるために，あなたは直ちに自分から接触を持たなければならない。受け持つ予定の子どもと親全員にあいさつ状を送ったり，子どもの好きな活動や家族が関心を持っている事柄について家族に記入してもらうアンケートを実施したりすることを通じて，あなたは子どもの家族と接触を持つことができるはずである。もしあなたが過去に学校で問題を抱えたことのある子どもを担当することになったら，学校が始まる前に親を呼んで良好なコミュニケーションを築いておくこと，その問題について親を安心させておくこと，子どもに関わる能力についてあなたが自信をもっていることを表明しておくことが重要になるだろう。

　学校が始まる前に教育計画を練った上で，以下の内容を含む通信を親に送るべきである。

- あなたの教育哲学（学級のルール，方針，励みとなっているもの）
- 教師としての自己紹介
- 親との協力関係に対するあなたの姿勢
- 宿題についての方針
- あなたと連絡をとる方法
- 第1回の保護者会へのお誘い

家庭への文書の送付とポジティブな電話連絡

　年度の初めに子どものよい行いについてのメッセージを家庭に送ることから始めてみよう。さらに親に電話で連絡をとり，子どもが達成した何か特別なことを伝えたり，子どものよい行いについての感想を共有したりしてみよう。親には，教師から連絡があった内容を子どもと共有してもらうようにお願いするとよい。教師が親と「ポジティブな預金口座」を作ることができれば，親は教師が子どもの学習にどれほど「投資」しているか認識するようになる。ポジティブな関係をいったん作り上げてしまえば，もし教師が後々になって何か困ったことについて相談を持ちかけたとしても，親たちは教師のことをずっとよく受け入れてくれることだろう。

　ほとんどの親は，何か問題がある時か，前もって決まっている保護者面談の時くらいにしか教師から連絡が来ることはないと言っている。コミュニケーションが前もって決まった時かネガティブな時にしかとられることがないのであれば，親との協力関係がなぜ失敗してしまうのかは容易に想像がつく。そうするのではなく，家族にあなたが関心を持っていることを示すすべての機会（たとえば，お誕生カード，特別表彰の連絡，お見舞い状，感謝状を贈ったり，よいニュースを電話で知らせたりするなど）を逃さないことである。このようなポジティブな電話や文書による連絡を記録につけておくと，自分のクラスのすべての親と定期的にコミュニケーションをとっていることを確認することができて望ましい。さらに，ボランティアでクラスに応援に来てくれたり，校外見学の引率を手伝ってくれたり，備品や食べものを提供するなどしてくれた親がいたら，学級新聞や個人的な連絡文書で忘れずに触れておくことである。

週刊の学級新聞

あなたが自分の指導計画や学校で起こっていることを親に伝えれば伝えるほど，親とのより強い協力関係を最終的に得ることができる。どのような活動を学級で行ったかを親に知らせたり，これから予定されている行事を確認したりするために，新聞を毎週家庭に送るとよい。この新聞の中で親たちを昼食に招待し，その週にはクラスに加わってもかまわないと伝えることもできる。この新聞を，標準語を話すことのできない家族のために翻訳することも忘れてはいけない。

持ち込みランチ――親の参加計画を立てる

年度初めの保護者懇談会や，子どもの進歩状況を確認する定期的な保護者会に加えて，親が教師と意思の疎通を図ることのできるインフォーマルな仕組みを設けることも重要である。中には，親たちと月に1回か2回の持ち込みランチを企画する教師もいる。この時間は，親なら誰でも昼食を持参して教師とインフォーマルな話し合いをすることができる。

家庭訪問

家庭訪問は，教師が子どものことを心配して気にかけていることを示すことのできる，おそらく最も個人的な方法である。親にとっては，自分の勝手知った場所で教師に会うことのできる機会である。子どもにとっては，自分の親と先生が一緒に協力しているところを目にするチャンスである。そして教師にとっては，子どもの家庭についてよりよい視点を持つことができ，強力で良好な関係を作るのにも役立つ。

親教育グループ

学校によっては，教師がスクールカウンセラーや養護教諭，教育心理士と協力して親教育クラスを提供しているところもある。このようなクラスは親とともに子どものニーズに対する共同計画を立てる機会となる。さらに，このようなクラスによって，親は家庭で子どもたちの教育を支援するための方法を理解することができるようになる。親グループによって，親は教師のことを知ることができ，自分たちの心配事について，あるいはどのような家庭状況が子どもの情緒・社会性・学業の学習に影響を及ぼしているかについて，教師に伝えることができる。親グループに教師が共同リーダーとして参加すれば，子どもを力づけるだけでなく，親と教師もお互いに力づけ合えるような，長続きする協力関係が作られることだろう。

教師と親の協力モデル

教師と親の間の理想的な関係は「協力的関係」を基本とする。このような関係性は，教師は知識を持っていて親にアドバイスや指示を与える専門家であると考える「上下関係」とは対照的なものである。協力とは共同作業をすることを意味しており，教師と親の知識や長所，視点

教師と親の年度初めの二者面談の例

教師――こんにちは，ジョーンズさん。パークスといいます。時間をとって面談に来てくださってありがとうございます。学校が始まってから2週間になりますが，タキーシャとは楽しく過ごさせてもらっています。(**親があなたに会いに来てくれたことを認める**)

親――年度の早い時期にお会いできてよかったです。タキーシャったら，サークルタイム*訳注がどんなに楽しいかって話をずっとしてるんですよ。サークルタイムが大好きで，他の時間に何をしたのか聞くことがないくらいなんです。他の時間のこともタキーシャに聞けるように，スケジュールをお聞きしたいと思ってたんです。

教師――なるほど。サークルタイムは一日の始めの時間なんです。子どもたちに自分のことを話してもらうとてもよい機会として使っています。その日のスケジュールを決めたり，お天気について話したりもします。金曜日はタキーシャが発表する日なんです。(**スケジュールについて説明する**)

親――まあ，そうだったんですか。あの子，発表できることなんてあったかな？

教師――ええ。子どもたちには，あまりお金のかからないようなもの，たとえば前に読んだ本とか，小さなおもちゃとか，どこかに行ったときの記念のものなんかを持ってきて，発表してもらうことにしています。もちろんお母さんも見に来ていただいていいんですよ。(**親を学級に招待する**)

親――そういえばあの子，海岸で拾った小さい石を持っていました。きっとそれを持って行きたがると思います。

教師――いいですね。サークルタイムの後，1時間目は選択教室です。国語か算数の活動をすることになっているんですよ。

親――タキーシャは普段どっちの教室を選ぶんですか？　算数もぜんぜんできませんし，かといって国語もうまくできないんですよね。

教師――ああ，そういえば，おもちゃのテーブルが大好きですよ。コインや小石やブロックの入った箱が置いてあるところで，それを並べたり，数えたり，分類したりできるんです。一見遊んでいるように見えますが，実は数の概念に親しむことができるようになっています。1時間目の活動が終わったら，教室を入れ替えて，もう一方の活動ができます。その後，おやつを食べて，20分間の休み時間をとります。

親――あの，タキーシャは近所の子どもの前で時々緊張することがあるんですが，学校の休み時間に遊ぶ友だちはいるんでしょうか？

教師――私が見ていて問題を感じたことはありません。でも，気づかせてくださってありがとうございます。どんな様子で過ごしているか，よく注意して見ておくようにします。もし何かトラブルがあったらすぐにご連絡しますので，対応について話し合うことにしましょう。今のところは他の子ともよく関われているみたいですよ。(**親の心配事を受け止め，問題が起こったら教師も協力するつもりであることを伝える**)

親――この1年間をタキーシャがうまく過ごせるために，私にできることはありませんか？

教師――来週，親子で読み聞かせをするための本のリストを家にお送りしようと思っています。毎晩10分でも，タキーシャと一緒に本を読んでいただければすばらしいですね。ご希望があれば教室にある本をお貸しすることもできますし，図書館にも置いてあると思いますよ。お母さんが本を読んだり，一緒に絵を見たりしながら，何が起こっているのか二人で話してみてください。単語を知っているかどうか探りを入れたりしなくてもかまいません。お二人にとって楽しい時間にしてください。(**子どもの学習を家庭で支援するために親ができることについて共有する**)

親――それなら簡単です。あの子は絵本を見るのが大好きですから。今日はお時間をとっ

> ていただいてありがとうございました。タキーシャのことについて何かお手伝いできることがあったり，何か知っておいた方がいいことがあれば，電話してください。
> **教師**——お会いできてとてもよかったです。お仕事が大変だと思いますけど，もし教室の様子をご覧になりたいとか，お手伝いされたいということがありましたら，大歓迎ですよ。タキーシャはきっとよい幼稚園生活を送れると思います。
>
> ＊訳注
> **サークルタイム**——子どもが輪になって座り，活動の集合時間を伝えたり，誕生日の子どもを紹介するなどさまざまな連絡を行う時間。通常は授業が始まる前に行われる。

を同等に用い，両者を同じように重要なものと考えるような互恵関係を指している。教師は教育原理やカリキュラム，子どもの学習ニーズについてよく知っていて，親は子どもの性格や好み，情緒ニーズについてよく知っている。ノウハウを補完し合うという考え方を受け入れることで，親と教師の間には互いに敬意を持って支え合うという関係を作ることができるようになる。教師と親の協力モデルでは，相手を責めたり上下関係に持ち込んだりすることはない。このモデルにおいて教師は，内省，親の意見の要約，強化，支持と受容，ユーモアと楽観性，親への励まし，自分の意見の共有，学習のカギとなるポイントの共有などを通じて，協力を推し進めていく。

親との効果的なコミュニケーション：面談を成功に導くためのヒント

親とうまく協力できるカギは，教師が効果的なコミュニケーションスキル，問題解決スキル，交渉スキルを使うことである。以下の議論は，教師と親との間の効果的なコミュニケーションを阻害する要因と，それを克服する方法について述べたものである。

まずは親と心を開いて話し合うことから

子どもの学習面と行動面の問題に気づいたら，教師はすぐに親と連絡をとる必要がある。学校が始まった最初の週でも最初の日でもかまわない。これは家族との協力を成功に導くための中核的な部分となる。時に教師は，子どもの行動や学習上の問題について親に連絡をしないことで，親との葛藤，意見の不一致，親からの非難を回避しようとすることがある。親との面談を行わず，子どものために協力を求めることもせず，子どもがいつかよくなって問題が解消するのを期待しているのである。しかしながら，子どもの不適切な行動が続くと，教師は不満を溜め込んでしまい，自分が親に協力を求めてこなかったにもかかわらず，子どもの不適切な行動のことについて親を非難し始めることさえある。下の例の教師は，明らかに不平不満を溜め込んできてしまっている。

教師——もうたくさんだ！　私は3カ月もこの子を何とかしようとしてきた。何もよくならないじゃないか。こんな人数の多いクラスじゃできるわけがない。親は何もしようとしてくれない。親が学校に来たところを見たことがないし，どうでもいいと思っているんだろう。親がどうでもいいと思っているのに，私にどうしろっていうんだ？

　問題の存在を示すサインが最初に見つかった際に，親に連絡をとって話し合わなければならない理由は数多くある。第一に，子どもの行動上の問題について計画を立てるときに親が参加していなければ，後々になって，教師が努力していることに親が気づいておらず，憤慨するはめになるかもしれない（もちろん，教師が何をしているかということを親が知らなければ，親が教師に協力してくれることも期待できない）。第二に，計画の早い段階で親が参加してくれれば，子どもの不適切な行動に影響している他の家族の要因（離婚，家族の死，その他の家庭内危機）に気づくことができるかもしれない。子どもの家庭状況を理解することによって，教師は「家庭で起こっている不測の事態に対して安心感を持てるようにしてあげよう」という観点から子どもの行動に（そして子どもの家庭に）関わることができる。第三に，親となかなか面談の機会が持てずにあなたが待たされてしまい，ようやく親がやって来たとする。あなたはその親に腹が立っているかもしれないし，親もあなたが長い間連絡をしてくれなかったことを怒っているかもしれない。これでは，この先協力を進めていくのに支障が出てしまう。実際に，最も聞くことの多い親の不満の一つは，教師が学校での問題について連絡をくれるのが遅すぎるということである。

　教師は時に，能力がない教師であると親から追及されたり批判されたりすることを怖れるあまり，親に連絡をしないことがある。このような人たちは，親に助けを求めたり，子どもの問題への対応に親の助けが必要であることを認めたりすることは，自分に能力がないことを意味していると思っているかもしれない。彼らは「よい教師」の伝説を信じ込んでいるのかもしれない。すなわち，よい教師はすべての子どもの問題を，親の協力なしに自力で対処するべきである，という思いこみである。実際には，その逆こそが正解である。子どもの抱えている困難に対して，親と一緒に協力していく計画をまず立てようとする教師こそが，最も有能な教師である。

親に電話をかけて面談できる時間を柔軟に提示する

　問題が生じた時に教師がまずしなければならないことは，親に電話をかけて面談の時間を調整することである。親（母親と父親の両方）に連絡をつけるためにあらゆる努力を惜しまず，一度や二度試みただけであきらめてはいけない。家庭訪問をすることが難しければ，面談の機会を持ちたいと記した手紙（もしくは書留）を送ってみよう。電話やメモ書きで連絡がつかないのであれば，こういった方法も試してみよう。「これは自分のプロとしての仕事だ」と考え，電話をかけるようにしよう（医者が病気のことで親に電話するのをためらうことがあるだろうか？）。

　親と連絡がついたら，ポジティブで思いやりのある態度で接し，子どものことが気にかかって電話したということを説明する。そして，どうして面談をしたいとあなたが思ったのか，簡潔に伝えよう。たとえば，「ジェシーが他の子どもとうまくやっていくのにどうしたらいいか，気にかかって電話しました」などと伝える。ジェシーのためにすでにいろいろと試みているが，彼女のために親の力も借りたいと思っていることを，親に話してみよう。力を合わせることできっと問題を解決できるとあなたが考えているということを伝えよう。あなたが面談することのできる時間帯（日中から夜にかけて）を親に示しておこう。ストレスが強くかかっている家庭の場合は，家まで出向いた上で面談を行うと利点が多いこともある。

親を歓迎する

親に初めてあいさつをする時が，面談の正否を握るカギになる。面談は，予定の時間通りに開始し，親が時間をとってくれたことに対して感謝を示すことから始める。面談のためにとることのできる時間もここで確認する。たとえば，「お会いすることができてとても嬉しいです。面談は1時間ほどを予定していますが，お時間はよろしいですか？」などと伝えておく。

「あなた」メッセージではなく「私」メッセージを用いる

「私」メッセージは，教師が望んでいることや感じていることを伝えるものである。この方法は，物事をぶちこわしにすることなくはっきりと伝えることができる。「あなた」メッセージは，非難したり，批判したり，裁定を加える意味合いになりがちであり，しばしば怒りや屈辱を生み出してしまう。以下の会話の聞き手の立場になったとすると，自分はどのような反応をすると思うか考えてみてほしい。なぜ「私」メッセージが協力関係をつくる上でより効果的なのか，理解していただけることと思う。

- **教師から親へ**——あなたの子どもはいつも学校に遅刻してくるし，欠席も多いんですよ？どうなっているのですか？ どうしてあなたは子どもを朝学校に行かせることができないんですか？（**親を非難することに焦点を当てた「あなた」メッセージ**）
- **代替案**——カーラが朝学校に来るのが遅かったり，欠席が多かったりするのが，私としては気にかかっています。カーラが学校に時間通りに来る気にさせてあげられるように，私たちで何かできないものかと思っているのですが。（**教師の感情や変わってほしいという気持ちに焦点を当てた「私」メッセージ**）
- **教師から親へ**——ダンは本当にクラスの問題児です。他の子をたたくので保護者からも苦情が出ています。乱暴だし，クラスを乱すし，手に負えません。もう私には指導しようがないんですよ。家で何やっているんですか？（**「私」メッセージだが子どもへの批判に焦点づけられる**）
- **代替案**——ダンがクラスの子をたたいたりするのが気にかかっています。ダンがより協調性を身につけることができるように，ご一緒に協力していきたいと思っています。（**教師が気にかかっていることと望んでいることに焦点づけられた「私」メッセージ**）
- **教師から親へ**——サリーの読解力はまったく満足できるものではないですね。
- **代替案**——サリーの読解力の進歩状況のことで，気になっていることがあります。

気にかかっていることについての話題から始める

面接の始めに，あなたがその子どものことを気にかけているのを親に知らせる。そして，子どものことをあなたがとても気にかけていることが，親にとってはプラスになるものであることを伝える。導入の段階であなたが気にかけているということを伝えておけば，会話全体の雰囲気をよくすることができるだろう。

簡潔に，はっきりと，具体的に話す

よい話し合いができるようにするためには，ネガティブなこと，イヤなことについて考えるよりも，あなたが期待していることについて考えるべきである。自分の期待していることがはっきりしたら，それをポジティブで簡潔に述べてみよう。子どもがいかにだらしなく，手に負えないかということを証明しようとして，実際にあった子どもの問題についての出来事を次々と並べ立てる必要はない。代わりに，その問題や行動をはっきりと簡潔に説明し，それがどのよ

うになればよいのかという点に焦点を当てる。具体的には，上の例で取り上げた「私」メッセージを参考にするとよい。子どもの問題をあいまいな言い方で（たとえば，「ちゃんとしてないんです」「態度がよくないですね」などと）説明したり，断定的な意見を言ったり（たとえば，「お宅の子はいじわるですね」「あの子はなまけものです」）することは避ける。このような言い方をしても何ひとつ有益な情報は得られないし，親との関係を気まずくするだけである。

フィードバックを求める

親があなたの考え方をきちんと理解しているかどうか確信が持てないこともある。このような場合，「私の言っていることがわかっていただけるでしょうか？」と尋ねてみるべきである。その方が，ただとりとめもなく話を続けるよりもはるかに効果的であるし，状況を理解することが大切であると親に確認させることもできる。

際限なく話すのではなく，話題をしぼって

心を開いて話し合うとは言っても，自分の気持ちをいつ，どこで，どのように伝えるか気にしなくてもよいというわけではない。何よりもまず，以下のようなことを自問自答してみることは大切である——「私の話はちゃんと筋が通っているだろうか。もしかして私は機嫌が悪くなってはいないだろうか」「私は過剰反応しすぎではないだろうか」「私は本気で問題を解決しようという気になっているだろうか」

問題の解決に至るまでのステップを示す

あなたがこれまで問題について既に考えてきたことや，状況をよくするために既に行動に移してきたことについて，親に知ってもらうことは大切である。しかしそれは，あなたが一人で問題を解決する代わりに親に任せてしまうということではない。たとえば，教師はこんなふうに言うことができる——「授業中に大声を出したり悪態をついたりすることについて，あなたのお子さんと話し合いをしました。クラスの決まりごとを確認した後，私も授業中はよく気をつけて見ておくようにして，きちんとした言葉づかいができたらほめるようにしました。ただ，もしできるようでしたらお母さんにも計画に協力していただけると大変ありがたいのですが」

傾　聴 —— 親からの協力を得るために

教師に対する親の不満の中で，もう一つのよく耳にする不満は，教師に話を聴いてもらえず，敬意も払われていないと感じたというものである。残念ながら教師は時に，親に子どもの問題について話したいことを話してもらって耳を傾けるのではなく，親の話を遮ったり，問いつめたり，反論したり，批判したり，アドバイスをしようとすることがある。何をすればよいか，どのような心構えをすればよいかといったことについて，親が教師から助言を受けているときに，教師が「何でも知っていると思っているような態度」をとっていることも時々ある。実際のところ，どのように話を聴けばよいか，そして話を聴くことにどのような効果があるかということを，正しく理解している人は少ない。そして，人は相手から話を聴いてもらえていないと感じると，同じ問題の話を何度も何度も繰り返すか，関係そのものを打ち切ってしまうかのどちらかになる。以下の例では，教師が問題を否定するか，さっさとアドバイスするという対応をとっている。

親から教師へ

親——ビリーと一緒に本を読んでいると，イライラして仕方がないんです。間違いを直してやると怒り出すし，私と一緒に本を読みたくないみたい。
教師——ああ，あんまり間違いを直さない方がいいんじゃないですか。（さっさと解決法を示す）

親——ビリーには友だちが一人もいないみたいなんです。まだ誰からもお誕生パーティに誘われてないですし。
教師——心配しないでいいですよ。どんな子も時にはそんなことがあるものです。（問題を否定）

親——うちは母子家庭だっていうことを理解してください。私は仕事をしているんです。こんなことをやる時間はないですから。
教師——子どものことなんかどうでもいいって言うんですか？（非難）

親身になって話を聴くことは，親をサポートしていく上で最も強力な方法の一つである。しかしながら，教師のスケジュールが忙しいためにこういったことはほとんどされないままになってしまい，教師が親と話す時間の価値はしばしば軽視されてしまっている。話を聴くということは，親に自分の気持ちや考えを遮られることなく，話すことができるという「発言権」を与えることを意味する。しかしながら，聴き上手な人というのは，消極的であったり，無表情にただうなずいているだけだったり，答案を採点しながら話を聞いたりする人のことではない。そうするのではなく，教師は親の方をしっかりと見て，適切な表情で，状況についての共通理解を深めた上で，制限をせずに自由に答えられるような問いかけをし，親の考えや気持ちを言葉に出して返す（リフレクション）ようにする。聴き上手になるためのコツをいくつか述べておく。

- アイコンタクトを心がける（やっている作業は中断すること）
- あなたと親の間にじゃまなものが置かれていないように注意する。親の隣に座ったり，円になって座ったりするのがベストである。親と机を挟んで向かい合うような座り方をしないようにする。
- 親が話し終わってから話すようにする。
- 親の話の内容だけでなく，親の気持ちについても聴く。（すべてのメッセージには，実際に伝えようとしている内容の部分と，非言語的なメッセージを含んだ感情の部分がある）
- 状況を尋ねるときは，回答を制限せずに自由に答えられるような問いかけをして話題に関心を示すようにする。どうして問題が起こったと思うか，親の考えを聴く。
- フィードバックする：親が表現したメッセージや気持ちをまとめ，あなた自身の言葉でわかりやすく言い換える。この段階では，親の話したことを批評しようとしたり，その意見に賛成か反対かは言わないようにする。親の話を理解したということだけを，ただ伝えるようにする。
- 認める：親の視点から問題を見てみよう。自分は親の見方を認めていると親に伝える。認めることは，教師と親の間のギャップを埋めるのに役立つ。自分とは違った視点があり，立場が変わればものの見方も変わることを受け入れるのは重要である。
- これからも続けていけるよう親を励ます。

　　　　注釈── 教師が「いつ」親と連絡をとれるかということについて，親に説明しておくこともももちろん重要である。駐車場に向かっている途中だったり，クラスの行事の準備をしている真っ最中だったり，急いで家に帰ろうとしているところだったりすれば，教師が親と十分に話し合うことは難しい。教師は親に対して，子どものことで相談をすることのできる時間帯を知らせておくべきである。

　以下のやりとりは，話を注意深く聴いていることを親に伝えている教師の例である。

　　親── ビリーと一緒に本を読んでいると，イライラして仕方がないんです。間違いを直してやると怒り出すし，私と一緒に本を読みたくないみたい。
　　教師── この話をしに来ていただいて嬉しいです。子どもが学校でうまくやれるように強く願っているお母さんですから，きっとイライラされたことでしょう。一緒に本を読んでいる時に何があったか，もう少し教えてください。**(気持ちを認め，問題理解のための問いかけをする)**

　　親── ビリーには友だちが一人もいないみたいなんです。まだ誰からもお誕生パーティに誘われてないですし。
　　教師── そのことをお聞きできてよかったです。ビリーはきっと寂しい思いをしていることでしょうね。ビリーは友だちや学校のことについて，どんなふうに言っていますか？**(子どもの気持ちを言葉に出して返し，さらに情報を集める)**

　　親── うちは母子家庭だっていうことを理解してください。私は仕事をしているんです。こんなことをやる時間はないですから。
　　教師── どれだけ大変な思いをしているか，よくわかりますよ。**(気持ちを認める)**

　これらの例では，教師が親の視点に立って問題をとらえようとしているため，親の気持ちは認められている。

　教師は時に，親の動機や意見を確認しないまま，わかったつもりになっていることがある。面談の間ずっと静かにしている家族のメンバーがいたとして，彼らが何を考えてどのような気持ちでいるか理解するためには，話してもらうよう促すことが必要である。彼らが関心を持っていることについて話し合ったり，あなたが経験したことについて話したりすることで，彼らに口を開いてもらえることはしばしばある。もし問題となっている状況と関連があれば，あなた自身の子どもの話題を交えて親と話をしてもよいかもしれない。あまり気乗りがしそうにない家族のメンバーと話し合おうとする時には，相手の身になってみることが大切である。問題となっていることを親はどのように見ているのか考えて，その気持ちを認めるようにする。「どんなにあなたの気持ちが傷ついたか，よくわかりますよ」「そんなことがあれば私だってイライラしますよ」「そうですよね。うちの息子が同じことをしたら，私も腹が立つと思います」「世代間の文化の違いというのは，子どもにとっても，大人にとっても，困ったものですよね」などといった言い方ができるかもしれない。

丁寧かつポジティブに言葉を選んで自分の訴えを伝える

　親が子育てに参加しようとしなかったり，興味を示そうとしなければ，あなたはイライラすることがあるだろう。あるいは，子育てのやり方がまったく同意できないものであることもあるかもしれないし，あなたに非難をしてきて腹が立つこともあるだろう。もしそうだったとしても，好意的であり続け，親のことを非難しないようにすることは必要不可欠なことである。親をこき下ろせば，親の怒りや憤り，防衛，罪悪感，憂うつ感を高めることとなり，効果的なコミュニケーションや問題解決を損なってしまう。以下は，教師が親をこき下ろしてしまった例である。

　　　教師から親へ ── あなたのしつけは厳しすぎませんか？

　　　　　　　　── あなたがもっと子どもと一緒にいるようにすれば，もうちょっと子どももちゃんとできるんじゃないですか？

　有効な問題解決のためにはプロフェッショナルな態度が何よりも重要である。そして，誰が何をしようとも丁寧に対応する決意を固めておくことはできる。他の誰かが失礼だったり怒ったりしているからといって，教師が同じようにやっていいわけではない。いつも丁寧な気持ちでいることはできないかもしれないが，だからこそ話し始める前に少しだけ言葉を選ぶことを身につけなければならない。上手に話をまとめるためのコツを以下に挙げる。

あなたができることと，親にしてほしいと思っていることを伝えよう

　あなたができないことについての話はしないようにする。

　　親から教師へ
　　　親 ── どうしてうちの息子にもっと個別指導をしていただけないんですか？
　　　教師 ── できませんよ。私は32人の子どもを受け持っていますし，お宅の子よりもできない子だっているんですから！　やらなければいけないことは山のようにあるし，一人の子どものために時間をとることはできません。（焦点は教師ができないことに当てられている。これは抵抗を生みやすい）
　　　代替案 ── 彼にはもう少し目を向けてあげたいと思っているんです。個別指導の担当をつけられるかどうかはっきりするまで，毎週金曜日のお昼に20分ほど私が個人的に指導をしようかと思っています。（焦点は教師ができることに当てられている）

ポジティブなことに焦点を当てる

　親への不満は言わないようにする。学校での子どもの行動計画をあなたが立てていて，その行動を記録したカードを毎日親に送っているという状況を想像してもらいたい。親はあなたとの面談の中で，子どものためにシールの台紙を準備して，子どもが先生からよい行動の記録を10個もらうことができたら何か特別なごほうびを家庭で与えるようにする，という計画に同意していたとする。ところが，しばらくしてあなたはその親がシールの台紙をきちんと準備していないことに気づく。あなたはこの学級プログラムに相当なエネルギーを費やしており，親に計画をじゃまされたように感じたため怒りくるってしまう。あなたは親が約束を果たすまで，好意的な電話をかけたり手紙を送ったりするのを続けることが嫌になってしまう。

しかしながら，教師側のこのような考えは行き詰まりにつながることが多く，その場合に結局損をするのは子どもである。したがって，教師が親の失敗をいつまでも引きずり続けないことが大切である。教師にとって，親が家庭で継続的な対応を続けてくれるかどうかにかかわらず，行動計画を続け，家庭にポジティブなメッセージを送り，子どもが学級でうまくいくように配慮することも，同様に重要なことである。始めのうちは，あまり努力が認められないように感じるかもしれないが，時間が経つにつれて，あなたが子どものために本当に力を入れてやろうとしていることが伝わって，親からの協力が得られやすくなることに気づくだろう。親が教育に参加できないからといって，子どもの学びが脅かされることは，あってはならないことである。

子どものニーズや視点について考える

自分の視点から見た考えだけが頭の中にあることに気づいたら，考えを整理する必要がある。すなわち，子どものニーズは何であるか，子どもの家庭では何が起こっているのかということについて考える。たとえば，「もしかすると親は学校で私に会うのに身構えているかもしれないから，家庭訪問の方が適切だろうか？」「ジョニーのお母さんは経済的に貧しく，母子家庭で4人の子どもを育てていて，とてもイライラしている。きっとシールの台紙やシールを準備するエネルギーもなかったのだろう。もしお母さんがよければ，私が準備しておいた方が良いだろうか？」といった考え方ができるかもしれない。

問題の解決に焦点を当てる

効果的なコミュニケーションは，時に非難によって妨げられてしまう。こういったことは，問題の責任が誰か他の人にあると思った時に起こる。相手に問題を作った原因があると直接的に責める時もあれば，もう少し微妙な言い回しをすることもある。親から報告された非難の例が以下のものである。

教師——あなたの娘さんは好き勝手ばかりやっているし，あなたはぜんぜんしつけをしようとしていない。だから娘さんがあんな問題行動をするんです。あなたがしっかりしていないからですよ。

教師——娘さんを叩きすぎだと思いますよ。だから娘さんがあんなに攻撃的になるんです。

教師——あなたは子どもとの関係がちゃんとできていません。もし関係がちゃんとできていたら，子どもがこんなに問題を起こさないはずです。

教師——あなたの子どもほど攻撃的な子には初めて会いました。本当におかしいですよ。私はこれまでにやんちゃな子も指導してきましたが，あなたの子どもほどではなかった。

相手を非難したところで，互いに険悪な争いになることはあっても，問題を解決するために一致団結することはない。教師が親に話す時には，非難することではなく問題を解決することに焦点を当てることが重要である。教師との面談の後で，子どもの学校での問題行動について教師から責められたと感じる親はたくさんいる。しかしながら，教師が実は子どもの問題を親と一緒に解決したいと思っている（そして親を非難しようとは思っていない）ことに一度気づ

けば，親はすぐにあなたのパートナーとなる。たとえば，教師は親に「ギリアンが攻撃的すぎるのは問題かもしれません。私たちがお互いに食い違うことのないように，どうやってこの問題に対応したいと思うか話し合っておきましょう。私たちが協力すれば，ギリアンがもっと協調的になれるように応援してあげることができると思いますよ」などと言うことができる。ここで強調しておきたいことは，協調関係を保ちつつ，食い違いをなくしておくことが成功につながりやすくなるということである。

問題を軽視してはならない

親が教師に相談を持ちかけても，教師から大した問題ではないと片づけられてしまうことがある。たとえば，子どもが家で攻撃的に振る舞うことや，学校の活動に過剰な不安を示すことを，親が心配しているとする。しかし，教師は自分の学級で問題が起こっていると思っておらず，そのことについて話し合う必要があるとも考えていない。以下は，問題を否定したり軽視した例である。

教師——心配いらないです。学校ではうまくやっていますよ。他にもっとできない子はたくさんいますから。

教師——この年なら普通の行動ですよ。別に問題ではありません。年齢以上のことを期待しすぎじゃないですか。

子どもの学校での行動をあなたは問題ではないと思っていたとしても，親は問題であると思っているのである。したがって，親と良好な協力関係を作ろうと思うなら，その問題に協力して取り組み，解決しようとしなければならない。もしあなたがその問題を軽視しそうになった時には，「傾聴する」ことや「認める」ことを思い出せば，親の視点をより理解しやすくなるはずである。

現実的な変化に焦点を当てる

「この子には何をやってもムダだ」「この子は問題児だったお兄ちゃんにそっくりだ」「絶対にこの子は変わらないだろう」「いろいろとやってはみたけど，ひとつもうまくいかなかった」などといった言葉は，変化を起こそうとするすべての努力が役に立たなかったことに対する絶望のメッセージである。もう少し微妙なサインとして，「わかりません」「たぶん」「どうでもいい」などと一言二言だけ消極的で憂うつそうな声で答えるというものがあり，希望や関心を失ってしまっていることがうかがい知れる。深いため息をついたり目をきょろきょろさせたりといった，言葉以外の部分から絶望感がうかがわれることがある。

問題に立ち向かっていく中であなたか親のどちらかが絶望感を感じた場合には，どのような変化であれば現実的に起こすことができるかということに焦点を当てる必要が出てくる。1回の話し合いで大きな問題は解決しきれないとしても，ひとつひとつの話し合いの中で何かしら役に立つ解決法は見つかっている。このような態度はきちんと伝えておくべき大切なものである。たとえば，「そうですね，彼が変わるのには時間がかかるでしょうから，私たちは辛抱強くなる必要がありそうです。彼は長い間そうしてきたわけですから。まず，他の子をたたくという行動にどうやって対処するか，そして彼にどういった社会的スキルを教えればよいか，話し

合うことにしましょう。短期的な計画と長期的な計画をそれぞれ立てられるといいですね」などと言うことによって，希望を伝えることができるかもしれない。

待ったをかけ，焦点を定め直し，気持ちを落ちつかせる

　教師と親が問題について話し合おうとしていると，いつの間にか「グチの時間」になってしまうことが時折ある。つまり，子どもについての不満やグチを際限なく無関係に持ち出してしまっているような状態である。過去2カ月の間に子どもがした問題行動をすべて挙げている状況だとしてみよう。それほど時間が経たないうちに，双方とも限界を迎えて怒り出すことだろう。

　　教師——あの子はどうしようもないです。他の子はたたく，話は聴かない，あちこち走り回る，自分の席にも座っていられない。他の子を指導できないくらいメチャメチャなんですよ。クラスではいつも私のじゃまをするし，私が頼んでおいたことはやろうとしない。あの子のせいでこっちまで腹が立ってきます！

　「グチの時間」になっていることに気づいたら，待ったをかけよう。うまく待ったをかけるためには，話し合いを一時中断する必要がある時に出す合図を前もってはっきりと決めておかなければならない。単に「この話は一旦やめておく必要があると思います」「この話はしばらく考えておくことにして，また別の機会に続きを話した方がいいと思います」などと言うことができるかもしれない（「私」メッセージを使うように注意する）。重要なのは，あなたが面談を延期したり早めに切り上げたりした時には，続きを話し合うことができるように別の機会を設けることである。話し合いの時期は，早ければ早いほどよい。

フィードバックを求める

　人は自分が非難されていると思いこむと，それが本当に責められているかどうかにかかわらず，そしてその人が本当に非難されるべきであるかどうかにかかわらず，防衛的になってしまう。その結果，腹を立てたり，論争的になったり，言い訳をしたり，取り乱したり，泣き始めたり，交流を避けるようになったり，これ以上話し合いに参加することを拒否したりするかもしれない。

　　母親——あなたのクラスでは暴力が横行しているみたいですね。うちの子が他の子たちにたたかれたと何回も言っていました。
　　教師——（この教師は，母親が「あなたは学級を管理できていない」と言っていると思い，防衛的に反応している）
　　　　あなたは30人の子どもたちを一日中誰の力も借りずに見たことがないでしょう。他の子をたたくくらい多少はありますよ。小さい子なら誰でもあるんですから。

　研究によると，二人の人間が会話する際には常に二つのフィルターが存在する。一つは話す人がどのように話しているか，もう一つはそのメッセージがどのように受けとめられているかである。このようなフィルターの存在を知り，あなたの親への話し方や，親のあなたの話の聞き方に，このフィルターがどのように影響しているか気づくことは重要である。たとえば，あなたが非難や批判を受けたと感じた場合，話し合いを中断し，親はどのような意図であったの

かフィードバックを求めるとよい。先ほど挙げた教師の例であれば，親の意図を尋ねてはっきりさせることができるかもしれない。

 教師——私が暴力にきちんと対応していないのではないかと心配しておられますか？（フィードバックを求める）

親の抵抗や不満に対処する

　教師が何らかの解決案を提案しているのに，親は「はい……でも」とばかり答えているという状況に遭遇することが時々ある。「はい……でも」という答えが返ってくる時というのは，何を提案しようとしても，観点をどれほど示そうとしても，どこか足りないところがあるからという理由で，教師の意見が採用されることがない。あなたは「また違うって言うのか。この親には何を言っても受け入れられないな」などといった気持ちになるかもしれない。最終的には，「何で助けなきゃいけないんだ？　この親は自分の子どものことを気にかけてもいないのに，どうして自分がやらなきゃいけないんだ？」といったことにもなりかねない。「はい……でも」を繰り返す親は，教師の視点を自分が否定してしまっていることに気づいていないことがしばしばある。

 教師——国語の学習支援のために，アンドレアに個別指導の担当をつけた方がいいと思うのですが。
 母親——そうですね，いい考えだと思います。でも，きっとうまくいかないですよ。あの子が国語の自宅学習をやろうとしないのを先生もご存じですよね。お金のムダじゃないかと思うんです。
 教師——ええと，それなら，お母さんがアンドレアの勉強を見ていただくことならできますか？
 母親——私が勉強を見る時間はないんです。それは先生のお仕事じゃないですか？（防衛）
 教師——娘さんの勉強のことはどうでもいいって言うんですか？（批判）

　この例を見てもわかるように，親に対して批判的になるのではなく，ポジティブな信頼を持ち続けていることが大切である。親は教師のアドバイスに対して防衛的になることが時々あるが，それは教師が自分たちの境遇をちゃんと理解してくれていないと親が感じていたり，親の意見が無視されてしまった場合などである。したがって，最終的な計画を確定する前に，親の考えを注意深く聴いた上で認め，親の解決案を取り入れることが非常に重要である。
　教師にとって苦痛を感じるもう一つの状況が，もう既に終わってしまったことについて親から不満や批判を浴びせられることである。こういったことはある日突然起こるのが普通であり，ほとんどの場合教師は傷つくことになる。以下の親の言葉に対して，どのように答えればよいか考えてほしい。

 親——この問題をどうして今になって言い出したんですか？　あと1年早くうちの子を助けるべきじゃなかったんですか？

 親——先生がちゃんと指導の仕方を知っていたら，息子がこんな問題を起こすことはなかったのに。

親 ── 先生が出す宿題は全然おもしろくありません。うちの子がやりたがらないのも無理はないですね。

　　親 ── うちの子はこのクラスになるまで何も問題はなかったんですよ。あなたのやり方に何か悪いところがあるんじゃないですか。うちの子の話だと，他の子たちからいじめられていても全然止めようとしないらしいですね。

　プロフェッショナルで相手に敬意を払った態度をとり続けることを忘れないでほしい。そして，防衛的になったり怒ったりしないように。さもなければ，批判の悪循環が続くことになってしまう。あなたが対応しているのは，子どものことで取り乱してしまっている親だということを頭に置いておこう。また，「もしあなたにミスがあったのなら，それを認める」「自分の保身に回ることなく，親の話を注意深く聴く」「親の不満についてさらに詳しく尋ね，関心を示す」「ネガティブな不平不満を，問題に対応するためのポジティブな提案へとつなげ直す」などと言った方法で，親の怒りを解消することができる。たとえば，「娘さんがうまくやっていけるかどうかには興味がないって言うんですか？」と言うのではなく，「わかりました，学校の中では私が娘さんにもっと目を配るようにします。ただ，彼女は学校の外でも，助けが得られればうまくやれると思います。娘さんがうまくできるようにとお母さんが願っているのはよく知っています。でも，お母さんが仕事で忙しいのもよくわかっています。娘さんにもっと個別指導ができるように，何か他の方法はないものでしょうか？」などと言うことができるかもしれない。上で述べた親の批判に対して，教師がどのように答えることができるか示した例を以下に述べる。

　　教師 ── お母さんが怒るのも無理はありません。娘さんが国語でつまずいていることを私は気づいていませんでしたし，気づくべきだったと思います。

　　教師 ── そうですね。もっと早くご連絡するべきでした。お母さんがショックを受けるのも無理はないと思います。（ミスを認める）

　　教師 ── それは私にとってもすごく気になることです。もう少し詳しくお聞きしてもよろしいですか？（関心を示す）

　　教師 ── 今おっしゃったことは，私も聞いたことがあります。娘さんにとって，もっとおもしろい宿題にするにはどうすればよいでしょうか？（ポジティブな方向に焦点を当て直す）

　　教師 ── 他の子が息子さんをいじめていることについて，もう少し教えていただけますか？「先生は何もしてくれなかった」と息子さんが感じたことは他にもあったのでしょうか？

お互いの目標を定め，解決案をブレインストーミングする

　問題について話し合いが持たれ，親と教師の双方が自分の意見を伝えることができた，さらには話を聞いてもらえたと感じることができたなら，次のステップは共通の目標を定め，その解決案について相談することである。教師が親に，問題を解決するために何か案はあるかどう

か尋ねてもよいだろう。また教師は，これまで自分が試みたことや，親から得られた新しい情報に基づいて子どもにどのような支援ができるかを，親と相談してもよい。そして，教師は学校で何をするのか，親はどのように関わっていくのかといった点について，両者の間ではっきりと答えを出しておくべきである。たとえば，教師は「私が学校で取り組むことですが，息子さんがクラスでちゃんと話を聞いて，うっかり話をしてしまわないように，ごほうびプログラムをやってみようと思います。そして，息子さんがどのくらいシールをもらえたかがお母さんにもわかるように，私が連絡帳を毎日書くようにします。お母さんは家でその連絡帳を見てシールの台紙に記録をつけて，25個シールがたまった時には何か大きなごほうびがもらえるように計画しておいてください」などと言うことができるかもしれない。

自信を見せるようにする

　子どもが問題を示している時には，親は不安を感じるものである。親にとって，その状況にうまく対応できて子どもに適切な社会的行動を教えられるという自信を持った教師が力になってくれる，と感じられることは大切である。親に対し，自分には自信があること，そして学校と家庭でもう少しサポートをすれば問題は解決できると確信していることを伝えるようにする。

フォローアップの計画を立てる

　計画した介入の成果を見直すために，フォローアップの面談か電話連絡を計画しておくことは重要である。あなたが子どもに深く関わってくれていると親が考えている場合には，フォローアップの計画を立てることは非常に大切である。たとえば，面談の最後に「私はロビーのような子どもとは，これまでにもたくさん関わった経験があります。私たちが協力すれば，きっとよい結果が出ると思いますよ。二日後に，様子を確認するために私から連絡します。どんなことでも構いませんので，ロビーの様子をその時に教えてください」などと言っておくとよい。

親と問題を話し合う面談の例

教師——パークスさん，お会いできて嬉しいです。何かご相談したいことがあるということでしたね。（親を歓迎する）

親——ええ，タキーシャのことなんですけど，家で私と一緒に本を読むために座らせようとすると，嫌がるんです。前は私と一緒に本を読むのをいつも楽しみにしていたみたいなんですけど。今は「やりたくない。本読むの嫌いだもん」としか言わなくって。先週なんか本を部屋の向こう側まで放り投げちゃって。無理にでも座らせて聞かせた方がいいのか，好きなようにさせてあげた方がいいのか，わからなくなってしまいました。

教師——どのくらい続いていますか？（話を聴き，問題についての情報を集める）

親——ここ二週間くらいでしょうか。学校で何かありませんでしたか？

教師——そうですね，3週間前に転校してきた女の子がいたんです。その子は他の子よりも少し年が上なんですが，単語をやっといくつか読めるようになり始めたくらいの

子でした。国語の時間も大変そうだったので，その子が新しい単語を読めた時には多くほめるようにしていたんです。もしかすると，以前に比べてタキーシャが進歩していたことに私がちゃんと気づけていなかったのかもしれません。(**考えを示す**)

親──タキーシャは先生のことが大好きなんです。その転校生の子が先生からたくさん注目してもらっていたとしたら，タキーシャは取り残されたような気がしていたのかもしれません。家にいとこが来たときも，いとこの方が注目されていると，タキーシャは時々すねてしまうことがありましたから。

教師──もしかすると，他の子の中にも同じように取り残されたような気になっている子がいるかもしれないですね。もしかしたら，転校生を歓迎しようとして少しやりすぎてしまったかもしれません。子どもたちができたことをもっとほめてあげるようにしないといけないですね。

親──それがいいと思います。タキーシャにとっても助かります。あの子が家で本を読むのを嫌がるのを，私はどうすればいいと思いますか？

教師──しばらくは少し違ったやり方で本を読むようにすることはできるかもしれませんね。子ども向けの本を読む声が入ったカセットテープを私が持っているので，それを聞くこともできます。タキーシャは前に恐竜の本が好きだと言っていました。恐竜の本のテープもいいのを私がいくつか持っています。あとは，もしお家にビデオデッキがあれば，同じようなビデオもいくつかクラスにありますよ。テープやビデオでお話を聞いたり見たりしながら，本の絵をながめることもできます。こうすることで，タキーシャの本を読むプレッシャーを和らげることができるかもしれません。また，お母さんが本を読んであげる場合でも，しばらくはタキーシャには続けて読むように言わなくても構いません。その時間は二人にとっての楽しい時間ですから。それから，もしお母さんが希望されれば，クラスに来て子どもたちに本を読んでいただくのも大歓迎です。読書の時間は1日に2回ありますよ。(**親にできることをいくつか示し，教室にも招待する**)

親──そうですね，カセットテープを再生するものは家にないですけど，ビデオデッキなら持っています。それからなら始められそうです。タキーシャの気持ちもわかったような気がします。本を読むのをちゃんと聞いたりしたら，もっとほめることにしようかと思います。

教師──ああ，それはいい考えですね。あと，タキーシャがかんしゃくを起こしたり，反抗的な行動をしている時は，あまり注目をしないようにした方がいいかもしれません。次の月曜日にでも，このことについてお話ししませんか？　タキーシャがどうしてそんなことをするのか，ということについて。この話を早いうちに教えていただいて助かりました。タキーシャはそういう大きな質問をサークルタイムですることがありますから。

　　　でも，タキーシャがクラスにいてくれて，本当によかったと思っていますよ。(**問題を解決することについてポジティブに接し，親をサポートする**)

親──お時間をとっていただいてありがとうございました。どうすればいいかがわかって，気分が軽くなりました。月曜日に私からお電話しましょうか？　それとも先生にかけていただいた方がよろしいですか？

教師──夕方に私からお電話してもいいですか？　学校がやっている間はお電話するのが難しいので。(**次に話す時間の計画を立てる**)

親──わかりました。6時半より後なら，いつでも大丈夫ですよ。

結　論

　子どもの教育指導に親が参加してくれるために必要なことは，親が意欲的に関わってくれること，新学期が始まる前から親に参加してもらうための計画を入念に練っておくこと，そして親とコミュニケーションをとり，協力するために教師が時間をとることである。これは大変時間のかかるプロセスであり，時にストレスがたまることもあるが報われることも多い。すでに過重労働ぎみの教師にとっては，勤務中にこのような協力作業をするための余分な時間を捻出することが難しく思えるかもしれない。しかしながら，子どもの社会性や学習の面での成長に対するこのやり方の価値を過小評価してはならない。長い目で見ると，親との協力活動に力を注ぐことは，子どもとの良好な関係を導き，ストレスを感じることの少ない学級にさせ，あなたにとっても親にとってもプラスになるため，実際には時間を節約できるかもしれない。子どもにとっても状況は大きく変わることだろう。

まとめ

- 新しい学年が始まる前に，親に参加してもらう計画を立てる。
- 家庭にポジティブな連絡文書を送ったり，ポジティブな電話をかける。
- 公式非公式に親が教師とコミュニケーションをとることのできる仕組みを作る。
- 不満を貯め込まない。子どもの不適応行動が最初に起こった段階で親に面談を申し出る。
- 子どもについて気にかかっていることを伝える。
- 問題行動について説明するときには，手短に，はっきりと，簡潔に言う。
- 親にフィードバックを求め，解決策について尋ねる。
- 話を遮ったり，感情的に論争したり，アドバイスをしようとしてはならない。話に注意深く耳を傾け，親の気になっていることを認める。
- ポイントをきちんと押さえ，さまざまな不平不満のグチを言ってばかりになることを避ける。
- 言葉を選ぶ。丁寧かつ好意的に。
- 問題を解決することに焦点を当て，非難することを避ける。
- 親から見た視点を認識する。
- 一度に一つのことだけをする。
- フィードバックを求め，自らもフィードバックを与える。
- 怒りにまかせて攻撃してはならない。落ちついておくこと。
- その場が感情的な雰囲気になってきたら，待ったをかけて時間をとる。
- ポジティブな提案をする。
- 親とフォローアップの計画を立てる。
- 対話を続けるよう働きかける。

文　献

Burton, C.B. (1992) Defining family-centered early education: beliefs of public school, child care, and Head Start teachers, *Early Education and Development*, 3 (1), 45-59.

Chavkin, N.F. (1991) Uniting families and schools: social workers helping teachers through inservice training, *School Social Work Journal*, 15, 1-10.

Epstein, A. (1992) School and family partnerships. In M. Alkin (ed.) *Encyclopedia of Educational Research* (pp.1139-51), New York: Macmillan.

Henderson, A. and Berla, N. (1994) *A New Generation of Evidence: The Family is Critical to Student Achievement*, Columbia, MD: National Committee for Citizens in Education.

Chapter Two | *Building Positive Relationships with Students*

第2章 子どもと良い関係をつくる

子どもとその家族を知ること

　子どもとの間に良い関係を築くことは不可欠なことである。教師と子どもとの間の良い関係が，信頼や理解や関心を築き上げ，その結果として子どもの協調や意欲を促進し，学校での学習や学業成績を上げてくれることが，おそらく教師にとって子どもとの良い関係をつくることの最もわかりやすい理由であろう。また，虐待やネグレクトを家庭で受けている子どもにとっては，親密な関係を築くことができた教師，カウンセラー，親類が彼らの生活の中にいると，幼少期に大人との親密な関係が欠如していた子どもに比べて，長期的にはるかに良い結果を示すことが知られている。したがって，教師が子どもとの良い関係をつくるために費やす努力の大きさによって，子どもの将来が大きく違ってくるのである。

　もちろん，教師はすべての受け持ちの子どもと良い関係を結ぼうと努力している。しかし，ご存じの通り，良い関係を結ぶことが他の子どもよりも難しい子どももいる。なぜだろうか？他の子どもたちよりもより多くの注目を強く求めてくる子どももいれば，破壊的な子どもも，意欲のない子どもも，あるいは反抗的な子どももおり，また頻繁に課題から離れてしまう子どももいるからである。教師にとっては，こういった子どもが特にもどかしいものである。このような子どもが一人いるだけで，クラス全体が停滞してしまう。教師はこういった子どもに対して怒りを感じたり，怒鳴ったり，過度の罰を与えたり，厳しい批判をしたり，さらには彼らを排除しようとしたりする。このことが教師を自己嫌悪に陥らせる。このような子どもの行動に対するそういった反応は，自然ではあるが，クラスにおいて良い関係をつくるにはふさわしくない。どのようにしたらそうした子どもに対する負の感情のサイクルを止めることができるのだろうか。また，どのようにしたら扱いが難しい子どもを含めてすべての子どもに対して実り多い対応ができるのだろうか。

　まず初めに，扱いが難しい子どもの理由について考えてみよう。そこにはいくつもの理由が

ある。彼らは教師を肯定的にとらえていないので，その結果として教師の言ったことに注意を払わないのかもしれない。これまでの教師や他の大人との否定的な関わりの経験から，教師を信用していないのかもしれない。大人が無反応だったり，さらには虐待的であったり，あるいは自分自身のストレスが大きすぎて子どもの求めに応じることができなかったりするような状況が家庭にあったのかもしれない。こういった家庭の子どもにとっては，大人は重要な存在ではなく，自分たちをサポートしてくれたり助けたりしてくれる人ではないととらえている。このような状況に対する子どもの反応は，大人を信用せず，反抗的で不従順なものになるだろう。あるいは，発達上か神経学上の，または生物学上の問題を抱えている可能性もある。たとえば，注意の問題，多動性，衝動性の問題，言語スキルの欠如の問題などである。その場合，彼らは気が散りやすく，指示を聞いたり，指示に従ったりすることが困難になるだろう。そのために，自分自身の学業成績に自信をなくしてしまい，自尊心や意欲の低下につながってしまう。また，おなかが減っていたり疲れていたりすると，すぐに気が散りやすく，課題から離れてしまうことが多くなる。また彼らは，愛情に飢えていて，注意を引くために困った行動を示したりする。

　困った行動の理由がどのようなものであっても，困った行動や否定的な態度を子ども個人の問題として扱わないこと，やろうとしないことや関心を向けないことで子どもを責めないことが教師にとっては大切なことである。代わりに，教師は破壊的な行動を受け流し，子どもに援助の手を差し伸べなければならない。これらの子どもと良い関係を築くことはそう簡単ではない。知ってのとおり，頻繁に約束を更新しなければならないし，一貫した努力も必要である。先手を打つ姿勢も必要である。なぜなら，これらの子どもに単純に反応してしまうと，こちらの思いが通じず，欲求不満の状態で対応することになるからである。言うのは実行するより簡単ではあるが，この章ではすべての受け持ちの子どもと良い関係を築くための具体的な方法をいくつか紹介する。

個人としての子どものことを知ろう

　良い関係づくりの最初のステップは，当然ながら，子どもを個人として知ることであり，彼らが何に興味を持っているかに関心を示すことである。それぞれの子どもに関心を持っていることを示す方法として，年度の初めに親に対していくつかの個人的な情報を尋ねる興味調査票に記入してもらう。たとえば，子どもが特別に関心を持っていることや趣味，子どもの生来の気質や性格，子どもを落ち着かせるのに役立つものは何か，親から見て子どもの長所や才能は何であるか，子どもに関することで何か特に気になっていることがあるか，などである。

　もちろん，子どもと意義のある関係をつくる確実な方法の一つは，子どもの家族を知り，子どもを取り巻く特別な環境を理解することである。たとえば，家族内で最近離婚や病気や死というものがあったかどうか，現在の生活環境はどういったものであるか，親はどのようにしつけを行っているか，自宅では何語で話しているか，親の文化的価値がどのようなもので，学校に対して何を期待しているか，といったことを知るのは重要である。こういった情報は，子どもの視点や気質を理解するのに役立てることができる。その理解を通じて，教師はその子どもの特別な関心事や性格や家庭状況や文化に配慮したいくつかのクラス活動や話し合いを構成することができる。

子どもの興味調査票の例

保護者の皆様

　１年生へようこそ！　お子さんとの出会いにワクワクしています。また，保護者の皆様と共に，この１年間，お子さんの教育支援に取り組んでいくことを楽しみにしています。そこで，お子さんとの関係を築く「きっかけ」を提供して頂きたく，以下の調査票にご回答の上，可能な限り早く返却下さいますようお願いします。お子さんの活動や興味について知ることで，お子さんにとっても楽しく意義のあるカリキュラムを作成することができます。また，保護者の方がお気づきのお子さんの苦手な領域について知っておくことで，お子さんが避けたくなるような新しい領域や場所にも避けずにたどりつけるように，能力を伸ばし励ますことができます。保護者の皆様は，お子さんの人生にとって最も大切な人です。その保護者の方々とご一緒に，お子さんのためになるような取り組みをしていきたいと思っています。ご自宅でも学校でも共に取り組むことで，すべての子どもたち，一人ひとりが最高の一年を過ごすことができると信じています。

お子さんのお名前：

お子さんの長所：（学習面または社会性）

お子さんが比較的苦手とすること：（学習面または社会性）

この一年に学んで欲しいこと：

お子さんの興味があること：（好きな雑誌，おもちゃ，活動，外出，遊び，算数，芸術，コンピューター，スポーツなど）

お子さんにとってご褒美になりそうなもの：（特別にほめられること，リーダー的役割，好きな食べ物，ステッカー，サッカーカード，映画など）

お子さんにとって特別な人やもの：（ペット，兄弟，クラブ，おじいちゃんやおばあちゃん，その他のお子さんにとって近しい誰か）

素晴らしい一年を！

家庭訪問

　年度の初めの家庭訪問は（学校が始まる前に実施される場合でも），短い時間で子どもとその家族を知り，豊富な情報を収集する効果的な方法である。クラス全員は不可能であったとしても，社会性あるいは学習面になんらかの特別な問題を抱えている子どもの自宅を訪問することは，計り知れないほどの貴重なものになるだろう。訪問に際しては，保護者宛の手紙を出すことから始め（どの子どもが特別な計画を必要とするかを事前に知っておくことができるように学期開始前に実施するのがよい），自宅を訪問する目的を説明し，訪問の際には案内役を務めてくれるよう子どもに頼む。そうすることで子どもは家庭訪問の際に教師に何を伝えるかを決め，家を案内するという仕事を持つことになる。

教師の家庭訪問は親にとっては煩わしくないか？
教師はどのように家庭訪問を開始すればよいか？

　家庭訪問を計画する際には，自宅に訪問することがなぜ有益なことであるかを説明する必要がある（たとえば，子どもの部屋やお気に入りの動物を見ることで，その子どもをより知ることができる，など）。家庭訪問をしておくと，新年度が始まってから子どもが教師とよく打ち解けて安心して過ごすことができるようになることをはっきりと伝えておくのがよい。訪問にあたって自宅をきれいにする必要はないこと，また家庭訪問の主眼は子どもとその家族を知ることであることを親に伝えることも重要である。新年度が始まる前の夏に家庭訪問の調査票を送ることで，新年度が始まる前に，教師が家庭訪問をすることに同意してもらえるかどうかがわかる。家庭訪問の申し出によって，教師はより強い家庭と学校の繋がりを促進するための橋を架ける取り組みを行っている。これまでに学校や教師とネガティブな関わりの経験があったり，あるいは文化や言語の違いによって教師との関わりを開始することに気乗りしない親の場合には，この取り組みは特に重要になるだろう。

　家庭訪問を構造化して臨めば，より過ごしやすい訪問になる。親が書き込んでくれた調査票は「きっかけをつくる」良い材料となる。調査票では，子どもの興味や気質，特別な学習ニーズなどについての質問を含めることもできる。家庭訪問の際に特別な布袋を持って訪問することもよい。この袋には，教室中から集めたさまざまなアイテム（たとえば，お人形の服，マーカーペン，積み木，レゴ，スティックのり）が詰まっていて，子どもはそのうちの一つを選び学校の初日まで持っていてよいことにする。登校初日の子どもの最初の仕事は，このアイテムが元々あった場所を見つけることである。

ポジティブな電話連絡と連絡帳の活用

　子どもや家族と支持的で協力的な関係を築くことに役立つ方法として，その日に子どもがやり遂げた何か特別なことを親に知らせるために，ポジティブな電話連絡をしたり，連絡帳を送ったりする。たとえば，子どもが授業中に示した何か興味深いものや面白いもの，新しく取り組んだもの，特に難しい課題を成功させたことなどを親に伝えるのがよいだろう。加えて，学校での行動や学習の中で良かったところを取り出し，電話で子ども自身をほめるのもよいだろう。

親に参加を勧める

　昼食時間や持ち寄りの夕食会などくだけた場を設けて，そこに親を招待することによって，子どもやその家族との良い関係を築きたいという姿勢を示すことができる。また，そういったくだけた集まりの場を利用して，カリキュラムの詳細について話したり，授業で学習したことを家庭で親がサポートする方法について話し合ったりすることを通じて，教師とクラスの理念や教育計画を共有することもできる。親にはできるだけ質問をしてもらうように促し，また，自身や家族に関すること（たとえば，楽しかった旅行，特別に取り組んだもの，家族の文化）について話してもらうことによって，クラスに参加してもらうよう勧めるのもよいだろう。また，授業中の朗読の援助やクラスの活動や課外活動の手伝いに勧誘するのもよい。そういった

保護者から教師への連絡帳

＿＿＿＿＿＿＿＿＿＿＿＿＿＿＿＿へ

コメント：

＿＿＿＿＿＿＿＿＿＿＿より　　日付：＿＿＿＿＿＿＿＿＿

先生から保護者への返事

＿＿＿＿＿＿＿＿＿＿＿＿＿＿＿＿へ

コメント：

＿＿＿＿＿＿＿＿＿＿＿より　　日付：＿＿＿＿＿＿＿＿＿

第2章　子どもと良い関係をつくる

集まりに仕事の都合で参加できない親を除外するべきではなく，推薦図書をクラスに紹介してもらったり，連絡帳に何か気になることや質問を書いてもらったり，というような別の方法を通じてクラスに参加してもらうように働きかける。

教師の気遣いを示そう

　教室以外の場で子どもの様子を知るには，子どもが参加しているサッカーの試合やダンスや音楽の発表会に出てみるとよい。また，教師の個人的な時間を費やして，昼食時に子どもと過ごしたり，休み時間に校庭での遊びに加わったりすることもできる。
　しかし，子どもの休み時間や昼食の時間は，ほとんどの教師にとっては貴重なリラックスタイムであり，忙しい朝を終えての燃料補給の機会となっている。あるいは，そういった時間を，書類の処理や保護者への電話連絡にあてているかもしれない。また，放課後の時間は次の日の授業の準備ですでにいっぱいかもしれない。そうすると，「家庭訪問や校庭や昼食室に出かけることが本当に必要なのだろうか？」「私は自分の時間を持つ権利がないのだろうか？」と問いかけたくなるだろう。
　すべての昼食の時間や放課後の時間を子どもと一緒に過ごすことを期待しているのではなく，1年間の期間中のどこかで子ども一人ひとりと一緒に過ごす時間を見つけることは，答案の採点をしたり，カリキュラムの準備をしたり，学校運営委員会に出席したりすることと同じぐらい必要不可欠なことだと述べているのである。このことは，扱いが難しい子どもや社会性や学習面に困難のある子どもの場合には特に当てはまる。こういった余分な努力をしているかどうか見てみれば，子どもとの関係を築くための教師の気遣いや意欲がうかがい知れるのである。このような教師の努力が，協調的で，気遣いに満ちた，そして問題行動の少ないクラスづくりに貢献してくれる。教師側のこうした努力こそが，葛藤が生じたときに大いに頼りになる，教師と子どもと家族との肯定的な感情や良い経験の積み重ねを作り出すのである。事実，ある研究が示しているように，特に年少の子どもは，教師の注目を引くための働きかけをする。もし教師が肯定的な注目を子どもたちに向けて，彼らと良い関係を築くことができれば，不適切なやり方で無理やりに教師の反応を得ようとすることは少なくなるだろう（Brophy, 1981, 1996）。実際に実行した教師たちによれば，年度の初めに子どもや家族との関係を築くために別の時間を充てることで，年度の後半にはクラス内にストレスが少なくなり，問題行動の調整にそれほど時間を費やす必要がなくなり，個人的な時間を多く持てるようになったと報告している。

対話日誌と毎日の挨拶の活用

　もう一つ，時間をかけずに教師と子どもや家族との関係を促進する方法がある。それが対話日誌の活用である。子どもは朝，登校するとすぐに10分間，対話日誌に書きたいことを書く。教師が日誌を読んでもよいという準備ができたら，子どもは受信トレイや決められた場所にそれを提出する。彼らの日誌を教師がいつ読むか，あるいは読むか読まないかは子どもが決めることができる。子どもは頻繁に，日誌のなかで質問し，教師はコメントや質問，ステッカーや特別なノート，個人的な会話のなかでそれに応じる。そのため，日誌は「対話」日誌と呼ばれる。対話日誌の手法は，プライバシーに配慮した範囲で，それぞれの子どもと個人的なやりと

りができるよい方法である。（他の子どもは，書いた人の許可が無ければその人の日誌を読むことができない）。

　この対話日誌は，読み書きができることを必要とするが，読み書きができない子どもでも利用できる。その場合には，教師がその日の学校の出来事を子どもの日誌に書き込み，親が放課後迎えに来たときに，子どもに読んであげる。親は自分でその日誌に返答を書いてもよいし，子どもが話した内容を書き込んでもよい。対話日誌は親，子ども，教師の間の親密なコミュニケーションを日々促進してくれる。

　子どもと教師との良い関係を促すことができるもう一つの方法は，子どもが登校した際に，一人ひとりの名前を呼び個別に挨拶をすることである。教室に着いた際の，それぞれの子どもへのハイタッチや握手や心温まる言葉かけは，気持ちよいふれあいで一日を始められる簡単でかつ効果的な方法である。

ハッピーグラムの配布

　ハッピーグラムの配布もまた子どもとの良い関係を築くことができる方法の一つである。ハッピーグラムは，教師から子どもに渡される短い文章で，そこには教室で子どもがうまくできたこと，頑張ったこと，あるいは子どもが参加したことで教師が嬉しかったことなどが伝えられている。子どもの机の上にはハッピーグラムのための箱が置かれ，教師はその日ごとにハッピーグラムを子どもと一緒に読み，親に渡すようにもって帰らせる。このハッピーグラムには，「今日，アンナが家で飼っているウサギのお話をしてくれて楽しかったです。彼女はクラスのみんなに上手に話していました」，「パトリックは今日とても友好的でした。ロビーが道で転んだ時にパトリックはロビーを助けてくれました」，「グレゴリーは自分の怒りをコントロールでき，そして自分の気持ちを話すことができました。グレゴリーは良いセルフコントロールのスキルを身につけつつあります」というようなことを書くのがよい。

```
┌──────────────────────────────────┐
│         ハッピーグラム！          │
│                                   │
│  _____ は，_____ でした。       │
│  （子どもの名前）                 │
│                                   │
│  そのことを報告できてとても嬉しいです。│
│  ご支援ありがとうございます！     │
│                                   │
│  _____           │
│       （教師の名前）              │
└──────────────────────────────────┘
```

子どもの話に耳を傾ける

とても忙しい日々のなかで，学習に対する子どもの理解，考え方，気持ちについて話を聴く時間は，子どもとの良い関係を促進するおそらく最も強力な方法の一つだろう。もともとカール・ロジャースが作った「児童中心」学習という概念は，効果的な学習が行われるには，人格のうちの感情の領域と認知の領域の双方の発達が必要であるという信念に基づいている（Rogers, 1983）。彼は，教えることを減らしもっと話をきくようにする，という大胆な試みを教師に提案した。特定のカリキュラム目標に合わせる必要性を考慮すると，すべての学習が子どもの頭に入るということはありそうもない。しかし，もし子どもの気持ちや考え方や関心について，教師側が耳を傾けようとしなかったら，教師の目標と子どもの目標を達成しようとする意欲との間に根本的な齟齬が生じてしまうだろう。子どもは，自分の経験や心配を誰かに話すことができるだけで，とても安心し，肩の荷をおろすことができるだろう。さらに，子どもの知識や興味に対して関心を持ち，尊重してくれる教師がいれば，子どもの自尊心や自信を高めることができる。教師が耳を傾けてくれると，子どもは自分が大切にされており，かけがえのない人間だと感じるようになり，支持的で信頼できる関係を伸ばすことができる。そのことが，子どもの学業成績をも向上させるのである。

関係作りのサークルタイムを設定する

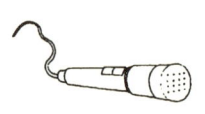

15〜30分（時間の長さは子どもの年齢による）のサークルタイムを定期的に（少なくとも週に1回）設定することは，教師が子どもの話に耳を傾け，また子どもがお互いを知る機会となる時間を確約できる理想的な方法である。年度の初めのサークルタイムで，子どもの関心や気持ちをよりよく知るための方法の一つとして，「リスニングベア」ゲームがある。年少の子どもの場合，時折，話す人が特別な何かを持つようにするとうまくいく（たとえば，ぬいぐるみ，おもちゃのマイク）。そうすることによって，グループの全員が，今は誰が話し，誰が聞く側なのかを知ることができる。話し終えたら，話していた人は次に話す人にマイクを渡す。競争的ではなく，誠実で，開かれた形で定期的に開催されるサークルタイムにおいて，気遣いと大切な対人関係がつまった，家庭的な雰囲気のあるクラスを作ろうとする教師の意欲を示すのである。（第9章では，子どもの問題解決に役立てるサークルタイムの利用の仕方について詳しく記述してある。また，第10章では，ほめ言葉のサークルタイムについての説明がある）

お互いを知るためのサークルタイムでのゲーム

「リスニングベア」を用いる——子どもを知ることができる楽しい方法の一つが，「リスニングベア」である。「リスニングベア」（実際のぬいぐるみのクマ）は，毎日その日に優れた聞き手であった子どもと一緒に家に帰る。リスニングベアが家にいる間，ベアは家族のなかで起こったことをすべて見たり聞いたり参加したりする（ベアはレストランやサッカー観戦などにも行くかもしれない）。家族の人たちは，家庭にベアがいる間にベアが何を見，何をしていたかという，ベアの訪問について日誌に書

くように頼まれる。もし子どもが書くことができない場合には，親に書き取ってもらう。次の日，子どもはリスニングベアとクラスで読んでもらう日誌を持って学校に来る。これは，子どもとその家族を知る上でとても効果的な方法であり，リスニングベアの視点から物語を話してもらうので，子どもの緊張を幾分か軽減してくれる。また，学校で話してもらうことになる親子の家庭での経験を深めることができる。（教師は，ある時点では全員の子どもがリスニングベアを家に持ち帰ったか確認する必要がある。）この発想は，子どもの特異なニーズに応じて修正して用いることもできる（たとえば，引っ込み思案の子どものために「お話しベア」を用いる）。

桃とアイスクリーム ── 子どもがサークルタイムの際にさまざまな子どもと隣同士で座るように，「桃」か「アイスクリーム」に分ける。それから，教師か子どものうちの一人がどちらかの名前（たとえば，桃）を叫ぶ。呼ばれた名前のグループの子どもは誰かと席を交換する。

似たとこ探し ── サークルタイムでの話し合いは，他の人のことをもっと知ることがなぜ大切なのか，という問いかけから始める。そして，子どもはそれぞれペアを作り（桃とアイスクリーム），2分間の間に学校以外で，二人ともが好きな活動を二つ見つける。二人ともがこの活動について同意しなければならない。そこで，おもちゃのマイクを回し，それぞれの子どもが，「私たちは二人とも……が好きです」と言う。他の子どももこの活動について同意するなら，彼らは「そうそう」と言う。好きな食べ物，スポーツ，テレビ番組，色を子どもに見つけさせることにすると，これと同じゲームをすることができる。

　たとえば，趣味，食べ物の好み，興味といったことについて子どもにお互いが違っていることを見つけてもらうようにしても，同じゲームが楽しめる。このゲームは子どもにみなそれぞれ違いがあるのだということを気づかせてくれる。

あなたの名前を知っているよ ── 子どもに輪になって立ち上がってもらう。子どもに別の子どもの名前を呼んでもらい（親友以外），お手玉をその人に投げる。お手玉を受け取った子どもは，また別の子どもの名前を呼んで，お手玉をその人に投げる。すべての子どもが名前を呼ばれるまでこのゲームを続ける。

誰だ誰だ ── 子どもは目隠しをして輪になって座る。オニになった一人の子どもは目隠しをせずに輪のなかの誰かにタッチする。他の子どもはオニに対してタッチされた人が誰かを言い当てるように質問をしなければならない。一人につき質問一つと推測1回が許される。正しく言い当てることができた子どもが次のオニになる。

お誕生日ゲーム ── 子どもはみな顔を向かい合わせて輪になって座る。教師が1年のうちのある月を叫び，その月にお誕生日がある子どもは輪の外をグルリと走り，自分の場所に戻ったらまた座る。すべての月を呼ぶまでこのゲームは続ける。

子どもを信頼していることを示す

　あらゆる良い関係は，信頼を基盤として築かれるべきである。教師が自分たちのためにいて，自分たちを助けてくれるために全力を注いでくれていることがわかるようになると，子どもからの信頼は徐々に築かれていく。扱いが難しい子どもは，教師を十分に信頼するまでに非常に多大のサポートと注意と気遣いを必要としている。なぜなら，これまでの彼らの行動の結果として，かなりの否定的なフィードバックを受けている可能性があるからである。難しい子どもは，

教師が彼らのことを諦めたり，批判的な態度をあらわにしたり，けなしたり，あざ笑ったり，無視したりさえすることに慣れてしまっている。難しい子どもと良い関係を築くためには，彼らの能力を信じ，大いに期待しているということをあらゆる機会を通じて彼らに伝えていく必要がある。たとえば，宿題やおやつの配布，出席をとる係，何かを組み立てる役目といったような，何らかの特別な係を彼らに与えることで，教師からの信頼を示すことができる。往々にして，よくできる子どもがそういった係として選ばれるので，扱いの難しい子どもは自分たちにそのような能力がないという印象を持っており，そのことが彼らの問題を悪化させてしまう。

　子どもに信頼を感じさせることができるもう一つの方法は，お互いの助け合いを促すことである。二人組や小グループで宿題に協力して取り組むといった機会をつくって，教師は子どもが互いにもっている自然な先入観を良い相互関係に導いていくことができる。ただ単に，必要を感じた時に別の子どもに助けを求めてもよいとした場合には，あまり人気のない子どもがのけ者になってしまうことがしばしばある。教師は戦略的に子どもの組み合わせを考えるとよい。たとえば，やや行動に問題がある子どもでも，国語，数学，体育などの領域では特に良い成績であるかもしれない。このような子どもに対して，その領域が不得意な子どもを助けるように働きかけるべきである。子どもがお互いを助け合えば，彼らの自尊心は高まり，自分は教師に大切にされており，信頼されていると感じるようになる。

子どもに選択させる

　子どもとの意義のある関係を促進するもう一つ別の方法は，子どもに選択を許すことである。教室では，子どもに選択権はなく，彼らの選択肢は従うか従わないかだけということがよくある。しかし，もし教師がより多くの選択を可能な限り彼らにさせることができれば，教室でのできごとに対して彼らが責任や関心を持つ可能性を高めることができる。選択権を子どもに与えるということは，適切な方法で「ノー」と言う自由を与えることであり，彼らに対して「ノー」と言う権利が尊重されていることを示すことでもある。この尊重の気持ちは信頼関係を築く際に不可欠なものである。何の本を読みたいか，自由活動の時間にどの活動を選ぶか，何の雑用をするか，などについて子どもは選択することができる。

人との関係を築く能力に自信のない子どもに肯定的な自己対話を促す

　意義のある関係づくりの能力に自信のない子どももいる。そうした子どもは，これまでの学校での経験や周囲の人たちからの反応に基づき，かなり否定的な自己対話を行うことが多い。心から彼らのことを知りたいと思っている教師と会った際でも，彼らは「先生は本当は僕のことが好きじゃない。僕はトラブルメーカーだから」とか，あるいは「先生は私のことなんてどうでもいい。ただ仕事だからやってるだけだ」と繰り返し考えている。これらの自己への言葉が学習意欲を損ない，信頼関係の発展を妨げている。教師は当てつけだと思わずに，こういった自己対話をしっかりととらえ，子どもの自己を損なうような言い方を，より肯定的な自己対話に置き換えられるように援助することが重要である。「僕は助けを求めることができる。先生は僕を助けたがっている」，「先生は私が数学が得意だって言った」，「僕はできる」，「できるって思えば，できる」，「私ができる仕事もある」というような彼らが自分自身に向けて繰り返すことができるような発言を教師が教えるとよいだろう。子どもが自分に言い聞かせるあらゆる否定的な発言に対しては，肯定的な発言を二つもって対抗しなければならないというルールを作るようにする。この取り組みは，彼らがより肯定的な自己像を持つことに役立つ。

自分に対して自信のない子どもは，防衛的で，応答的でなく，教師が差し伸べた手を拒否するかもしれないので，理解するのが困難である。親からの拒絶，虐待，剥奪を経験している子どもに対応する際には，このことをあらかじめ織り込んでおく必要がある。彼らの拒絶をものともせず，継続的に根気よく繰り返し気遣い，励まし，期待を寄せてくれる教師を子どもは必要としている。教師が将来に対して最も影響を及ぼすことができる生徒はこの種の生徒である。

個人的なことを伝える

　ある教師が，自分のどのような個人的な情報についても個別でもクラス内でも自発的に話すことを嫌がる子ども数人と過ごした経験を話してくれた。その教師は，自身の個人的な情報を子どもたちに伝えたり，自分が成長する過程で起こった楽しい経験を彼らに話したりすることによって，その問題に対処したのだ。教師は子どもにそれらの出来事について質問するようにさせ，そのことで結果的に子どもは自身のことをより話してくれるようになったのである。この教師の例では，彼女は自己開示の仕方と自分のことを知ってもらう意欲をモデルとして子どもたちに示している。その結果，子どもたちは，教師と一緒にいることの安心感を高め，クラスメイトに対する親密さを増すことができた。

子どもと遊ぶことの大切さ

　子どもとの良い関係を促進する最も効果的な方法の一つは，子どもと一緒に遊ぶことである。それはなぜか？　教師が子どもと戯れたり，一緒に遊びに参加する時は，教師と子どもの関係は一時的により対等のものとなるからである。遊び場面では，教室内で子どもがしなければならないことを，教師が支配，あるいは管理している普段の上下関係ではない。それどころか，教師と子どもは，対等に一緒に楽しく遊ぶ。そして，教師が子どもの指示に従うこともある。このような互恵関係の機会をもつことは，親密さと信頼を作り出すのに役立つ。また，子どもの提案に従うことを教師はモデルとして示すことができるので，協調性を促進することもできる。教師と子どもが一緒に遊ぶことは，子どもの教師に対する肯定的な感情を育成し，子どもの学ぶ意欲を促し，教師を喜ばせてくれるだけではなく，教師も自分たちの仕事がより楽しくなっていることに気づくだろう。

　大切なことは，子どもたちが遊びを通じて学ぶということを覚えておくことである。遊びの時間は，子どもがアイデアを試してみたり，冒険してみたり，難しい役割に挑戦したり，気持ちや考えを分かち合ったり，親密になったりすることができる時間なのである。

教室内で遊ぶことへの懸念

　教室内で戯れることで子どもをコントロールできなくなる，つまり子どもたちがふざけすぎたり乱れすぎたりするのではないか，と懸念する教師もいる。一緒に戯れることは子どもとの関係を近づけてくれる非常に効果的な方法ではあるが，教師が制約を設けて構造化できるようにしておくことがやはり大切である。たとえ遊びが教室内で若干手に負えなくなり，教師が手綱をしめる必要が出てきたときでも，そのこと自体が子どもにとっては有益な学ぶ過程なのである。年少時は感情的に不安定で，感情を調節することが難しいため，どのようにして馬鹿騒

ぎの時間から落ち着いた活動へと移行していくかを学ぶことは，彼らにとって役に立つ。教師はこの調節する過程のモデルを示し，子どもはその経験に導かれて学ぶ。

　子どもと一緒に遊ぶような教師を子どもは尊敬しないのではないか，ということを懸念することもある。恥ずかしかったり，子どもに笑われることを心配したりして，歌ったり「馬鹿になったり」することを嫌がる教師もいる。そういった教師にとっては，子どもと共に戯れることをしょっちゅうやってみれば，すぐに恥ずかしさはどこかに行ってしまい，笑われるのではないかという心配は子どもの喜ぶ姿にとって替わられるだろう。遊び戯れることは相互関係における軽視を引き起こすものとは確実に違う。実際は，子どもと遊び戯れる教師は，リードする機会を子どもに与えるという敬意を子どもに示すことを通じて，クラスでより尊敬を受けるような環境を作っている。さらには，そういう教師がなんらかの違反に対してしっかりと主張し，罰を負わす際には，遊ぶ先生から真剣な先生へと態度を大きく変えることによって，子どもの注意と遵守を直ちに引き出すことができる。

　関連して，教師が子どもと遊び戯れることについて，同僚や保護者が，その教師は仕事や教育に対して真剣ではなく，プロフェッショナルとは言えないと見なすのではないかと心配する教師もいる。他者からの非難に対する恐れは，指導に遊びを取り入れるやり方に創造的かつ実験的に取り組もうとする教師の努力をくじいてしまう。「教える技」とは，リスクを犯してでも子どもの発達レベルに沿った教育指導を行おうとする意思と創造性である。このことを教師にぜひ覚えておいてもらいたい。

　最後に，カリキュラムが多すぎてそれをこなすのに精一杯で遊ぶ時間はないと主張する教師もいるだろう。この意見は，大人と子どもが共に過ごす時間は取るに足らない非生産的なものであるとするわれわれの社会に広く受け入れられている信念を反映したものである。子どもと共に遊び戯れることは，カリキュラムと分けて考えるべきものではなく，子どもの学習や活動を高める過程であって，むしろカリキュラムになくてはならない部分である。もし教師がいつでも深刻な様子で，学校になんの楽しいこともなかったとしたら，子どもは学校を嫌いになってしまうということを忘れてはいけない。初年度の学校生活の究極的な目標は，学校は楽しいところであり，子どもと教師がお互い認め合い信頼し合い，それぞれの個性や学ぶ姿勢は評価され尊重される，共に分かち合い成長する場所であると思えるように援助することである。

　特定の子ども，特に衝動的だったり，不従順であったり，攻撃的であったり，教師を軽視していたりする子どもの場合には，一緒に遊ぶことが難しいかもしれない。このような問題を抱える子どもに対する否定的な感情をそのままにして一緒に遊び戯れることは難しいかもしれない。まさにこういった子どもこそが，これまでの人生において仲間とも大人とも遊ぶ機会や肯定的な経験を共有することがほとんどなく過ごしてきた子どもであり，彼らこそが遊びを最も必要としている。直観に逆らうように思えたとしても，これらの子どもと時間をかけて遊び，関係を構築することは，最終的には尊敬と協力を高めることになる。

遊び心をもっと効果的に用いる

あなた自身が遊び心を持つ

　遊び心を促進する一つのアイデアとして，カツラ，目玉が弾むメガネ，マイク，おかしなTシャツなどのさまざまなアイテムが入った特別な箱を教師が用意することである。教師は，この箱の中にあるものを何か身に着けることで，子どもが来たときに驚かすことができたり，子どもの注意がそれてきたときにこれらのアイテムに頼ることができたりする。たとえば，カツラをつけてマイクを取り出し特別な指示を与えたり，新しい活動への移行をアナウンスしたり

してもよいだろう。この遊び心は，子どもの学習を持続させるのに役立つ。

遊びのなかでは子どものリードに従う

どうやって正しくお城を築くか，完璧なバレンタインカードをどうやって作るか，パズルを正しく完成させるにはどうするか，といったような，すべきことを教えるということを通じて遊びを構成しようとする教師もいる。もしかすると，彼らはこのやり方によって遊びを無駄のない活動に仕上げていると信じているのかもしれない。しかし残念なことに，遊びの生産性を必要以上に重視してしまうと，命令や訂正ばかりを生み出すことになり，たいていの場合，子どもにとっても教師にとっても報いの得られない経験となってしまう。

子どもとの自由な遊び時間の最初のステップは，子ども主導で，彼らの考えや想像に従うことであり，教師自身の考えを押し付けることではない。命令や指示を出すことで子どもの活動を作り上げたりまとめたりしてはならない。何事も教えようとしてはならない。その代わりに，子どもの行動をまねて，彼らがして欲しいと思うようにしてあげるのがよい。教師が後ろに黙って座り，子どもの想像力を発揮する機会を作ってあげると，子どもは遊びに熱中し興味を持つようになるだけでなく，より創造的になることに教師はすぐに気づくことになる。このようなやり方は，子どもが自立して遊んだり考えたりする能力を伸ばしてくれる。さらに，教師が子どものリードに従う際には，子どものアイデアを尊重していることを示し，彼らの求めに従っていることを明らかに見せる。このように子どもからの適切な求めに従うというモデリングは，別の状況で教師の求めに子どもが従うようになることを促進する。さらに言えば，このことは，いわばパワーバランスともいえる互恵関係に貢献してくれる。このような互恵関係はより親密で意義のある関係を導いてくれる。

良い聴衆となる

子どもと遊ぶ際には，良い聴衆となることが大切である。なかには，遊びに関与しすぎて子どもを無視したり，子どもがやっていることを取り上げてしまう教師がいる。子どもと遊ぶ際には，教師は自分がやっていることに没頭するのではなく，子どもに焦点を当てることが重要である。この遊びの時間は，教師と子どもの相互関係の中で，子どもがコントロールできる数少ない時間の一つである。また，多くの規則や制限に邪魔されることなく，自分のやったことに対して教師からほめてもらえる数少ない時間の一つにもなるだろう。自分は良い聴衆であると思うようにしよう。子どもの後ろに座り，子どもの作り出すことをなんでも見守り，その努力を真剣にほめてあげよう。

子どものしていることをそのまま声かけする

教師は，遊んでいる際に，「あの色は何色？」，「この形はなあに？」，「それはどこにやるの？」，「何をつくっているの？」というような質問を相次いでする傾向がある。通常これらの質問は，子どもの学習を促すことを意図している。しかし，往々にしてそれが逆効果になっていることがある。子どもは，この質問によって，防衛的になったり，沈黙したり，自由に話すことをしぶるようになったりするからである。実際には，特に教師が答えを知っている場合の問答は，子どもにそのようにすべきであると要求している，まさに一種の命令になっている。子どもが何を作り上げようとしているのかを明示するよう尋ねる質問は，子どもが最終的に何を作るかをまだ考え中であったり，自分のアイデアを吟味したりする前に出されてしまうことが多い。その結果，遊びのプロセスではなく，何が作られるかという結果に重点が置かれてし

まうことになる。

　教師は，子どもがやっていることを単に言葉で表したり，支持的なコメントをしたりすることによって，子どもの遊びに関心があることを示せばよい。このやり方は言語の発達を非常に促すことができる。たとえば，「明るくて綺麗な紫色に塗っているね。今，次に何色を塗るかを根気よく考えているんだね。自分の絵に満足しているようだね」などの声かけを教師がするとよい。そうすると，すぐに子どもが自然に教師の言ったことを真似るようになっていることに気がつく。そして，教師がさらに子どもを励ましてあげると，子どもは自分の作品のできばえに胸を高鳴らせるだろう。状況説明は，子どもの活動の実況解説であり，多くの場合スポーツの試合でアナウンサーが行う実況中継のようなものである。今説明した例のなかでは，教師は子どもが実際に作った作品だけでなく，子どもの感情や辛抱強さについてもコメントしていることに気づいただろうか？　このやり方は，さまざまな感情を表す言葉を子どもが身につけることを促し，そのことによって，子どもが自分の感情を調節したり，適切に感情を表現したりする方法を学びやすくしてくれる。衝動的だったり，怒りっぽかったり，多動であったりといった気質を持つ子どもにとっては，平和的に，穏やかに，思慮深く，楽しく，役に立つような形で遊んでいる際の様子を，教師が言葉で伝えてあげることが特に重要である。多くの場合，そういった子どもは，彼らが怒っていたり，コントロールがきかなくなったりしているときに，大人から注意を受け，意見されている。こうした子どもは，穏やかで楽しく遊ぶことができる時間もあるのだということに気づいていないことさえあるかもしれない。

　状況説明というのは斬新なコミュニケーションの方法なので，これを最初に試みるときには落ち着かない感じがするかもしれない。しかし，さまざまな状況でこの方法を使っていると，その落ち着かない感じは消えるだろう。もし教師がこのやり方を継続すれば，このような注目のされ方を子どもが好きになっていることや，このコミュニケーションの仕方によって活動に対する集中の時間が延びるだけでなく，子どもの感情に関する語彙力も促進されていることに気づくだろう。

　もし質問をするのであれば，質問数を制限し，質問に応える子どもへの対応をしっかりと確立しておく必要がある。つまり，質問するときには，前向きで批判的でないフィードバックや励ましをそれに続けるとよい。そして，子どもの自立した行動をほめ，また干渉などしないで返答する機会を子どもに与えることが大切である。

結　　論

　受け持ちのすべての子どもに対して良い関係を築こうと特別な努力と時間を費やすことで，教師は子どもの将来に大きな影響をおよぼすことができる。しかし，それは簡単なことではなく，絶え間ない熱意と，子どもやその家族と親密になろうとする意思とが求められる。教師がそれをなすことができれば，影響力のあるモデルとなるだろう。なぜなら，教師は子どもの学習への配慮を示すことを通じて，重要な社会的関係のスキルをモデルとして示しているだけではなく，子どもの自尊心と情緒的な発達にも貢献しているからである。年少時の教師との関係における情緒的安定は，想像力を発揮したり，新しいアイデアを試したり，失敗をしたり，問題を解決したり，不満や希望を話し合ったり，学業スキルを徐々に身につけたりしていくための自信をつけるうえで，子どもにとって不可欠なものである。

まとめ

子どもに示す教師の気遣い。
- 子どもが登校してきたときに個別に挨拶をかわす。
- 子どもの気持ちをたずねる。たとえば，対話日誌。
- 校外での子どもの生活についてたずねる。たとえば，リスニングベア。
- 子どもの話に耳を傾ける。
- 時々子どもと一緒に食堂でご飯を食べる。
- なんらかの方法で誕生日を知る。
- カードや前向きなメッセージを家庭に送る。たとえば，ハッピーグラム。
- 子どもの趣味や特別な才能を見つける。たとえば，興味の調査票。
- 家庭訪問する。
- 教師自身の個人的なことを伝える。
- 休憩時間や自由時間に子どもと一緒に遊ぶ。
- 学習上や社会的な能力と関係なく，すべての子どもと良い関係を築く。
- 家庭訪問や保護者会を通じて子どもの保護者のことを知る。
- 子どもの成功や成果を知らせるために定期的に保護者に電話をする。

教師が子どもを信じていることを示す。
- 否定的な自己対話を見つける。
- 肯定的な自己対話を促す。
- 子どもが成功することができるという教師の信念について話し合う。
- 「達成」缶を作る。空のジュース缶に子どもが学んだスキルが書かれた紙片を入れる。たとえば，算数の証明，書き方，他の人と共有したこと，助けたこと。（この方法は子どもの成長を保護者に見せる際にも有用である）。
- 特別に努力したことや達成したことについて，電話で子どもをほめる。
- クラス内で，他の子どもの特別な才能や欠けている点を認め合うことができるようにすべての子どもを援助する。
- 時に応じて，子ども主導で，子どものアイデアを注意深くきき，「良い聴衆」となる。

教師が子どもを信頼していることを示す。
- 毎日の業務やクラス内の仕事を手伝ってくれるよう子どもを誘う。
- カリキュラムの選択を提案する。
- 子ども同士が協力し合うように促す。
- お互いが助け合うように促す。
- 自分の考えや気持ちを子どもに伝える。

文　献

Brophy, J.E. (1981) On praising effectively, *The Elementary School Journal*, 81, 269–75.
Brophy, J.E. (1996) *Teaching Problem Students*, New York: Guilford.
Rogers, C. (1983) *Freedom to Learn for the 80's*, Columbus, OH: Merrill.

Chapter Three | The Proactive Teacher

第3章 先手を打つ教師

　子どもが，学習に対して悪影響を与える妨害行動を取る場合，教師は自然と感情的に対応しやすくなる。そうなるのは理解できることなのだが，教室内でのマイナスの行動に対してイライラすることは，子どもの行動を修正するためにどのような対応が最も適切かについて，教師の戦略的な思考能力を弱らせてしまうことになる。教師は，問題が生じたときに反応するのではなく，妨害行動が起きたり，課題に取り組まなくなったりするような教室状況を予測し，それらを未然に防ぐため，先手をうつためのステップを取ることができる。先手を打つ教師は，問題行動が発生しにくくなるような方法で，教室環境と学校生活を構造化していることが研究によって明らかにされている（Doyle, 1990; Gettinger, 1998; Good and Brophy, 1994）。彼らは，子どもが落ち着き，安全を感じ，成功を収めやすいように，予定，日課，一貫性のあるルール，行動の基準を設定するのである。事実，明確な基準やルールが少ないクラスにおいては，不適切な行動を示す子どもが多い。本章では，問題行動が起こりにくく，安全で見通しのよい学習環境を作り出すために，教師が使うことのできる先手を打つ方法を学ぶことができる。

安全で見通しのよい学習環境を準備する

　学級の構造は，子どもの学習能力を支える基本的な枠組みをもたらすことになる。向社会的なアプローチには，見通しのよい学級の日課とスケジュール，どのように時間の切り替えを行うか，期待される行動についてのわかりやすいガイドラインなどが含まれる。

教室でのルールは観察できる行動で表さなければならない

　教室でのルールやクラスで期待されていることは，明確に書き出して教室に掲示すべきであり，子どもがそれに従ったときには強化しなければならない。五つから七つを超えない程度のルールを前向きな言葉で掲示すべきである。たとえば，「自分の席に座りましょう」といったルールはわかりやすいが，「バカなまねはしません」はあいまいで，否定的なことに焦点が当てられている。ルールは，観察できる行動，すなわち教師が目で見ることのできる行動で表されなければならない。たとえば，「手は自分の体につけておきましょう」は，どのような行動が期待されているか，子どもは明確に心に思い浮かべやすいので，「敬意を表しましょう」とか「行儀よくしましょう」といったものより望ましい。同様に，「すべての宿題を終え，次の日の朝には机の上に出しましょう」は，要求されている行動がわかりやすくあいまいではないので，「責任を持って宿題をしてきましょう」よりも望ましい。「よい子でいましょう」や「責任を持ちましょう」といったルールは，あいまいであり，求められている行動が不明確なので効果的ではない。

ルールに関する話し合いに子どもも参加させよう

　たとえ子どもが4歳であっても，教師は教室でのルール作りや，なぜルールが大切なのかについての話し合いに子どもたちを参加させることができる。たとえば，学級の初日に，教師は子どもから重要なルールが提案されるように話し合いをもつべきである。教師はこのような問いかけから始めることができるだろう。「みなさんはこのクラスのルールをどのようなものにしたいと思いますか？」ルールに関する子どものアイディアをまとめるとともに，教師は何故ルールが特に重要なのか子どもに尋ねることができる。たとえば，「ルールによって，みなさんは安全だと感じ，敬意を持って扱われるという自分自身の権利が守られていると感じることができるのです」と説明できる。その後，子どもが前向きで期待される行動に関してルールを表現できるように援助しよう。ルールについて子どもの協力を得ることで，子どもは自分のルールという所有意識を持ち，より忠実にルールを守るようになるだろう。たいていは子どもから重要なルールがすべて提案されることになるが，そうではない場合には，教師はいつでも欠けているルールを追加することができる。そして，どうしてそのルールが重要なのかという話し合いに導くことができる。

　ルールを確立することに加えて，ルールを破ったときの結果について，話し合うことも必要不可欠である。子どもは，どのような行動をしたら，特権を失うのか，タイムアウトやクールオフのために教室から離れなければならないのか，について正確に知る必要がある。したがって，子どもには自身の行動によって，ルールに従うかどうかの選択がなされているということ，そして，その選択がある結果を生じさせることになると説明することができる（ルールを破ったときの結果については，第7・8章を参照）。

一つずつルールを教え，ロールプレイを行おう

　ひとたび，学級の初日にルールについて話し合ったら，その後，教師はクラスでの様子について注意深く観察するために，それぞれの週ごとに一つのルールを取り上げる。年少の子どもに共通して重要なルールは，以下の通りである。

- 手と足は自分の体につけておきましょう（マナールール）。
- 教室には静かに入り，上着は掛け，自分の席に座りましょう。
- 質問があるときには静かに手を挙げましょう（話すルール）。
- 口論や問題は話し合いましょう（問題解決ルール）。
- お互いに静かに丁寧な言葉で話しましょう。
- 昼食の前には手を洗いましょう。

　たとえば，教師が一番はじめに注目するルールは，教室に静かに入ることである。教師は，クラスの誰かに，朝の教室への静かな入り方を実演するように頼む。子どもがこれを実演したら，他の子どもたちも順番に行うようにする。教師はうまくできたことを認め，称賛する。ロールプレイや練習により，子どもはルールに従うためには，どのような行動が求められているかを正確に理解することができる。

　年少の子どもには，最初にルールをはっきりと具体的に示してあげる必要がある。もっと年長の子どもには，後で一般的なルールとしてまとめるとよい。たとえば，手を自分の体につけておきましょう，静かに教室に入りましょう，自分の席に座りましょう，廊下は歩きましょう，というルールは，「振る舞いのルール」と呼ぶことができる。丁寧に話しましょう，分担しましょう，手を洗いましょう，は「マナーのルール」と呼ぶことができるかもしれない。

ルールにしたがったときに提示するポジティブな結果を計画しよう

　ルールを最初に教えたら，教師は子どもがルールに従ったことに気づいたときには，いつでもほめ，励ます必要がある。教師は，会話のルールや，振る舞いのルールなどを覚えておくことが難しい子どもを手助けできるように，やる気をおこさせるようなプログラムを計画してもよい（例，チケットやステッカー）。「素晴らしいわ。部屋に静かに入って，黒板の前のカーペットのところに座るというルールを覚えていたのね。どうもありがとう。ルールを守ったのでボーナスステッカーをあげます」

特定の子どもの座席について注意深く考えよう

　教室を構造化する上でもう一つの重要な側面として，教師との関係を念頭に，それぞれの子どもをどこに座らせるかを配慮することがある。子どもは全員，教師のそばにいる必要があるとはいえ，ここで特に配慮の必要があるのは，気が散りやすい，不注意な，妨害行動を示す子どもである。残りの子どもを妨害することなく，合図を送ったり，課題に注意を向け直させたりできるように，そのような子どもは教師のそばに座らせよう。

見通しの良い日課を立て，時間の切り替えの計画を立てよう

　興味のある活動から（おそらくより興味がないような）他の活動に切り替えることは，年少の子どもであれば誰にとっても難しいことかもしれない。不注意な子ども，衝動的な子ども，注意がそれやすい子どもの場合，これが特に難しい。教師は，スムーズな時間の切り替えを手助けするために，前もって次の準備をしたり，時間が切り替わる前後に見通しのよい日課を用意したりするとよい。

　あやふやな日課は行動の問題を引き起こしやすいが，見通しのよい日課は問題を防ぐのに役

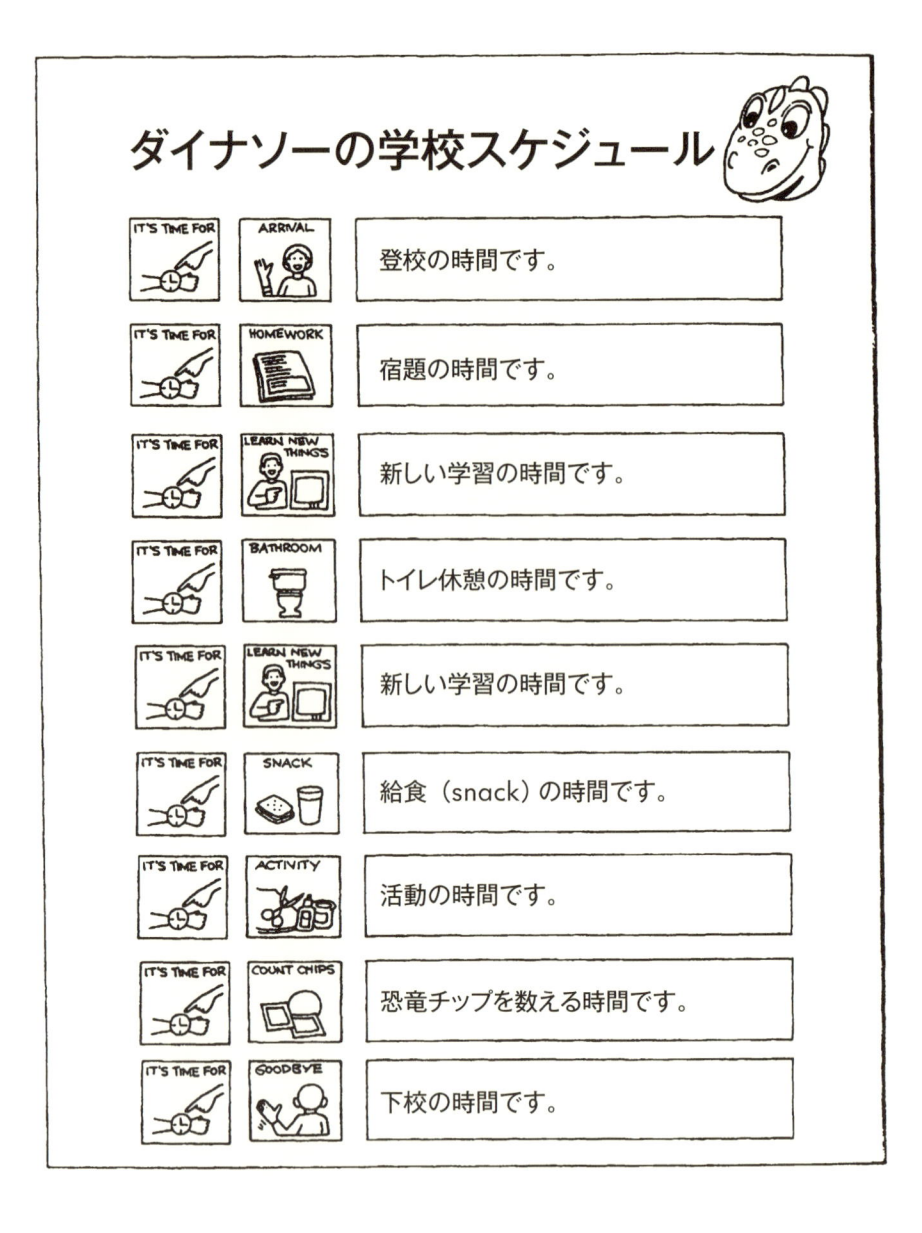

立つ。

　日課を見通しよく，明確にする方法として，日々のクラスの計画を壁に掲示することが挙げられる。それによって，子どもが休憩や給食の時間の後に，サークルタイムがあることを知ることができる。年少の子どもの場合，字が読めない子どもでも予定がわかるように，それぞれの活動に目で見てわかる絵をつけておくことが大切である。不安の強い子どもや，不注意な子どもは，次の活動に移動する際にチェックすることができる。

　活動の切り替えを手助けする方法として，活動の終わりに，「図工（美術）の時間はあと5分で終わります，その後休み時間に入ります」「3分後にベルが鳴り終わったら，本を片付けなければなりません」などと予告して，子どもに準備させるやり方がある。時間の概念を獲得していない年少の子どもには，音楽，電気をつけたり消したりする，一定のリズムで拍手をするといったものも，活動を次に切り替える合図として役立つであろう。特別なスケジュールの変更

があった場合，切り替えが難しい子どもに対しては，日常のスケジュールが掲示してある出来事の順番や場所を，子どもに実際に入れ替えさせると効果的である。たとえば，班活動の予定表の項目を，新しい活動（たとえば社会見学）と入れ替えるといった具合である。

　馴染みのある，見通しのよい日課を用意することに加え，切り替えの時間にどのようなことが起きるのかを前もって子どもにその通りに練習させたり，リハーサルさせたりすることも役立つかもしれない。「音楽の授業に行く前に，私たちが最初にしなければならないことは何ですか」「食堂に入った後，何をするのでしたか」「入る前に上着と帽子を脱いで，お弁当箱は自分のロッカーに入れることを覚えておきましょう」と言えばよい。子どもが理解していないと感じたら，もう一度練習させるために廊下に戻してみる。そして，ポジティブな練習を積むことによって，これらの日課を自動的にこなせるようになっていく。

おはようございますとさようなら

　一日の始まりと終わりは，見通しのよい日課を用意すべき重要な切り替えの時間である。日々歓迎のあいさつをすること，ポジティブにさようならを言うことは重要である。できるだけ早く子どもの名前を覚え，その名前を呼ぶことは，どの年齢の子どもにおいても非常に大切である。名札を使ったり，名前を子どもの机に貼ったり，名前に関するゲームをすることもできる。

多動な子どもや不注意な子どもに対しては，適切なやり方で体を動かす機会を用意しよう

　大人同様，子どもなら誰でも，長時間座っていなければならないときには，多少は体を動かす時間が必要になる。多動性・衝動性のある子どもや不注意な子どもであれば，なおさらである。そのような子どもには，静かにしておけば数分間体を動かすことのできる「動けるスペース」が必要になるだろう。「動けるスペース」は，部屋の静かな場所かもしれないし，床にテープで印を付けた特定の場所になるかもしれない。子どもがそのスペースに行くかどうかを決めることができ，教室の活動を邪魔しない限り利用することができる。したがって，「動けるスペース」に行き，戻ってくることに対しては，子どもが責任を持つことになる。

　教師によっては，クラスの全員が「動けるスペース」に行きたくなってしまうのではないか，あるいはそのようなことを認めると，学級崩壊を起こしてしまうのではないかと心配するかも

しれない。しかしながら、「動けるスペース」の使用に関しては、たとえば、――一度に一人しか「動けるスペース」は使えません――といった明確なルールを作り、ルールに従う責任を子どもに持たせるようにする。その際、明確なルールを作ることが重要である。たとえば、誰がそのスペースを使うことができるのか、一人が一日に何回使うことができるのか、といったことを明確に定める。着席しておくことが特に難しい一人か二人の子どもだけが「動けるスペース」を使ってよいと決めてもよいだろう。そして、これらの子どもがチケットと引き替えに「動けるスペース」に行くことを選べるように、毎日決まった数のチケットを用意しておく。

創造的な方法を使って、子どもの注意を引きつけ、維持させよう

　多くの年少児にとって教師の話を聞くことは大変なことである。ある活動に夢中になっているときは特に大変である。そのため、子どもの注意を引きつけ、それを保つために、教師は創造的な方法を用いることが大切になってくる。もし子どもの注意が散漫になっていたら、教師の指示を聞くことはないだろう。その結果として目の前の課題から注意が離れてしまう。たとえば、教師の指示に従っている子どもをほめることは、この子と同じことをすれば、同じように教師の注意が得られることを他の子どもに知らせる合図となる。

　教師は、子どもの注意を引き、指示を聞くことができるように多様な方法を用いる必要がある。ある指示をするために、ジョークを用いたり、声の調子を変えたり（例、ささやくように話すことは、しばしば子どもの注意を引きつける）、何か面白いことをする（例、変わったゴーグルをつけたり、帽子をかぶったり）、といった方法を使うことや、教師が何を考えているか子どもに当てさせたり、「サイモンさんが言いました」のゲームを使ったり、教師の拍手を真似るように言ったりすることは、すべて子どもの注意を引きつけるのに役立つ。たとえば、教師は緑色の服を着ている人は、次の質問に答えましょうと言うことは、シンプルではあるけれども、子どもを話し合いに巻き込むには効果的な方法である。

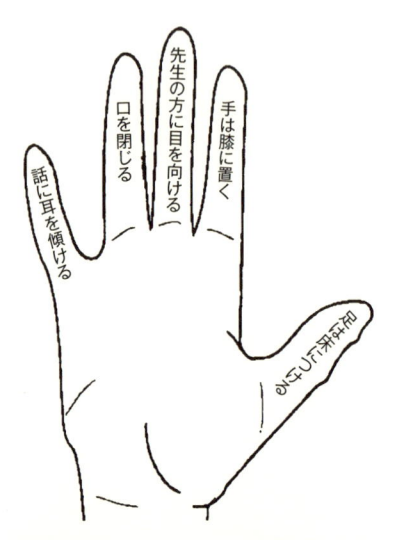

　即座に子どもの注意を引きつけることができるもう一つの方法は、「五本指」ストップ合図を使うことである。この合図は、それぞれの指を使って、それぞれ違った行動（たとえば、手は膝に置く、足は床につける、先生の方に目を向ける、口を閉じる、話に耳を傾ける）を表していると子どもに説明する。年少児に「五本指」の意味を教える場合、その最初の段階では、子どもの机に手のひらの絵を貼ってもよい。それぞれの指には、その指が表す行動（たとえば、耳を向ける、足は床につける）のステッカーを貼っておく。この方法は、子どもが学習に熱心に取り組むことができるようになる新しく興味深い方法を提案している。その意味で、年少児への指導法として実にやりがいがある。

「五本指」ストップ合図

上手に立ち回りましょう：観察・調査

　教師が教卓の後ろで過ごしている時間が長ければ長いほど，多くの子どもが教室で妨害行動を示し，活動に参加しないことが示されている。教室内を巡視し，気を配りながら観察し，目と耳を駆使して調べることは，効果的な教室マネジメントの鍵となる。教師が巡視することによって，いくつかの大切なことが起こる。第一に，教師は，課題に取り組んでいる子どもやグループをほめることができる。第二に，教師は，問題を早期に発見でき，必要に応じてそれを止めさせたり，手助けしたりできる。このことによって，子どもの不満は減少し，学習の取り組みへのサポートが増えることになる。

　教室の巡視によって，教師は騒音の程度や課題に従事していない行動を観察することも可能になる。静かに手を挙げるよう視覚的な手がかりを示したり，一所懸命勉強するよう指示をしたり，騒音メーターを示して，静かに課題に取り組まなければならないことをそっと合図することができる。実際には，言葉による注意や非言語的な合図を使わなくても，単に教室の騒音が起こっているところ（多くの場合は後方の左側）を巡視するだけで，静かになることが多い。

　自分が教室をいつでも回りやすく，子ども全員が見えるように，教室の机や椅子を配列することも大切であることを覚えておこう（第6章も参照）。

効果的な制限と再指示

　自分のクラスの子どもがルールを守ることができていない場合，子どもたち全員が教室のルールや教師の指示を試すという行動にでている可能性があることを覚えておくとよい。このことが特に当てはまるのは，これまでに一貫性がなかったり，ルールをきっちりと守らせてこなかった場合である。こうした試し行動に備えよう。子どもがルールを破ったときは，子どもが実際に学ぶことができる唯一の機会なのである。不適切な行動に対しては，一貫した結果を提示することで，適切な行動が期待されていることを子どもに教えることになる。研究によると，普通の子どもにおいても，教師の要求に従えない時間がおよそ3分の1あり，困難を抱える子どもではさらに高い割合になることが示されている（Forehand and McMahon, 1981）。年少の子どもは，自分のしたい活動を止められると，文句を言ったり，叫んだり，かんしゃくを起こしたりするだろう。学齢期の子どもも，活動を認められなかったり，物を与えられなかったりすると，文句を言ったり，ののしったり，抗議をしたりするかもしれない。これらは正常な行動であり，子どもの自立と自律の要求として健全な表現である。このような抵抗が起きたときには，個人的な攻撃としてとらえてはいけない。子どもは単に，教師の行動が一貫しているかどうか確認するために，教師のルールを試しているだけであることを覚えておきたい。教師に一貫性がないと，次の機会には子どもの試し行動がもっとひどくなるだろう。子どもの抗議を学習経験としてとらえるようにし，子どもが自分の周囲の規則について調べ，何が適切な行動で，何が不適切な行動なのかを学ぶことができるような方法を考えてみよう。

　しかしながら，ルールがあいまいであることが，ルールを守らない理由の一部となっている

可能性もある。たとえば、子どもに期待する行動が何であるかを伝えていないと、教師の「落ち着きなさい」「準備が出来ているのを示しなさい」という指示に子どもが従うことは難しい。「7歳の子はそのようなことはしません！」「どうして指示に従えないの！」「あなたはぜんぜん聞いていないじゃないの！」というような非難を表す指示は、望ましい行動よりも怒りや反抗をもたらす可能性が高い。否定的な指示は、止めて欲しい行動が何であるかを言っているが、教師の望む行動が何であるかを言っているわけでない。たとえば、「それを止めなさい」「走るのを止めなさい」は、その行動の代わりに何をすればよいのかを子ども任せにしてしまっている。また、「プリントに名前を書きたい？」といった質問の指示は、指示を与えられたのか、選択肢を示されたのかがわからないので、子どもを混乱させてしまう。教師は、ポジティブな言葉で表された明確で具体的な指示をするようつとめたいものである。制限設定の有効性を最大にする方法が研究によって、いくつか明らかにされている（例，Van Houten et al., 1982）。

まずは、クラスを落ち着かせよう：説明コメントを使おう

　時間の切り替えについて指示を出す前や新しいことを教える前、もしくはルールを思い出させる前には、クラスが落ち着いて静かにしていることが必要不可欠である。クラスが騒がしくて落ち着きのない時には、ほとんどの教師は指示を大声で叫ぶことが多くなるものである。その結果、多くの子どもが指示を聞かなくなるだけでなく、このぐらいの騒がしさは、教室での行動として当然想定される程度であると学んでしまう。先に進む前に、いったん静かにさせて全員の目が教師に向けられるのを、黙って待つことが大切である。たとえば、教師は「後ろで話している人が何人かいます。全員が先生の話を聞けるように、話を止めるまで待ちます」と言えばよい。この種の説明は押し付けがましくならず、騒がしい子どもに対して直接的な指示や積極的な修正を必要としない。

指示の回数を減らそう

　子どもに直接指示を与えた回数を正確に把握している教師はほとんどいない。教師は、30分間で平均35回の指示を出しているという私たちの研究結果を知ったら驚くだろうか。問題行動の多い子どものいるクラスでは、30分で60回を超えるまで指示の回数が増える。さらに、教師の指示の回数、特に非難するような指示やネガティブな指示の数が増えるにつれて、クラスの問題行動が増加することがわかっている（Brophy, 1996）。つまり、頻繁に指示を与えることは、子どもの行動の改善にはつながらないのである。したがって、子どもに与えている指示の回数と種類を評価し、必要な指示だけを使い続けることができるように準備しておくことが肝心である。

　数人の子どもが不適切な行動を示したり、指示に従うことを拒否したりすると、教師は直接の指示を繰り返したり、さらに強く指示したりして対応してしまうことが多い。その中の何人かはすでに指示通りにしているにもかかわらず、そうしてしまうことさえある。

指示の嵐の中にいる子ども

たとえば，「読んでいる本を今すぐ片付けてなさい」と教師が言ったとき，何人かの子どもは片付け始めているが，他の何人かはまだ読み続けているとする。その教師は，指示に従っていない子どもに注目し，イライラし始め，2回3回と指示を繰り返すことになる。「本を今すぐ片付けなさいと言ったでしょう！　まだ片付けていないでしょう？　聞こえているの？」しかしながら，もし教師が指示に従っている子どもをほめるなら，2度目の指示は必要ないかもしれない。確実なことは，ひどく否定的で対立的なやり方では，手のかかる子どもの協力を促すことにはならない可能性が高いということである。

　ときどき，教師はさほど重要ではないことを指示することがある。「その蛙の色は緑よ，黄色ではないわ」「ふらふら動くのを止めなさい」「髪をいじるのを止めなさい」などがそれである。これらの指示は必要ない。このようなことについては，子どもと争うのではなく，子ども自身に責任を持たせるべきである。もし，教師が絶えず指示を出していたら，子どもがその指示すべてに従い続けることは無理である。その結果，重要な指示を混乱したメッセージの形で子どもに伝えることになってしまう。加えて，手のかかる子どもは，権威的過ぎる方法で対応されると，それに上手く応答することが難しく，結果として，「一歩も引かない」という抵抗を助長してしまう。

　指示を出す前には，それが重要な点であるかどうか，あるいは指示に従わなかったときに与える結果をずっと出し続ける意思があるかどうかを確認してみよう。この点についてうまくいきそうな実践の一つは，クラスの重要なルールを書き留めておくことである。そうすると，5個や10個の「破ってはならない」ルールがあることに気づくだろう。このルールは，クラス全員が見ることができるように掲示しておく。これよって，臨時講師やスクールアシスタントを含む全員が，どのようなルールがあるのかを把握できる。そのようなリストには以下のものが含まれる。

- 校庭で自転車に乗るときには，ヘルメットをかぶる。
- 人をたたいてはいけない。友達には優しく接しよう（たたかずに）。
- 教室内では，屋内で話す礼儀正しい声で話そう。
- 教室では歩こう。

　ひとたび重要なルールを明確にすると，教師はより正確にルールを伝えられるようになり，他の不必要な指示を減らすことができることに気づくはずである。その結果，子どもは教師の指示が重要であることを学ぶようになり，期待されていることに従うことができるようになる。

指示は一度に一つにしよう

　時々，教師は子どもが指示に従う時間を与えないで，立て続けに指示を出してしまうことがある。年少児の場合，このやり方だと情報過多になってしまう。たとえば，教師が幼児のクラスに向かって，「休み時間です。マーカーを片付けて，プリントを取りなさい。講堂にいきますよ。上着を着なさい。それと雨が降っているから長靴を履きます」と言ったとしよう。このような一連の指示を，幼児が覚えるのは難しい。ほとんどの子どもは，一度に一つか二つしか覚えられないだろう。短時間に立て続けに指示を出すことのもう一つの問題は，それぞれの指示に従ったことに対して，子どもをほめることができないことである。このような立て続けの指示は，単純に一度に多くの指示に従えないために，あるいは従っても強化が得られないために，

指示に従わないという結果を生じさせることが多い。

　別のタイプの立て続けの指示の中には，子どもがまるで指示を聞いていないかのように，同じことを何度も繰り返し言うというものがある。多くの教師は，同じ指示を4回から5回繰り返すので，子どもは5回言われるまでは本当は従う必要がないのだということをすぐに学んでしまう。さらに，立て続けの指示は，繰り返し継続的に与えられる注目によって，指示に従わない行動を強化してしまうことになる。

　子どもが指示を無視しているかのように，繰り返し指示を出すのではなく，指示は1回にしよう。ゆっくりと，はっきり伝えた後，ちょっと待って子どもが従うつもりがあるのかないのかを見極めるようにする。子どもの反応を見るために待っている間，静かに数を数えるのもよいだろう。この方法は，口やかましく言いたくなる気持ちを抑えるのに役立つであろう。

現実的な指示を出そう

　教師は，ときどき非現実的で，子どもの年齢に合わないような指示を出すときがある。たとえば，幼稚園の教師が，4歳の女の子のリサに，お気に入りの動物のぬいぐるみを教室の中で他の友達と貸し借りして使うよう求めたり，7〜8歳児の担任教師が，不注意で，衝動的で，協調性に欠けるカールに，針に糸を通し縫い物をするように求めたりすることなどがある。このような要求は，リサやカールの発達的な能力からすると，非現実的であるため失敗に終わるだろう。他にも4歳の子どもにままごとの台所セットをきれいにしておくように求めたり，大人同士が長時間話しをしている間ずっと3歳の子どもに静かにしておくことを指示したり，年齢に関係なく出されたものを全部食べてしまうように要求したりすることは，非現実的で不適切な指示の例として挙げられるだろう。

　まずは子どもが上手くできるような指示を出すようにしたい。そして子どもが失敗したり，教師が不満に思うような指示を出さないことである。また，不注意で，多動で，衝動的な子どもには，現実的な指示を出すことが特に大切である。イライラするような活動を手助けなしに一人でするとか，長時間じっとしておくことなどを，子どもに期待してはいけない。現実的な期待というなら，机について活動するのは，5〜10分間だろう。

明確な指示を出そう

　指示やルールが多すぎる教師がいる一方で，あいまいなルールや遠回しなルールを作ることや，指示をごまかすことを嫌う教師もいる。よくみられるあいまいではっきりしない指示の例として，「気をつけましょう」「注意しましょう」「行儀良くしましょう」「よい子でいましょう」「やめなさい」「準備が出来ていることを示しなさい」がある。これらの表現は，子どもにどのような行動を期待しているのかを伝えていることにならないので，混乱を来すことになる。

　状況を説明するようなコメントを含んだ指示の中にもわかりにくいものがある。たとえば，昼食時に「デニス，牛乳をこぼしているわよ。気をつけないと大変よ！」とか，窓の外を見て，「ビリー，あなたの自転車が片付いていませんよ！」と言うことがある。これらの指示は，明確さを欠くことに加えて，暗に批判を含んでいる。このようなタイプの指示に子どもが従うのは難しい。それだけでなく，このような言い方の批判的な面が，子どもに敵意を引き起こさせることになってしまう。一方で，「両手でコップを持ちなさい」「自転車を片付けなさい」といった直接の指示は，子どもに対して明確でポジティブなメッセージとなる。

効果的な指示とルールを合図の例

「ゆっくりと歩きましょう」
「手は自分の体につけておきましょう」
「優しく話しましょう」
「静かに遊びましょう」
「静かにしましょう」

「顔をこっちに向けて聞きましょう」
「紙に絵を描くようにしましょう」

「手を洗いましょう」
「分けてあげましょう」
「手助けしましょう」
「待ちましょう」

「机の下に椅子を入れておきましょう」
「黙って手を挙げるというクラスのルールを覚えておきましょう」
「おもちゃは片付けましょう」
「心の中の声で話しましょう」
「まっすぐ顔をこちらに向けてください」
「算数が終わらないうちはコンピューターを使うことはできません」
「ランドセルを机の中にしまいましょう」
「静かな声でお話しができたら、聞いてあげます」

不明確で、あいまいで、批判的な指示の例

「いっしょにおもちゃを片付けましょう」
「叫ばない」
「走らない」
「どうして、自分の名前を書かないのかしら」

「めそめそしない」
「それを出すのをやめなさいと言わなかったですか?」
「自分の席に座っていて良いと思っているの? さっき言ったでしょう」
「散らかしているじゃない! 注意してできないの? 洗ってきなさい。今すぐ止めなさい」
「そうすることになっていましたか?」
「いい、本気で言っているのよ。ちょっと来なさい。今すぐよ! 聞きなさい。私はあなたが彼にどのように話していても気にしません。でもこのクラスでは……」

「なんで……しないの?」
「そこ、しゃべらない」
「それ以上しない」
「行儀良くしましょう、よい子でいましょう、注意しなさい」
「気をつけましょう」

> 「授業中に走りたいの，どうなの？」
> 「何度もこのやり方を教えたでしょう。ほら，もう一回教えてあげるから」
> 「うんざりするわ。こっちに来なさい。あなたと議論する気はないわ，ほら早く」
> 「何でまだやり始めていないの？」
> 「どうしてできないの？」
> 「何度言わないといけないの？」
> 「いつでもあなたは……できないわね」

　他の不明確な指示として，「一緒にしましょう」という指示の与え方がある。「一緒に絵を終わらせましょうね」「一緒に図工の机を片付けましょう」という指示は，教師が一緒にするつもりがない場合，年少の子どもを混乱させてしまうことがある。たとえば，子どもと一緒に粘土で彫刻を作っていた教師が，子どもに粘土の片付けをして欲しいと思っている。そこで，教師は「一緒に粘土を片付けましょう」と指示した。教師が子どもを手助けする気がない場合，おそらく子どもは指示通りにすることはないだろう。そうすると，教師は自分の不明確な指示に従わない子どもに対して不機嫌になってしまうことになる。

　指示を出すときには，子どもにして欲しい行動を明確にしたいものである。ジェニーが質問するときに手を挙げていたら，「少し待ちなさい」という代わりに，「ニックとこのページを読み終えるまで待ちなさい。そうしたら，私がそちらに行ってあなたの質問に答えますから」と言えばよい。ジュースをこぼしてしまったロビーに「気をつけなさい」と言うのではなく，「コップにジュースを注ぐときには両手でしましょう」と言うようにする。「一緒におもちゃを片付けましょう」と言う代わりに，「おもちゃを片付けて下さい」と言う。

「しなさい」という指示をしよう：疑問形の指示は使わない

　疑問形の指示は，特に子どもを混乱させる可能性がある。たとえば，教室を立ち歩いている子どもに対して，「そこにいてもよいことになっていた？　私はそうは思わないけど」や「今は鉛筆を削ることになっていた？　どこにいることになっていましたか？」と教師が言うことがある。ここで問題なのは，質問することと指示を出すことの微妙な違いである。質問の場合，要求されたことに対して，子どもはするかしないかについて選択肢を持っていることになる。子どもに指示に従うことを期待しているのに，言い方としては疑問形をとっているなら，矛盾するメッセージを発していることになる。疑問形の指示のもう一つの問題は，教師が知らないうちに自らを追いつめてしまうことである。もし教師が，「今，本を片付けてくれませんか？」や「プリントに名前を書かないのですか？」と言った場合，子どもが「いや」と言ってしまったら，お手上げになってしまう。子どもには，指示を与えられているのか，選択肢を与えられているのかがわからない。教師が質問して，望まない答えをされたら，今度はどのようにして子どもに本を片付けさせるか，また，プリントに名前を書くように説得するかを考えなければならなくなる。

教師は，疑問形ではなく，明確で，具体的で，ポジティブな言葉で表現された直接的な指示を出すべきである。つまり，「〇〇しなさい」という指示を出すのがよい。「こっちに来て自分の席に座りなさい」「机の中に本を片付けなさい」「ゆっくり歩きなさい」「心の声で話しなさい」「こちらを向きなさい」などである。

丁寧でポジティブな指示を出そう（批判やネガティブなレッテル貼りは避けよう）

　教師が指示を出すときにあまりにも怒っていると，怒鳴ったり，批判的な指示を出してしまったりして，意図せず指示に従わないことを助長してしまうかもしれない。たとえば，教師は「ビリー，あなたは人生で一度も座っていられたことがないじゃない！」と言ってしまうかもしれない。あるいは，ビリーに対して，皮肉めいた調子で座るように言うこともあるだろう。「7歳の子どもはそんなことをしません！」「どうして言うことがきけないの？　いつになったらわかるの？　何回言わなければならないの？」。ときとしていらだった教師は，「きみたちは困った子たちだ」，「きみたちはいつでも……」あるいは，「いつでもあなたたちは……できないわね」などとクラス全体にネガティブなレッテルを貼ってしまうかもしれない。ある子どもやクラス全体が，以前に教師が言ったことを何度もできなかった場合，イライラを発散するために，指示の中にレッテル貼りやけなす言葉を含めてしまうことがある。一方で，教師の指示の陰に見え隠れする感情は，教師が実際に使った言葉と同じくらい重要である。教師のイライラや落胆に気づいている子どもは，批判された仕返しに，指示に従わないことを選ぶかもしれない。

　行動問題を抱える子どものケースでは，ポジティブで自信を持たせるような口調を続けることが特に重要である。私たちは誰でも，ネガティブな意見やネガティブな口調を聞けば，「固まって」しまったり，動揺して防衛的になったりするが，このような子どもたちは大人からの否定に敏感であることが多い。このような子どもたちが，大人のネガティブな口調を聞いたときには，気持ちの調整が難しくなり，課題に取り組まなくなったり，不安になり，イライラして，混乱してしまうだろう。その結果，子どもたちは，学習を進めたり指示を聞くことができなくなる。

　指示を出すときには，批判したり，叫んだり，対立したりすることを避けよう。ネガティブな指示やあざけりは，子どもから有能感を奪い，防衛的にさせ，指示に従おうとする気持ちを低下させる。子どもが自分を価値ある人間と感じることは，いずれにせよ，指示に従うということと同じくらい大切なものである。指示は，ポジティブに，丁寧に，静かに，敬意をもって出すべきである。もし，教師自身が特定の子どもやクラス全体に対して否定的になっていると感じたら，悪循環を断ち切るために，意外なことをしてみたり，ユーモアを言ったりするのもよい。ポジティブで敬意をもった言葉を育てることは，子どもにとって大切なことである。なぜなら，このような言葉は，自然に使えるようにはならないからである。教師が子どもに敬意をもった言葉を用いることのもう一つの利点は，子どもが前向きにしっかりとした選択をしていることを伝えながら接することができることである。

子どもの名前を使おう

　指示を出すときにはいつも子どもの名前を呼ぼう。このことにより，子どもの注意をひきつけることができ，子どもがはっきりと自分に指示が与えられていることがわかる。

子どもに近づき目を合わせよう

　教師が指示を与えるときの平均距離は3メートル60センチであり（12フィート），その距離から「そこ……，そっち……」などと言っていることが多いが，これによって問題が起きることがある。なぜならば，子どもは教師から離れすぎていると，指示が自分に向けられているのに気づかない可能性があり，指示に従うのが簡単ではないからである。指示は約1メートル（3フィート）の距離で，子どもに与えることが望ましい。たとえば，6メートル（20フィート）離れたところから大きな声で指示するよりも，「注目して」と子どもの肩に手を置いて言う方が，子どもは指示に従いやすくなる。研究によれば，子どもと視線が合うだけで，子どもの指示に従う行動が改善することが明らかになっている。

　しかしながら，「私が話しているときには，私の方を見なさい」というような強制的に目を合わせようとする発言は役に立たない。目を合わせるように求めたり，そうでなければ耳元で話をしたりする方がよい。ただし，目を合わせ過ぎるのは，対立的な関係を生むこともある。また，権威ある人と目を合わせることは，敬意を欠くことと見なされる文化圏もある。

「始めなさい」という指示を使おう

　「やめなさい」という指示も，ネガティブなタイプのメッセージである。なぜなら，子どもにしてはいけないことを伝えているからである。「大声を出すのをやめなさい」「それをしてはいけません」「やめなさい」「静かにしなさい」「いいかげんにやめなさい」「もうたくさんです」「散らかしっぱなしだから，ダメですよ」は，すべて「やめなさい」の指示である。これらの指示は，子どもを批判しているだけでなく，どのような行動をすればよいのかを伝えずに，不適切な行動に焦点を当てていることになる。

　スポーツ心理学者によれば，コーチがボウリング選手に「早いボールを投げるな」と言うと，速いボールを投げてしまうことが多いという。これは当てつけから起きるのではなく，単にコーチの言葉で，選手が早いボールを思い浮かべてしまうために起きるのである。したがって，「しないように」という指示ではなく，子どもにして欲しい行動について，ポジティブに「しなさい」という指示を出せるように，努力することがとても大切である。「私が話しているときには，叫ばないように」「うろうろするのをやめさない」「大声を出さない」と言うのではなく，「静かに話して下さい」「自分の席に着いて下さい」「静かに手を挙げて下さい」「こちらを向いて聞いて下さい」と言うようにしよう。子どもが教師の望まない行動をしているときにはいつでも，代わりにして欲しい行動は何かを考え，ポジティブな行動に焦点をあてた指示を出すようにしよう。

指示に従う時間を見越しておこう

　「チャンスのない」指示は，子どもが指示に従う猶予を与えていないことになる。たとえば，ニーニャの担任教師は「本を片付けなさい」と言ってから，子どもが指示に従う前に自ら本の片付けを始めてしまう。あるいは，リノの担任教師は「ブランコから降りなさい」と言ってから，子どもが指示に従うかどうかを確認する前に，子どもをブランコから降ろしてしまう。特に，安全に関わる問題など，すぐに指示に従うということが必要なときもあるが，大半の場合，子どもが指示に従うチャンスが与えられてもよいはずである。

　指示を与えた後には，少し待つようにしよう。もし待つことに役立つなら，静かにゆっくり

と5まで数えてみるのもよい。それでも子どもが指示に従わないようなら，その時点で指示に従わなかったと判断すればよい。しかし，子どもが指示に従う時間を与えることによって，子どもが指示に従うことが多くなることに気づくだろう。指示を与えた後に少し待てば，教師は子どもが指示に従っているのか，そうでないのかに注意を払うだろう。それにより，指示に従ったことに対して報酬を与えることや，指示に従わなかったことに対する結果を与えることが可能となる。

準備期間を見越しておこう

　教師の中には，何の予告もなく唐突に指示を出す人がいる。こんな状況を思い浮かべてみよう。ジェニーは絵を描くのに完全に夢中になっている。突然，教師が部屋に入ってきて，ジェニーに絵を片付けるように言う。さて次に何が起きるだろうか？　おそらく非常に不幸なことだが，ジェニーは不満を言い，抵抗することになってしまうだろう。

　向社会的な教師は，次の切り替えの時間について，もしくは期待される行動からの逸脱が始まったときに，予告や合図を与える。もちろん，子どもが自分で上手くやれたときには報酬を与えることもする。可能な場合，いつでも指示する前に予告を与えることは役に立つ。これは，子どもが切り替えの準備をするのに効果的である。もし，担任教師がジェニーは絵を描くのに夢中になっていることに気づき，「あと2分で，お絵かきを片付ける時間ですよ」と言ったならば，おそらくジェニーは大騒ぎをしないだろう。予告にはたくさんの方法がある。時間の概念を理解できないような幼い子どもには，タイマーやベル，点滅する光，おなじみのリズムの拍手などが有効である。そこで，教師は「タイマーが止まったら，お絵かきを片付ける時間ですよ」と言えばよい。年長の子どもには，時計を見ておくように言っておく。

　子どもの要求や好みを考慮に入れておく必要もある。たとえば，もし子どもが読書に夢中なようなら，「今読んでいるページを読み終わったら，本を片付けて下さい」と言うようにする。すぐに従うことを期待するより，教師が子どもの望みに共感して準備期間を与えてあげる方が，子どもは指示に従う可能性が高いだろう。

「〜したら，〜になる」という指示

　ときどき，教師は脅しのような指示を出すことがある。「自分の席から離れていると，ひどい目に遭うわよ！」や「そんなことをすると後悔することになるわよ」といった具合である。これらの意図は子どもにトラブルの予告や合図を出すことにあるのだろうが，このような脅しはこれらのあいまいさと相まって，指示に従うよりも反抗行動のようなネガティブな結果を引き起こしがちである。

　前もって子どもに行動の結果を正確に伝える「〜したら，〜になる」という指示を使うようにしよう。上記の例であれば，教師は「あなたが座ったら，算数の問題を解くのを手伝ってあげますよ」または，「お絵かきの片付けが終わったら，休憩で外に行けますよ」と言うべきである。まず，教師が望む適切な行動に触れ，その後でポジティブな結果を伝える。このタイプの指示は，子どもに指示に従うか，従わないかを選択させることとなり，それぞれの選択の結果についても教えることとなる。しかしながら，「〜したら，〜になる」という指示は，反論や議論の余地はないということ，そして結果をきちんと伴わせることが重要である。言うまでもなく，この種の指示は，決定に従うか，否かを子どもが決めることができるような時のみ用いるべきである。教師の指示に従う必要があるときには，直接的でポジティブな指示を与えるのがよい。

子どもに選択肢を与えよう

　たいていの場合，教師は従って欲しいと思う指示を子どもに出している。たとえば，静かに手を挙げなさい，自分の番を待ちなさい，算数をしなさい，といった具合である。一方で，教師の要求にルールに則って逆らうことが許されるときには，子どもに従うかどうかについての選択肢を与えることもある。実際に選択肢を与えられるような時には，一時的に教師と子どもの関係性のバランスに変化が生じることになる。子どもと信頼関係を築くために，教師が子どもの生活のある部分については踏み込まないように子どもの選択を尊重することも大事である。教師はどの状況では指示に従う必要があり，どの状況では子どもからの拒否を受け入れることができるのかを，意識するようにしなければならない。加えて，もし子どもが教師のことを自分たちの選択を尊重してくれる人だと思ってくれるようになれば，他の機会にも教師の指示に従いやすくなるだろう。

　教師が子どもに本当にしてほしくないと思うような行動を禁止する必要があるときもある。そのような場合，教師は子どもにしてはいけないことは伝えても，代わりにできることを子どもに伝え忘れてしまうことがある。たとえば，教師は，パソコンで遊んでいる子どものところに行き，「それを消しなさい，今すぐです！」と言ったり，課題をしなければならない子どもが，家から持ってきたおもちゃでコソコソと遊んでいるのに気づいたときに「渡しなさい」と言ったりする。子どもが楽しい活動を厳しく規制されたり，禁止されたと感じたら，文句を言って反抗したり，指示に従わなかったりする可能性が高いだろう。

　ある活動を禁止する指示には，代わりに何をしたらよいか，代替案を含めるようにすべきである。たとえば，「今パソコンはできませんが，もししたいなら放課後にできます」「すてきなおもちゃだけど，それをロッカーにしまうか，私の机の上におきなさい」「ウサギと今遊ぶことはできませんよ。でも，読書の時間なので本を読むことはできます」，または「今算数を続けることもできるし，休み時間をあきらめて算数を終わらせることもできます」と言うことができる。このやり方は，してはいけないことについて争う代わりに，子どもに他のポジティブな選択肢を与えることになるので，子どもと権力争いをせずにすむのである。

短い指示や教示を与えよう

　うやむやな形で与えられる指示は，説明，質問，混乱でいっぱいになってしまう。たとえば，教師が子どもに「このおもちゃを片付けなさい」と言うと，なぜおもちゃやお絵かき道具が全部出ているのかとか，子どもは何を描いていたのか，といった多くの疑問がつきまとう。その結果，はじめに出された指示は忘れ去られてしまう。関連して，教師は指示に多くの説明をつけすぎることがある。おそらく，長い説明をすれば，子どもが協力する可能性が高まると信じているのであろう。しかし，多くの場合このやり方は逆効果である。多くの子どもは，屁理屈をつけて，教師の注意をはじめの指示から逸らそうとするだろう。

　指示は明確に，短く，要点を押さえるようにしよう。指示に何らかの理由をつけるなら，短くすべきであり，指示の前に言うか，子どもが指示に従った後につけ加えるのがよい。子どもにきちんと教室を片付けるように言う場面を想像してみよう。子どもたちが取りかかったところで，教師は「ありがとう。とてもすばらしいわ。今夜保護者会があるから，この部屋を掃除してほしいと本当に思っていたの」とつけ加える。指示に対する反論や抵抗に注目してしまうと，実際には指示に従わないことに対する強化になるので，無視することを忘れないようにしたい。

称賛や結果を伴わせよう

　ときどき，教師は子どもが指示に従っているのかどうか気づかないことがある。指示を出した後の対処がされなかったり，指示に従うことに対する強化も，指示に従わなかったことに対する説明もなかったりすると，教師の指示は無視されるだろう。

　指示に従ったことに対する称賛は，子どもに一層の協力を促し，教師が与える指示の価値を上げることになる。子どもが言われたことをしなかったら，その時は注意を与えなければならない。この場合は，「〜したら，〜になる」の指示を使って，「ケヴィン，もし本を片付けないなら，休み時間が1分短くなってしまいますよ」と言えばよい。教師は，5秒間待って，子どもが指示に従うかどうかを見極める必要がある。もし子どもが指示に従ったなら，子どもはほめられ，もし従わなかったら，1分間休み時間を削られる（詳しくは第5・6章を参照）

結　　論

　明確なクラス構造とルール，見通しのよいスケジュールを設けて，具体的な指示を与えることは，教師に独裁者となることや，融通のきかない人になることを要求しているわけではなく，子どもが100％指示に従うことを期待しているわけでもない。むしろ，強調したいのは，先手を打って，指示を出す前にその指示が本当に必要なのか，必要に応じて結果を伴わせる準備が整っているかどうかについて慎重に考えることである。子どもによる選択と大人が与えるルールのバランスをとることが重要である。

　効果的な制限を設けることは，予想以上に難しい。ある状況においては，教師は指示を絶対的なものとしてはっきりと提示する必要がある。たとえば，シートベルトをする，誰かをぶってしまう，道路に飛び出さない，パソコンの使用を制限する，といった状況では，教師は子どもをコントロールする必要があり，ルールについて述べるとともに，指示はポジティブで，丁寧に，相手を尊重して，しかし断固として出さなければならない。またある状況では，直接的な指示が必要ないこともある。注意が逸れやすい子どもの注意を引きつけるのには，体を使ったサイン，合図，非言語的な手がかり，即時の称賛，ユーモアの使用などの方がむしろ望ましい。また別の状況では，コントロールすることを諦めたり，必要のない指示や現実的ではない指示をしないようにしたり，子どもに選択肢を与えたりすることもある。自由時間にどの活動を選ぶか，お皿の上の食事をすべて食べるかどうか，どのお話を読むのか，どの色で絵を描くのかといった状況では，子どもに選択権を与えてもよい。さらに別の状況においては，教師と子どもは問題解決をしたり，お互いにコントロールしあうことを学んだりすることもできる。しかし，4，5歳の子どもに交渉や話し合いの状況を持ち込むのは，葛藤解決のスキル学習としては早すぎるだろう。効果的な制限を設定する際に教師の側で鍵となるのは，教師が子どもをコントロールすることと，子どもに問題解決や互いにコントロールしあうための適切な機会を設けることのバランスをとることである。そして，いつでも重要なことは，ネガティブな方法よりもポジティブな方法の割合を多くすることである。

まとめ

- 明確なクラスのルールを設け，前もって子どもと話し合っておこう。
- 時間の切り替えのために，見通しのよいスケジュールや日課を用意しよう。
- 指示を出す前に，子どもの注意を確実に引きつけておこう。
- 不注意な子どもや注意の逸れやすい子どもは，教卓や教師のそばの席に配置しよう。
- 明確で具体的でポジティブな言葉で表現された指示を出すようにしよう。
- 課題に取り組んでいない子どもには，質問で名前を呼ぶ，隣に立つ，興味が持てるようなゲームを作り出す，非言語的な合図を用いるなどして，注意の向け直しをしよう。
- 子どもが制限を超えてしまったときには，ネガティブな言い方ではなく，望ましい行動についてポジティブな予告の合図を用いよう。
- 常に注意を払い，子どもが課題に取り組み，指示に従うよう励まし，達成できたらほめてあげよう。
- 注意を向け直す方法を創造的に考え出すようにしよう。指示の繰り返しはしないようにしよう。代わりに，非言語的な手がかりや取り組み易い課題を準備しよう。

文　献

Brophy, J.E. (1996) *Teaching Problem Students*, New York: Guilford Press.

Doyle, W. (1990). Classroom management techniques. In O.C. Moles (ed.) *Student Discipline Strategies: Research and Practice*, Albany, NY: State University of New York Press.

Forehand, R.L. and McMahon, R.J. (1981) *Helping the Noncompliant Child: A Clinician's Guide to Parent Training*, New York: Guilford Press.

Gettinger, M. (1988) Methods of proactive classroom management, *School Psychology Review*, 17, 227-42.

Good, T.L. and Brophy, J.E. (1994) *Looking in Classrooms*, New York: HarperCollins.

Van Houten, R., Nau, P.A., Mackenzie-Keating, S.E., Sameoto, D. and Colavecchia, B. (1982) An analysis of some variables influencing the effectiveness of reprimands, *Journal of Applied Behavior Analysis*, 15, 65-83.

Chapter Four | Promoting Positive Behavior: Attention, Encouragement and Praise

第4章 ポジティブな行動を伸ばす：注目，励まし，賞賛

愛情を最も必要としている子どもは，それを最も愛のないやり方で得ようとする。これと同じことが，励ましやほめ言葉，ポジティブな注目を最も必要としている子どもたちにもいえる。

教師による注目，励まし，賞賛の大切さ

　何が子どもをやる気のある優秀な学習者にするのか——その要因を探るべく教室内を見渡してみると，教師による注目の質が最も重要な要因のひとつであることがわかる。教師による励ましやほめ言葉は，子どもの自尊心を高め，教師と子どもの間の信頼感や協力関係を築く。ポジティブな行動に対するこうした注目は，成長過程にある子どもの学業的，社会的コンピテンスを強化し，育てる。

　しかし，われわれの調査をはじめ，これまでの多くの研究が明らかにしたところによると，教師は，子どものポジティブな行動よりも不適切な行動（おしゃべり，離席など）に3～15倍の注目を与えているという（Martens and Meller, 1990; Wyatt and Hawkins, 1987）。驚くまでもないが，こうした注目は子どもの不適切な行動を強化し，結果として教室での問題行動を増加させてしまう。そして，このことは，大人の注目に飢えた子どもたちに特に当てはまる。教師がもし自らの注目が子どもの行動の強化子としてのパワーを持つことに気づき，不適切な行動に注目するのをやめると同時に，ポジティブな行動に対する注目や励まし，ほめ言葉を増やしたならば，これは一人の生徒だけでなく，教室全体に劇的な変化を生む。なぜなら子どもたちは，教師が何に関心を向けているのかを観察することによって，教師がどういった行動を評価しているのかを学んでいるからである。この章では，研究によって効果が認められてきた教

師による注目や賞賛，励ましの与え方を紹介したい（Brophy, 1981; Cameron and Pierce, 1994; Walker, Colvin and Ramsey, 1995）。まずは，賞賛に関する教師の質問や懸念をみていく。

教師からよく受ける質問

一部の子どもをほめると，ほめられなかった子どもたちは自信をなくすのではないか。

一人の子どもをほめると，ほめられなかった子どもたちが嫌な気持ちになるのではないか。

教師はたまに，他の子の目を気にして，行動上の問題を抱えた子どもをほめたり，ポジティブな注目を与えたりすることに，ためらいを感じることがある。たとえば，教師のなかには，一人の子どもをほめると，その近くにいてほめられなかった子どもたちが自分自身を劣っているように感じるのではないかと心配する人がいる。そうした教師は，一人の子どもを重点的にほめることは不公平ではないかと感じるのである。しかし，実際には，時折でも一貫してすべての子どもにポジティブな注目を与えているかぎり，彼らは不公平に扱われたとして不服に感じることはないようである。さらに，教師から一定量のポジティブな注目を定期的に与えられていれば，他の子がほめられても嫉妬に駆られる必要がないほど，教師との関係に安心感を持つようになる。そして，時とともに，お互いの成功を喜び合うことができるようにさえなる。

長期的な視野に立つと，問題を抱えた子どもの進歩に対し，多くの賞賛やポジティブな注目（たとえば，「お友達と一緒にお絵かきの道具が使えたね，えらいよ」「ちゃんと集中して勉強できたね」）を与えることは，クラス全員のためになる。というのも，これらの言葉は，その時どきで期待されている学業的，あるいは社会的行動が何なのかをはっきり描写しているため，すべての子どもにとってリマインダーとしての役目を果たすからである。しかし，現実には，クラスの他の子たちに比べ，いわゆる「難しい」子がほめられることはほとんどなく，叱られたり認めてもらえなかったりすることの方がずっと多い。彼ら（と仲間たち）は，このことをよく心得ており，教師の期待が成就されるように行動する。こうした悪循環を断ち切るためには，教師は通常以上，頑張らなくてはならない。「愛情を最も必要としている子どもは，それを最も愛のないやり方で得ようとする」という言葉がある。これと同じことが，ポジティブな注目や賞賛，励ましを最も必要としている子どもたちにも言えるのである。

教師のほめ言葉に頼ることよりも，自分の作業を自分で評価できることの方が大切ではないか。

どれくらい早い時期から，子どもに自分の作業の評価をするよう，促すことができるか。

確かに，子どもたちに自己評価のしかたを学ばせることは大切である。それは，他者からの承認に頼ることなく自らの作業を評価し，そのできばえにプライドを持つことを意味する。このことは，もちろん，重要な長期的目標のひとつと言えるが，教師はまず，一人ひとりの子どもが持つ世界観を把握しておく必要がある。たとえば，恵まれた家庭環境――すなわち，ポジ

ティブなフィードバック，支えとなる関わり，子どもの自尊心を高めることを重視した親との関係——で育った子どもたちであれば，自分で自分の作業を評価できるだけの自信を持っているかもしれない。それでも，情緒的，社会的な成長過程にいる幼い子どもにまで，その学習努力に対し，何の外的承認も要らないだろうと考えるのはやはり非現実的である。実際のところ，大人も外的な承認を必要としているし，それには年齢や自信の程度など関係ないのである。

　悲しいことに，子どもたちのなかには協力的とは言えない家庭に育った子がいる。また，親から非常に多くのネガティブなフィードバックや，虐待さえ受けてきた子もいる。あるいは，両親が自分たちの抱えている問題に手一杯で，子どものニーズや興味に十分な関心を寄せることができておらず，結果的に，「親は自分のことなど全然気にしていない」と感じている子もいる。さらに，学校からは退学を命じられ，教師や仲間から排除された経験を持つような子もいる。いずれにせよ，教師のもとには大人との間でさまざまな経験をしてきた子どもたちがやってくるのであり，その自信の程度もバラバラである。問題を抱えた子どもというのは，大人に対して，非常にネガティブな見方を持つ傾向にある。同様に，ネガティブな自己評価や低い自己価値を持つことも多い。もし，こうした子どもたちが自分で自分の作業を評価するようほうっておかれたら，こんなものには価値がないと言って切り捨ててしまうのは目に見えている。

　そうした子どもに対しては，特に，彼らがこれまでの辛い人生で経験してこなかったような，ポジティブで一貫性のある外的な足場を与えてやらなければならない。教師はこれを，子どもが学業面や対人面でうまくやっていくのに必要な一種の「義足」と見なすことができよう。こうした教師による励ましは，子どもがそれを内面化し，良好な自己イメージを発達させ，そして現実的なやり方で自己評価ができるようになるまでには何年も必要となるかもしれない。

　この他，生物学的な要因も，子どもの自己評価の能力に関わっている。たとえば，不注意，衝動性，および多動性を持つ子どもたちは，自己評価の学習がどうしても遅れがちになる。なぜなら，自己評価には，自分の行動をふり返って反省したり，結果を予期したりする能力が必要となるからである。多動かつ不注意な子どもたちは，「瞬間の中」に生きており，過去の経験から学ぶことや先の出来事を予期することが容易にはできない。これらの子どもたちは内省的な子どもに比べ，教師による足場作りをより一層必要としている。

教師がほめることで，生徒は他者からの承認に依存するようにならないか。

> ほめることによって，内発的動機づけではなく，外的な承認のみによって動機づけられるような子どもを作ってしまわないか。

　教師のなかには，子どもをほめることはむしろ害になるのではないかと心配する人がいる。おそらく，彼らは，頻繁にほめられた子どもはうぬぼれ屋になるとか，自分の能力を過信するようになると感じるのだろう。あるいは，外的強化子のひとつである賞賛に依存するようになるのではないか，と恐れるのである。しかし，これまでの調査を見てみると，両親や教師からほめられてきた子どもは，大人からのポジティブな承認を内面化しており，良好な自尊心を発達させていることがわかる。そして多くの場合，ほめられて育った子どもは自分を有能と感じ，成長するに従って，賞賛をあまり必要としなくなる。というのも，彼らは自分の能力について自信を持っているからである。こういった効果は，とりわけ，子どもが成し遂げたことよりも，努力や能力をほめた場合に，よく当てはまるようだ。

　内発的動機づけに関するこうした質問は，先の自己評価に関する質問——すなわち，大人からの賞賛（あるいはポジティブな注目，またはどんな社会的報酬でも）は，大人に認めてもら

うことばかりを気にして，内的な価値観を形成できない子どもを作り出してしまうのではないかという懸念——といくらか関係している。時に教師は，同じことをするのに，より多くの賞賛を必要とするような子どもを育ててしまうのではないか，あるいは学習に対する内発的動機づけを発達させるのに失敗するのではないか，と恐れることがある。ところが，報酬を受けた子どもとそうでない子どもを比較した96の実験研究を展望した研究は，この説を支持しないばかりか，そのまったく逆のことを支持していた。すなわち，親や教師からたくさんのポジティブなフィードバックを与えられた子どもは，内発的動機づけを増加させるのである（Cameron and Pierce, 1994）。ほめられて育った子どもたちは，自信にあふれ，高い自尊心を持っている。そして，周囲の大人からのメッセージを内面化しているため，後にそれを必要としなくなるのである。しかも，よくほめられる子どもは他の子どもたちから好かれており，友達や大人に対して，自分もポジティブなフィードバックを与えているのである。つまり，彼らは自分が受けてきた賞賛をモデルとして，それを他者とのやり取りに使っているのである。これに対し，ほめられることを要求し，他者の評価に依存的な子どもは，ポジティブなフィードバックを受けたことがほとんどなく，自尊心の低い，不安定な子どもたちである。不幸なことに，ポジティブな注目や賞賛を最も必要としている子どもたちが，それを得ることはあまりない。大部分の教室において，問題を抱えた子どもたちは，ほめ言葉やポジティブな注目よりも，批判やネガティブな注目をより多く受けているのが現実である。

一人の子どもの意見をほめることは，その他の子どもの創造性を押さえつけないか。

　一人の意見をほめると，他の子どもたちもそれを真似たり，自分も同じ意見だと言い出す危険はないか。あるいは，教師があまり興味を示してくれないのではないかと恐れて，別の意見を発表することを嫌がるようになるのではないか。

　一人の子どもの意見をほめることで（たとえば，話し合いのために子どもが選んだテーマをほめるなど），すべての子どもがその生徒の意見を真似しだし，ついにはその生徒の意見が「正解」であるかのようになってしまうことを恐れる教師がいる。事実，子どもたちは，どう振る舞えば教師の注目が得られるかを注意深く見ているし，もう一度注目を得ようとして，その行動を繰り返すものである。これは，学習の過程において当然予想されることであって，子どものやる気を引き出すために，一人の子どもの回答を模範例として用いることはよい教授方略でもある。ひとたびポジティブな注目を得るために頑張って勉強するよう子どもたちを仕向けることができたら，今度は次のようなテクニックを使って，生徒の意見の幅を広げるようにするとよい。つまり，多様で創造的かつ独創的な考えを強化していくのである。具体的には，次のように言うとよい。「それはよく考えた面白い意見だね。いいよ。他にも，別の意見を持っている人はいないかな」。同じ意見を繰り返してもポジティブな注目は得られないとなると，子どもが他人の意見を真似ることは少なくなり，自分独自の意見を考え出すよう動機づけられるようになる。

どのくらいの頻度で子どもをほめたらよいのか。

　子どもが単語を書く間，文字を一つひとつほめるべきか，それとも，その単語を書き終わるまで待つべきか。

正しく書けた文字を一つひとつほめるべきか，あるいは，一つの単語を正しく書き終えるまで待つべきかは，その子の能力や動機づけによる。リスクを冒したがらない子どもや自分の書字能力に不満を感じている子ども，教師や仲間との関係に不安を抱えている子どもには，その過程（一文字ずつ）を頻繁にほめてやることが大切であろうし，そうすることで，何度も挑戦してみようという自信がわいてくるものである。ここでの原理は，望ましい行動をシェーピングすること，つまり，ある行動を小さい要素に分解し，一つひとつの要素をほめることである。文字を書くことが得意で，自信もあるような子に対しては，最終的なできばえをほめるだけで十分である。

　また，「間違えても大丈夫」ということを子どもに学ばせることも重要である。間違えたら先生からポジティブな注目をもらえなくなる，と感じていたら，そもそもリスクを冒すようなことはしたがらないだろう。したがって，子どもが文字の一つや二つを間違えたとしても，教師はその努力をほめ，正しく書けた別の五つの文字に注目すべきである。たとえば，「よく頑張った！　ちゃんと気をつけて書くことができたね。一つ以外は完璧だよ」。

　一般に，教師は子どもを批判したり修正したりする言葉に対して，少なくとも４倍のポジティブな言葉の持ち合わせを持っていなければならない。

子どものなかには，ほめても何の反応も示さない子がいる。なぜか。

　子ども（通常，過度な批判やネガティブなフィードバックを受けてきた子ども）のなかには，ほめられることに居心地の悪さを感じてまったく反応を示さないか，教師のほめようとする努力さえ拒む子がいる。そうした子は，心理的な鎧でもって自分を守っているのである。彼らはほめられても，それにまったく気づいていないかのような振る舞いをみせることがある。子どもの無反応に関する別の理由は，そうした子どもが社会的スキルに欠けていることが考えられる。せっかくポジティブなフィードバックを受けても，彼らはどう反応すればよいのか知らないので，かわりに黙り込んでしまうのである。子どものこうした無反応に直面したとき，その子どもにほめ言葉は効かないと考えたり，やる気がないのだろうとか，気にしていないのだろうと考えることはたやすい。教師は，そうした子どもに対して，ポジティブな注目やほめ言葉，励ましを与え続ける努力をもっとしなければならない。たとえ，その努力を子どもに強化してもらえないとしても，である。

　不注意や衝動性，妨害性を持つ子どもたちの場合，ほめられても，それがあいまいであったり，普通の声音であったりすると，気がつかないことがある。彼らはニュートラルな表情を読み取ることが苦手なことが多く，教師はポジティブな意味で言ったつもりでも，ネガティブに解釈してしまうこともある。したがって，そうした子どもに対しては，熱心な口調，明確な行動の描写，および明らかにポジティブな表情でもってほめていることを強調してやる必要がある。こうしたタイプの子どもをほめるときには，メガフォンが必要だと考えればよい。

　発達的な年齢もまた，賞賛に対する反応を左右する。幼い子どもたちは，通常，クラス全員の前でほめられることに一番よく反応するが，年長の子どもの場合，個別にさりげなくほめてやることが効果的なことがある。

教師の期待するレベルに達していない作業は，どうほめればよいのか。

　子どもの作業が不適切で，よりよい方向へ導きたいとき，どのように賞賛を使ったらよいか。

教師の掲げた目標が，子どもにさまざまな色を使って絵を描かせることだったにもかかわらず，一人の子どもが白と黒の絵の具だけを使って絵を描いたとしよう。この場合，この子どもの描いた絵をほめることは逆効果になるのだろうか。実際のところ，子どもがその絵で努力した点をまずほめてやり，色が欠けていることに関しては批判的にならないでおく方がよい。というのも，賞賛やポジティブな注目は，子どもに描くことの喜びを与え，その喜びはもっと描きたいという気持ちを引き出すからだ。次に教師は別の子どものところへ行き，その色遣いについて話すことで，はじめの子どもに色をどう加えたらよいかのヒントが伝わるようにする。後に，皆がそれぞれ自分の作業に従事しているとき，この子どものところへ戻り，もっと色を使ってみるよう個別に励ますのである。

教師が子どもたちの作業を比較することで，競争や敵意を駆り立てないか。

　一部の子どもの作業を模範例としてあげることは，子どもたちのやる気を刺激する上で効果的な場合がある。ただし，いつも同じ子どもを例として取り上げるのではなく，その時どきで別の子どもを例にあげ，その独創性や多様性を指摘することが重要である。発達の初期には，子どもたちの能力は著しく変化するので，それぞれの子どもの作業の価値を認め，伝えてやることが大切である。たとえば，ある子どもの美術作品に見られる独創的な点や，プロジェクトを完成させるのに費やした努力について指摘してあげるとよい。あるいは，すべての子どもの作業について一言ずつコメントするとか，今日はこの子どもたち，明日は別の子どもたちというように，数人ずつスポットライトを当てていくのもよいだろう。ある子どもの作品を皆の前で評価する際，単にその子をほめるのではなく，多様性に価値を見いだすことを奨励するようなやり方ができるし，そうすることで，子どもが互いに比較し合うことをやめさせることもできる。

なぜ問題児をたくさんほめないといけないのか。それは他の子に公平でない。

　難しい子どもは，とりわけ，適切な行動に対する大量のポジティブな注目や賞賛を必要としている。なぜなら，彼らは通常，大人からの非難や仲間からの嘲笑の対象となっており，その結果，自尊心が極めて低くなっているからである。彼らはネガティブな注目であっても，注目されないよりはマシと思っている。したがって教師は，難しい子どもが時折示す適切な行動を目ざとく見つけるスキル——すなわち，よい子にしているところを捕まえろ——を身につける必要がある。これは，ただ偶然に任せておけばよいというものではない。というのも，彼らが望ましい行動を示すのは比較的まれなため，事前にきちんと計画しておかなければならない。また，難しい子どもの場合，ほめたり承認を与えたりするのを忘れないようにすることも容易ではないかもしれない。これにはよい方法がいくつかある。たとえば，特定の子どもをほめるリマインダーとして，自分の腕時計などに赤いシールを貼っておいたり，ポケットにコインを入れておき，子どもをほめるたびに片方のポケットへ移すようにするのである。教師は子ども一人ひとりについて，どういった行動を伸ばしていきたいのか，どのように行動を強化すればよいのか，具体的な計画を練っておく必要がある。

　公平さに関する教師の質問は，考えてみれば面白い質問である。大半の教師は，言語や読みに遅れを示す子どもに特別学習を受けさせることや，身体的なハンディキャップを持つ子どもに物理療法を受けさせること，肺炎にかかった子どもに抗生物質を処方することに異論はないだろう。それならば，注意の欠陥や対人的な問題，家庭環境の不利益を抱える子どもにも同じ

権利があるはずである。しかも，問題を抱えた子どもに対する賞賛や励ましは，どういった行動が強化を受けるのかを明確に説明しているため，長期的にはクラス全員のためとなる。というのも，こうした教師の発言は，どの子にとってもリマインダーの役割を果たすからだ。それだけではない。この場合，教師は，社会的スキルや学業的スキルを学習する能力には個人差があるということを理解し，受容するモデルとなっているのである。

　公平さに関して最後にひと言。子どもたちのなかには，愛情にあふれ，安定した家庭で育った子もいれば，そうでない子もいる。これは決して公平とはいえないが，それが現実なのである。だからこそ，教室で介入を行い，対人的能力における個人差を是正していくことが必要なのである。

賞賛や励ましの効果を高める

明確に

　あいまいなほめ言葉というのは，通常，短く，ひと言かふた言で伝えられる。たとえば，「いいですよ……よろしい……すばらしい」というのがこれにあたる。これでもある程度ポジティブな注目が伝わるが，あいにく，これらの言葉は明確ではないし，きちんと説明づけもされていない。要するに，子どもの行動のなかで，教師が何をほめているのかがあいまいなのである。

　もっと効果的なのは，説明つきの賞賛を与えることである。説明つきの賞賛とは，教師が好ましく思った特定の行動を説明するものである。つまり，単に「いいですよ」というかわりに，「よくやった。一人でパズルを完成させることができたね」「わあ，すごい！　先生が頼んだら，ちゃんと全部のブロックを拾ってきてくれたね」と言うのである。子どもの行動の何を好ましく思ったのかを明確に指摘することで（自分ひとりで作業を終わらせたこと，教師の指示に従ったこと，など），そのほめ言葉は子どもに多くのことを伝達する。そして，何が賞賛に値するのかが伝われば，子どもはその行動を繰り返すことができる。これは，後の行動を強力に動機づける。

ほめ言葉の例
- 「〜をしたのは，すばらしいね」
- 「〜というのは，いいアイディアだね」
- 「〜ができたとは，すばらしい」
- 「正解だよ。〜は，賢いやり方だね」
- 「〜を思いつくなんて，問題解決のエキスパートだね」
- 「〜とは，すばらしい考えだ」
- 「まあ。〜は，すばらしいチームワークだ」
- 「〜をしてあげるなんて，あなたはとってもよい友達だね」
- 「〜ができたなんて，自分の頭をなでてあげなさい」
- 「〜ができたなんて，握手しよう」
- 「先生が〜しているのを，辛抱強く待っていてくれてありがとう」
- 「席まで静かに歩いて戻ることをちゃんと覚えていてくれたね。先生はそれが好きだったよ」

- 「先生が何も言わないでも，次の活動のために，〜を準備することを覚えていてくれるだろうとわかっていたよ」
- 「もう少し続けて。頑張っているから，もう少しでできるよ」
- 「作業の間，静かにしてくれて，ありがとう。まわりの子たちも，あなたの思いやりに感謝しているよ」

情熱的に

　せっかくのほめ言葉も，内容が退屈で声は沈み，笑顔もアイコンタクトもなしで与えられては効果を失ってしまう。同じセリフを平坦な調子で繰り返すようなほめ言葉では，子どもを強化することはできない。

　ほめ言葉のインパクトは，情熱を伝えるような，非言語的方法を組み合わせることで増大させることができる。たとえば，子どもに笑顔を見せる，暖かい目であいさつする，背中をポンと叩くなど。賞賛は，力強さ，多様性，思いやり，そして誠実さを伴っていなければならない。真心のこもっていないほめ言葉を投げかけても，子どもはそれをキャッチできないのである。

　不注意で衝動的，かつ気が散りやすい子どもこそ，普通の声音やあいまいな言い回しを用いた賞賛を容易に聞き逃してしまうことを忘れてはならない。そうした子どもたちは特に，熱意のこもった声，ポジティブな行動の明確な描写，明らかにポジティブな表情とポジティブな接触による賞賛を必要としているのである。

子どもの努力や伸びをほめ，励ます

　分け合うこと，助けること，質問に正しく答えることなど，観察可能な特定の行動をほめることに加えて，子どもの努力や伸びをほめることも大切である。たとえば，文章の読みにつまずきを抱えていた子どもに対し，「本当によく頑張って読む練習をしたね。ほら，自分の力でどれだけのページが読めたか見てごらん！　すごく上達したよね」「読みがどれだけ上達したか見てごらん。今ではほとんどの言葉がわかるようになったね」とほめてやるのである。このやり方では，子どもの読み能力自体に対する教師の評価や喜びよりも，むしろ子どもの努力や達成感，伸びを強調するものである。子どもの伸びに対し社会的報酬を与えるとき，教師は彼らの成長の度合いを測っているのであって，他の子どもや別の外的基準と比較しているのではない。以前はどうだったかを思い起こさせ，そこからどう変化したのかを指摘してやるのである。

　子どもを励ます別のやり方として，われわれが「継ぎ足し法（tailgating）」と呼んでいる方法がある。これは，子どもの発言を繰り返すと同時に，子どもの発想を広げるようなコメントを継ぎ足すことを指す。たとえば，「ぼくね，空飛ぶロケットを描いているんだよ」と子どもが言えば，「本当だ。ロケットが描けたね。それに，パワフルなエンジンも描いたから，すごいスピードで飛んでいけるね。かっこいいよ！」と広げて返してやるのである。この継ぎ足し法は，子どもを大いに励ます。というのも，教師が子どもの発言や作品を理解していることを示すことで子どもの発想が承認されると同時に，教師の追加コメントによって，子どもの絵を細部までほめることができるからである。

　結果よりも過程に焦点を当てれば，子どもは結果によって自分に評価をくだしてしまうかわりに，作業や学習に努力を注ぎ続けるので，彼らの自尊心を強化することができる。たとえ結果が完璧ではなかったとしても，教師が努力を認めてくれていれば，子どもは自分のやり遂げた仕事にプライドを持つことができる。

言い回しの例
- 「〜について，自分を誇らしく思うでしょう」
- 「〜するのがどれだけ上達したか見てごらん」
- 「〜では，とても頑張ったね」
- 「〜するのは，すごくクリエイティブなやり方だね」
- 「うまく問題を解決したね」
- 「おー。よく考えているね」
- 「わー。〜のやり方を覚えたね」
- 「君が〜をしてくれると，みんなが助かるよ」
- 「〜について，君は本当によく考えてみたようだね」
- 「君はわざわざ時間をとって，図工の材料を片付けてくれたのだね。よく気がつくね」
- 「君は整理整頓が本当に得意だね。フェルトペンのふたも全部つけてくれたんだ」
- 「こんなクラスを受け持つことができてうれしいよ。だって〜だから」
- 「今朝，君は〜を助けるためにわざわざ道を遠回りしてくれたんだよね」
- 「よい選択をしたね」
- 「わかってきたみたいだね。その調子！」
- 「君の意見を聞きたいところだけど，他の人にもチャンスを与えないとね」
- 「彼の手助けをしてあげて，よい友達だね」

子どもに自分をほめてやるよう促す

　子どもの努力や伸びをほめるのと同時に，教師がほめ言葉の内容を工夫することによって，自分自身が感じている達成感への気づき方を子どもに学ばせることができる。たとえば，「一つの章を全部一人で読むことができたなんて，自分を誇らしく思うでしょう」というほめ言葉は，やり遂げた課題に対する子ども自身のポジティブな自己評価に焦点を当てるものである。

　自分が達成したことに誇りを持つことを教えるのは，極めて肝心である。さもなければ，もらえるかどうかもわからない他人からの賞賛をいつまでも待ち続けることになる。われわれは，いつか子どもたちが自分の成し遂げたことを自分でほめることができるようになってほしいと願っている。たとえば，教師の質問に対し大勢の子どもが手をあげているような場合，教師に指名されなかった子どもが自分は無視されたとか，低く評価されたなどと感じることがある。そのようなことを避けるために，教師は，「正解だった人は，自分の頭をなでてやりなさい」と言ってやることができる。子どもは自分の頭をなでることで自分を強化できるし，自分が正解だったことを周りの人に気づいてもらえるので，指名されなかったことを悔しがることもなくなる。

ほめ言葉に批判をまぜないこと

　たまに教師は子どもをほめようとして，知らず知らずのうちに，子どもを皮肉ったり批判してしまったりすることがある。これこそ，教師が子どもを強化するにあたってなし得る最大の妨害行為である。とりわけ，子どもがこれまでやらなかったことをきちんとやってみせると，教師は皮肉の一つも言ってやりたいような誘惑に駆られるようである。たとえば，「ようやく宿題をやってきたみたいだね。でも，どうして時間通りにできなかったんだ？」とか，「先生の言ったとおり，おもちゃを片付けることができたわね。えらいわ。でも，今度は先生に言われ

る前にちゃんとやったらどう？」「今日は誰も叩かなかったようだね」などなど。教師による批判や訂正は，せっかくの賞賛を台無しにしてしまう。特に，不安定な子どもは，ポジティブなほめ言葉よりも，ネガティブなコメントの方をよく覚えているものである。また，批判とない交ぜになった賞賛は，幼い子どもにとって，解釈が難しいものである。

したがって，ほめ言葉は「純粋」で，余計な言葉によって毒されていないよう注意しなければならない。もし，子どもに宿題を期限通りやってくることを学んでほしいなら，これはまた別の目標として，他の機会に話し合うようにする。

学業スキルと社会的スキルの両方をほめ，励ます

自分が日頃，子どものどういった行動をほめているのかを記録にとってみると，多くの場合，特定の行動に偏ってほめていることに気づくはずである。たとえば，ある教師は成績の良さや認知的コンピテンスだけをほめ，対人的なコンピテンスはほめていないことに気づくであろうし，別の教師はその逆だったりする。また，教師のなかには，個々の子どもの発達に応じたできばえよりも，クラスのなかで際だって優秀な子どもだけをほめる人がいる。こうした自分の傾向に一人ひとりの教師が気づき，認知的，行動的，社会的な行動をくまなくほめるよう努力することが大切である。実際のところ，特に幼い子どもたちについては，聞く，協力する，分け合う，注意を向ける，適切に質問するなどの社会的スキルをたっぷりほめてやるのがよいだろう。というのも，これらの社会的スキルは，後の学業スキルの基礎となるからである。高学年の子どもについても，教師は学業スキルと社会的スキルの両方をバランスよくほめ，励ましてやるとよい。自分が子どものどういった行動をほめているのかを把握するため，一度，同僚の教師に教室へ来てもらい，どんな行動をどのくらいの頻度でほめているかを記録してもらうとよいだろう。

子どもの性格，たとえば，忍耐強さ，思いやり，創造性，熱心さ，親しみやすさ，チャレンジ精神などについてもほめてやるとよい。また，子どもの身だしなみ，髪型，服装についても教師が何らかのコメントをすることで，これらが友達を作る上で重要な側面であることを教えることができる。

難しい子どもを重点的にほめる

すでに述べたように，教師のほめ言葉やその他の社会的報酬を最も必要としている子どもは，ほめたり報酬を与えたりすることが最も難しい子どもでもある。そうした子どもの多くは不注意で集中力が低く，従順でもないため，教師にとって強化にならないばかりか，ほめてやろうという気さえ起こらない場合がある（むしろ注意してやりたい気持ちを起こさせる）。教師はいかにしてこの罠を回避すればよいか。それは，難しい子どもというものは教師の努力をことごとく挫くものだということを理解した上で，こうした子どもをたくさんほめ，励ますよう最善の努力をすることである。最後には，どの子どもも，同じ行動原理に反応するようになるものである。ただし，発達遅滞や注意，行動上の問題を持つ子どもにはたくさんの賞賛や注目が必要である。彼らはより多くの学習試行を必要としており，行動をいくつもの要素に分割するとともに，教師がそれらを繰り返しほめ，励ましてやることで，ようやく新しい行動を学習できるのである。

シャイな生徒を忘れないこと

　行動上の問題を抱えた手に負えない子どもに対して何とかしてほめる努力をするのと同様に，おとなしくシャイな子どもも忘れずにほめてやらねばならない。そうした子どもは，通常，非常に協力的なものである。しかし，彼らは教室のなかで見えにくい存在になりやすいため，彼らのやさしさや親切心，協力的態度などに注目してやる必要がある。

個々の子どものニーズに合わせて，励ますべき特定の行動をターゲットにする

　個々の子どもについて伸ばしてやりたい特定の行動をターゲットにすることは非常に効果的である。たとえば，おとなしく引っ込み思案な子どもについて，この子が思いきって発言したり議論に参加したときは，常にほめるようにする。一方，いつもは横柄で支配的な子どもが，きちんと順番を待っていたり，質問に答える順番を他の子に譲ってやったりしたときにもほめるようにする。同様のやり方は，学業的スキルを強化するのにも使える。文字や文章を書くことに困難を示す子どもに対しては，子どもの努力をほめる計画を立てることで，書くことへの興味を持続させることができる。あるいは，すでにうまく書くことができる子どもに対しては，子どもの発想の広がりや構成に注目してやるとよいだろう。

　反抗的で極めて気の散りやすい子どもの場合，まずターゲットにすべき行動は，教師の指示に従わせることである。というのも，社会性を身につけさせるにせよ，何かを教えるにせよ，子どもの従順さが鍵となるからである。したがって，こうした子どもについては，彼らが教師の指示に従ったり，教師の話を注意深く聞いている場面をみつけることに教師の最初の努力が払われなければならない。

励ましたりほめたりすべき行動の例

- 分け合う。
- 礼儀正しく話す。
- 静かに手をあげる。
- クラスメートを助ける。
- クラスメートをほめる。
- 教師の頼みに従う，指示を聞き，従う。
- 難しい問題を解決する。
- 以前は困難だった課題をやり遂げる。
- 運動場で協力する。
- あきらめないで難しい勉強課題に取り組む（頑張る）。
- 答える前に考える。
- 教材を片付ける。
- 期限どおりに宿題をやり終える。
- 気配り。
- 我慢強い。
- 葛藤場面で，落ち着いて自分の気持ちをコントロールする。
- 廊下を走らないで，歩く。
- 初めての難しい課題に挑戦する。
- 教室での決まりに従う。

特定の行動を伸ばす計画を体系的に立てるためには，行動計画表を書いてみるとよい。まず，減らしたいと思っている子どもの不適切な行動と，それがいつ頻繁に出現するのかを特定したら，次に，その行動と置き換えたい適切な行動を特定する。計画を立てることによって，教師は自分の賞賛をより明確なものにできるし，ターゲットとした行動が出現したときに，より一貫して注意を向けることができる。必要であれば，この計画を他の教師（ティーチング・アシスタント（TA）など）に見せておくとよい。まずは，取り組むべき行動をひとつ選ぶことから始める。

この他，強化すべき行動をあらかじめ特定しておくことの利点は，担任以外の教師や保護者ボランティアもその行動をほめるようにすれば，効果を倍増できることにある。

近接賞賛を使う

授業に関係のないことをしていたり，ぼーっとしている子どもに注意を向けるかわりに，ちゃんと課題に集中していたり，課題を終わらせた子どもを教師がほめる。こうした近接賞賛は，関係のないことをしている子どもに注意することなく，今どういった行動が期待されているのかに気づかせ，再び指示を与える役割を果たす。たとえば，教師は次のように言う。「いいなあ，フレデリックはちゃんと自分の教科書を片付けているから，早めに運動場に行くことができるね」「アンナは静かに手をあげているね。よし，彼女に答えてもらおう」。

非随伴的な賞賛を使う

随伴的な賞賛（特定のポジティブな行動の出現に随伴させてほめること）に加えて，非随伴的な賞賛を与えることも大切である。非随伴的な賞賛とは，いわゆる一般的なほめ言葉であって，教師の承認を得るために，子どもがやるべきこととは何ら関係のないことに随伴させるものである。例として，「朝から会えてうれしいよ」「一緒に作業するのは楽しいね」という言葉かけが含まれる。こうした暖かい言葉かけは，生徒に対する教師の無条件でポジティブ，かつ友好的な雰囲気を作る。

すべての子どもにポジティブな期待を持つ

ポジティブな期待は，子どもを強力に動機づける。もし，この子はできるようになると信じ，その信念を言語的，非言語的に伝えるようにすれば，その子どもは頑張り抜くだろう。一方，この子はトラブルを抱えるようになると確信したら，おのずとそのメッセージは子どもに伝わり，頑張ることをやめてしまうものである。教師は，次のような励ましの言葉をかけることで，自分の信念を子どもに伝えるとよい。「ほらできた。先生はできると思っていたよ」「これはちょっと難しいね。でも，きみなら練習すればできるようになるよ」。

行動計画：ジェニー			
減少させたいネガティブな教室行動	場面	増加させたい望ましい行動	特定のほめ方
殴る，他の生徒を触る	列に並ぶとき	両手を体の横に揃える	ほめられるのにはよく反応する「ちゃんと両手を自分の体につけているね」
手をあげないで話す	小グループでの話し合い	静かに手をあげる	抱きしめられるのは嫌い「ちゃんと静かに手をあげることを覚えてくれていたね」
指示を与えている間に話し始める	大教室	指示が与えられているときは静かに聞く	聞くスキルに注目し，ほめる「気をつけて聞いているし，ちゃんと先生の言ったとおりにしてくれたね」

集団をほめる

　これまで私たちは，一人ひとりの子どもをほめたり，励ましたりする方法について見てきた。賞賛はまた，仲間の圧力が子どもをやる気にさせる潜在的な力を持つことから，集団の子どもたちに対しても効果的な道具になり得る。たとえば，クラスの子どもたちを二つのグループに分け，名前をつける。そして，いずれかのグループが教師の指示や教室の決まりに従っているのを目にしたら，「先生は6番チームのみんなにとても満足しています。どうしてかというと，彼らの聞くスキルが今日，格段によくなったからです」「恐竜グループのみんなは全員，教科書を片付けているし，椅子も静かにしまってあって，遊びに行く準備が整っていますね。すばらしいですよ」とほめるのである。教師はこうした言葉による賞賛に加えて，何らかのポイントシステム（ポイントを集めると賞品がもらえる）を利用することもできる。その詳細は，本書の第3章で述べたとおりである。

新しい課題を学ぶことの難しさに理解を示す

　ある教師は，クラスの子どもに初めて引き算を教えた後，次のように語った。「引き算がどんなに難しいか先生も知っているし，今日の授業はとっても大変だったろうと思うよ。でもね，今は難しくても，だんだんとわかるようになっていって，学年が終わる頃には，すごく簡単にできるようになるからね」。このように，何かが難しいということを教師が認めてあげることは，教師と子どもの距離を縮めるものである。（適度な距離を保ちつつ）教師と親密なつながり

を持つということは，教師による注目の報酬的価値を高めるものである。教師と親しくなることで，子どもは自分の達成したことだけでなく，自分の苦手とすることについても，教師とオープンに話せるようになる。

励ましもまた，子どもが間違えたり失敗したと感じたときに必要となる。「オーケー。間違えちゃったね。でも大丈夫。誰だって間違うことはあるのだから。この間違いから何を学ぶかが大切だよ。次はどんなやり方でやってみようか」。ここで，この教師は間違うことも学習の一部であることを伝え，その間違いから何を学んだかを考えるように励ましている。教師はまた，自らをモデルにしてもよい。「しまった。間違えた。これじゃあメチャクチャだ。どうしたら直せるかな」。

自分や周囲の仲間をほめるよう促す

ほめ言葉や励ましという形で子どもたちにポジティブな承認を伝えることには，別の意義もある。われわれ教師は，子どもたちに他者をほめることを最終的には学んでほしいと思っている。というのも，そうしたスキルは，子どもたちが仲間とポジティブな関係をつくる助けとなるからである。また，子どもたちには，自分のことをほめることができるようにもなってもらいたい。なぜなら，そのことによって，子どもは困難な課題に挑戦し，頑張り抜くことができるようになるからである。すでに述べたとおり，教師は賞賛をうまく使うことで，子どもが互いにほめ合ったり，ポジティブな自己対話を増加させることができる。また，教師は「いいとこ探しの時間」を実施し，そこで子どもたちがお互い積極的にほめ言葉を交わし，仲間が成し遂げたことに気づくよう，促すこともできる。あるいは，教師がクラス全体の活動を中断させ，あるグループの子どもたちが面白い試みを始めたことに気づかせることも可能である。

教師はまた，友達の作業をほめていた子どもを見つけ出し，その友好的な行動をほめてやることもできる。よいこと——たとえば静かにする，協力する——をしている子どもに気づくという教師の役割を子どもたちも担うようになれば，彼ら自身の望ましい行動も強化されるようになる。きちんと行儀よくしていることを仲間に気づいてもらえることは，子どもにとって非常に大きな強化になる。実際，子どもによっては，教師による注目よりも，こうした形の社会的報酬の方がよほど強化になることがある。

非言語的な励まし

非言語的な励ましのサインは非常に役に立つもので，授業を中断させることなく，一部の子どもをほめることができる。たとえば，注目に値するような作業をやり終えた子どもに対し，親指を立てるOKサインやウィンクなどを使って，教師がそのことに気づいていることを伝えることができる。

この他，ポジティブな承認のインパクトを増加させる方法として，ほめ言葉と同時に，抱きしめたり肩をたたいてやることができる。教師が愛情を見せることに躊躇してはいけない。たくさんのほめ言葉とともに抱きしめてもらえることが，どれほど大きな力を持つか，想像してみるとよい。

完璧でなくてもいい

　行動は，完璧でなくても，教師の賞賛やポジティブな注目に値する。事実，子どもは，何か新しい行動を試みるとき，目標までの小さなステップごとに強化を必要としている。もし，新しい行動を完璧にマスターするまでほめてもらえないとすれば，待ちくたびれて，すべてを放り出してしまうかもしれない。一つひとつのステップで子どもをほめてやることは，子どもの努力や学びを強化する。この過程は「シェーピング」として知られ，子どもを成功へと導く。

机間指導

　子どもに対する承認の使用頻度を高めるため，教師は「机間指導」をするとよい。つまり，子どもに自習をさせている間，教室内を見回り，望ましい行動が見られれば，注目や賞賛を与えるのである。自習の時間を，それぞれの子どもの行動を積極的に強化する機会として利用するのである。また，「机間指導」は，教師の手助けを必要としている子どもへのアクセスを容易にしてくれる。

　小グループあるいは個別の指導を行っているときには，それぞれの子どもを3〜4分おきにモニターするとよい。少し時間をかけて子どものポジティブな行動を見つけ，それを強化するのである。

お互いのよいところを見つけ，ほめ合う時間をつくる

　クラスの話し合いの時間は，生徒がポジティブなフィードバックやほめ言葉を伝えたり受け取ったりする練習をする「いいとこ探しの時間」として使うことができる。大切なのは，子どもが常に，大人からのポジティブなフィードバックだけを期待しないことである。すなわち，子どもは仲間からもフィードバックをもらう必要がある。子どもたちは話し合いの間，その日かその週にクラスメートにしてもらった嬉しかったことや助かったことを一つずつ言うよう促される。たとえば，「リサは今日私の算数の勉強を助けてくれたのでうれしかった」。話し合いの間，教師は自分がモデルとなって，ポジティブなフィードバックの与え方を子どもに示すことができる。たとえば，「セスとアンナがブロックを分け合って順番に遊んでいるのを見ました。ふたりともとっても親切だったね」。そして，話し合いの最後に，教師は，「ありがとう。今日はみんなといい話ができて，とても楽しかったよ」と言い，締めくくるのである。

　時には，一人の子ども（親友以外）をクラスの子どもたちに指名させ，その子どもを「今週のよい子」として表彰することもできるだろう。たとえば，「今日はみんなに，最近お行儀がぐんとよくなった子や勉強を頑張った子を挙げてほしい」「いつも親切か，それとも一所懸命な子を挙げてほしい」と伝える。ここで大切なことは，すべての子どものポジティブな資質を網羅したリストを作り，選抜が公平に行われるようにすることである。教師は，毎週どの子どもが選ばれたかを記録し，最終的にはすべての生徒が選ばれるようにしなければならない。指名した人とされた人，指名の理由（つまり，ポジティブな行動）を教室の壁に掲示しておくのもよいだろう。ポジティブな行動が発表されたら，その日以降，子どもと教師でこの行動を探すのである。

話し合いの間，子どもが自分自身について誇りに感じていることを皆と分かち合うようにしてもよい。たとえば，教師が「ジャミラ。今日の読書について，グループの子たちに話してあげたらどうかな」と聞き，ジャミラは「頑張って本を読み終えることができて，私は誇らしく思います」と答える。自分の成し遂げたことについてふり返る能力は，自己評価の発達における重要な一側面である。

　幼児では，仲間にほめ言葉を伝えるとき，その子に対して，ぬいぐるみを渡してあげることがとてもよい効果を生むようである。たとえ賞賛を言語的に表現することが難しい子でも，ぬいぐるみのクマを渡すことができれば，少なくとも非言語的な賞賛を与えることができる。また，賞賛を歌で表現するのも楽しいやり方である。われわれが使っている歌は，「こんにちは。ピーター。お元気ですか。お友達をほめてあげて。そうしたら，あなたにも拍手をしてあげる」というもので，子どもが誰かをほめたら即座にクラス全体で拍手をするのである。

インパクトを倍増させる

　学業スキルと社会的スキルのどちらを強化するにせよ，また，非言語的な注目と言語的な賞賛のどちらを強化子として用いるにせよ，子どもに新しい行動を学習させることは骨の折れる作業である。とにかく早く上達させたいならば，その行動が出現するごとに毎回強化を与えることである。しかし，この方法は現実的とは言えない。それでも，最初のうちは，望ましい行動をできるだけ頻繁に強化することを目標として掲げるべきである。もし，教室に複数の大人がいるのであれば，あらかじめ，個々の子どもの行動目標について話し合いを持っておき，どのような強化子を用いるのかを決めておくとよい。このような計画は，子どもが目標に向かって上達する速度を劇的に早めるだろう。さらに，教師が協力して子どもをほめるようにし，両親にも子どもの成功を祝うよう奨励することで，教師はこのインパクトを倍増させることができる。

まとめ

- 教師が望ましいと思う行動を明らかにすることで，賞賛を明確にする。
- 誠実に，熱心に，そして多様なやり方でほめること。効果を最大限にしよう。
- ほめるのに，行動が完璧になるのを待たないこと。
- 個々の子どもをほめるのに加えて，学級集団や小グループもほめること。
- 子どもが新しい行動を初めて学習しているときには，特に，継続的かつ頻繁にほめること。これこそ，教師が子どもに与えることのできるポジティブな承認の最強な形であることを忘れないように。
- 不注意で極めて妨害的，かつ反抗的な子どもの場合，適切な行動を示したときは，頻繁に注目しほめてやることが必要である。
- 個別の行動目標に従って子どもをほめること（学業スキルと社会的スキルの両方を含めて）。
- 自習の間，自分の机で待っているようなことはしないこと。それよりも，教室内を見回って，ポジティブな行動に対する賞賛を与えるとよい。
- 指示を与えたときは，それにちゃんと従っている子どもを少なくとも二人は見つけこ

と。二人の名前を呼び，彼らが指示に従っているという事実を賞賛することで，もう一度指示を与えることができる。
- 忘れずに賞賛を与えるため具体的な計画を立てること。たとえば，時計にシールを貼る，ポケットにコインを入れる，タイマーを使うなど。
- 最終的な結果だけでなく，努力や学びに焦点を当てること。
- 生徒の長所や上達したことに焦点を当てること。
- 生徒の能力を信頼していることを表現すること。
- 生徒を仲間（あるいは，きょうだい）と比較しないこと。

文　献

Brophy, J.E. (1981) On praising effectively, *The Elementary School Journal*, 81, 269-75.

Cameron, J. and Pierce, W.D. (1994) Reinforcement, reward, and intrinsic motivation: a meta-analysis, *Review of Educational Research*, 64, 363-423.

Martens, B.K. and Meller, P.J. (1990) The application of behavioral principles to educational settings. In T.B. Gutkin and C.R. Reynolds (eds.) *Handbook of School Psychology* (pp.612-34), New York: Wiley.

Walker, H.M., Colvin, G. and Ramsey, E. (1995) *Antisocial Behavior in School: Strategies and Best Practices*, Pacific Grove, CA: Brooks/Cole.

Wyatt, W.J. and Hawkins, R.P. (1987) Rates of teachers' verbal approval and disapproval: Relationship to grade level, classroom activity, student behavior, and teacher characterstics, *Behavior Modification*, 11, 27-51.

Chapter Five | *Using Incentives to Motivate Students*

第5章 子どものやる気を引き出すごほうびを使用する

　前章では，教師の注目，賞賛や励ましを日常的にクラスで使用することの重要性について述べた。しかし，子どもが行動や学習の特定の領域に困難を示している場合，賞賛や注目は彼らのやる気を引き出すのに十分強力な強化子ではないかもしれない。読み書きの学習や社会的に適切な行動の学習は，時間のかかる，努力が必要なプロセスであり，子ども自身が少しも進歩していないと感じることもある。

学習を具体的にする

　学習を具体的にする方法の一つは，シールやトークン，特別なごほうび，お祝いなど，具体的な指標を使用して，子どもが進歩していることがわかる明確な証拠を示すことである。ごほうびも，子どもが苦手な学習領域に立ち向かうためのやる気を引き出すことになる。さらに教師とのポジティブな関係ができて，賞賛や注目が子どものやる気を引き出すようになるまで，ごほうびによってやる気を維持することができる。このようなやる気を引き出すプログラムを用いることによって，クラスへの参加，課題取組や協力的な行動の増加，書き方や計算の正確さの改善，深刻な問題行動の低減といったポジティブな結果を得ることができる（たとえば，Rhode, Jenson and Reavis, 1992）。新しいことを学習するためにやる気を引き出すプログラムを用いる場合は，社会的賞賛も与え続けることが重要である。両方のタイプのごほうびを組み合わせて，それぞれが異なる目的を果たせば，ごほうびの効果はより大きくなる。社会的賞賛は，子どもが新しいスキルや行動を習得するためにはらった努力を強化するために用いるべきである。ごほうびは通常，特定の目標を達成したことを強化するために用いられる。

　やる気を引き出すプログラムには，どの行動に対して強化が与えられるかを子どもと一緒に

計画することも含まれる。このタイプのプログラムは契約に似たものであり，頻度の低い行動や，獲得が特に難しい行動を増加させたい場合に適している。具体的な例を見てみよう。

切り替えチケット

　ある教師は，7歳から8歳の学級で問題を抱えていた。彼女のクラスの子どもたちは，休み時間から帰ってくるときにいつも問題を起こしていた。子どもたちは教室に帰ってくるとき，お互いを叩いたり，押したり，からかったりしており，落ち着いて課題に取り組むようになるまでにかなりの時間がかかっていた。教師は自分がいつも子どもを怒鳴っており，クラスの子どもたちが課題に取り組むまでに30分かかることに気づいた。実際，休み時間，給食，体育の後など，あらゆる切り替えが必要な場面において，子どもたちが衝突を起こさずに活動を切り替えるのが難しいと教師は感じていた。教師の目標は，クラスの子どもを混乱させることなく，スムーズに自分の課題に切り替えられるように子どもを援助することであった。この目標を達成するために，教師は子どもたちと「切り替えチケットシステム」を計画した。まず，教師は子どもたちがクラスに入ってきたときに，彼らが何をするべきかを正確に知ることができるように，黒板に課題の割り当てを書くことにした。たとえば，教師は「連絡帳に書き始めなさい」とか，「教科書を出して，第3章の最初のページを読みなさい」などと黒板に書く。子どもが席について黒板の指示に従っていたら，教師は週によって色分けされた切り替えチケットを子どもに渡す。これらのチケットは，子どもの机の中にあるスペシャルボックスの中に入れておくのである。

　切り替えチケットは子どもが教室に戻る機会があるたびに与えられることになるので，チケットを獲得する機会は一日に4回までであった。金曜日に，子どもは自分のチケットの枚数を数え，チケットを10枚持っていた場合は，賞品と交換することができるのだ。チケット15枚以上持っていると，スペシャルボックスから二つ目の賞品をもらうことができた。教師は子どもとどのような賞品がほしいかを話し合うことにした。たとえば，鉛筆，消しゴム，シュガーレスガム，キャンディー，おはじき，グミ，フットボールのカードなどがあった。スペシャルボックスには，教師と給食を食べることができる，移動の際に列の先頭になる，体育の活動を選ぶ，クラスで食べるお菓子が選択できる，家から特別なアイテムを持ってきてクラスのみんなと楽しむことができる機会なども入っていた。それぞれの子どものチケットを数えるだけでなく，クラス全体で獲得したチケットの枚数を毎週数えて，壁にある大きな温度計にチケットを貼っていった。教師は，クラス全体で2,000枚チケットを獲得したら（温度計の上端），お祝いの会をすることを約束した。落ち着いて課題をしている子どもに対して，チケットを渡しながら賞賛や注目を与えることに意識を集中するようにすると，怒鳴らなくてもクラスがすぐに落ち着くようになった。さらに，クラス全員がゲームやクラスでのお祝いの計画を楽しんでいた。

　この例で重要な点は，問題行動やそれに取って代わる望ましい行動を，教師が具体的に定めていたことにある。教師は一日の決まった時間を選び，これらの行動に焦点をあて，一日に数回，子どもたちがうまく行動してチケットを獲得する機会を与えていた。この例におけるもう一つ重要な点として，この手続きは，物を集めたり交換したりすることが好きな7歳から8歳の子どもにとって，発達的観点から見ても適切だったということがある。さらに，この年齢の子どもであれば，自分のチケットを交換するまで一週間待つことは可能である。切り替えがスムーズに行われるようになったら，教師はチケットのシステムを個々の子どものニーズに基づいて使用し始めることにした。たとえば，学校のお買い物集会（子どもたちは売りたいものをお買い物集会の日に持ってくる）で，物を買うときに使用することができるチケットを作成し

た。また，ごほうびを買うためのお金が少ない時は，子どもが獲得したチケットに名前を書いて箱に入れておき，抽選するというシステムを作った。週の終わりに抽選が行われ，ごほうびと交換した。教師は，ごほうびやお祝いの計画に子どもを参加させることによって，プログラムが子どもたちにとって楽しいものになるようにした。このような工夫がこのプログラムを成功に導いた。

しかし，もっと年少の幼児（3歳から5歳）に対しては，子どもが何かをすぐに手にできるようにして，やる気を引き出すプログラムをより単純化する必要がある。たとえば，教師は特定の行動が見られたら（たとえば，子どもが他の子どもを助けたり，分けあっていたりするのに教師が気づいたら），それぞれの子どものカードにスタンプを押す（もしくはシールを貼る）。一日の終わりに，それぞれ子どもは，自分が他の子どもを助けることで何個のスタンプを手に入れたのか見ることができる。さらに，両親に他の子どもを助けたことを伝えることで，自分を誇らしく思えるようになるのだ。

やる気を引き出すプログラムは，以下の条件でのみ有効であることを覚えておきたい。

- 行動の特定の基準を達成させる（単に行動させるのではなく）。
- ごほうびは効果的にやる気を引き出すものを選ぶ。
- プログラムは簡単で楽しいものにする。
- 記録表を注意深くチェックする。
- 基準を変えることなく，最後まで取り決めに従う。
- 行動の変化に応じてプログラムを修正する。
- 定期的にごほうびを変えることで，ごほうびを目新しく興味深いものにする。
- ごほうびを得ることができる行動に一貫した制限を設ける。

一度子どもが新しい行動を獲得したら，やる気を引き出すプログラムは徐々に減らしていき，教師の賞賛や励ましを使用してその行動を維持する。

やる気を引き出すプログラムは簡単そうに見えるが，実際には多くの落とし穴がある。プログラムを効果的なものにするためには，この落とし穴を避ける必要がある。本章では初めに，やる気を引き出すごほうびを使用する際によく生じる，誤解からくる反対意見について述べる。次に，やる気を引き出すプログラムを始めようとする際に，教師が直面することの多い問題について説明する。さらに，やる気を引き出すシステムに関する研究に基づいて，システムがうまく機能するのに最も効果的で実践的な方法について説明する（Cameron and Pierce, 1994; Elliot and Gresham, 1992; Stage and Quiroz, 1997; Walker, 1995）。また，社会的スキルや学業スキルを学習することに対する子どもの動機を高めるために，教師がやる気を引き出すごほうびを追加するさまざまな方法を紹介する。

教師からよくある質問

やる気を引き出すプログラムを実施すると，外的報酬に依存して内発的動機づけの発達を阻害してしまい，将来的に失敗するのではないか？

　チケットや星型のバッジ，ピザパーティーなどといったやる気を引き出すごほうびを使用すると，子どもが外的報酬の「とりこ」になってしまい，長い目で見ると効果がないのではないかと心配する教師もいる。子どもの内発的動機づけが発達しないので，担任教師が替わって，やる気を引き出すプログラムを使用しないクラスになったら，内発的動機づけが作用しないのではないかと考えるからである。子どもが教師からの簡単な要求に対して，「言うことをきいたら何がもらえるの？」と言って，思い通りにシステムをコントロールしようとするのではないかと，教師は心配する。

　実際には，やる気を引き出すプログラムを適切に実施すれば，このようなことが生じるということを証明した研究は存在しない（Cameron and Pierce, 1994）。やる気を引き出すプログラムは，子どものやる気を引き出す他の方法（子どもとの信頼関係を築く，注目や賞賛によって子どもを強化する，ある分野に対する子どもの興味を刺激する，など）に代わるものではないことを強調しておきたい。やる気を引き出すプログラムは，社会性の面や学習面になんらかの困難を抱えていたり，反抗する子ども，挑戦したがらない子ども，他の強化子に反応しない子どもに対して使用する補助的な方法にすぎない。ごほうびは即時的なので，クラス全体をコントロールし，教えようとしていることに注目させるのに有効である。このようなやる気を引き出すプログラムの背後にある考え方は，子どもが自信とスキルを獲得して自分の内発的動機づけを強められるようになったら，徐々にプログラムを減らしてゆくというものである。やる気を引き出すごほうびは，子どもが自分でできるようになるまでの補助であると考えられる。

どうやって，クラスの特定の子どもにやる気を引き出すプログラムを実施し，他の子どもに実施しないようにするのか？　それは不公平ではないか？　適切に行動している他の子どもがごほうびをもらうために不適切な行動をするのではないか？

　教師は特定の子どもにごほうびをあげて，他の子どもにあげないことは不公平ではないかと心配するかもしれない。しかし，実際には，子ども個人のニーズに合わせて指導方法を個別化することで，より公平になると考えられる。なぜなら，それぞれの子どもは異なる能力を持っているからである。医者がある病気に対して最も適切な薬を処方するように，教師もそれぞれの子どもが持つ学習ニーズを判断しなければならない。

　他の子どもがごほうびをもらうために不適切な行動をすることについてはどうだろうか？　これは，教師がクラスに対してプログラムの説明を率直に行っていればめったに起こらない。たとえば，教師は「ジェシーは席にずっと座っていることが苦手です。ジェシーがずっと席に座っていられるように，彼女と私は特別なプログラムを始めました。みなさんもプログラムをしたほうがいいと思いませんか？　ジェシーが目標を達成したら，特別にほめたいと思います」と言うことができる。ここで教師は，プログラムを実施するにあたって，子どもの協力を引き出し，プログラムの目的を説明して他の子どもの競争心や嫉妬を減らすようにする。

連絡帳にはにっこり顔としかめっ面のシールを両方貼るべきか？

　教師は普段，適切な行動にはにっこり顔のシールを，問題行動にはしかめっ面のシールを貼って行動の記録表を作成し，それを家庭に持ち帰るという方法を用いることがある。しかし，一般的には，強化のシステムと罰のシステムを混ぜるべきではない。つまり，このケースで言えば，両方の種類のシールを同じ記録表に貼るべきではない。なぜなら，ネガティブなフィードバック（しかめっ面）が，ポジティブなフィードバックを打ち消すことがあるためである。実際，しかめっ面に対する注目（教師か保護者のどちらかによる）がより強いものとなり，そのためにっこり顔に対して与えられる注目よりも大きな強化となるかもしれない。このことは特に，賞賛や承認よりも非難を受けたことに注目する傾向にある問題行動を示している子どもに当てはまる。

　しかめっ面のシールの副作用は他にもある。親の中には，ネガティブな報告をすると，教師に対して腹を立てる人や，問題を教師のせいにする人もいる。しかめっ面という形で家庭にネガティブな報告をすると，保護者はしかめっ面のシールに反応し，子どもの問題行動に対して罰を与えるかもしれない。保護者は，イライラして子どもに罰を与えたり，教師からの問題行動の報告について「何とかしなければならない」と感じるかもしれない。これは，子どもにとっては，家庭と学校から二重の罰を受けることになる。さらに，親の罰は，実際に問題行動が生じてからかなり時間が経っているので，問題行動に及ぼす効果はほとんどないだろう。このような保護者の反応は，親－子関係にダメージを与えるだけである。シールによる行動の記録表を家に持ち帰る際には，教師は保護者に対して以下のことを強調しておかなければならない。保護者がするべき仕事は，子どもの成功を励まし，シールを貼っていない部分についてはコメントを控えることである（保護者はにっこり顔のシールを五つか六つしか獲得しなかったことを罰することがある）。このようにして，保護者は自分の子どもに，学校でうまくいくと信じていることや，学校で全力を尽くしてほしいと願っているという一貫したメッセージを送る。教師は，学校ではどんな問題行動にもただちに対応すること，新しい指導方法を導入して，子どもが成功できるようにすることを保護者に保障することができる。

いつ子どもの自己評価を始めるか？

　やる気を引き出すプログラムでは，子どもに学校でうまくいったことについて具体的なフィードバックが行われているが，教師は，その日のことをふり返るように子どもを励ますとよい。たとえば，教師は，落ち着いていた（低温の青）から興奮しすぎた（高温の赤）を示す温度計を持っていて，子どもは自分が一日どのような状態であったかを指し示す。これは，教師が子どもに対していつ上手に落ち着いていたかをフィードバックする機会となる。怒りやクラスの活動への参加度にも，このような温度計を用いるかもしれない。行動問題を示す子どもはその日の失敗に注目することが多い。子どものポジティブな努力をふり返ることによって（たとえば，子どもが順調にシールを獲得している時），子どもがよりポジティブに自分の一日をふり返ることを学ぶのを援助することができる。その他の自己評価アプローチには以下のようなものがある。「励ましプリント」と名前を付けたプリントに，一日の間に起きた友人や学校の課題に関することや，イライラしたことを書き込ませる。これは，子どもに口頭で答えてもらって教師が書き込むことで完成させることができる。また，いくつかのカテゴリーを作り，カテゴリーごとに子どもに吹き出しを書かせることもできる。

励ましプリント

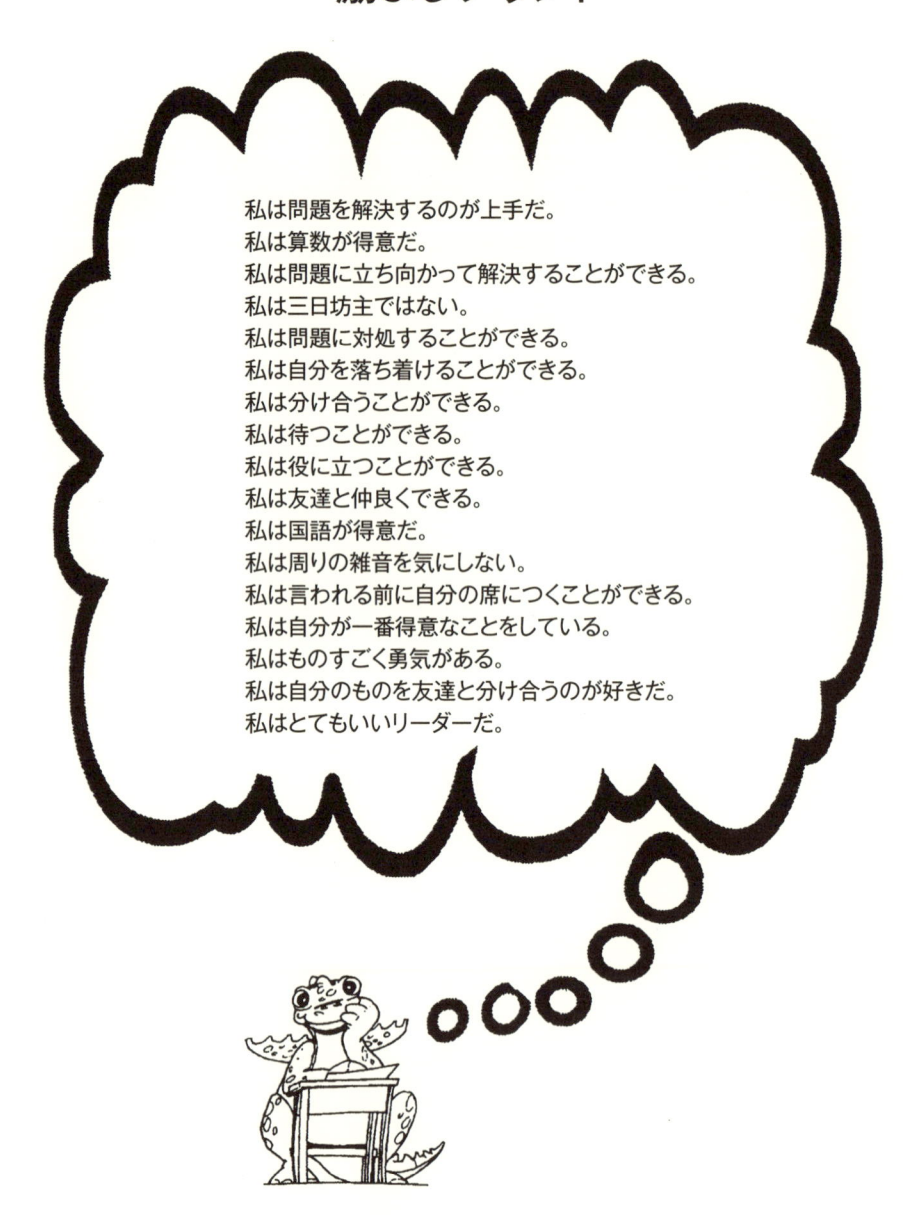

私は問題を解決するのが上手だ。
私は算数が得意だ。
私は問題に立ち向かって解決することができる。
私は三日坊主ではない。
私は問題に対処することができる。
私は自分を落ち着けることができる。
私は分け合うことができる。
私は待つことができる。
私は役に立つことができる。
私は友達と仲良くできる。
私は国語が得意だ。
私は周りの雑音を気にしない。
私は言われる前に自分の席につくことができる。
私は自分が一番得意なことをしている。
私はものすごく勇気がある。
私は自分のものを友達と分け合うのが好きだ。
私はとてもいいリーダーだ。

目標を定める

適切な行動を明確にする

　教師は、どのような適切な行動に対してごほうびを与えるのかをあいまいにしたまま、ごほうびを与えるプログラムを始めてしまうことがある。たとえば、ビリーはクラスで妨害的な行動を示しており、サークルタイムの時間に座っていることができず、隣にいる子どもをつつい

たり，教師と子どもの話し合いをいつも妨害する。ビリーの教師は「学校でいい子にしていたら，ごほうびをもらうことができます」とか，「サークルタイムの時間にきちんとしていたら，お楽しみがあります」と彼に言っている。教師はあいまいな「よいこと」について述べているが，どのような行動をするとごほうびをもらえるのかが明確になっていない。教師が望んでいる行動を明確にしないと，子どもは成功しにくい。ビリーはまったく無邪気にお楽しみを要求することさえあるかもしれない。なぜなら，教師がビリーの行動が悪いと感じている一方で，ビリーは自分が学校でいい子にしていると考えているからである。ビリーは「いい子にしていたよ。お楽しみがほしい」と主張するだろう。実際，彼は自分がいい子にしていたと考えている。他の子どもと一度ものを分け合い，振る舞いを良くしようと努力したからである。残念なことに，彼の教師の「良い」に対する考えは，もっと厳格であった。

　やる気を引き出すプログラムを準備するための第一歩は，どんな問題行動に困っているかを明確にすることである。その行動は何回生じているか，代わりとなる適切な行動は何か？　ビリーの教師と同じように，教師が3歳から5歳の子どもにサークルタイムの間，妨害的にならないようにしてほしい場合，子どもに「サークルタイムの間，静かに私の横に座って，手はおひざにしていたら，特別なシールがもらえます」もしくは，「話をしたいときは静かに手をあげたら，ステッカーをこの箱に入れてあげます」と言うことができる。ここで，子どもに対して適切な行動を明確に説明する。明確にすることで，教師自身もごほうびを与えるべきか否かを判断するのが容易になる。

ステップを小さくする

　多くのやる気を引き出すプログラムが失敗する理由の一つは，教師がステップや期待する行動を大きくしすぎてしまうことである。そうすると，子どもたちはごほうびを獲得することが不可能だと感じてあきらめてしまうか，初めから取り組まないことすらある。上記のサークルタイムの例において，もしビリーが4歳児で，非常に活発で，いつも椅子から飛び上がって2分毎に活動を中断している場合，長時間静かに教師の横にいることを期待するのは現実的ではない。このように，サークルタイムの間，20分静かに座っていたらステッカーを獲得できるというプログラムは，失敗に終わる運命にある。

　うまくいくごほうびのプログラムは，目標を達成するためのステップを小さくしている。まず，数日間問題行動が何回生じるかを観察しよう。この観察は，適切なステップを設定し，やる気を引き出すプログラムを計画していくための手がかりとなる。次に，最初に取り組む行動を選ぼう。たとえば，ビリーが5分間座っていられることがわかっている場合は，5分間座ることを強化の第1ステップにすることになるだろう。このプログラムには，5分間椅子に座って手を膝に置いていたら，ビリーにステッカーを渡すという手続きも含まれている。この例では，教師はビリーが椅子に座ることを最優先してプログラムを開始する。子どもが座ることに成功したら，教師は次の目標に移る。次の目標には，言葉で活動を妨害する代わりに静かに手をあげることを教えるなどが挙げられる。このようなやり方によって，ビリーはよい行動をし，ステッカーを獲得する機会を得ることができる。一度問題なく5分間座り続けることができたら，教師はごほうびがもらえるまでの座る時間を少し長くすることができる。スモールステップで目標に向かって前進することを忘れてはならない。

　ここで注意しなければならないのは，もしビリーが非常に多動である場合，教師はゆっくりプログラムを進めることになることである。また，4歳であればどれくらいの時間座り続けると予測できるかについても検討しなおす必要がある。現実的に彼が達成できる最長の時間は10

分であろう。結果として，サークルタイムが通常15分から20分であれば，混乱を引き起こすことなく動き回ることのできる適切な方法を，ビリーをはじめとする子どもに提供したいと考えるだろう。たとえば，彼が5分もしくは10分座るという目標を達成したら，立ち上がってクラスの中にある「ビリーが動けるスペース」と名づけられた場所に行くことが許され，そこで彼は静かに動き回ることができる。その後，彼の準備ができたら，班に戻って椅子に座り，再びステッカーを獲得する機会を持つことができる。

ゆっくりと正確にステップを進める

　逆に，ステップを簡単にしすぎると問題が生じる。この場合，子どもはごほうびのために課題に取り組むやる気が起こらない。もしくは，ごほうびをかなり頻繁にもらえるため，ごほうびを軽視するようになる。これは，最初の段階から問題になることはほとんどない。なぜなら，ほとんどの教師は初めの段階でステップを大きくしすぎるからである。しかし，プログラムが続くにつれて，問題となってしまう可能性がある。たとえば，数週間後もビリーはサークルタイムで椅子に座っていれば，5分毎にステッカーをもらえることになる。教師がプログラムをもう少し難しくして，座ることと静かに手をあげることの両方ができていたらステッカーを与えるようにしないと，ステッカーはその強化価を失ってしまうだろう。

　経験的には，子どもたちが新しい行動を学習する最初の段階では，かなり簡単にごほうびを手に入れるようにするのが良いであろう。初めのうちは，子どもたちがごほうびをもらえる経験や，教師に認めてもらう経験を繰り返して，望ましい行動をすることができることを理解する必要がある。その次には，ステップを少し難しくする。徐々にごほうびがもらえる間隔を広くしてゆき（断続的にする），ごほうびがまったく必要なくなるまで間隔を広げる。そして，最終的に，教師に認めてもらうことで望ましい行動を維持することができるようにする。しかし，プログラムがうまく進んでいると感じている教師は，ステップを進めるのを早くしすぎてしまうことがある。そうすると，子どもは成功することができないことに落胆して後戻りしてしまうので注意が必要である。ステップを進める速さが適切かどうか常に確認することは，問題行動の変容をめざすやる気を引き出すプログラムが成功するための重要なポイントの一つである。

行動の数を慎重に決める

　一度に多くの成果のあげにくい行動や難しい行動に取り組むと，プログラムが失敗することがある。かつて，非常にやる気のある教師がステッカーを用いたごほうびプログラムを開始し，教師の指示に従う，友人をからかわない，静かに手をあげる，椅子に座り続ける，つつかないで課題に取り組むといった行動ができていたらステッカーを与えていたのを見たことがある。このようなプログラムは複雑すぎる。生活のさまざまな場面でうまくいかなければならないというプレッシャーが大きくなりすぎると，子どもたちはプログラムが始まる前に挫折してしまう。また，多くの行動に取り組むと，教師は一日中常に子どもをチェックしなければならなくなる。教師の指示に子どもが従っているかどうかを単に一日中観察するだけでも，かなりの労力が必要だろう。なぜなら，指示に従う場面は頻繁に生じるからである。現実的に自分の子どもの行動をチェックできない場合や，子どもの行動に対して結果を伴わせることができない場合は，たとえ非常にうまく計画されたプログラムであっても失敗に終わるだろう。

　一度にいくつの行動を子どもに学習させるかを決める際に考慮すべき点が三つある。それは，それぞれの行動が生じている頻度，子どもの発達段階，現実的な実施法である。頻度に関して

ジェニーの行動介入計画

クラスで生じるネガティブな行動	場面	望ましい行動	個別の強化子
他の子どもをつついたり，触ったりする	並んでいるとき	手を体につける	ほめると良く反応する抱きしめられるのは好きではない
手をあげずに話し始める	小グループの話し合い	静かに手を上げる	静かに手をあげてクーポンを20枚集めたら，読み聞かせの本を選べる
指示を受けているときに話す	クラス（人数が多いとき）	指示を受けているときは静かに聞く	自己モニタリングシートを使用——1日に10ポイントで好きな活動を選べる
課題不従事ぼーっとする	自習のとき	授業や課題に集中する	課題従事に対して頑張りましたカードを渡す

は，不従順，妨害，他の子どもに触る，席を離れるといった行動は，頻繁に生じるかもしれないので，行動をチェックする回数が増える。このことは，これらの行動は一度に二つ以上対象にすることが不可能であることを意味している。

　二つ目に考慮するべき重要な点は，子どもの発達的能力である。年少の子どもは簡単で理解しやすいプログラムが必要なため，一度に一つか二つの簡単な行動を対象とする。教師の指示に従うことや他の子どもと分け合うことの学習は，年少の子どもにとって主要な発達課題である。これらの課題は繰り返し時間をかけて学習するもので，教師も忍耐強く進める必要がある。しかし，子どもが成長するにつれて（学齢期や青年期），ごほうびのプログラムをより複雑にすることができる。なぜなら，より年長の子どもはごほうびがもらえることを理解して，覚えておくことができるからである。さらに，この成長段階での問題行動は，通常頻繁に生じることはなく，チェックが容易である。このため，学齢期の子どもについては，ポイントを導入したプログラムを作成し，宿題を持ってくること，体育館で道具を片付けること，休み時間が終わって教室に帰ってきたら静かに課題をすることなどを目標とすることができる。

　子どものどの行動を対象にするかを決定する際に考慮すべき三つ目の点は，行動のチェックをどの程度実施するのが現実的かを評価することである。ティーチングアシスタントや補助員がいる場合でも，教師の指示に従うといった行動を一日中チェックするのは難しい。特に難しいのは，30人のクラスの中に3人か4人やる気を引き出すプログラムを受けている子どもがいて，それぞれ別の問題に取り組んでいる場合である。このため，増加させたい行動のチェックに集中できる時間を選びたいと考えるだろう。たとえば，多くの子どもが構造化されていない場面か自由遊び時間に困難を示している場合，この時間帯に子どもの協力的な行動や分け合うことに対する賞賛や，やる気を引き出すごほうびを集中させることができる。もしくは，ビリーのような子どもに対しては，まずサークルタイムに集中して彼に望ましい行動を教え，年度の後半で他の場面でも向社会的な行動ができるように支援してもよい。中には，移動時間や休み

時間，構造化されていない遊び時間といった難しい時間にやる気を引き出すプログラムを集中させることを好む教師もいる。しかし重要なのは，現実的なプログラムを計画し，適切な行動に対して常に賞賛やごほうびを与えることのできる時間を見つけることである。

ポジティブな行動に着目する

　教師がネガティブな行動ばかりに注目してしまうと，別の問題が生じる。教師はなくなってほしいネガティブな行動（たとえば，けんかをする，妨害する，つつく，走り回る，指示に従わない，大きな声を出す，クラスで課題をしている時に他の子の邪魔をするなど）を明確に識別することができる。このような教師のやる気を引き出すプログラムは，たいていの場合，けんかやつつきや妨害が1時間見られなければ，ごほうびが与えられるというものになる。ここまでは順調である。しかし，このようなプログラムが成功したことはほとんどない。子どもに何をすべきでないかを明確に教えているが，反対に教師が望む行動は明確に説明していないし，適切な代替行動に対して報酬を与えてもいない。むしろ，ネガティブな行動がないことに対して報酬を与えている。このようにすると，適切な行動よりも不適切な行動に対してより教師の注目が集まることになる。

　ネガティブな行動に置き換わるポジティブな行動を定義することや，そのポジティブな行動をやる気を引き出すプログラムに入れることが重要である。たとえば，分け合う，交代する，友人と静かに遊ぶ，手を膝に置く，クラスで静かな声で話す，静かに手をあげる，順番を待つ，慎重に課題に取り組む，教室に入って静かに座る，怒った時に言葉を使う，教師の指示に従うといった協力的な行動が見られたことに対して報酬を与える手続きをプログラムの中で実施しなければならない。なくしたい行動よりもポジティブな行動について明確に説明することが重要である。第4章で述べたジェニーに対する行動的介入計画では，教師はやる気を引き出すごほうびを彼女に対する賞賛の手続きに加えるようになった。

いつプログラムを個別化するのか

　切り替えチケットの例の場合，やる気を引き出すプログラムを計画して，クラス全体に実施するのは適切である。なぜなら，多くの子どもがこの問題に対する援助を必要としていたからである。しかし，クラスの全員に対してやる気を引き出すプログラムを実施しても効果が見られないことがある。実際，クラスの全員を対象としたやる気を引き出すプログラムは，一部の子どものやる気を低減する可能性すらある。たとえば，クラスの一部の子どもが本を読まないことを気にしている教師がいた。そこで，教師は1カ月に2冊本を読んだ子ども全員にごほうびをわたすという方法で，やる気を引き出すプログラムを開始した。しかし，既に本を読んでおり，本を読むこと自体が楽しいということが本を読む動機になっている子どもにとって，この手続きは危険である。2冊という制限を設定してしまうことで，子どもが読もうとする本の数が減ってしまう可能性がある。

　むしろ，やる気を引き出すプログラムは，課題を完成させることに困難を示す特定の子どものニーズや能力に合わせて計画すべきである。たとえば，子どもが読みや学習の障害を持っている場合，子どもが毎日15分間読みの学習をしたことに対して，やる気を引き出すごほうびを渡そうとするだろう。さらに，読みの学習に使用する本はこの子どもにとってレベルが高すぎないか，子どもが特に興味をもつ題材であるかを確認するだろう。恐竜がとても好きな子どもの場合，恐竜についての本を子どもに与えることができる。このような子どもにとっての目標

は，1カ月に決められた冊数の本を学習することではなく，子どもを励まして，読みの学習に絶えず挑戦できるようにすることである。反対に，自分で読みの学習ができる能力を持っているのに，自分自身をうまくコントロールすることができずに読みの学習が完成しない子どもの場合には，毎日一定の時間の間に決められたページ数を完成させることに対して，やる気を引き出すプログラムを実施することになる。教師が子どもの行動上の問題の性質を理解することが重要である。なぜなら，それを理解しないかぎり，効果的なやる気を引き出すプログラムを計画することができないからである。

最も効果的なごほうびを選ぶ

　増加させたい，もしくは低減させたいターゲット行動が決まり，目標を達成するための適切なステップが決まったら，次にしなければならないことは，適切なやる気を引き出すごほうびを決めることである。ごほうびには，ステッカー，星型の物，ポイント，スタンプ，小さな賞品（鉛筆，本，しおり，転写シールなど），特典（教師と給食を食べる，マジックショーを開催するチャンス，特定の人形で遊ぶ，低反発クッションに座る機会，他のクラスで給食を食べるなど）がある。

　ある子どもにとって正の強化子になるものでも，他の子どもにとっては正の強化子にならないかもしれない。賞賛や大人の注目を欲しがる子どももいれば，大人からの承認には用心深く，むしろステッカーやお菓子の方が効果的な子どももいるし，特典を獲得するのが好きな子どももいる。年少の子ども（4歳から6歳）の多くは，スタンプやステッカーそのものがごほうびになるので，さらにごほうびを提供する必要はない。子どもが成長するにつれて，クーポンやステッカーを貯めて何か好きなものと交換するという手続きを，やる気を引き出すプログラムに加える。この手続きを実施するには，強化を2段階にするだけではなく，欲しいものがしばらくもらえないという場面においても，やる気を維持する能力を育てる必要がある。ある子どもにとって何が強化となっているのかを知る一つの方法は，親に子どもの興味に関するアンケートを送り，子どもの興味や趣味，どんなものが子どもにとって特に強化となっているのかにつ

学習を具体的なものにするためのアイディア

- 「できた」カードを机の中にある空き缶に入れる
- 目標達成アルバムを子どもに作らせる
- 毎日「励ましプリント」に一つ書き込みをする（たとえば，「注意される前に席に座ることができる」）
- 子どもがお互いに目標を達成したことに拍手を送る
- ポジティブなタイムアウトをする（特別な目標を達成したら校長先生の部屋を訪ねる）
- 自分で自分をほめることを教える（自分の背中を軽く叩く）
- 子どもの目標達成を知らせるために，親に電話をする

- ほめられるたびにカードを渡し，表に貼る
- 協力的な行動に対して抽選チケットを渡す

安くてやる気を引き出すごほうび
- ポイント，ゼリーのお菓子，ステッカー（賞品と交換することができる）
- メッセージつきのステッカーやピンバッジ（たとえば，お話をよく聞けました，今日は人助けをしました，校庭でのルールを守りました，友達と仲良くしました）
- 切り替えチケットを賞品の抽選に使う
- 特別な賞品の箱
- 鉛筆，消しゴム，マーカー，ハサミ
- 小さな付箋
- かっこいいステッカー（スクラッチや香りのするステッカー）
- サッカーカード
- シャボン玉
- スナック菓子，ビスケット，シュガーレスガム
- 泡風呂の素，小さなせっけん
- 図工の消耗品－スパンコール，スティックのり
- 絵はがき
- パズル，迷路，難しいなぞなぞ，ジョーク
- スタンプ
- 粘土
- ビーズ
- ポスター
- 謎の賞品（飾りをつけた封筒や箱の中に入っている賞品）
- ごほうびルーレットを回す役
- 写真の引換券
- 食堂の引換券

特　典
- 教師と給食を食べる
- 子どものお気に入りの本をクラスで読み聞かせをする
- 好きな活動をする
- クラスで見るビデオを選ぶ
- 野外活動
- クラスに特別なお客さんを招待する
- クラスで趣味や得意なことをする
- 金魚ばちから賞品を選ぶ
- 一日どこの席に座るかを選ぶ
- 他のクラスと給食を食べる機会を得る
- 一日教師の助手になる
- 列の先頭になる
- 宿題が免除される（ほめられたカード10枚＝一日宿題免除）
- クラスで5分間好きな音楽を聞く
- コンピューターの時間が増える
- 金曜日の休み時間が10分増える

- ボードゲームで遊ぶ
- 5分間のおしゃべりタイム。一日の初めと終わりに子どもは好きなところに座っておしゃべりをして良い（仲間はずれが出ない限り）。
- ディスコタイム
- クラス訪問
- 他のクラスの年少の子どもを援助する機会や，教員，事務職員と働く機会を得る

特別な賞品とお祝い
- 賞品を獲得し家に持って帰る
- 子どもが目標達成したことを示す，特別なボタン，リボン，ネクタイをつける
- 最優秀生徒（児童園児）賞－賞をもらった子どもはトロフィーが与えられる
- 羽根賞－羽根はクラスの壁に貼り付ける
- 「今週の人」賞
- ポップコーンもしくはアイスクリームパーティー
- ほめられ記録表－教師は子どもをほめたことを記録しておく
- 謎のスーパーヒーロー生徒（児童園児）
- 幸せの魔女になる－魔女の帽子とマントを着て特別なお祈りをする
- 今週の偉人－やさしさやがんばりを見せた人に対して与えられる。教師や子どもは他の人の行動を見てその人を推薦する。

いて情報を得ることである。どんなものが子どものやる気を引き出すのかを判断する上で，親の情報は非常に役立つだろう。

やる気を引き出すごほうびが子どもの年齢に適しているかを確認する

　3歳から5歳の子どもが対象の場合，やる気を引き出すプログラムは，わかりやすく，簡潔で遊びが含まれたものでなければならない。この年齢の子どもは，いろいろなスタンプやステッカーを集めるのが好きである。また，手提げ袋の中から小さな賞品をもらうことも好きである。小さい子どもに対して，ごほうびのリストを見せたり，より大きな賞品との交換をするなどして，システムを難しくする必要はない。ただ，教師の励ましと一緒にステッカーがもらえて，ステッカーの表がすべて埋まるのを見ることで，子どもにとっては十分なごほうびとなる。
　子どもたちが数の概念を獲得し，一週間の概念や時間の経過を理解するようになったら（だいたい6歳以上），物を集めてほかの物と交換するプログラムに参加することを好むようになる。この年齢は，サッカーカード，小石，コインやスタンプといった「コレクション」が始まる年齢である。この年齢の子どもたちに対しては，ステッカーを集めて，それらをあとで賞品と交換するという機会を準備することができる。

安くてやる気を引き出すごほうびを選ぶ

　信じてもらえないかもしれないが，われわれはクラスの年間予算を超えるようなごほうびのプログラムを見たことがある。学校がやる気を引き出すごほうびを買う予算をもっと多くを捻

出できたとしても，高いものは必要ない。このことで，子どもたちに成功すれば立派な賞品がもらえるわけではないことを教える。重要なのはごほうびの立派さではなく，子どもの成功したときに教師と子どもの双方が感じる満足や誇りである。

　一般に，安いものや費用のかからないものでもより強力な強化子となることがある。年少の子どもは，教師と関わりをもつ時間を獲得することを好むことが多い。たとえば，教師と給食を食べる，クラスで読み聞かせをする本を選ぶ，列の先頭になる，特別な活動の時に家から何かみんなが使えるものを持ってきて教師を助けるなどがある。レーズン，スナック菓子といった小さな食べものや，好きなスナック菓子を選ぶことも魅力的だろう。就学前の幼児はステッカーやスタンプを集めることで満足するので，それらを他の賞品と交換する必要はない。それより年長の子どもは，得点を獲得することを好む。たとえば，コンピュータの時間，宿題免除日，校庭での活動内容を選ぶ，チームのキャプテンになるなどがある。

特別な表彰とお祝い

　多くの子どものやる気を強力に引き出し，かつ費用がかからないのは，「特別な表彰」である。これは，いくつかの面で劇的な進歩を見せた子どもや，非常に難しい分野で進歩を見せた子ども，何か特別な目標を達成した子どもに与えられる。表彰といえば学業の面を考えてしまいがちだが，「特別な表彰」は社会的な行動も表彰することもある。子どもが他の人，特に教師やクラスメートから認められると，自分の能力に自信を持ち始め，成功を信じることができるようになる。可能な時は，校長先生がこの表彰を行うとよいだろう。たとえば，子どもが校長室に行って校長先生と握手をしたり，集会のときに皆の前で賞をもらう。この表彰の通知を家庭に送るとよいだろう。そうすることで親に子どもの成功を知らせることができる。

最優秀子ども賞

　特別な表彰の例として，「最優秀子ども賞」がある――今週の最優秀子ども賞を受賞した子どもの机の上に小さなトロフィーを置く。賞を獲得した子どもは列の一番前に並び，一番先に給食に行くことができる。なぜなら，その子どもは責任ある行動をすでに示してきたからである。「責任ある行動」や「最優秀子ども」の基準は，子どもの目標に応じて変わる。

羽根の獲得

　特別な表彰のもうひとつの例は「羽根」を獲得することである。子どもは，頼まれなくても誰かに何かよいことを言ったり，何かよいことをすると，教師から「羽根」を獲得することができる。「羽根」は羽根の絵のことで，そこには「これはジョニーの羽根です。算数で手助けをしたので手に入れました」と書かれている。教師はこれらの羽根を壁の柱に地面の方から貼っていく。柱の羽根が天井に達したら，クラス全体でお祝いをすることができる。このシステムは，協力したことや社会的スキルを表彰するのに用いる。学業の達成にも使用することができるだろう。

金のドングリ賞

　羽根を使用して子どもを励ます方法のバリエーションとして，木を大きくしていく方法がある。年度の初めに，クラスで大きなどんぐりの木を作成する。子どもが進歩を見せたり，目標に到達するたびに，子どもは「私は……ができるようになりました」と書いてある葉っぱを受け取り，この葉っぱを木に貼りつける（また，目標を達成したことを親に知らせるため，家庭にお知らせが届く）。木に5枚の葉っぱを貼り付けると，金色のドングリが与えられる。この金色のドングリは，「金のドングリ賞」を獲得したことを意味している。子どもが望めば，金色の椅子に座って，自分の趣味，興味，人生経験についての質問を受けることができる（もしくは，何か他のお祝いをしてもらうことができる）。金のドングリを三つ獲得すると，金色のリスを受け取り，さらに立派なお祝いをしてもらうことができる。このシステムは，子どものニーズに基づいて目標を決めるため，個に応じた対応が可能である。

ほめられ記録表

　子どもを表彰する方法の三つ目の例は，ほめられ記録表と呼ばれる方法である。教師は教室に記録表を掲示し，クラスの子どもが教師，親，他の子どもからほめられた時に記録表に記録する。決められた回数ほめられたら，お祝いを獲得することができる。この方法のバリエーションとしては，ほめられカードを個々の子どもに渡す方法がある。たとえば，クラスの子どもが10回ほめられたら，一日宿題が免除されるというように，教師は子どもと約束をしてもよい。

やる気を引き出すプログラムに子どもを参加させる

　教師がごほうびを選択することがあるが，それは子どもにとっての強化子ではなく，教師にとっての強化子になってしまうことがある。それに関連した問題として，教師はプログラムをコントロールしすぎることがある。以前，絵が描かれた手の込んだ記録表やかわいいステッカーが，子どもではなく教師によって選ばれていることがあった。子どもに何らかの権限がないと，プログラムは失敗してしまうだろう。ごほうびを用いたプログラムの目標は，自分自身の行動に対してもっと責任を持つことを子どもに教えることである。教師が権限を譲りたがっていないことに子どもが気づくと，子どもは自分の主張を通すための戦いを始めるだろう。この場合，子どもの関心は協力や良い行動をすることの楽しさから，主導権争いに勝つことによる満足に移ってしまう。

　それぞれの子どもにとって，最高のごほうびとなるものは何かを見つけ出そう。前もって多くのアイディアを考えておけば，ごほうびを見つけ出すことが可能となる。しかし，子どもが自分の希望を提案できるように気を配らなくてはならない。教師は子どもが嫌がっているのに，「あなたはコンピュータで遊ぶのが好きだから，15分間コンピュータで遊ぶことをごほうびリストに加えるのはどうですか？」と言ってしまうことがあるかもしれない。さらに，強化子のリストは1回の話し合いで決定してしまう必要はなく，子どもが思いついたらごほうびを加えればよい。ステッカーを使用している場合は，子どもにどんな種類のステッカーが好きかたずねてみよう（たとえば，恐竜のステッカー，スポーツのステッカーなど）。また，記録表を書いたり，ステッカーを何枚集めれば賞品と交換できるのかを決めるのに子どもを参加させるようにしよう。年長の子どもは宿題免除や，クラスメートと共有するものを家から持ってくる機会を好む。どうやって賞品や特典を獲得するかというゲームの楽しさに子どもを引き込もう。

一日と一週間のごほうびを数える

　教師は，ごほうびを立派で高すぎるものにしてしまうだけでなく，ごほうびを獲得するまでの時間を長くしすぎてしまうことがある。ビリーの教師が，「サークルタイムで座っていたらもらえるステッカーを100枚集めたら，クラスでパーティーをしよう」と言ったとしよう。一日に何枚ステッカーが獲得できるかによって，ビリーがごほうびをもらうまでに1カ月かかるかもしれないし，それ以上かかるかもしれない。4歳から6歳の子どもの多くは，一日の中でごほうびがもらえないと挫折してしまうだろう。特にビリーは挫折してしまうに違いない！　しかし，もっと年長の7歳から9歳の子どもであっても，不注意や衝動性を示す場合は，賞品を獲得するまでに一週間以上待つことはできないであろう。このような多動の子どもは「瞬間」を生きており，彼らの発達上の困難は結果を予期することや将来の目標を見通すことの困難として表れる。多動の子どもが自分の経験から新しいことを学ぶためには，即座にもらえる強化子を特に必要としている。

　ごほうびを現実的にするために，子どもがプログラムに100％従ったら，一日にどれくらいのステッカーやポイント，スタンプを獲得することができるのかをまずは割り出す。たとえば，7歳のトムはシャイで，引っ込み思案で心配性の子どもである。彼はクラスの中でいつも一人でいて，クラスの話し合いで何かを言うことはめったになく，友だちがいない様子であった。そこで，クラスの活動に参加することや，ポジティブな仲間関係を育むことを援助の目標として，教師はトムがクラスで手をあげて考えを発表することや，教師に質問すること，他の子どものお手伝いをすることに対して，スタンプが与えられるプログラムを作成する。ベースラインの観察に基づいて，一日に彼が獲得できるスタンプを数えたところ，6個であった。したがって，トムの強化子のリストには，四つのステッカーで交換できる小さな賞品を入れておく必要がある。そうすることで，一日の3分の2ほどポジティブな行動をすれば，強化子のリストから何かを選ぶことができることになる。8個から15個で交換できるアイテムをいれておくのもよい。なぜなら，より立派な賞品（たとえば，コンピュータの時間）を受け取るために，2，3日賞品の交換を待つことができるからである。トムが100ポイントを獲得して野外活動を選択するには，すべてポジティブな行動をしたとすると17日かかる。3分の2ほどポジティブな行動をしたとすると，25日かかる。効果的な強化子のリストを作成するのに重要なのは，子どもにとって魅力的な賞品があるリストを作成することだけではない。賞品の交換基準が現実的であることが重要である。そのためには，子どもが普段獲得するポイントやスタンプに基づいて交換基準を設定する必要がある。一方，教師の指示に従うことに対してポイントやステッカーを使用しているなら，子どもは一日に30ポイントくらい獲得することができるだろう。この場合，賞品への交換基準は，一日に4ポイント獲得する子どもの場合に比べて，高く設定することになる。

　トムのような孤立した子どもの場合，他の子どもがトムと遊んでいる時に，教師がその子どもたちをほめたり励ましたりすることが重要である。そうすることで，トムは社会的なやり取りをする機会を増やすことができる。教師は，トムが特定のポイントを獲得したらクラスでお祝いをするようにする。こうすることで，子どもたちはトムがプログラムで成功するために協力するようになる。

適切な行動をしたら，ごほうびがもらえる

　わいろを与えることとごほうびをあげることの違いは何だろうか？　教師が叫び声を上げている子どもに「エリザ，叫ぶのをやめたらこの本をあげましょう」と言った場合，もしくは「サンジェイ，おもちゃで遊ぶのはあとにしなさい。そうしたらスナックをあげましょう」と言った場合を考えてみよう。これらの例では，子どもに本やスナックを使ってわいろを贈っていることになる。望ましい行動をする前に本やスナックを与えられており，不適切な行動によって助長されているからである。つまり，教師は，悪い行動をすればごほうびをもらえることを子どもに教えてしまっている。

　ごほうびは適切な行動をした後に与えられるべきである。「まず−そうしたら」の法則を覚えておくと役に立つ。これは，子どもがまず望ましい行動したら，次にごほうびがもらえるという法則である。先述の例では，エリザの教師が叫び声に対応するためのプログラムを計画し，「エリザ，サークルタイムで（叫ぶことなく）丁寧に話したら，お話の時間に先生が読み聞かせする本を選んでいいですよ」と言えばよい。まず，子どもが望ましい行動をしたら，教師はごほうびを与える。二つ目の例の場合は，サンジェイの教師は，「おもちゃを片付けなさい。そうしたら，お菓子の時間に好きなお菓子を選んでもいいですよ」と言うとよい。よくできたごほうびのシステムは，学校や大学のシステムと似ている。つまり，授業を終えると成績が出て，最終的に課程を修了するための資格や学位を取得するというシステムと同じようなものである。

> 深呼吸して，
> 落ち着こう。
> きっとできる。
> もう一度深呼吸して，
> 楽しいことを考えよう。

STOP

名前				
月	火	水	木	金

日々の達成に対してごほうびを使用する

　レポートでAを取る，素晴らしい絵を書く，非常に難しい本を読む，一日中邪魔をしない，一日中席を離れないなどといった，特別な達成のためにごほうびをとっておく教師がいる。これは，最終的な目標に向けたステップを大きくしすぎた例である。この場合，ごほうびを与えるまでに長い時間を待つことになるだけではなく，完璧でなければごほうびがもらえないことになる。このことは，絵を書くときに色を混ぜて新しい色を作る，クラスで本を読むときに大きな声で読む，邪魔しすぎないようにするといった日々の努力が重要ではないというメッセージとなって，子どもに伝わってしまう。

　小さなごほうびを頻繁に渡すことを考えてみよう。もちろん，特別な達成に対してごほうびを計画することはできる。しかし，もっと小さなステップでごほうびを使うべきである。たとえば，読みで最も進歩が見られた子ども，何か新しいことに挑戦した子ども，クラスで落ち着いていられるように努力をした子どもに対して，ごほうびを渡すべきである。子どもの努力に対してごほうびを渡すことによって，よい成績を取る，いつも指示に従う，友人と仲良くするといったより大きな目標を達成することができる。

やる気を引き出すごほうびを社会的な承認に置き換える

　あまりにもたくさんのやる気を引き出すごほうびを使用すると，教師は心配になることが多い。教師は子どもが何かもらえるときだけ適切な行動をすることを学習して，自律性が育たないのではないかと心配する。これは妥当な心配であり，以下のような二つの状況でそのようなことが生じる可能性がある。一つ目の状況は，教師が「ステッカー依存」になっている場合である。子どもがすることすべてにステッカーやポイントを与えるが，しかし社会的な承認や賞賛を忘れている場合である。このやり方では，教師と子どもが達成感を感じることの楽しさではなく，何かをもらうために行動するということを子どもに教えている。二つ目の状況は，教師がごほうびを使ったやる気を引き出すプログラムを徐々にやめること計画せずに，適切な行動に対して社会的な承認をし続けている場合である。言い換えると，ごほうびがなくても課題を達成したり，適切な行動が徐々にできるようになることを教師が期待しているというメッセージを子どもは受け取っていないことになる。

　ごほうびの使用は，習得するのが難しい新しい行動を子どもが学習するための一時的な方法と考えるべきである。ごほうびは，社会的賞賛と一緒に与えなければならない。一度新しい行動を教えてしまえば，少しずつごほうびを減らしていき，社会的な強化子によって新しい行動を維持することができる。たとえば，ソンジャは，母親が幼稚園に彼女を連れて行くときにかんしゃくを起こし，母親が離れようとすると駄々をこねるので，ステッカーを使ったプログラムを受けていた。ソンジャはステッカーを獲得するのを楽しんで，翌週にはかんしゃくが徐々に減ってきた。次に，ソンジャの教師は次のように言うだろう。「幼稚園に来て，お母さんと離れることができるお姉さんになって，たくさんのステッカーを集めたので，ゲームをもっと面白くしましょう。これからは，お母さんと離れるときに静かにすることが二日間できたら，ステッカーがもらえます」ソンジャが二日間静かにすることが日常的にできるようになったら，ステッカーがもらえる間隔を四日にして，最終的にはステッカーが必要なくなるまで間隔を延ばしてゆく。この時点で，教師はステッカーを使用するのをやめるか，別の問題行動に使用する必要があるときのためにとっておきたいと考えるであろう。教師は次のように言うことができる。「この数カ月の間ステッカーゲームをして，あなたはとても頑張って，お姉さんみたいに

```
            騒がないで静かにクラスに入る

                    月       火       水       木       金

  9:00–9:15    ....................................................................

  10:30–10:45  ....................................................................

  1:00–1:15    ....................................................................

  2:30–2:45    ....................................................................


  合  計       ....................................................................
```

　クラスに入って席に座り，誰かをからかったりつついたりせずに課題を始めたらスタンプがもらえます。

　金曜日に全員自分のスタンプの数を数えます。

　12個のスタンプ＝袋の中の賞品がもらえます。
　16個のスタンプ＝賞品一つと特別な賞がもらえます
　クラス全体で1,500個のスタンプ＝お祝いのアイスクリームパーティー

幼稚園に来ることができるようになりました。次はステッカーを使って，お友達と交代でおもちゃを使えるようになりましょう」このようにして，ごほうびのプログラムを徐々にやめてゆき，後日必要があるときに別の問題行動に使用することができる。

　ごほうびプログラムで大切なのは，ごほうびに付随するメッセージである。教師は子どもの成功を認めていることだけではなく，子どもの努力――ごほうびではなく――が成功に不可欠だと考えていることを明確に伝えなくてはならない。このようにして，教師は子どもが自分の力で成功するのを助け，その功績を認める。たとえば，ソンジャの教師はステッカーをあげる時に，「お姉さんのように落ち着いて学校に来ることができて偉いね。あなたはとても頑張ることができて嬉しいでしょう。あなたは確かにお姉さんになっています」と言う。ここでソンジャの教師は，ステッカーではなく子どもの達成をほめる。さらにこの例では，教師がステッカーのシステムよりもソンジャとの社会的関係を重視していることを示している。

ごほうびのリストをわかりやすいものにする

　ごほうびのシステムを実施する際に，他にも難しい点がある。それは，ごほうびがあいまいになってしまうことである。教師は子どもに「指示した通りにしたら，たくさんのポイントがもらえて，賞品をもらうことができます」と言う。そうすると，子どもは「賞品は何ですか？」と聞き，教師は「そうね，今にわかります。たくさんポイントを獲得したら何かがもらえますよ」と答える。この例では，教師はごほうびが何か，どれくらいのポイントでごほうびを獲得できるのかをあいまいにしている。この場合，子どもはポイントを獲得するやる気があまり生じないだろう。

　効果的なごほうびのプログラムは，わかりやすく明確である。教師と子どもは，どれくらいのポイントでごほうびがもらえるかが書かれている表を作らなければならない。また，この表は全員が見えるところに貼っておかなければならない。読みができない年少の子どもの場合は，ターゲット行動やごほうびの絵を表に入れるとよいだろう。子どもが絵を自分で書いたり，雑誌から絵を切り抜いてきてもよい。

個人だけではなく，チームやグループに対してやる気を引き出すごほうびを使用する

　仲間からのプレッシャーは，われわれを困惑させることが多いけれども，教師の手中にある強力なツールとして，子どものやる気を起こすのに使用することができる。上記の例で見てきたように，個人のやる気を引き出す手続きに加えて，クラス全体で取り組んでやる気を引き出す手続き（アイスクリームパーティー）もある。このクラス全体のやる気を引き出す手続きは，クラスの協力を促進する効果がある。子どもたちはチーム間の競争によってやる気を見せることもある。たとえば，教師がクラスを4人から6人のチームに分けて，チームで特定の行動に対して与えられる賞品の獲得をめざして競争をする。あるいは，決められたことを達成して（たとえば，問題を解決する方法を最もたくさん思いついた，給食の用意が一番速くできた，課題に取り組んだ，クラスのルールを守ったなど），最も多くのポイントを獲得したチームは，金魚鉢からチケットを引いて，特典を得ることができる。もしくはポイントを貯めて，次の週にどこに座るかを決める抽選をする際に，一番初めにカードを引く特権を獲得することができる。このやり方は，競争を楽しむ学齢期の子どもに効果的である。ただし，教師は最終的にすべてのチームが成功するように手助けをしなければならない。さらに，一つのチームだけではなく特定のポイントを獲得したチームすべてにごほうびを与えることで，教師はいくつかのチームが特典を獲得するようにゲームを組み立てることもできる。

　3歳から5歳の子どもに対しても，さまざまな方法で協力的な行動を強化することができる。たとえば，帰りの用意が一番最初にできたチームの子どもの机にテディベアを置くなどの方法がある。実際には，この方法はもっと年長の子どもにも使用されてきた。

チームで行うゲーム

　少人数のチームで行うゲームは，ポジティブな面に注目したり，チームや個人の努力をほめるのに用いることができる。たとえば，ある教師はクラスがもっと穏やかで静かになって，課題に集中するように，次のような手続きを考えた。教師は5人ずつのチームを作り，チームごとに座らせた。それぞれのチームにはチーム名（たとえば，動物，植物の名前）が書いてあるバッジが配られた。クラスが新しいチームに慣れてきたら，次の行動をするとチームでポイントを獲得することができると説明した。

- 押さずに並ぶ。
- 休み時間のあと，急いで静かにチームごとに座る。
- チームで協力する。
- チームの机をきれいにする。
- 話し声のメーターを低いレベル（白と緑）にする。
- 椅子に座って自分の課題をする。

　教師はさらに，チームのポイントを合計してポイントに応じたごほうびがもらえることを説明した。もし，すべてのチームで目標のポイントに達したら（たとえば，500ポイント），クラス全体でお楽しみ会ができる。教師はときどき不規則にタイマーを鳴らして，子どもがボーナスポイントを獲得できるようにした。タイマーが鳴った時に最も課題に取り組んでいたチームにはボーナスポイントが与えられた。このようなシステムで重要なのは，教師が審判であり，チームがポイントを獲得できるかどうかを決めることができる唯一の人物であることを明確にしておくことである。

　この手続きを実施するための新しい方法としては，それぞれのチームにボードゲームか迷路や道，スポーツの絵が描いてあるポスターを渡す方法がある。われわれの学校では，ウォーリーのフットボールゲームが作成されている。チームがポイントを獲得すると，フットボールゲームの表で1個先に進むことができる。チームで10個進むとチームのメンバーはゼリーのお菓子かトークンがもらえる。20個進むとステッカーかスタンプがもらえる。30個進むと，休み時間が5分長くなる。40個進むとボードゲームで遊ぶか，選択した活動を（静かに）するか，ルーレットを回す役になることができる。また，40個進むとはじめの位置に戻る。それぞれのチームがはじめの段階で10個に到達することが重要である。そうすることで，子どもは何らかの成功を体験することができる。すべてのチームが始めの位置に戻ったら，クラスでパーティーを計画する。

スペシャルチーム

　他にも，クラスでチームを作ってやる気を引き出す手続きがある。それは，「スペシャルチーム」と呼ばれるもので，これは年少の子どもに効果が見られることがわかっている。子どもは皆，「スペシャルチーム」に残るために努力をする——それは，クラスのルールに従っていることを意味している。決められた時間（30分毎，もしくは読みの時間や自由遊び時間といった特定の時間）の最後に，教師はクラスの子どもが全員「スペシャルチーム」に残っていたかどうかを確認する。全員残っていた場合は，特別なごほうびである「スペシャルカード」を記録表に貼る（記録表をマジックテープで作成すれば，カードを簡単に貼ることができる）。クラス全

ウォーリーの緑のパトロール

名前	登校	サークルタイム	書きの時間	休み時間	小集団活動	音楽・美術	給食	読みの時間	自由遊び	休み時間	算数・理科	体育	下校

員が決められた数のスペシャルカードを獲得したら，ピザパーティーや特別なお楽しみ会などといったクラスへのごほうびがある。教師は年少の子どもに望ましい行動を思い出させるためにこのシステムを使用することができる。たとえば，「スペシャルチームに残るためには何をしなければいけませんか？」と聞く。このシステムは，個々の子どもに対するやる気を引き出す手続きとしても使用することができる。子どもは教師と一日にいくつ「スペシャルカード」を獲得するかを約束する。たとえば，一日に八つ獲得したら，教師は「スペシャルな一日になりました。素晴らしい」と言う。もし子どもが八つのうち六つ獲得したら，「ほとんどスペシャルな一日でした。明日はきっと七つ獲得できると思います」と言うだろう。他にもこのシステムの利点がある。それは，「持ち運びできる」ことである。子どもはスペシャルカードを，休み時間，バスの中，給食などで他の教師からも獲得することができる。

リストを多様にする

　決まりきったごほうびのリストに頼ったごほうびのプログラムが行われることがある。教師と子どもが1回の話し合いでリストを作り，3カ月たっても見直しをしない場合である。このやり方は問題である。なぜなら，初めのうち子どもはどんなごほうびがいいのかはっきりとわかっていないからである。後になって，関心のあるごほうびを思いつくかもしれない。

　ごほうびのリストは柔軟性があって多様なものにしよう。教師と過ごす時間，特別な権利，あまり高くないおもちゃ，外での活動やお楽しみ会など，さまざまなごほうびをリストアップ

するように子どもを促そう。もちろん，重要なのは子どもが最もやる気になるのは何かを見つけることである。魅力のある多様なリストには，その日の関心や気分に応じた選択肢がある。さらに，数週間ごとにリストを評価し，新しいものをリストに加えることも重要である。このようにして，プログラムの目新しさがなくなっても，子どもがプログラムに関心を持ち続けるようにすることができる。

ポジティブになろう

特定の子どもを対象としたごほうびプログラムを作成するのに教師は大きな努力を払ったのに，子どもがポイントの獲得を失敗してしまうような場合には，何が起きるだろうか？ 教師は粗捜しをしたり，もっと頑張らなければならないと子どもを諭したくなるかもしれない。残念なことに，これは子どもの能力を否定するようなメッセージになるだけでなく，ネガティブな注目をしたり，無理やり手続きを続けることによって，不適切な行動やプログラムに従わない行動を強化してしまうことになるかもしれない。言い換えると，子どもはプログラムに従うよりも従わない方が得るものが多いことになってしまう。

もし，子どもがポイントやステッカーを獲得するのに失敗したら，穏やかに「今朝は獲得できなかったけど，午後にはきっと獲得できると思っています。あなたならきっとできます。見ていますよ」と言うのが最もよい。今後のことを予測しようとする場合は，ポジティブな期待を伝えるとよい。しかし，子どもがポイントを獲得できないままでいる場合は，設定したステップが非現実的でないかどうかを確認しよう。

学校規模のやる気を引き出す手続き

やる気を引き出すプログラムは，個人やチーム，クラスに対してだけではなく，学校規模で計画することも可能である。このためには，まず，1から200のマスがある表を作成してラミネートし，校長室のドアにある学校のルールのリストの隣に貼る。校長先生は，校内放送を通じて，一番初めにクーポンで横の列をいっぱいにしたクラスには謎のごほうびがあることを知らせる。続いて，一日に10枚のクーポン（それぞれのクーポンには1から200の数字が書かれている）を教師に配り，教師は子どもが学校のルール（たとえば，廊下を歩く，誰かを助ける）に従ったらクーポンを子どもに渡す。子どもがこのクーポンのうちの1枚を獲得したら校長室に持って行く。事務職員は，表の数字のマスにクラスの名前を書くのを手助けする。また，子どもが「校長先生の200マスチーム」のメンバーとしてよい行いをしたことを親に知らせるため，親に電話をしたり，手紙を送ったりすることで，この手続きの影響力をもっと大きくすることができる。金曜日には，校長先生が謎のごほうびがもらえるクラスを知らせる。

校庭もしくは食堂で抽選チケットを渡す

学校規模で協力的な行動を改善することを計画する際には，クラスや廊下だけでなく，バス停，食堂，校庭など子どもが集まる他の場所も対象となる。学校規模のやる気を引き出す手続きとして，チケットによる抽選を利用することもできる。チケットは，校庭や食堂を監督するスタッフだけでなく，バスの運転手によっても配られる。子どもが協力や援助をしているのを見かけたら，スタッフはチケットを子どもに渡す。チケットを渡す際には，「小さな子が自転車に乗るのを助けたあなたはとても思いやりがありますね」と言ったポジティブなコメントを添

える。チケットの半券は回収されて，朝の会で抽選会が行われる。教師は賞品や贈呈式の準備をする。また，チケットを渡す際のルールを作る。たとえば，見せかけのポジティブな行動をする子どもにはチケットを渡さないが，自発的に行動した子どもにはチケットを渡す。

効果的なやる気を引き出すプログラムのその他の原則

リハーサルを使って望ましい行動を説明する

やる気を引き出すプログラムにおいて，ターゲットとなる望ましい行動を明確に定義したら，その行動を明確に説明することが重要である。年少の子どもの場合，望ましい行動を口頭で説明するだけでは不十分なので，モデルを見せ，練習やリハーサルを行う必要がある。練習することで望ましい行動を思い出したり，しばらくの間覚えておくことが可能になる。たとえば，静かに手をあげることやタイマーがなる前に話したり他の人に触ったりせずに席に着くことを子どもに練習させる。これらの望ましい行動を練習しておくことで，教師もよい行動に目がいくようになり，ポジティブなフィードバックを出せるようになる。

やる気を引き出すプログラムを楽しく遊びに満ちたものにする

やる気を引き出すプログラムを楽しくする方法には，さまざまな種類がある。ここに，いくつかの例を挙げる。

ビンゴゲーム

教師はクラスの子どもとビンゴゲームをする。まず，教師は望ましい行動を明確にする（たとえば，チャイムが鳴るまでに全員静かに着席する，チャイムが鳴るまでにお菓子を片付けるなど）。クラスが目標を達成するたびに，教師はビンゴゲームの表に印をつける。印が一列揃ったら，子どもは10分間の自由遊び時間や特別な活動などを選んで獲得することができる。このようなビンゴゲームは，個人や小集団でも実施することができる。個人で実施する場合は表を子どもの机の上に置き，小グループで実施する場合は表をグループの机の上に置く。

塗り絵

年少の子どもの場合，適切な行動をしたら塗り絵をしてもよい。たとえば，恐竜とさまざまな時間（サークルタイム，休み時間，小集団活動，お菓子の時間など）を示した吹き出しが書いてある絵を子どもに配る。子ども（もしくはクラス）が決められた行動をしたら，吹き出しに色を塗ることができる――非常に素晴らしい場合は緑，良い場合は青など。一日の終わりに，吹き出しを五つ緑に塗ることができたかどうか確認する。できていた場合は，特別のステッカーや迷路，賞など何らかの特別なものを手に入れることができる。

望ましい行動の一コマ漫画を使用する

望ましい行動の一コマ漫画（たとえば，静かに手をあげる，椅子に座って静かに課題をする，仲良く話をする，他の子どもをほめる，教師の話を聞くなど）を子どもの机に置く。これは，

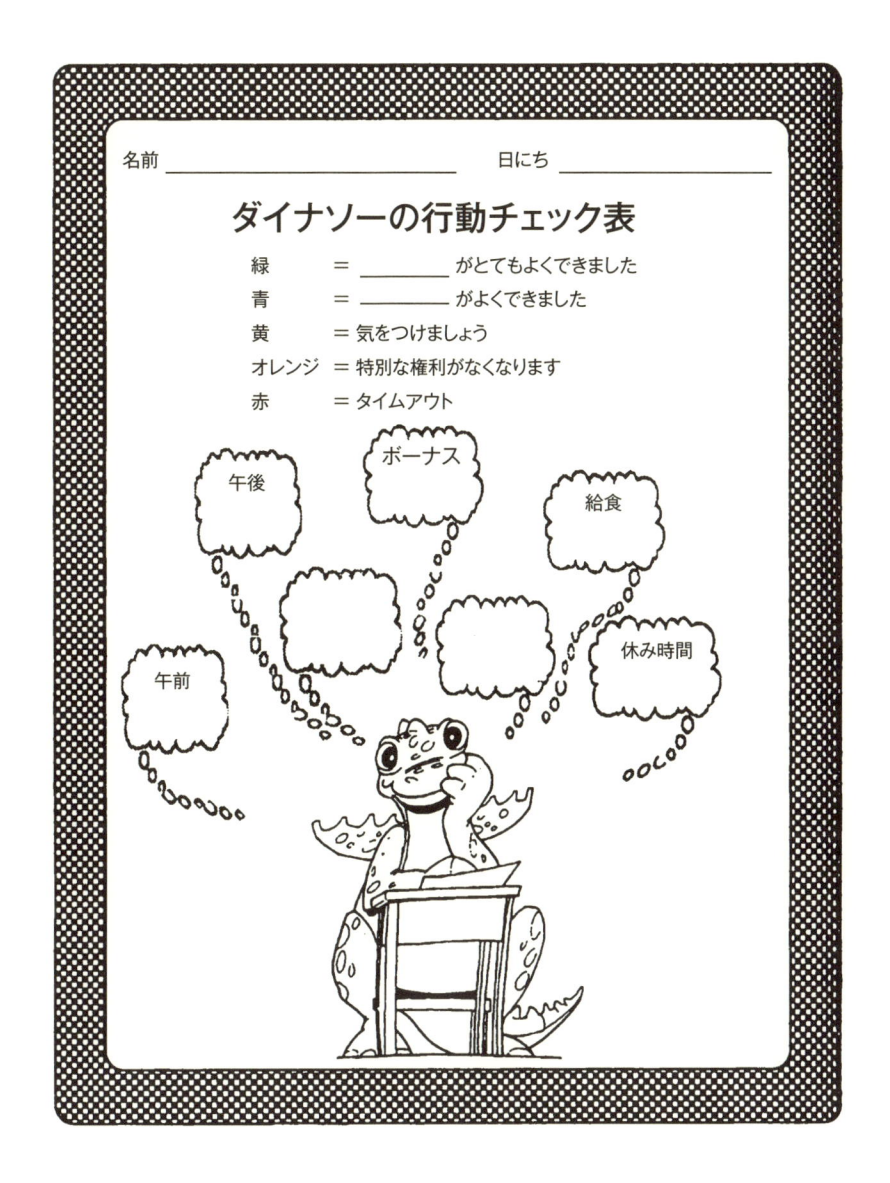

子どもが望ましい行動を思い出す手がかりとなり，しばらくの間覚えておくのに役立つ。この一コマ漫画の下に確認表をつけ加えて，適切な行動をしたら書き込めるようにしておくこともできる。読みができる子どもであれば，行動と一緒にポジティブな自己対話を加えておくのもよい。

思いがけないごほうび
　子どもは思いがけないことが大好きである！　たとえば，教師がおもちゃのマイクを取り出して，「宇宙で一番素晴らしいクラスをお知らせします。校庭をとてもきれいに掃除したので，ごほうびとしてアイスクリームパーティーができます」と言う。切り替えチケットで抽選をする機会を得ることも，子どものやる気を引き出す。なぜなら，これも思いがけないごほうびを楽しむことができるからである。

静かに座って課題をしたり，イスにずっと座っていることができるぞ。

名前				
月	火	水	木	金

友だちにやさしくしたり，なかよくしたり，他の子をほめることができるぞ。

名前				
月	火	水	木	金

わからなくなった時は，課題を確認できるぞ。

名前				
月	火	水	木	金

他の人の話を聞くことができるぞ。先生に注意を向けることができるぞ。

名前				
月	火	水	木	金

他にも，思いがけない要素が含まれるやる気を引き出すプログラムがある。それは「謎のスーパーヒーロー」ゲームである。教師は3人の子どもの名前を選ぶ。しかし，それが誰かは言わないことをクラスの子どもに伝える。教師は選ばれた子どもがどれくらい誰かを助けたり，静かに手をあげたり，課題を一生懸命したか数えておくことを説明する。一日が終わるまでに，選ばれた子どもが一人につき10ポイント獲得したら，その子どもは「謎のスーパーヒーロー」になるので，クラスの特別な活動を選ぶことができる。このシステムの利点は，自分の名前が選ばれたかもしれないと考えるので，クラスの子ども全員が一生懸命になる点である。さらに，3人のうち一人が10ポイントの目標を達成することができなくても，教師はそれが誰なのかを明らかにする必要がない。

点つなぎゲーム

　他にもやる気を引き出す楽しいゲームがある。それは，点つなぎゲームというもので，クラス全体にも，小グループにも，子ども一人にも適用できる。このゲームでは，決められたターゲット行動を達成したら，教師は点と点の間を線で結ぶ。点には数字が書いてあるので，数字の順番に線を結んでいく。絵が完成したら，金曜日にコンピュータの時間や休み時間を獲得することができる。

ごほうびルーレットを回す

　目標を達成した子どもが受け取る賞品を遊び感覚で決めるのに，子どもをごほうびルーレットを回す役にするという方法がある。回す役の子どもは，たくさんのごほうびの中のどれかが

ごほうびルーレット

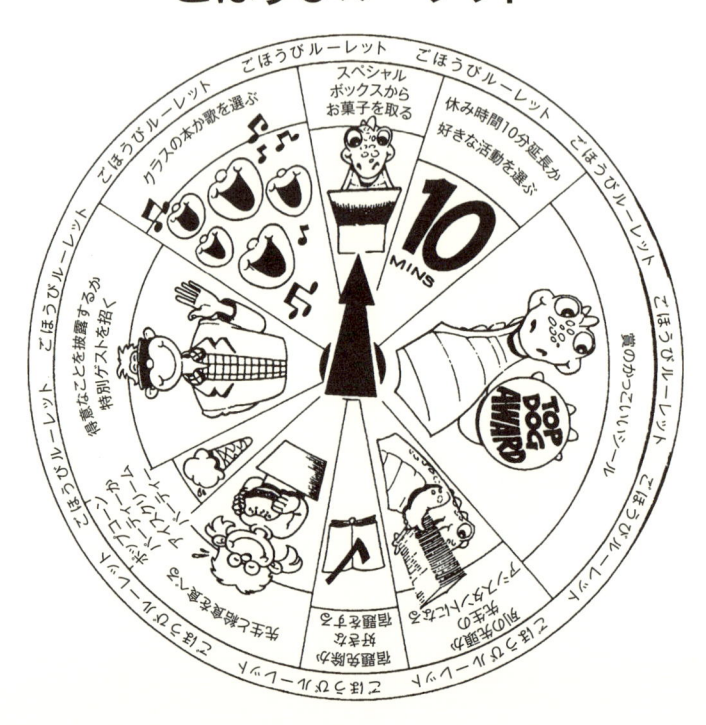

当たることになる。ルーレットにごほうびを示すスペースを作り，ごほうびによってスペースを大きくしたり，小さくしたりする（より高価な商品は狭いスペースにする）。ルーレットにあるごほうびには，休み時間を10分延長する，5分間コンピュータの時間を追加する，読み聞かせの本を選ぶことができる，箱からお菓子を取ることができる，静かにする時間に聞く音楽を選ぶ，ポップコーンパーティー，宿題免除などが考えられる。ルーレットをラミネートして，書いたり消したりできるペンを使えば，ごほうびを変更することができて便利である。

謎のごほうび

　思いがけないという要素があるからだと考えられるが，どの年齢の子どもも謎のごほうびをかなり好むことがわかっている（Moore et al., in press; Rhode, Jenson and Reavis, 1992）。教師は紙切れに謎のごほうびが何かを書いて，大きくて綺麗な封筒にそれを入れる。次に，この封筒をクラスの前のどこか見える場所においておく（たとえば，黒板にテープで張っておく）。教師は子どもに，特定の数のステッカーやポイントを獲得したら，謎のごほうびの封筒を開けることができると説明する。また，子どもが不適切な行動をしそうになったら，教師は「謎のごほうびを忘れないで」と言って気づかせる。

　たとえば，謎のごほうびはクラスのルールを教えるのに用いることができる。教師はたくさんのニコニコ顔のカードをラミネートしておく。子どもがクラスのルールに従っていたら（たとえば，静かに手をあげる，静かに席に座る，誰かを助けるなど），教師の机の上に置いてあるびんにニコニコ顔のカードを入れる。教師は，「あなたはまっすぐ席に戻って，みんなのためにニコニコカードを獲得しました」と子どもに言う。あらかじめ決めておいた数のカードが集まったら，謎のごほうびの封筒を開けることができる。謎のごほうびには，これまで述べてきたごほうびを使用すればよい。より面白くするために，謎のごほうびを見えないペンで書いておき，ポイントがたまったら浮かび上がるペンでなぞって，ごほうびが何かを明かすこともできる。

　ここで説明したプログラムは，明確に定義された行動をターゲットとして，クラス全体にも，チームにも，個人にも使用することができる。

やる気を引き出すプログラムと規律を守るプログラムを区別する

　ごほうびを作って，罰と組み合わせて使用する教師もいる。たとえば，誰かと分かち合いをした子どもにステッカーを渡し，けんかをしたらそれを取り上げる。そうすると，ステッカーはポジティブなものではなくネガティブなものになってしまう。このようなやり方は，取り上げられるばかりになると問題である。借金状態から抜け出すためにステッカーを獲得することだけに集中してしまうと，適切な行動のやる気を引き出すためのごほうびは意味がなくなってしまう。そうして，子どもが行動を変えるための努力をやめてしまうという結果になる。

　ごほうびのプログラムと規律を守るプログラムは区別しておこう。獲得したポイントを罰として取り上げると，適切な行動に対して注目するというプログラムの目的が無意味になってしまう。もし，規律を守らせる方法として特権の剥奪を使用したい場合は，減らすことができる特権（休み時間やコンピュータの時間）をメニューの中に入れておこう（特権の剥奪については第7章を参照のこと）。

プログラムをコントロールする

　ごほうびプログラムをコントロールできなくなる状態がいくつか考えられる。一つ目は，もう少しで達成する状態の時にごほうびをあげてしまうことである。つまり，必要なポイントやステッカーを獲得していないのに，子どもにごほうびを渡してしまうことである。これは，よくあることである。なぜなら，子どもは要求されたことをしたと主張するからである。これは残念なことに，教師の影響力を損なうだけでなく，約束したルールもだめにしてしまう。また，子どもはポイントを達成しようとして教師に頼み込んだり，主張をし始め，それがエスカレートしていく。問題行動が解決する代わりに，新しい問題が生じる。二つ目は，約束を果たさないことである。つまり，子どもがプログラムに従って行動したのに，教師が気づかなかったり，ステッカーを渡すのを忘れたり，賞品と交換しなかったりする場合である。ごほうびを渡すのが極端に少なかったり，一貫しない場合，ごほうびの強化価は非常に小さくなってしまう。

　ごほうびのプログラムを効果的にするためには，教師の多大な努力を必要とする！　教師は，常に子どもの行動を観察し，子どもがステッカーやポイントを獲得できるかどうかを判断しなければならない。行動の観察ができていれば，あとはステッカーを渡すのみである（ただし，教師が見ていないところで適切な行動をしたと子どもが主張する場合は除く）。指示を聞かな

落ち着いた人章

_____ さんへ

嫌なことがあっても怒らずに落ち着いていました。
問題を解決する方法を考えつきました。
クラスで班活動をするときに，班の人を助けたり
サポートしたりしました。

サイン _____ 日にち _____

校庭でよくできた章

_____ さんへ

— ものを一緒に使いました。
— 交代しました。
— 友だちを助けました。
— 順番を待ちました。
— 一人でいる子を仲間に入れました。

サイン _____ 日にち _____

い，指示に従わないといった頻度の高い問題に取り組んでいる場合には，細心の注意を払う必要がある。望ましい行動をした直後にごほうびを渡すと最も効果的である。また，プログラムを効果的にするために，教師は判断基準を一貫させなければならない。子どもは皆，教師の判断基準を試して，少しくらいできていなくてもごほうびがもらえるかどうかを確認しようとするだろう。これはごく普通のことだが，教師は子どもの試しに対して準備をし，プログラムに対する取り組みを続け，子どもが十分なポイントを獲得できない時に生じる口論，主張，頼み込みを無視する必要がある。最後に，教師はごほうびのコントロールをする必要がある。賞品やステッカーは隠しておき，表彰のポイントの決定権は子どもではなく教師が持たなければならない（どのようにして基準を決め，不適切な行動を無視するのかについては，第6章を参照のこと）。

ポジティブな自己対話を教えるために
子どもの机に「できる」缶を置いて使用する

　それぞれの子どもの机の上に空き缶を置いて，「できる」というラベルを貼る。子どもが他の子と分け合ったり，協力をしたり，他の子を助けたり，仲良くしたりしたのに気づいたら，こ

れらの行動を「～できる」という文章にして書き，缶の中に入れる。子どもは缶を家に持って帰る。たとえば，「他の子を助けることができます」，「先生の言うことをよく聞くことができます」，「意見が一致しなくても対処することができます」，「揺れないで席につくことができます」，「他の子にちょっかいを出さずにすぐ着席することができます」，「タイマーがなるまで椅子に座っていることができます」などがある。こうすることで，子どもがネガティブな自己対話を回避し，学校でポジティブな自己対話やポジティブな行動のリハーサルをすることができる。これらの文章を家に帰って親と読み返せば，その効果は2倍になる。

うまくいったことを親と分かち合う —— 嬉しいお知らせとごほうび

　学校で子どもが成功したことを子どもの親と分かち合うことで，親の注目と承認という強化子も与えられるため，子どもは2倍の強化子を受け取ることになる。教師は，手紙や特別なごほうびか「嬉しいお知らせ」を家庭に渡す（もしくは電話をする）ことで，1年を通して子どもが目標を達成したことや，特別よくできた日のことを家庭に知らせることができる。こういった情報を伝えることで，子どもや親との関係を作るだけでなく，子どもが目標を達成したことを親に気づいて欲しいという教師のメッセージにもなる。また，親が学校での子どもの経験に

関わる助けにもなる。さらに、親にお知らせを渡すことで「よいことの貯金」をしていることになり、それが教師と親の信頼関係を作るのに役立つ。子どもの問題行動について話し合いをする必要が生じても、教師と良い関係を持っている親であれば、率直に話ができ、教師が問題に対応するのに協力してくれるだろう。

家庭にごほうびやお知らせを送って、子どもの行動や態度の良い面について知らせることの利点がもう一つある。それは、親が子どもの良い面に注目するので、子どもが翌日も同じような良い振る舞いをするようになることである。

まとめ

- まずは最初に増やしたいポジティブな行動を一つか二つ決める。これらの行動はクラス全体と約束しても良いし、子どものニーズに合わせて個別の目標を決めてもよい。
- クラスや個人の子どもにどのような行動をするとごほうびをもらえるのかを説明する。
- やる気を引き出すごほうびを選ぶ。3歳から5歳の子どもであれば星マークやステッカーが良いだろう。それより年長の子どもであれば、ポイントやチケットを獲得して、強化子のリストから交換するものを選ぶのを好む。
- 強化子のリストは前もって子どもと一緒に考えておく。強化子は具体的なものでなければならない。
- 年少の子どもの場合は、毎日ごほうびが獲得できるようにする。年長の学齢期の子どもの場合は、数日おきに何かを獲得できるようにする。
- 「惜しい」行動に対してごほうびを渡さない。
- ごほうびを渡す行動の判断基準を守っているか確認する。
- ごほうびと社会的賞賛を組み合わせる。たとえば、ラベルを貼った賞品と励ましなど。
- ある子どもにとって有効な強化子が他の子どもにとっては強化子にならない場合があることを忘れないようにする。できる限りやる気を引き出すごほうびは個人の好みに合わせる。
- 進歩を確認するために確認表を使用する場合は、毎日クラスの子どもと表を見るようにする。
- 家庭にポジティブなお知らせや電話をする回数を増やすような目標を毎週設定する。
- 特別な目標を達成した子どもの名前を黒板に書く。目標は学業的なものでも社会的なものでも良い。こうすることで、適切な行動を強化し、クラスの子どもが望ましい行動が何かを思い出すための手がかりになる。

すべきこととしてはいけないこと

すべきこと
1. 望ましい学業上の行動と社会的行動を明確に定義する。
2. 目標に向けたステップを小さくする。
3. ごほうびがもらえる基準を少しずつ大きくする（難しくする）。
4. 初めは一つか二つの行動を対象とする。
5. ポジティブな行動に焦点を当てる。
6. ごほうびは高くないものを選ぶ。
7. 毎日獲得することができるごほうびを提案する。

8. ごほうび選びに子どもを参加させる。
9. 行動が生じた後にごほうびを渡す（まず－そうしたら）。
10. 毎日の目標達成や成功に対してごほうびを渡す。

してはいけないこと
1. 望ましい行動をあいまいにしない。
2. ステップを大きくしすぎない。
3. ステップを簡単にしすぎない。
4. 多くの行動をターゲットにした複雑なプログラムにしない。
5. ネガティブな行動に焦点を当てない。
6. 高いごほうびやすぐに準備できないごほうびを提案しない。
7. 獲得するのに時間のかかりすぎるごほうびを用いない。
8. 子どものやる気を引き出さないごほうびを選ばない。
9. ごほうびをわいろとして用いない。
10. 社会的賞賛を出し惜しみしない。

文　献

Barkley, R.A. (1996) Attention deficit/hyperacitivity disorder. In E.J. Mash and R.A. Barkley (eds.) *Child Psychopathology* (pp.63-112), New York: Guilford Press.

Cameron, J. and Pierce, W.D. (1994) Reinforcement, reward, and intrinsic motivation: a meta-analysis, *Review of Educational Research*, 64, 363-423.

Elliott, S.N. and Gresham, F.M. (1992) *Social Skills Intervention Guide*, Circle Pines, MN: American Guidance Service.

Moore, L.A., Waguespack,. A.M., Wickstorm, K.F., Witt, J.C. and Gaydos, G.R. (in press) Mystery motivator: An effective and time efficient intervention, *School Psychology Review*.

Rhode, G., Jenson, W.R. and Reavis, H.K. (1992) *The Tough Kid Book*, Longmont, CO: Sopriswest, Inc.

Stage, S.A. and Quiroz, D.R. (1997) A meta-analysis of interventions to decrease disruptive classroom behavior in public education settings, *School Psychology Review*, 26, 333-68.

Walker, H.M. (1995) *The Acting-Out Child: Coping with Classroom Disruption*, Longmont, CO: Sopriswest, Inc.

Chapter Six | Managing Misbehavior: Ignoring and Redirecting

第6章 問題行動を管理する：無視と再指示

　これまでの五つの章で述べられた先手を打つ方法によって，多くの教室での問題行動の発生は予防できるだろう。しかしながら，教師がうまく先手を打つ教室マネジメントをしていても，問題行動は生じてしまうことがある。子どもが問題行動によって教室を妨害するとき，明確な規律性育成計画を立てていなければ，多くの場合ばらばらで一貫性のない反応をしてしまったり，単なる受身の対応に終わってしまう。規律性育成計画は先手を打つ教室マネジメントの基本である。教室での規律性育成計画によって，ルールや期待が明確に示され，子どもたちは，もしルールを破ったり，期待に応えられなければ，どのような結果になるのかを正確に知ることができる。

　一般的に，教師は教室での規律の問題に対応するとき，ポジティブなテクニックよりも，懲罰あるいはネガティブな結果に頼る傾向がある（Bear, 1998; Hyman, 1997; Martens and Meller, 1990をレビューとして参照）。特に罰を主な対処法として用いることには，限界と悪影響があることが知られていながら，それでも罰を用いてしまう。しかしそうではなく，常に最初はあまり厳しくない結果や懲罰的でない方法を用いるほうがよい。これは「小さな妨害の行動介入の法則」と呼ばれている。規律性育成計画においては，小さな妨害行動への介入から大きな妨害行動への介入へと階層的にもたらされる結果を構成するべきである。たとえば，最初にルールが破られた際には，言葉による警告がなされ，2回目には特権が奪われ，3回目はタイムアウトが行われ，4回目には子どもは休憩時間について教師と話し合うといった具合である。先手を取る教師は，子どもが規律性育成計画に慣れ，もたらされる結果を理解しているかを確認することをとおして，子どもたちが，問題行動に対する教師の対応の仕方を正確に理解していることを確かめる。また，教師がこの規律性育成計画を一貫して最後までやり通すことで，子どもの安心感は高まる。規律性育成計画により，子どもは不適切な行動に対してもたらされる結果を予想できるようになる。特権のはく奪やタイムアウトといったネガティブな結果を随伴させる前に，これに代わる方法として，無視やセルフモニタリング，再指示，リマインダー，警告といった方法がある。

本章では，小さな妨害行動への介入から説明する。より妨害的でネガティブな結果を必要とする問題行動に対する規律性育成計画を作成するのには第7章や第8章が役立つだろう。

問題行動を無視する

子どもの不適切な行動を減らすための主要な方法のひとつに，不適切な行動の無視がある。教師が，席を立ったり，邪魔をしたり，あるいは口ごたえをする子どもに注目をすることは自然な傾向であるので，ある意味，問題行動を無視することは不自然なことである。しかしながら，教師の注目はその行動を強化するだけに終わる。無視は，どの子どもも求めている注目というものを子どもから奪うことになるため，行動を修正するには強力な方法になりうる。無視は，非常に効果的であると同時に，教師にとって実際に用いる際には，最も難しい指導方法であるとも言える。教師が子どものささいな問題行動を無視しようとする際に直面する困難への対処方法について以下に述べることにする。

無視する行動を選択する

駄々をこねる，からかう，口ごたえをする，目を回す，ふくれっ面をする，叫ぶ，かんしゃくを起こすといったささいな不適切な行動や，ちょっとした注目を獲得するための行動（たとえば，他の子どもや大人に対して危険や危害を及ぼすことのない行動）は，系統的に無視がなされれば，たいてい消去することができる。時々，教師は，無視することはしつけにはならないと感じる。しかし，実際には，無視は子どもに用いる最も効果的な方法のひとつなのである。子どもが不適切な行動をした時に，教師がその子どもを無視することは，問題行動を続ける子どもにとって，報酬（あるいは権力）とならない。また，問題行動に注目を与えないことによって，教師は，子どもとの権力争いをしなくてもよくなる。一貫して無視を続けていると，最終的に子どもは，やっていることを止める。さらに，子どもが，問題行動とは正反対にある向社会的行動（たとえば，礼儀正しく話す，分け合う，協力する，自分の気分をコントロールするなど）に対して，賞賛やはげましを受けると，彼らは，不適切に行動するよりも適切に行動する方がより有益であることを学習するだろう。

また，教師をイライラさせている子どもの行動には，子どもが自分でコントロールできないものがいくつかある。たとえば，多動の子どもは自分の席で小刻みに揺れたり，落ち着きなくそわそわすることを止めることができない。衝動性の高い子どもは小声でぶつぶつ言うのを止めることができない。また，言葉の遅れがある子どもは，どもらないようにすることはできない。これらの行動には，罰を与えるべきではなく，教師が無視する方がよい。これらの行動への注目は，悪化を招くだけであり，他の子どもにもこれらの行動に注目させてしまうことになる。

言葉のやりとりとアイコンタクトを避ける

教師は，子どもの問題行動に対して，実際はかなりの注目を与えているのに，自分では無視をしていると思っていることがある。彼らは，子どもに話しかけることはやめているが，にらみつけたり，しかめ面をし続けていたり，問題行動が自分の気持ちに影響していることを子ども

に知らせようとしている。また，ある教師はアイコンタクトを避けることによって無視はしているが，批判や皮肉をこめた言葉をかけ続けていることがある。どちらの場合も，問題行動をしている子どもにとっては，注目と強いネガティブな感情反応を受けていることになるだろう。

　子どもがしたことに対して教師の反応をニュートラルなものにすることができたとき，それが効果的な無視となる。表情を変えず，視線を合わせず，話し合いをすべて止めてしまうとよい。特に教師がその子どもの近くにいるのであれば，その子どもから離れることも無視になる。ポジティブな注目の最も強力な方法は，笑顔，アイコンタクト，言語的賞賛と身体的接触であり，最も強力な無視の方法は，ニュートラルな表情，アイコンタクトをしない，コミュニケーションをとらない，体の向きを変えることである。

一貫した無視をする ── はじめのうち問題行動が悪化するのを覚悟する

　教師はかんしゃくや言い争いのような問題行動に対して，その後に起きる子どもの反応に対して準備することなく，良かれと思って，無視し始めることがある。そうすると，まず多くの子どもは，教師の無視に対して引き下がらせることができるかどうかを見極めるために，ネガティブな行動を増大させるだろう。たとえば，長いシャボン玉をつくるおもちゃで遊びたがっている，5歳のハノックに，教師はこれで遊んではいけないと言うとする。ハノックは，数分間このことで泣き，教師からそのおもちゃを奪い取ろうとする。最終的に教師は，彼の反抗を無視するために，シャボン玉を作るおもちゃを取り上げて，高い棚の上に置いてしまった。ハノックは，シャボン玉を作るおもちゃを返してもらえるどうか見極めるために要求やかんしゃくをエスカレートさせる。ハノックのかんしゃくは，教師がハノックの泣き声にイライラし，根負けし，「わかった，もっていっていいわよ！」と言うまで，十数分間続いた。この教師は，ちょっとだけの平穏な時間を得ることができた見返りに，長期間続く問題を作ってしまっている。つまり，ハノックは，長くひどいかんしゃくを起こせば，欲しいものを手に入れることができることを学んでしまったのである。このように，ハノックは不適切な行動を強化されてきたのだ。

　教師が最初に問題行動を無視し始めるとき，たいていその行動が悪化することを覚えておかなければならない。無視し始めたときに，もし子どもの行動が悪化するならば，実際にはそれはその方略が効果を上げていることを表しているのである！　もし行動を改善させたいのであれば，この試されている時間をじっと待つ覚悟をしておかなければならない。もしここで譲ってしまえば，不適切な行動を，自分の欲しいものを手に入れるための効果的な方法であると子どもが学習してしまう。ハノックと教師の例は，自動販売機でも経験されるだろう。ソフトドリンクを得るために小銭を入れたのに，ソフトドリンクは出てこない。お金も戻ってこない。そこで返却ボタンを数回押し，それがうまく動かないと，今度は飲み物のボタンを押してみる。のどの渇きや不機嫌さが強いほど，しつこくボタンを押し続け，機械をたたこうとするだろう。それでもソフトドリンクが出ず，叩いても小銭がもどってこなければ，最後にはあきらめ，ほかに移る。しかし，もし運良くソフトドリンクが叩いている時に出てくれば，あなたはまたソフトドリンクが出ないときには，自動販売機を強く長くたたくのがコツであると知る。子どもはしつこくすることを学習する。これが教師にとって無視を実際に行うことがとても難しい理由である。すべての子どもは，問題行動をエスカレートさせることで教師の無視するスキルを試している。もし，教師がこのテクニックを用いると決めたのであれば，断固として無視を決めて，この時間をじっとして過ごす覚悟をしなければならない。

無視と気そらし

　その状況を改善するために教師にできることは問題行動に対して無視をすることだけではない。気そらしや別のより適切な行動の提案がうまくいかないことで，教師と子どもは権力争いにはまり込み，子どもの問題行動を長期化させてしまう。次のような場面を考えてみよう。ジョニーが教師に絵の具を使ってよいかどうか尋ねた。教師がそれを認めなかったとき，ジョニーは叫び，ギャーギャーと泣き始める。教師はこのかんしゃくに対して立ち去ることによって効果的に無視し，数分すると叫び声は静まる。このとき，教師はジョニーの静かな行動に気づかず，別のもので遊ぶように気そらしをさせなかった。その結果ジョニーは，無視をされたと感じ，教師の注目を得ようとして，再び叫び始める。

　無視や拒否に対する子どもの反応を減らすためには，気そらしを用いるとよい。気そらしは，特に，3～4歳の子どもに有効であるが，年長の子どもでもうまくいく。たとえば，ジョニーがいったん叫ぶのをやめたら，教師は彼に注目し，彼が喜びそうな別の面白い活動を提案することによって，さらなるかんしゃくを防ぐことができる。別の例をみてみよう。子どもがコンピューターを使ってはいけないと言われてぐずり始める。教師は，ぐずるのを止めるまで無視し，それから，その子どもに水槽の掃除を手伝いたいかどうか尋ねる。重要なことは，何かしてはいけないと言われたことに対する反応として生じる二次的な問題行動を無視し，その後，その子がより適切な行動をし始めたらすぐに気をそらせることである。もちろん，気そらしへの反応として彼女が再び問題行動をしたら，無視を再度始めなければならない。

　無視と気そらしを組み合わせる他の方法として，子どもの不適切な行動から教師自身の注意をそらすことがある。たとえば，別の子どもに話しかけたり，何か他のことをするのである。もし教師がかんしゃくを起こしている子どもを無視しているのであれば，静かに遊んでいる別の子どもの方に行き，彼らの活動や協力できていることに声をかける。かんしゃくを起こした子どもが教師が気をそらしたと気付けば，問題行動はすぐにおさまる。そこで，その子どもに注目を戻し，問題行動をやめたことや新たな協力的な行動をしていることを賞賛する。

子どもから離れるが近くにいる

　子どもの問題行動を無視するときに部屋の反対側に歩いていくことは合理的な方法である。これは子どもがしがみつくなどして，身体的に注目を求める場合，効果的なテクニックであろう。しかしながら，あまりに遠くに離れ過ぎると，すぐに適切な行動に注目し，強化することができなくなってしまう。無視をするときには，立ち上がり，物理的に離れ，歩いていける程度の部屋の中に移動するのが最も良い。こうすれば，子どもの行動を監視でき，問題行動をやめたらすぐに強化することができる。たとえば，教師が子どもを援助しながら教室を歩き回るとき，フレディーが教室の反対側から，「先生，ねえ，先生」と大声で呼ぶ。教師は，自分がフレディーのところに行くか，彼に待つように言ってしまうと，フレディーの呼びかけに注目することになると考えたので，作戦としてフレディーの呼び声を無視することにした。教師はフレディーを見たり彼の行動に声をかけることはせず，他の子どもたちとの活動を続けることにした。フレディーは再度大声で「先生，来て，助けが必要なんだ。お願い！　質問がしたいだけなんだ」と叫ぶ。教師は無視をし続け，別の子どもの支援をする。フレディーはしばらくすねていたが，それから何か書き始めた。このとき教師はフレディーのところに行き，何気なく「ちょっと見せてね」と言って，彼の本に手を伸ばす。教師はただ静かに「静かに手を挙げて待つこと忘れないでね。そうすれば先生は喜んで来るよ」と言い，フレディーに気付かせる。

無視することでセルフコントロールを教える

　無視をすることは子どもを軽視し，彼らの自尊心を傷つけると感じるために，無視を用いない教師もいる。そのような教師は，この方法が教師と子どもとの関係を悪くすることを気にしている。また，問題行動に対して無視をすることは十分罰したことにならないと感じるために，無視を用いない教師もいる。彼らは，「悪口を言ったり叫ぶような行動を無視なんかできない。これらの行動には罰が必要だ」と言う。

　無視は，恐怖よりもむしろ尊敬に基づいた良好な教師－生徒関係を維持することができるので，効果的な規律性育成法であることが研究によって明らかにされている。もしギャーギャー泣いたり悪口を言う子どもに対して大声をあげたり，批判する代わりに，無視することができれば，教師は葛藤や怒りに直面した時に，セルフコントロールを維持できることを子どもに示すことになる。そして子どもの問題行動に対して教師が動揺しないことにより，子どもはそのうち，それらの行動には効果や利益がないことを理解し，それらの行動を続けることに価値がないことを学習する。

周囲の子どもに無視することを教える

　時々，たとえ教師が子どもの問題行動を無視していたとしても，別の子どもがその子どもを笑ったり，からかったりすることによって，注目を与えてしまうために，無視が逆効果になることがある。子どもは同級生から自分の問題行動に対して注目を得ることができているので，教師の無視はうまく働かないだろう。もし周囲の子どもたちが特定の子どもの問題行動に反応し，注目を与えるのであれば，その子どものかんしゃくや口ごたえが生じたときに，それらを無視する知恵を教える必要がある。教師はかんしゃくを起こす子どものクラスメイトに「今すぐ私たちがジェレミーの力になれる一番の方法は，ジェレミーが自分で落ち着くまで彼を無視することです」と言う。教師はあらかじめ，ある行動の無視の仕方を子どもと一緒に練習し，ロールプレイをするとよい。たとえば，教師の求めに対してかんしゃくを起こす子どもに対してどのように無視すればよいかを教えるだけでなく，もしクラスメイトがそれをからかったり，面白がったりしたときに，どのようにしてそのクラスメイトを無視するかも教えることができる。

無視する行動の数を制限する

　めったに無視を使わないという問題を抱える教師がいるのに対し，あまりにも無視し過ぎるという問題を持つ教師もいる。そのような教師は子どもの最初の問題行動を効果的に無視しているが，その後には，数時間や数日も注目，支援，承認を与えないままでいる。たとえば，ぐずる，さけぶ，ギャーギャー泣く，文句を言う，そして，いい加減な作業をするなど，教師が一度にあまりにも多くの問題行動に対処するとき，このような問題が生じる。あまりに多くのことを無視してしまうと，子どもは軽視されていると感じ，教師はうんざりした気持ちになる。教師は，一貫して無視することの難しさに気付くだけでなく，逆の良い行動に対して注目することも難しいことも思い知らされる。

　無視をするときには，焦点を当てる具体的な行動を特定することが大切である。系統的に無視をするためには，ある一定の時間にひとつあるいはふたつだけ行動を選択するとよい。このような制限をすることにより，より現実的に，問題行動が生じたときにはいつでも一貫して無

視することができる。さらに，教師はこの規律育成法が特定の行動に及ぼす効果を観察・監視することができる。

無視すべきでない子どもの行動

　問題行動のタイプや重症度，あるいはそれらが生じる状況に関係なく，すべての子どもの問題行動を無視する教師がいる。無視は言葉でののしる，子どもや教師自身，または他の人や物に物理的な危害を加えるような行動に対しては適切なやり方ではない。また，うそをつく，盗む，言うことをきかない，宿題を忘れるというような行動に対しても不適切である。

　ぐずる，すねる，さけぶ，かんしゃくを起こすといった不快を招く行動には，無視によって効果的に対処することができる。一方で，叩く，暴言をはく，家出をする，物を壊すといったものを含む危険で侵害的な行動は無視すべきではない。クラスメイトをいじめることや盗みをすることは，他者に迷惑をかけ，他者を傷つけると同時に，即時に利益を子どもに与えるものであり，無視するべきではない。これらの状況で行動を変化させるためには，タイムアウトや特権のはく奪，雑用をさせるなどの，より強い結果を用いる必要がある。したがって，無視しようとする行動を注意して選択することが重要である。また，不適切な行動を無視することは，教師の注目が強力な強化子となるような子どもにのみ効果的である。したがって，教師は無視を効果的なものにする前に，まず子どもとの良好な関係を構築しておくことに懸命に力を注ぐ必要がある。

良い行動に注目する

　子どもがうまく話したり，おもちゃを共有したり，難しい問題を解いたり，静かに活動しているのに，注目せずに，教えることにとても夢中になっている教師がいる。これらの良い行動は，無視されれば消えてしまう。教師は問題が生じたときにだけ子どもに反応するといった反射的な反応をみせることが多い。この問題行動が起きたときに注目が与えられ，適切な行動をした時に無視されるという悪循環は，問題行動の頻度を増加させてしまう。

　もし無視するならば，注意深く向社会的行動，特に無視している行動とは反対の行動には注目を与え，賞賛するように計画することが大切である。たとえば，もし，ぐずることを無視すると決めたならば，子どもが適切に話をするときはいつでも賞賛するように意識的に努力すべきである。たとえば，「あなたが丁寧な言葉を使うときがとても好きよ」と言えばよい。また，問題行動ではなく，問題行動に置き換わる良い行動に対して焦点をあてることも重要である。もし子どもがひっつかんだりたたいたりするのが気がかりであれば，教師は，子どもが分け合ったり，うまく遊んでいることに対して頻繁に賞賛する必要がある。

　ほかに，2〜3人の子どもの集団に対しては，無視と賞賛を組み合わせる方法がある。ある子どもが問題行動をした時に，適切な行動を示した子どもに注目を与えるのである。ピーターが床にレゴを投げ，一方で，ジャマールがレゴで注意深く何かを作っているという場面を想像してみよう。普通，「ピーター，そんなことをしてはだめよ」と問題行動をしている子どもに焦点をあてる。しかしながら，これはピーターの不適切行動を強化するだろう。代わりに，ピーターを無視し，ジャマールを賞賛すると，ピーターは，協力的な行動では注目が獲得できるけれども，問題行動では獲得できないことがわかるので，おそらくより適切な行動をし始めるだろう。

できるだけはやく注目を返す

　時として，教師は不適切な行動によって，とても苦悩し，怒りを感じるために，良い行動に焦点を当てることができない。子どもが問題行動を止めたらすぐに，注目をはやく（5秒以内に）返し，適切な行動を賞賛すべきである。不適切な行動への注目を控えることと，適切な行動に一貫して注目することを組み合わせることによってのみ，ネガティブな行動に対するネガティブな注目の悪循環を立ちきることができる。そのため，問題行動がおさまったらすぐに，子どもに微笑みかけ，賞賛し，目を向け，話しかけるとよい。

うまく無視を用いる

　教師は子どもへの無視をあまりにもオーバーにし過ぎることがある。もし，子どもがすねたり，ふくれっ面をしたり，ぶつぶつ言ったり，目を回し始めたら，教師は大げさに立ち去り，問題行動を無視するジェスチャーをとる。これは問題行動に対して注目を与えているのとほぼ同様に強化していることになる。なぜなら，それは，教師が強い感情的反応を示しているということを子どもに示しているからである。

　無視するときは，身体的接触，アイコンタクト，声かけを控えることが望ましいけれども，教師の感情的反応を控えめにして示すことが大切である。もし子どもがぐずるならば，目をそらして，何か他のことをしている別の子どもに声をかけるとよい。これは教師が子どものぐずりに影響されないことを示すので，効果的なやり方である。

　教師の指示や要求に対する子どもの非言語的な行動には，この巧妙な無視を用いると効果的である。たとえば，二人の子どもにハムスターのかごを掃除するように頼む。すると二人はこの依頼を受けて協力し，かごを掃除し始める。一方で，その仕事をしながら，不平を言い，ぐずぐず言い，すねている。ここで教師は自分の依頼に応じてくれたことを賞賛することに焦点を当て，それ以外のさほど重要でない問題行動を無視する必要がある。一方，もし，教師が低レベルの問題行動に対して，「あなたたちの態度やふてくされた口調は嫌いだわ」と言ってしまうと，子どもは教師が注目したことに刺激を受けた反応をしてしまうだろう。子どもが雑用や指示を喜んで受ける必要もないし，それを期待するのも現実的ではない。

見捨てずにいる

　子どもたちが休憩に行くところをメアリー先生が後ろから追いかけていた。数人の子どもはぐずぐずし，靴を履こうとしない。メアリー先生はとてもイライラして，とうとう「もし急いで準備できないなら，置いていきますよ」と言ってしまった。子どもがぐずぐずし続けるので，彼女は教室の外に歩いて出た。もちろん，彼女は少し廊下の角のあたりで隠れて待っているのである。

　子どもを無視をし，置いていくと脅す教師は，自分が去ることによって生じる恐怖が，子どもをより言うことを聞くように変化させると信じている。そのような脅しは，子どもたちに言うことを聞かせることはできるかもしれないが，長期的に見ると不都合をいくつか生じさせる。脅しが効果的であり続けるためには，恐ろしい結果によって裏打ちされている必要がある。教師が去るふりをしているだけであることが子どもたちにわかると，子どもたちは，「先に行って，私を置いていってもいいよ。私の知ったことじゃないし」などと同様の脅しをかけてくるだろう。そうなると子どもは教師のはったりにつけ込んでくるので，教師は弱い立場になって

しまう。もし教師が本当に去らなければ，子どもを外に出すことはできない。しかし，去ることは，子どもを教室に一人残してしまうことになるので，安全なやり方とは言えない。また，子どものもとを去るというやり方は，子どもを見捨てるという脅しに匹敵し，子どもに不信感をもたらし，自尊心を低下させるので，情緒的な面での問題を生じさせうる。さらに，このやり方は，葛藤に直面したときの対人関係のとり方を教えることになってしまう。つまり，子どもは自分がしたいことを手に入れるために，このやり方がどの程度効果をもつか検討しようとして，家出をするとか，学校から居なくなるといった脅しを使い始めるようになってしまうかもしれない。

　子どもを置いていくとか，見捨てるといった脅しは，どれだけ誘惑に駆られても，決して使ってはいけない。子どもに言うことを聞かせるようにするのに役立つ他の方法を考えるようにしたい。子どもを置いて去ろうと思わせるほどに不機嫌にさせる行動を教師が無視することができれば，子どもはより適切に行動し始めるだろう。もし無視が使えなければ，特権のはく奪や雑用を与えるといった別のやり方を試してもよい。こうしたやり方は，一口に言えば，長い時間がかかり，教師との関係には時々葛藤も生じるけれども，二人の関係は安全であることを子どもに教えているのである。このようなやり方は，見捨てられるという恐怖よりも，むしろ尊重を基盤にしているのでとても好ましい。

無視をすることの結末

　もし無視をすると決めたら，問題行動が止まるまでどんなことがあってもその子どもを無視するという決心をしなければならない。無視には一貫性が最も重要である。子どもがかんしゃくを起こした時，屈してしまいそうになるかもしれない。しかし，教師がそうするたびに，子どもに教師を負かすことができるということを教えているため，実は問題行動は悪化するのである。その次には，かんしゃくはもっとひどく，もっと長引くだろう。よって，行動が変化するまで無視を続けなければならない。

　また，教師と子どもとの間に良好な関係が築かれていない限り，無視は子どもの示す行動に影響を与えないことを覚えておくとよい。行動を変えるためのどのような計画においても最初に対応しなければならない課題は，良い行動に対する教師の注目や賞賛を増やすことである。無視は困った問題行動を減らすけれども，良い行動を増やすわけではない。したがって，子どもに適切な行動を教えることはもちろんのこと，それに組み合わせて子どもがうまく行動できた時に社会的承認を与えなければならない。

妨害行動に対してセルフモニタリングを促す

　教師が直面するよくある問題の一つに，待って静かに手を挙げるのではなくて，教室で答えを思わず言ってしまう子どもがいることが挙げられる。この妨害行動を減らすために教師ができる最も簡単な方法は，静かに手を挙げている子どもを賞賛し，静かに手を挙げる子どもにだ

け答えさせ，手を挙げて静かにしている時だけ反応をすることを子どもに思い出させることである。教師はこれらの予防的なステップを一貫して用い，それでも子どもが教室で叫ぶときには，計画的な無視や結果の警告のような高いレベルの規律を用いる必要がある。

　無視を用いる前に，まずは適切に正の強化プログラムを実施することを常に忘れてはいけない。セルフモニタリングチャートは，不注意で衝動的な（考える前に行動する）子どもには有用であり，そして，ネガティブな結果を用いずに済ませることができる。たとえば，教室で衝動的にしゃべってしまう子どもに対して，「静かに手を挙げるシート」の絵を机に置く。このやり方では，子どもは今行っている行動を思い出せるだけでなく，静かに手を挙げたときは，いつでもシートに記録できる。さらに子どもに話したことも記録させたいこともあるだろう。そうすれば，午前中の終わりに，子どもが記録した静かに手を挙げた回数を一緒にふりかえることができる。また，午後には静かに手を上げる回数がどれくらいになるかを一緒に話し合って決めて，目標に達するとごほうびがもらえるようにする。教師は，「5回静かに手を挙げて，うっかりしゃべるのが1回だけなら，休み時間にする活動を選ぶことができますよ」と言っておく。この方法は，子どもが声を出してしゃべってしまう行動のモニタリングを学ぶのに非常に有効である。

　もし，これがクラス全体における問題であれば，おしゃべり温度計を考えてもいいだろう。まず，子どもが午前中にしゃべっている回数をベースラインとする。たとえば，午前中に30回おしゃべりをしていたことがわかったとしよう。次に，1から30まで数字が書かれた温度計を子どもに見せ，彼らにおしゃべりを20回だけになるよう促す。それから，おしゃべりをする子

声を出さずに，静かに手を挙げることができるよ

子どもの名前				
月	火	水	木	金

どもがいたとき，そのたびに何も言わず（おしゃべりに対して不適切な注目を与えることを避けるために），温度計の数字に丸をつける。そうすることによって，多くの場合，子どもが20回を超えず，設定した目標よりも低くなることがわかるだろう。そこで次の日には，おしゃべりを15回以下に目標設定する。もちろん，決してゼロになることを期待することはできないし，ベースラインが5や6を下回ることは決してないだろう。クラスが続けて3日間，おしゃべり10回以下を達成できた時には，お祝い会やごほうびを設定する。（ここでも回数の設定は，子どもが3〜5歳か，それともそれより年上の子どもかによって変わる。）

　就学前の子どもの場合，教師はおしゃべりや静かに手を挙げられないことを心配する必要はない。なぜなら，3〜5歳の子どもにとって，衝動的で待つことが難しいのは発達的に正常であるからである。よって，この年齢の子どもに設定される目標は，単に参加と注目を促すことになるだろう。まず教師は静かに手を挙げたときに主に反応し，この行動に対して強化（そしておしゃべりを無視）することを徐々に続けていくことで，子どもたちは，これが教室で期待される行動であると学習することができる。

問題行動への再指示

　教室での活動中に，教師が引っ込み思案な子どもや課題をしない子どもを見逃さないことは非常に重要である。引っ込み思案行動は，他の子どもを妨害しないし，教師にとってあまり問題ではないかもしれないが，そのような子どもにとっては，すべきことに取り組めず，そのために必要なことを学習できないので，重大な問題となる。教師がこの行動を見逃したならば，それは，子どもに対して，教師が彼らのことを気にかけておらず，あまり期待をしていないというメッセージを送ることになる。一方で，妨害はしていないが課題に取り組んでいない子どもを罰することは，不必要に厳しく接することになり，逆効果になるだろう。代わりに，教師は気が散ってしまう子どもに対しては，彼らがより生産的な活動に取り組めるような機会を与えるという再指示によって行動を方向転換すべきである。

　妨害にはならないちょっとした子どもの問題行動の多くは，教師が効果的に行動を変える再指示を用いることによって，人目に付くことなく解決することができる。この再指示は，非言語的な方法であったり，言語的な方法であったり，身体的な方法であったりする。この働きかけの利点は，子どもの問題行動に対して他の子どもからの注意をひくこともなく，また進行している教室での活動を妨害しないことにある。

非言語的な合図とプロンプト，絵の手がかりの使用

　多くの教師は，ある非言語的な合図，あるいはプロンプトを一貫して用いており，それらには，特定の行動上のルールについて明確に定められた意味がある。たとえば，2本指を立てて腕を挙げる，電気を消したりつけたりする，小さなガラス瓶をたたく，リズミカルに拍手する。これらはすべて，「静かにしなさい」という合図である。他の効果的な方法としては，教師がクラス全体に注意を向かせようとするときに，黒板に目や耳，顔を書くことがあげられる。教師がスマイルの絵を書き終えたときには，子どもは目と耳をすべて教師に向けているだろう。また，親指を立てる，ウィンクをすることは，教師の要請に対して子どもが静かになったことを

すぐに示すことができる。

　特定の子どもに望ましい行動を思い出させるために，教師は特別な非言語的合図を作りたいと思うかもしれない。教師がよく用いる働きかけに，「見つめる」がある。子どもの目を見つめることは，「集中し直しなさい」ということを暗に伝えている。言葉は用いていないが，この非言語的かつ，対峙しないコミュニケーションによって，子どもを注目させることができる。そして，明白な言語的命令のように周囲の注意をその子どもに向かせることもない。他にも，足を上げていたり，椅子を後ろに揺らしたりする子どもに，教師が4本指をついて椅子の足を非言語的にまねて，「床に四つの足を置きなさい」という合図がある。

　年少の子どもに対して，適切な行動を表した絵や視覚的手がかりによって説明されたルールを提示することは，子どもの行動を変え，そのルールについて思い出させる強力な方法になる。たとえば，静かに活動をしたり，静かに手を上げたり，席に座っている子どもを示した絵を教師がもっておけば，子どもがしゃべっていたり，席を立っていたり，静かに手を上げることを忘れているときに，活動のルールを思い出させるために，「質問に答えるときのルールを思い出そう」と視覚的手がかりを提示するだけでよくなる。さらに，多くの教師は，壁にルールを掲示している。その場合，子どもの行動を変えるための非言語的な方法は，ただ壁のルールを指さすだけで良い。

　視覚的手がかりのもう一つの例として，騒音メーターや活動メーターを挙げることができる。これは，子どもに対して教師が期待していることを手がかりとして示すものである。たとえば，メーターの矢印が白の部分を指している場合，それは，子どもが静かに手を挙げれば質問できることを意味し，もし緑の部分を指していれば，教室で自由に活動し，相手と静かに会話できることを意味する。黄色を指している場合は，うるさくなっているので，活動中は静かに話すべきであるということを意味する。そして赤い部分は，うるさすぎるので，静かに活動し，自分の席にいなければならないことを意味している。この方法によって，子どもは，話したり動いたりできる時間と，すべての注意が求められている時間を区別することができる。もし子どもが忘れたり，教室がうるさくなりすぎた場合は，教師はうるさくしないことを思い出させるように，赤や黄色の部分を単に指せばよいのである。

　騒音メーターを導入する際にはまず，それぞれの色が何を意味しているかについて話し合うことが重要である。たとえば，「緑の部分では，静かに相手と話す練習をしましょう。私が教室の後ろに行き，普通の声の大きさで二人の子どもの名前を言います。私の声が聞こえるかどうか調べて下さい」という。そうすることで，子どもが屋内での声や対面して話すときの声を（屋外あるいは校庭での声と比較して）理解していることがわかる。メーターの他の色についても同様の練習を行うとよい。特にうるさい学級では，ポイントやシールのシステムと騒音メーターを併せて用いるとよい。白や緑の状態が続いて，学級が多くの得点を稼ぐことができれば，5分間の自由なおしゃべりタイムといった特権を得ることができる。

　非言語的なリマインダーの種類としては，他にやり直しカードの使用がある。教師は何も言わず，子どもにやり直しカードを渡す。このカードには，「静かに手を上げることを思い出す」「今はやめる時間」「やり続ける」と書かれている。年少の子どもに用いるには，カードにこのメッセージの絵をつけておく。この方法は，教師がネガティブな行動に対して何も言わずに済み，他の子ども

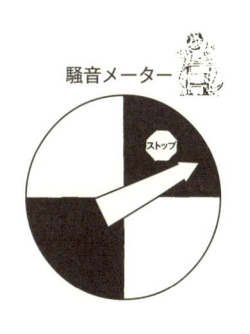

活動回転表

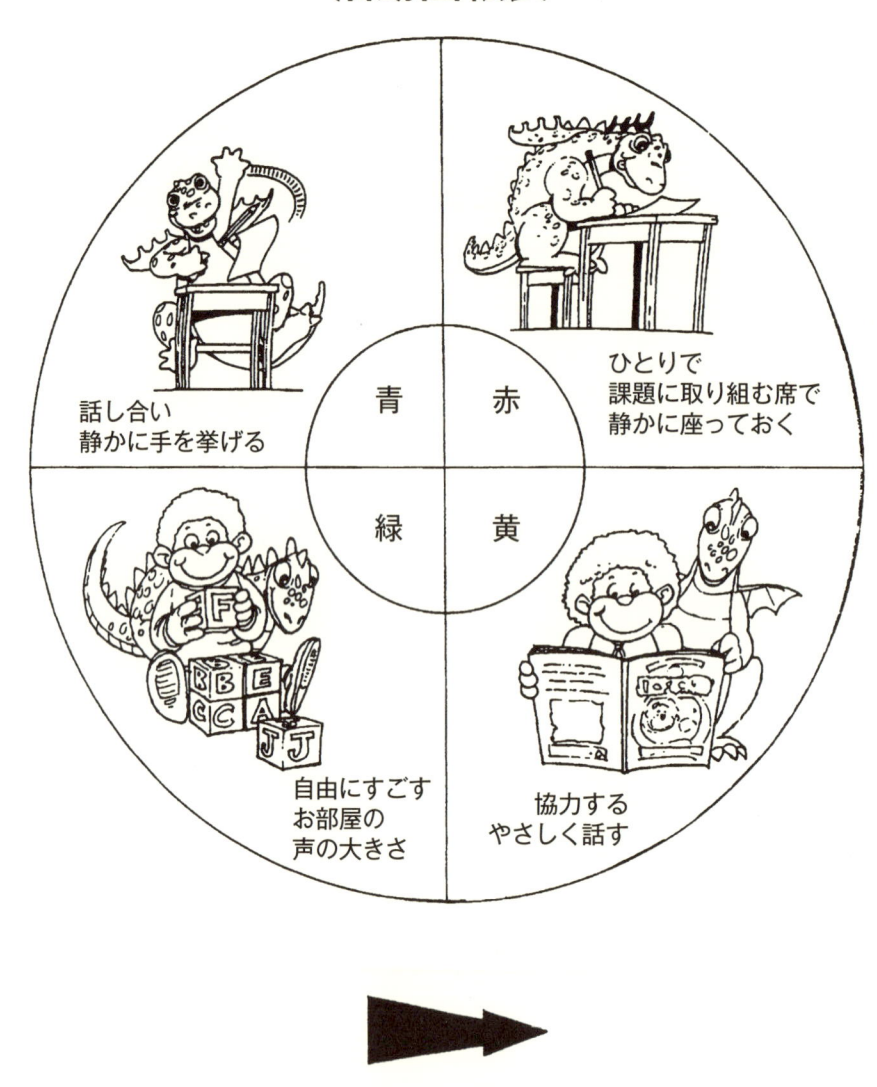

（図：活動回転表）
- 青：話し合い　静かに手を挙げる
- 赤：ひとりで課題に取り組む席で静かに座っておく
- 緑：自由にすごすお部屋の声の大きさ
- 黄：協力する　やさしく話す

の気をそらすこともないので有益である。もちろん，教師がやり直しカードを用いる場合は，賞賛カードも使うことを勧めたい。これらのカードは，向社会的行動に与えられ，その結果その行動は強化される。

視覚的プロンプトの例として，他に以下のようなものがある。

- イメージしたボールを押しつぶす（気持ちを落ち着ける）。
- 2本の指を立てて手を挙げる（静かにする）。
- 部屋を暗くする（移動時間には電気を消し，休み時間には電気をつける）。
- 親指を立てる（よくできた）。
- ウィンクする（がんばれ）。
- 移動の際の音楽。

一生懸命課題に取り組む 　　　　　教室で静かに手を挙げる

止まる－見る－考える－確認する 　　先生の話を聞く

- 絵の手がかり ―― 赤色は「絶対静かに」，黄色は「活動しながら静かに話す」，青色は「自由にする」。
- 「見つめる」 ―― 子どもと視線を合わせる。
- やり直しカード（例：やめる合図，静かに手を上げる合図）。
- 賞賛カード。
- 親指と人差し指でボリュームを小さくする合図（静かにさせる）。
- 四つの指で下を指す（床に椅子の四つの足をつける合図）。
- 指を1本下に向け，円を描く（向きを変える）。
- 五つを守って（目を開け，教師の方を見て，手を膝の上に置き，口を閉じ，足を床につける）。

　注意が散漫な子ども，衝動性のある子ども，言語の遅れがある子どもは，視覚的な学習がしやすいことを覚えておくとよい。ルールや課題，移動を示す絵の手がかりは，短期記憶に問題のあるこれらの子どもには，とても役に立つ。

練習，気そらし，発散といった身体的な再指示の使用

　就学前の幼児においては，言葉による指示を理解できるように，求められている行動の動きについて，一通り身体をつかって練習する必要がある。言葉による指示をうまく処理できる幼児であっても，求められている行動を実際やってみることで，言葉で伝えるよりも，より早く学習させることができる。たとえば，もし子どもがサークルタイム（輪になって活動する時間）に歩き回ってしまうのであれば，子どもの腕をとり，席に連れ戻すことによって，やさしく方向転換することができるだろう。これには，言葉による指示は必要がない。

　行動を変えるための身体的な方法として，他に離席している子どもや多動の子どもに何か手伝ってくれるよう頼むことなどが挙げられる。これは，彼らに，本を片付けたり，紙を集めたり，図書コーナーを片付けたりするよう頼むことである。これによって，子どもに動きまわるのに適切な機会を与え，また，やる気や責任感を与えるのに役立つような活動に子どもを従事させることになる。時々，非常に落ち着きのない子どもに，編み物やゴムボールをにぎるといった手を使った活動をさせることも役立つ。これらの働きかけは，落ちつきのなさが問題になったり，クラスメイトからの注目を得る前に，その行動から気をそらし，また発散させることになる。

ポジティブな言葉による再指示

　妨害的な子どもと対峙せずに言葉によって行動を変えるにはコツがある。教師は，授業中に子どもの名前をただ呼ぶだけでやめるよう合図を送ることがある。これは，問題行動をしている子どもに向ける注目を最小にし，子どもを叱らずに元に戻すことができる。

　「私がするように言ったことが聞こえないの？」や「隣の人とおしゃべりして話を聞いていないのね」というようなネガティブな言葉によって行動を変えようとするのを控えるようにする。このような再指示は，子どもをよりよくするのにほとんど役に立たない。その代わり，ボーっとして課題に取り組んでいない子どもには，教師が「今までやったところを見せてくれる？」と声をかければよい。話を聞いていないように見える子どもには，「ジェシー，指示は何だったか教えてくれる？」と言えばよい。おしゃべりをしている子どもには「こっちに顔を向けてね」「何か困っているなら助けようか？」と言うのである。

　言葉による再指示の中で効果がないのは，「なぜ」という質問である。たとえば，列に並んでいる子どもが別の子どもを押したりつついたりしている。教師が，「どうしてそんなことをするの」と言う。あるいは，子どもがぐずぐずしているときに，教師が「なぜそんなに時間がかかるの？　どうして席を離れるの？」と言う。なぜという質問は，逆効果である。なぜなら，不必要な会話を引き出し，子どもへの批判を暗に示しているからである。さらに，子どもはいつもなぜそのように行動したか理解しているわけではない。これは大人も同じである！　なぜそうしたのかを子どもに聞く時，その子は，問題を隠し，否定するだろう。なぜと聞く代わりに，教師が見たことに焦点をあて，直接フィードバックを与えるのがよい。「列にいて押したのを見ましたよ，守らないといけないルールは何か覚えている？」「課題をするのが難しそうね。昼食の前に終えることはできる？　それか休み時間にもする必要がありそう？」と言うのである。

　もちろん，最も効果的でポジティブな再指示は近くでほめることである。教師が一生懸命取り組み，注意を向け，指示に従っている子どもをほめるとき，賞賛は，これらの行動をしていない子どもへのリマインダーや言葉で行動を変える方法としても役に立つ。

毅然として，直接に

ある妨害的行動に対しては，明確な主張的反応（ただし，攻撃や叫び声は使わない）が最も適切な方法である。たとえば，嫌がらせや苦痛を与えることを意図した言葉は，断ち切らないといけない。もし，教室で子どもから悪意のある，不快なけなし言葉を初めて聞いたなら，直ちに止めさせ，毅然として，「ジェフ，これは重大よ。さっきの言葉は，人を傷つける言葉よ。そんな言葉を使ってはいけません。丁寧な言葉を使おうという決まりがあります。先生は丁寧な言葉を使って欲しいの。このクラスは，前向きな言葉を使うところです。さあ，作業に戻りなさい」悪口や失礼な行動について説教し続けてもいけないし，無理やり謝らせてもうまくいかない。なぜなら，子どもたちが経験から多くのことを学ぶ前に，気持ちを落ち着かせるための時間が必要なのである。

行動変容に他の子どもの助けを利用する

ひどく注意散漫で多動で，約束の守れない子どもに対しては，常に再指示を出し続ける必要がある。そのような子どもは教師のそばに座らせるのがよい。そうすれば，人目に付かず行動を変えやすいからである。しかしながら，教師は子どもの小集団と作業することが必要なこともあるため，いつもその子どもを近いところに置けるわけではない。このような場合は，注意散漫な子どもを他の自発的で集中することのできる他の子どもとペアにするとよい。良い仲間のモデルの近くにいることで，注意散漫な子どもは課題に従事し続けることができるようになる。

リマインダーと結果の警告 ——「ルールを思い出す」

ポジティブなリマインダーは，特に自分に何が求められているか思い出すことが難しい衝動的で注意散漫な子どもに有効な方法である。たとえば，移動の時間にクラスに対して，「授業が始まるときには席に座っておくことを思い出してくれてありがとう」「教室を出る前に鉛筆を筆箱に入れて，椅子を机の下に入れて，ごみが床にないか見ることを思い出して」と言う。衝動的にしゃべってしまったり，大きな声で話す子どもに対しては，「質問するときのルールは何か覚えている？」とか「お行儀のルールは何か覚えている？」という。好意的な声のトーンで与えられたリマインダーによって，子どもはすぐに，破壊的行動から教室のルールを守り，決まった作業に戻ることができる。「リマインダー」は，「忘れないで」と言ったり，していない行動を覚えておかせるよりも良い方法である。

罰や注意に頼ることなく，不適切な行動を扱うために用いることができる他の再指示として，警告がある。警告は，ルールを破ったり，決まりから逸脱することによる結果を思い出させるのに不可欠である。はじめに述べたように，教師はルールや手続きに従わない場合の結果を示す規律育成計画を立てる必要があり，子どもは学年の最初に，どのような規律育成計画か知らされる必要がある。また定期的に計画の詳細を知らされる必要もある。ルールと結果についてのリマインダーは，特に，するべきことが何かだけでなく，そうしなかったことによる結果が何であるかをすぐに忘れてしまうような注意散漫な子どもに対して有効である。たとえば，教師が「アリス，あなたは座ってこの課題を自分でしなければなりません。もし，また隣の人とおしゃべりしたら，休憩が1分なくなりますよ」と言う。あるいは，すでに「悪口を言わないルール」を思い出させられているジェフには，「ジェフ！ 教室では丁寧な言葉を使うというルールがあります。もし，再びそうしたら，タイムアウトにしますよ」と結果の警告を付加す

る必要がある。あるいはいつも休憩時間の前に机をきれいにすることを忘れる子どもに対しては、「もし机をきれいにしなければ、休み時間に居残りですよ」と言う。多くの場合、リマインダーや結果の警告をひとつすることで、望ましくない行動を止めることができる。他に、この方法の良い点は、警告が子どもの責任感を育む選択肢として示されていることである。

教師は、子どもの机に置いている一枚の紙を用いて警告を与えることができる。本読みをしていない子どもには、座って課題をし続けることを示すために、一生懸命課題をしている恐竜の絵を見せたり、質問するときに衝動的にしゃべらないことを思い出させるために、静かに手を上げた恐竜の絵を見せる。これは、本を読んでいない子どもには、静かにルールを思い出させることになる。

数を数えることも警告のひとつである。これは、数を数えた後に結果が続くことを示している。たとえば、教師が「私が5まで数えている間に座ってください」と言う。そして、子どもが座ったら、「今静かにできてすごいわね。あなたはいいことをしました。本当に私は助かるわ。静かだと、私たちは課題により集中することができるもの」と言う。子どもが良い行動をしたときに声をかけることは、肯定的なフィードバックをする良い方法である。

わきに子どもを呼ぶ

課題に従事しない子ども、特に注目を獲得し、敵対的な態度を示す子どもの行動を変えるのに役立つことは、個別に呼び、周囲から離すことである。教師が、教室を歩いていて、サリーが自分のテーブルで他の子どもから美術の道具を横取りするのに気付いたときのことを例にしてみよう。教師は「サリー、ちょっときてくれる？」と言う。そしてサリーが歩いてきたら、教師は再度、手助けしている他の子どもに注目を与える。サリーが近くに来たら、教師は個別に「みんなで一緒に取り組むための教室のルールは何だったかしら？」とサリーに言う。サリーはルールを述べ、教師は彼女が理解していることをほめる。それから、「いいわ、じゃあ、あなたがみんなと一緒にしているのをずっと見ておくからね」と言う。サリーを周囲から離すことによって、彼女が注目を得ようとしている時間は少なくなり、彼女の行動を見る子どもはいなくなる。また、サリーが歩いてくる間に、サリーへの注目を他の子どもに向けて、その後戻すという教師のとった方法は、サリーとの対峙を避け、サリーのあらゆる非言語的行動（目を回したりため息をつく）を無視し、妨害的な行動に向ける注目を最小にすることができるので、効果的である。

明確にする

教師が子どもに期待する行動について明確にしておくことを忘れてはいけない。教師の働きかけはあいまいすぎることがある。たとえば、教師は、不注意でひどく気が散りやすい子どもに対して、「アリー、あなたは15分間課題をしなければなりませんが、もしちゃんとしなかったら、休み時間には外に出られませんよ。わかった？」という。次の15分間に、アリーが鉛筆を削ろうとしながら、隣の子どもと小さな声で話をしたら、彼女は休憩時間に外に行くことができるだろうか？　ここでの教師の働きかけの問題点は、アリーに期待されている行動がはっきりしていないことである。そうではなく、教師は、「アリー、あなたは今日の休み時間に外に出るためには、次の15分間に二つのことをしなければなりません。席に座っていなければなりません。そして、周りの誰とも話してはいけません。では、今日の休み時間に外に行くためにあなたがしなければならないことを教えてくれる？」と言うべきである。期待されている明確

な行動を言葉で再度言わせることによって，彼女はそれらをしっかりと覚えておくことができるし，もしそれらのルールを守らなかったときは，休憩時間を失うことが明確になっている。

望ましい行動を強化する

　以前に述べたように，子どもに望ましい行動を教えるためには，うまく作られた強化システムを用いることが重要である。たとえば，注意散漫な子どもに対しては，課題に集中して一生懸命課題に取り組んでいる時はいつでもその子どもをほめ，シールを貼ることが重要である。このことで，その子どもは，集中して注意が必要なときに，求められている行動が何かをわかるようになる。

　注意散漫な子どもに対する別の強化の方法に，砂やお米が入った傾けることのできる「砂時計（あるいはトルネードチューブ）」を用いる方法がある。そのような子どもの行動計画は，砂時計が落ちている間，ずっと席に座り課題をし続け，机の上のチャートにシールをもらうことになる。10個のシールが得られたら，彼女は特別な活動の選択肢（コンピューターや絵を描くなど）を手にすることができる。このような「砂時計」や「トルネードチューブ」は，二つの大きなプラスチックのレモネードのビンで作ることができる）

結　　論

　ここでは，子どもが，衝動的にしゃべる，割り込む，他に注意がそれる，軽率な口をきく，席を離れて歩き回る，ぐずぐずしているといったささいな困った問題行動を示すときに，子どもの行動を変えるための再指示として，さまざまな方法を使うことができることを学んだ。たとえば，子どもの困った行動を無視し，静かに手を挙げたり，一生懸命作業をしている子どもにのみ「ケアリー，静かに手を挙げてくれてありがとう。あなたの質問は何ですか？」と反応をする。「静かに手を挙げるというルールを覚えていますか？」というようなルール・リマインダーを用いることもできる。期待する行動について「叫ばずに手を挙げてください」と明確な指示を与えることもできる。教師が口に手を当てて静かに手を挙げているのを見せるというような非言語的な合図を用いることもできる。子どもをわきへ連れ出し，「大事なルールはなんだったかしら？」と簡単にルールを復習することもできる。もしこれらのことすべてを試してもなお子どもが問題行動を続ける場合，子どもに結果についての警告を出し，問題行動が続けば，ネガティブな結果を与える必要がある。第7章では，問題行動に対する結果の与え方について述べる。

まとめ

- 無視するためには特定の子どもの行動（低レベルの注目獲得行動）を選択し，それらを教師が無視「できる」ことを確かめる。
- 子どもの向社会的行動は賞賛する。
- 無視している間はアイコンタクトと言葉のやりとりは避ける。
- 子どもから物理的に離れる。

- 試されることを覚悟する――最初に問題行動を無視するときは，たびたびそれが良くなる前に悪化することを覚えておく。
- 一貫性を保つ。
- 問題行動が止まったらすぐに注目を戻す。
- 無視と気逸らしを組み合わせる。
- 系統的に無視するために行動の数を制限する。
- ささいな問題行動を無視するよう周囲の子どもに教える。
- 可能な場合はセルフモニタリングを促す。
- 引っ込み思案な行動を無視してはいけない――子どもを引き込むために行動を変える方法を用いる。
- 行動を変える再指示には非言語的な合図と絵による手がかりを用いる。
- 年少児には時々身体的な再指示がうまくいく。
- ポジティブなリマインダーは特に衝動的なあるいは注意散漫な子どもに有用である

文　献

Bear, G.G. (1998) School discipline in the United States: prevention, correction and long-term social development, *School Psychology Review*, 2 (1), 14-32.

Hyman, I.A. (1997) *School Discipline and School Violence: A Teacher Variance Approach*, Boston: Allyn and Bacon.

Martens, B.K. and Meller, P.J. (1990) The application of behavioral principles to educational settings. In T.B. Gutkin and C.R. Reynolds (eds.) *Handbook of School Psychology* (pp.612-34), New York: Wiley.

Chapter Seven | *Managing Misbehavior: Natural and Logical Consequences*

第7章 問題行動への対処：自然な「結果」と理にかなった「結果」

　教師がどれほど一貫して無視や再指示，警告，リマインダーを用いて不適切な行動を減らそうとしても，はたまた教師がどれほど一貫して適切な行動を強化しようしても，子どもたちが一向に問題行動をやめないときがある。そのような場合，彼らの問題行動には，ネガティブな「結果（consequence）」でもって対処する必要がある。

　ここで言うネガティブな結果とは，たとえば，列の最後尾に並ばされることや休み時間を取り上げられること，教室でタイムアウトにかけられること，特別活動に参加できなくなること，あるいは特権を失うことなど，子どもが望まない事柄を指す。こうした結果は，厳しければ厳しいほど効果があるというわけではない。鍵となるのは，厳しさではなく一貫性である。つまり，結果は状況に応じてではなく，一貫して適用される必要がある。また，結果は公平，公正に提示されるべきであり，誰にとっても同じでなければならない。さらに，問題行動が出現したら即座に結果を提示する，というような即時性も大切である。そのため，実施が困難な結果は設定しないでおく方がよい。

　結果を用いたアプローチは，自分のしたことに対する責任を子どもたちに持たせる手段でもある。子どもたちには，あらかじめ，この指導計画を熟知させておく必要がある。そうすれば，彼らは，与えられたネガティブな結果を，自分の行動から生じた直接の結果と見なすことができる。そして，できる限り，結果は子どもの選択として提示されるべきである。たとえば，「カールを叩きましたね。5分間のタイムアウトに行くことを選んだ，ということですよ」。

　ネガティブな結果は，以下のようでなければならない。

- 一貫性があること
- 平等であること
- できる限り，問題行動の直後に提示すること
- 実施が簡単，便利であること
- 子どもの選択として提示すること

- 懲罰的ではなく，筋が通っていること
- 子どもの問題行動に関連していること

　以下では，さまざまな文献（Brophy, 1996; Stage and Quiroz, 1997）で有効性が指摘されてきたネガティブな結果の数々について検討する。

自然に生じる結果と理にかなった結果

　時として，ある状況から自然に生じた結果が，教室の混乱を最小限にとどめることがある。自然に生じる結果とは，子どもが悪さをしたことで，教師が介入することなく，自然に生じるネガティブな結果を言う。たとえば，コートを着ずに外へ出て風邪をひく，というのがこれにあたる。これに対し，理にかなった結果とは，子どもの行動の結果として教師が設定したものを指す。たとえば，ある幼稚園には，給食の牛乳は教師が注ぐという決まりがあった。しかし，ある日ブルースは自分で牛乳を注ごうとして，こぼしてしまった。かわりの牛乳を欲しがるブルースに対し，ペナルティとして教師が課した理にかなった結果は，「幼稚園では，先生が牛乳を入れてあげるのが決まりだったでしょう。だから今日はお水を飲まなければなりません」というものであった。この他，自分の席から離れ，クラスメートを邪魔してばかりいるセスに対して課される理にかなった結果は，教師の目の前の席に座らされることである。また，列の先頭をめぐるケンカに対して課される理にかなった結果は，列の最後尾に並ばされることである。こうした結果が最も効果を発揮するのは，問題行動と結果との間に本質的な関連性が存在する場合である。

自然に生じる結果

- 宿題を忘れてきたら，採点してもらえない。
- 図画工作で，ひとつの作品に自分の糊を全部使い切ってしまったら，他の作品に使う糊は残っていない。
- おやつの時間にちゃんと戻ってこなければ，自分の分はもう残っていないかもしれない。
- 給食を食べなければ，お腹がすく。

ペナルティとして課される理にかなった結果

- ハサミを安全に使えないならば，取り上げられる。
- 床に水をこぼしたら，子どもはそれを拭く責任がある。
- ヘルメットをかぶらないなら，その日は三輪車に乗れない。
- 図書館で小さな声で話せないなら，退出しなければならない。
- 自習の時間，自分の席に着いていられないなら，教師の隣に座らなければならない。
- 休み時間，運動場で遊べないなら，次の休み時間はもらえない。
- 授業中，おしゃべりをやめず，教師にも反抗を繰り返すようなら，教師から「面会予約券」を渡され，休み時間に自分の考えについて教師と話し合わなければならない。

- 教室の決まりが守れないならば，子どもは休み時間に自分が世話をしている生き物と遊べないか，「ゴールデン・タイム（参加を申し込んであった特別活動）」に参加できない。
- 隣の席の子どもを邪魔したり妨害したりするのをやめないならば，皆から離れて一人で座らなければならない。
- ぐずぐずしていて授業の間に課題をやり終えることができないならば，他の子が特別活動に参加している間，教室の後ろに行って，一人で仕事を終わらせなければならない。
- 給食の列で前の子を押したり突いたりするならば，列の最後尾に行かなければならない。
- 教師に指定された場所で課題に取り組むことを拒否するならば，休み時間，この問題について教師と話し合わなければならない（移動を嫌がる年長の子どもに有効）。
- 話し合いの時間，何度も注意やリマインダーを受けたにもかかわらず，大声で叫ぶことをやめないならば，この話し合いの場から抜けなければならない。
- 学校の備品を壊したり傷つけたりすれば，それを取り替えるための費用を稼ぎ出さなければならない（鉛筆を削る，本棚を整理する，水槽の掃除をする，など）。

　このアプローチは，教師が結果をどう適用していくか，あらかじめ決めておけるような繰り返し生じる問題に対して最も功を奏する。またこのアプローチは，子どもたちに，自分で判断すること，自分の行動に責任を持つこと，そして過ちから学ぶことを学習させるのに役立つ。以下では，結果を設定するときに生じる問題や，それを克服する効果的な方法について述べる。

教師の期待が子どもの年齢にふさわしいものであること

　結果を用いたアプローチの大半が最も効果を発揮するのは，5歳かそれ以上の年齢の子どもたちに対してである。これをもっと幼い子どもたちに適用することは可能だが，教師はまず，子どもが結果と行動との関連性をきちんと理解できているかどうかを注意深く見極めておく必要がある。たとえば，トイレトレーニングを始めるにはまだ早いアレクサンドラが，濡れたパンツを洗わされたとしたら，彼女は過度に叱られたと感じるであろう。まして，この結果は，不当な罰である。一方，夕食をきちんと食べない子どもに対しては，デザートやおやつを与えないというのは，適切な結果である。なぜなら，子どもはここから，夕食を食べないとお腹がすくということを学習するからである。もちろん，自然に生じる結果でも，それによって子どもの身体に害が及ぶような場合は，その使用を避けるべきである。たとえば，自動ドアに手を挟む，ストーブにさわる，道路に飛び出すといった行動から自然に生じる結果を，3〜5歳児に経験させてはならない。

　子どもの不適切な行動から自然に生じる結果の使用を考えるにあたって大切なのは，教師の抱いている期待が，子どもの年齢にふさわしいものであるかどうかを確認することである。これには認知的なスキルが関わってくるので，自然に生じる結果を用いたアプローチは，3〜5歳児よりも学齢児に対して効果が出やすいと言える。一方，ペナルティとして課される理にかなった結果のなかで，幼い子どもでも理解しやすいものは，「もし〜ならば〜である」という表現である。「チューインガムを口に入れておけないなら，先生がそれをもらいますよ」と伝えるのがその一例である。あるいは，人にハサミを向ける子どもに対して，「ハサミを安全に使えないなら，先生がそれを取り上げますよ」など。これらの例では，きちんと物を使えない場合の結果として，それを取り上げる，ということが行われている。

教師自身が自分の課した結果に我慢できるか

　この方法を実行に移す際，教師のなかには，子どもが自らの行動から生じた結果に甘んじることを耐え難く感じる人がいる。そうした教師は，子どもに同情するあまり，自分が援助の手を差し伸べないでいることに罪悪感を覚え，結果が生じる前に介入してしまうのである。たとえば，ある教師が5歳のアンジーに対し，ぐずぐずしていて時間通りに体育館に来られないならば，その自然な結果として，その日の体操クラスには参加できないと伝えたとする。しかし，実際にはアンジーを欠席させる気にはとてもなれず，時間が迫ってくると，教師自らアンジーの着替えを手伝ってしまったのである。こうした過保護は，子どもが自分の力で問題や間違いに気づくことの妨げにしかならない。

　結果を与えるやり方を用いるにあたって重要なのは，このテクニックを特定の問題行動に適用することの賛否をよく考えておくことである。その結果に教師が耐えられるかどうか，無駄な脅しになっていないかを確かめておくのである。先の例では，教師はまず，アンジーがぐずぐずし続けた場合，約束通り，体操クラスを受けさせないでいられるかどうかをよく考えておくべきであった。約束した結果を実行しないでいると，教師の権威は弱まり，間違いから学ぶ機会を子どもたちから奪ってしまうことになる。

結果は即座に課すこと

　結果を用いる方法は，問題行動の結果があまりに先のことになってしまうと効果を発揮しなくなる。歯を磨かないことで自然に生じる結果は，当然，虫歯ができることである。しかし，これが起こるのは5年も10年も先のことなので，効果的とは言えない。また，宿題をやってこない子どもをほったらかしにしておいて，学年末になって落第したことを知らせるというのも，子どもの日頃の学習習慣に何の影響も与えなかったという点で，遅すぎる結果と言える。ともすると，こうした遅すぎる結果は子どもたちに自分の能力に対する無力感を抱かせかねない。

　3〜5歳児や学齢児で重要なのは，子どもが悪さをしたら即座に結果を課すということである。宿題を忘れてきたなら，その日の休み時間のうちに終わらせなければならない。友達の本を破ってしまったなら，すぐに代わりの本を渡し，その代金を稼ぐためにお手伝いをしなければならない。そうすることで，子どもたちは自分の過ちから学び，次回からはもっと適切な行動を示すようになる。

前もって子どもに選択肢を与えておく

　教師はたまに，起こり得る結果を子どもに事前に伝えておかないことで，このやり方を罰として使用することがある。ある朝，教師がロビーのところへ行き，「ロビー，君はまた宿題をやってこなかったね。だから今日の遠足に連れて行くことはできない」と伝えたとしよう。ロビーは事前に何の警告も受けておらず，また，宿題をやってくるのか遠足をあきらめるのかを自分で選択することができなかった。当然，ロビーはこのことを恨みに思うだろうし，この結果に対し自分に責任があるとは考えないであろう。そんなことをするよりも，教師は「家で宿題をやってくるのが難しいなら，学校の休み時間にやりなさい」と伝えるか，「今週は毎日宿題をやってくるか，それとも今度の遠足には行かずに，ずっと宿題をやっているか，どちらにする？」とたずねることができたであろう。どう答えるかは，子ども次第である。

　別の例を見てみよう。自習の間，クリスティーナはおしゃべりをやめず，他の子どもの勉強

を妨害していたとしよう。そこで教師は,「クリスティーナ,先生は二度,あなたに静かに勉強するよう言いましたね。もし,このままおしゃべりを続けて他の子の邪魔をするなら,あなたを別の机に移動させますよ」と伝える。クリスティーナが反抗したとしても,教師は同じセリフを繰り返して,その場を去る。こうしてクリスティーナが静かになったら教師は,「静かに勉強する方を選びましたね。いいですよ」とほめてやるのである。

　このように,選択肢として結果を強調するやり方は,自分の行動に対して自分で責任をとるという感覚や,いかに行動するかはある程度自分でコントロールできるのだという感覚を子どもに持たせることになる。最終的に,子どもは結果を経験することを通じて,ネガティブな選択よりも,ポジティブな選択をした方がよいことを理解するのである。

結果は懲罰的であってはならない

　教師はまた,子どもの起こした問題とは無関係か,あるいは厳しすぎる結果を課そうとすることがある。たとえば,ある朝,スクールバスで騒ぎを起こした子どもに対して,今後2週間スクールバスに乗るのは禁止だと告げた運転手について考えてみよう。この運転手にしてみれば,行儀の悪い子どもに対しては,こうした処置も当然の結果だということになるかもしれないが,これはあまりに懲罰的である。もし,この子どもが他の交通手段を持っていなければ,2週間も学校に来られないことになってしまう。そうすると,この子どもは学校から落ちこぼれ,取り返しのつかないほど勉強に遅れをとってしまうかもしれない。さらに,結果がこれほど厳しく長期にわたるものだと,子どもは恨みの感情を抱くようになって,仕返しさえ考えるかもしれない。こうした場合,子どもは自分の行動をあらためることよりも,教師の残酷さに目が行きやすくなる。

　意外に思うかもしれないが,穏やかで親しみのある態度こそ,結果を決め,実行する上で最も重要なものである。寒い中,コートを着ないで外出すれば体が冷える,というのが自然に生じる結果である。また,バスで大暴れしたのであれば,その日の休み時間は取り上げられる,というのがペナルティとして課される結果である。こうした結果は卑劣なものではないし,近いうちに子どもに適切な行動を示す機会を与えるものである。そうすることで,子どもは選択することや責任を持つことを学ぶのである。

厳しさよりも,確実に実行されることが大切

　放課後の居残りや,休み時間の話し合いを命じておいたにもかかわらず,子どもにまんまと逃げられてしまうことがある。そのようなときは,教師が穏やかな態度を崩さないことが大切である。なぜなら,もし,ここで教師が子どもを追いかけたり怒鳴ったりすると,子どもの反抗的態度がむしろ強化されてしまうからである。それよりも,その日のうちに教室からその子どもを呼び出して話し合いを行い,結果を済ませてしまう方がよい。ここで大切なのは,厳しさや即時性よりも,確実に結果が実行されることである。

できる限り子どもを巻き込むこと

　教師のなかには,結果を自分一人で決めてしまって,子どもの意見をまったく聞かない人がいる。このやり方は,往々にして,子どもたちに怒りや恨みの感情を抱かせる。それよりも,これを教師と子どもが力を合わせてポジティブな行動を促進する機会としてとらえ,子どもが

「自分は教師から大切にされ，尊重されているのだ」と感じられるようにするとよい。たとえば，コンピュータをめぐってケンカをしている子どもに対しては，「誰が最初にそのコンピュータを使うかで，もめているみたいだね。順番に使うか，今日は二人とも使わないことにするか，どちらがいいかな？」とたずねるのである。このように，結果に関する判断を子どもにゆだねてやると，教師に対する子どもの挑戦的態度は減少し，協力が得やすくなることが多い。あるいは，他の例として，エリカがアンナと一緒にいては静かに勉強できないでいるとしよう。そこで教師は，「エリカ，もし，アンナと隣同士では勉強ができないというなら，別々に座って勉強する？」とたずねる。この場合，教師の問いかけは選択肢として与えられており，よりよい行動を選ぶチャンスとなっている。もし，エリカがおとなしくならないようなら，別の机に移動するよう命じればよいのである。

率直かつ友好的に —— 言い争いは避けること

　子どもはたまに，自分は何も悪いことをしていないと言って猛烈に反論したり，シラを切ったりすることがある。こうした子どもの責任逃れに対して，教師が腹を立てたり，議論したり，もしくは批判的になったりして，結果を与えるやり方を台無しにしてしまわないように注意する必要がある。これは単に，彼らの反抗的態度を助長するだけである。彼らの反抗に惑わされることなく，率直かつ断固とした態度で，結果を提示しなければならない。たとえば，教師が「ベン，先生は君があの子にバカと言ったのを聞いたよ」と言ったとする。これをベンが否定しても，次のように続けるのである。「このクラスには，お互いを大切にするという約束があるのを知っているね。君にもそれを守ってほしいんだ」。それでもベンが口答えをやめず，自分は何も悪いことをしていないと言い続けるなら，それを無視して，「先生は聞きました。席に戻りなさい。このことについては，次の休み時間に話し合おう」。こうして教師はその場を去り，子どもを落ち着かせる。次の休み時間，教師はベンとこの出来事について話し合い，相手に謝罪すべきかどうかを考える。そして，クラスの約束事を確認し，結果を課すのである。

　ここで大切なのは，結果について率直かつ断固とした態度をとること，結果を実行する準備ができていること，そして子どもの言い訳や反抗を無視することである。もし，子どもが自分のしたことの結果を受け入れようとしないなら，教師はタイムアウトや特権の剥奪といった別の方法を状況に合わせて用いるべきである。忘れてならないのは，子どもは教師の限界を試そうとする，ということである。したがって，常に教師はそれに備えていなければならない。だからといって，子どもに対し，お説教をくどくどとしたり，同情してみせたりしないことも大切である。そんなことをするよりも，ひとたび子どもが結果を受け入れたなら，適切な行動を示す新しい機会を与えてやることが大切である。

結果は適切でなければならない

　教師が陥りやすい罠のひとつに，腹が立つあまり，長すぎたり厳しすぎたりする結果を課してしまう，というのがある。横着な8歳児，キャリーに対して，「もういい。もうたくさん。今日から1週間，休み時間はなしよ」と命じてしまった教師について考えてみよう。後に教師は，自分の抱えてしまったジレンマに気づく。彼女は，実のところ，1週間にわたって教室にいるキャリーを監視しなければならないという罰を，自分に課してしまったのである。しかも，すでに1週間の休み時間を取り上げてしまったため，もし，キャリーの問題行動が別の日にも続くなら，何か別の結果を考え出さなければならない。だからといって，もし教師がこの結果を

取りやめにすれば，キャリーは教師を信じなくなるだろうし，もっと激しく教師を試してくるだろう。これと似たような例を挙げてみよう。4歳のベンが運動場の禁止区域で三輪車を乗り回していた。このとき，教師がベンにペナルティとして課すべき結果は，次の休み時間，三輪車を使えないようにするという程度のものである。これに対し，1カ月の間，三輪車を使用禁止にするというのは行き過ぎであり，ベンにイライラや恨みの感情を抱かせることになるだろう。なにより，このやり方では，三輪車を責任持って扱うという，よりよい行動を示す機会を与えることができない。罰は長く重いほど効果があると信じている人もいるが，現実はその逆である。

　横着者のキャリーに対する適切な結果は，まず朝の休み時間を取り上げ，次の休み時間には彼女がていねいな言葉づかいをしているのを見つけてほめてやることである。ベンの場合は，次の休み時間には三輪車の使用を禁じたとしても，その次の休み時間には，きまりに従って三輪車に乗る機会を与えてやることである。もし，4歳のキャシーが画用紙からはみ出して自分の机まで色塗りを始めてしまったら，彼女に対する結果は，「お絵かきしていいのは画用紙の上だけよ。それができないなら，クレヨンは先生がもらいます」とだけ伝えることである。それでもやめないなら，約束どおり，クレヨンは取り上げてしまわないといけない。ただし，30分から1時間後にはクレヨンを返してやり，これを正しく使う機会を与えてやる必要がある。つまり，ここでの原理は，結果は即時的かつ短く，無理のないものにすると同時に，次はうまくやれるようチャンスをすぐに与えてやることである。

適切な結果かどうか不確かなときは，適用を延期する

　教師は時として，子どもに対して腹が立つあまり，適切な結果を考え出すことができず，キャリーの教師のように，厳しすぎる結果を課してしまう危険に身をさらすことがある。そのような場合，教師はまず自分を落ち着かせ，判断を先延ばしにする必要がある。たとえば，教師に向かってキャリーが「ばかやろう！」と叫んだとき，教師はまず，「先生は今，とても腹が立っていて，どうしたらいいかわからない。あなたは教室の後ろの席に行って，先生がどうするべきか決めるまで，そこに座っていなさい」と伝える。そして，まずはクラスの他の子どもたちに配付資料を配り，課題に取り組ませる。その後，気分が落ち着くのを待ってキャリーに近づき，「キャリー，あんなふうに言われると，先生はとても傷つくわ。教室でそんな言葉は使わない約束よね。さあ，勉強の準備はできた？」。教師によるこのような言い方は，非常に効果がある。なぜなら，こうすることで，教師は礼儀正しい受け答えのみならず，問題を解決する前に，まずどうやって気持ちを落ち着かせたらよいかというモデルを見せることができるからである。もし，ここで教師がキャリーを脅したり，保護者に手紙を書いたり，校長室に行かせたりすれば，この状況をさらにエスカレートさせ，子どもの問題行動により大きな力を持たせてしまったことだろう。

この他の結果

問題の状況から子どもを引き離す

　問題行動に対するこの他の効果的な対処法としては，子どもが妨害している状況や子どもの問題行動を触発したり強化したりしている状況から，彼らを引き離すことである。この方法は，通常，子どもが他の子から得ている注目を減らすため，問題となっている行動をストップさせる効果がある。これはまた，子どもを落ち着かせ，元の軌道に戻るチャンスを与えることにもなる。たとえば，読書の時間，一人の男子がうるさく騒いだり，隣に座っている子を何度も突いたりしていたとしよう。教師はまず，その子に対して，口を閉じ両手を自分の脇に置くよう合図を送った。また，近接賞賛を使って，他の子どもたちが読書に集中して取り組んでいることをほめるようにもした。さらに教師は，あの手この手でこの子を読書に集中させようとしたが，彼は授業の妨害をやめなかった。そこで教師は，もし隣の子を突くのをやめないのなら，別の席に移動させますよ，と警告を与える。それでもなお妨害をやめず，警告を無視した場合，その子を強制的に別の席に連れて行き，一人で座らせるのである。これは，他の子どもたちから離れていても，クラスの活動には引き続き参加できるという点で，タイムアウトとは異なるものである。

　おそらく，よりスムーズなのは，最初の段階で子どもを教師の横に座らせてしまい，読書の手助けをすることだっただろう。ただし，繰り返しリマインダーを与えた後でこうした対応をした場合，教師の横に座るということが問題行動を強化することにつながった可能性もある。それでも，子どもが妨害行動を出現させた直後に教師の横に移動させておけば，この子どものことをもっと間近で監視することができたし，彼に正当なやり方でリーダーシップを発揮させることもできたであろう（ここで大切なのは，リーダーとしての役割が，彼の問題行動ではなく，適切な行動の結果として与えられることである）。

　もし，この子どもが「イヤだ！　ボクは絶対に行かない！」といって席の移動に抵抗した場合，教師は「席を替わりたくないというなら，次の休み時間は教室に居残りですよ」と伝え，自分は授業の進行に戻り，子どもに選択をゆだねるとよい。

特権の剥奪

　他のタイプのネガティブな結果として，子どもの特権を取り上げるやり方がある。どのような特権を取り上げるかは，その子どもが普段から好んで行っている活動に関する教師のアセスメントにかかっている。休み時間の外遊びや体育の授業が好きでない子どもの場合，これらを取り上げたところで効果はほとんどないはずである。実際，子どもは嫌なことから逃れられるわけで，これはむしろ強化になる。もし，その子どもがパソコン好きなことを知っていれば，パソコンの時間を取り上げることが絶大な効果を持つ。この他の特権としては，自由選択クラスやゴールデン・タイム（子どもが参加を申し込んだ特別活動）への参加を禁止して教室の隅で時間を過ごさせる，仲間と一緒に活動することを制限する，列の先頭のリーダーの座を取り上げる，などがあげられる。

　われわれが一緒に仕事をした幼稚園のある教師は，次のような非常に創造的なプログラムを実施していた。この教師はクラスの子どもたちに，自分の好きなおもちゃやぬいぐるみを毎週月曜日に持ってきてもよいと伝えていた。もし子どもが何も持ってこなかったとしても，その

子は教師の特別なおもちゃ箱から一つ，気に入った物を借りることができた。子どもたちは，朝の集団活動が始まる前や自由遊びの間，これらのおもちゃで遊ぶことができ，使わないときには本棚の一番上にしまっておくことになっていた。さて，この特別なおもちゃに関しては，次のようなきまりがあった。第一に，これらのおもちゃを交換したり売り買いしたら，二日間にわたって特権を失う。第二に，教室での決まりを破ったら，教師から「あなたのテディベアは3分間，気持ちを落ち着かせる必要があります。だから，テディと遊ぶ前にあなたも3分間待たないといけません」などと命じられる。このように，クラスの決まりを破ることの結果として，子どもたちは特別なおもちゃで遊ぶ特権を失うことになるのである。似たようなアイディアで，もっと年長の子どもに適したものとして，ゴールデン・ルールを破った者はゴールデン・タイムを失う，というものがある。子どもたちはゴールデン・タイムの間に実施される特別活動への参加を申し込んでいるのだが，もしルールを破れば，このゴールデン・タイムを1～2分間，失うことになる。具体的には，ゴールデン・タイムの間，子どもは教室で座らされ，砂時計を見ながら，失っただけの時間が過ぎるのを待つのである。ここで大切なのは，特別活動が本当に特別でなければならないということである！

放課後の居残り

　これまで見てきたように，教師が「結果」としてよく用いるのは，放課後の居残りや休み時間を取り上げることのようである。そして，放課後に居残りをさせる場合によく行われているのが，子どもを椅子にただじっと座らせたり，同じ文章を繰り返し100回書かせるというものである。しかし，これらの結果は，問題をはらんでいる。というのも，これらの結果は，子どものしたことと本質的には関係がなく，子どもの説明責任の権利を否定しているうえ，子どもに対する大人の強制力を見せつける役割しか持っていないからである。したがって，もし居残りをさせるなら，この時間を子どもに状況を修正させるために使わせる方が効果的である。たとえば，放課後の居残り時間に壊した物品を直させる，散らかした物を掃除させる，謝罪文を書かせる，破った決まりについて説明させる，問題を分析させる（問題，解決策，結果，よりよい解決策を説明させること。第9章を参照），やりかけの仕事を終わらせる，別の解決策を考える，などが挙げられる。これらは，子どもに自分のしたことの結果をわからせるだけでなく，責任感や説明責任について教えるのに極めて有益である。

集団での居残りはやめる

　教師はたまに，一部の子どもの不適切な行動を罰する目的で，クラスの子ども全員に対し，休み時間の居残りを命じることがある。しかし，このやり方は，クラス全体の良好な雰囲気を壊すため，避けた方がよい。不当に罰せられた子どもらは，教師に失望を感じるものである。

問題を起こした子どもの名前を黒板に書くことはやめる

　時として教師は，黒板に子どもの名前を目立つ色で書き，この子どもが問題を起こしたことを皆に知らしめようとする。教師にしてみれば，こうすることで問題を起こした子どもをけん制しているつもりであろうが，このやり方を勧めることはできない。というのも，このやり方では，問題を起こした子どもに皆が注目することになり，むしろクラス内における彼らのネガティブなアイデンティティや評判が強化されてしまう可能性がある。それよりも，どうせ黒板

に子どもの名前を書くのなら，それはクラスの「ヒーロー」や「傑出した子ども」である方がよいだろう。教室での指導計画を成功させる鍵となる原理は，子どもに恥をかかせたり，面と向かって対立するようなことはせず，問題行動に対して注がれる注目は最低限に押さえ，可能であれば，子どもによりよい選択をさせるため，できるだけ早く選択肢を与えることである。

放課後の話し合いのため「面会予約券」を発行する

　問題を頻繁に起こすような年長の子どもに対しては，教師との面会予約券（時間，場所，予約の理由が書いてあるカード）を発行するとよい。たとえば，ある教師のクラスに敵意的で当てこすりが多く，やるべき課題について教師に文句ばかり言ったり，パソコンが使えないからといって怒りを爆発させるような子どもがいるとする。こうした子どもの場合，無理にその場で説得しようとしたり，何とか話し合おうとするかわりに，放課後の話し合いの時間が記入された面会予約券を手渡すだけにしておいた方がよい。このとき，子どもに対しては，「君にとってこれがいかに重大な問題かがわかったよ。君と話し合うために時間をとるから，この問題について，一対一で話し合うことにしよう。今日の午後1時15分に私の部屋へいらっしゃい」と伝えておく。

　このやり方には，次の二つのメリットがある。第一に，他の子どもを前にした対立や説教を避けることができるので，教師と子どもの間の悪循環をエスカレートさせないか，それを断ち切ることができる。もし，子どもが反抗している最中に何が何でも話し合おうとすれば，教師の注目がこの子どもの問題行動を強化してしまう可能性がある。しかも，教師がこの話し合いを続けるためには，授業を中断する必要がある。第二に，子どもが問題を起こしている最中は，子どもは腹を立てて防衛的になっていることから，教師が無理に話し合おうとしても得られるものはあまりないだろうし，むしろ子どもはこれを懲罰的に感じるはずである。それよりも，このような話し合いは，子どもも教師も落ち着いた気分のときに行うべきである。そして，この時間を利用して，もっとうまく問題に対処するにはどうすればよいかを，一緒に考えるようにするのが望ましい。

　放課後に，一対一の話し合いを行う場合は，次のような関係スキルを使うとよい。

1. まず，子どもの気持ちに理解を示すことから始める。たとえば，「遊びに行けなくてイライラしているのはわかるよ。そんなに時間は長くとらないからね。○○について話したいと思っているのだけど……」
2. 問題となっている特定の行動に焦点を当てること。たとえば，悪口を言った，わざとぶつかった，授業中席を立ってうろうろしていた，乱暴な物言いや態度など。
3. 子どもに問いかけ，答えさせること。たとえば，「今度嫌なことがあったときはどうしたらいいだろうね。今日みたいに先生に怒鳴るのではなくて，別の方法はないだろうか」
4. 説教をくどくどするのはやめて，最初の問題やルール違反から話題を逸らさないこと。
5. 今後はどう行動すべきか，話し合って決めること。
6. 話し合いを短い言葉で締めくくり，友好的に別れること。たとえば，「今日は先生の所へ話に来てくれて，すごく良かったと思うよ。誰にだってムシャクシャする日というのはあるけれど，教室の誰もが，親切で思いやりのある態度で扱われる権利がある。もしまた先生に何か相談したいことがあれば，そう言うんだよ。じゃあ，また後で」

校長室へ行かせることは避ける

　教師が比較的頻繁に使用するペナルティとしての理にかなった結果に，問題を起こした子どもを校長室へ行かせるというのがある。実際，学校によっては，子どもが妨害行動や反抗的態度を示しただけで，多いときは週に4〜5回，この方法を使うという。これは通常，一日のうちに何度注意しても問題行動がなくならない場合の最終手段として用いられているようである。しかし，この結果は，それほど重大でもない問題行動に対しては使用を控えるべきであろう。もし使うとしても，教師の手に負えないような問題児のために校長室はとっておくべきである。短期的に見ると，問題を起こした子どもを校長室へ行かせれば，教師のストレスは一時的に軽減されるかもしれない。しかし，長期的には，子どもの問題行動は増加するのが常である。というのも，校長室送りになると，校長先生をはじめ，他のいろいろな先生や子どもから注目されるので，多くの子どもはそれに強化されてしまうのである。しかも，あまりに大人数の子どもを校長室へ送り込むと，校長は一人ひとりの子どもとゆっくり向き合うことができなくなってしまう。それよりも，よほど効果的なのは，教師による励まし，警告，再指示，自己モニタリング，無視，特権の喪失，教室でのタイムアウトを使い続けることである。加えて，子どもを怖がらせて言うことを聞かせようと校長室へ送り込むことは，校長先生が悪の権力者ということになり，校長先生の役割に関する子どもの認識を間違ったものにしてしまうだろう。

保護者を呼び出すことについて

　問題行動をやめないなら親を呼び出すと言って脅す教師がいる。このやり方は，通常，親と良好な関係を築いており，親の非難や落胆を恐れる子どもには効果がある。一方，家族がさまざまな問題を抱えており，親とうまくいっていないような子どもに対しては，あまり効果がないばかりか，このことで，後に子どもが親から過剰な罰を与えられる可能性もある。そうすると，子どもはますます反抗的な態度を取るようになるだろう。こうした子どもが，いわゆる，罰を受けることに慣れっこで，罰に対してまるで免疫を持っているかのように見える子どもである。だからといって，子どもの抱えている問題について話し合うため，親に学校へ来てもらうことが悪いわけではない。親を呼ぶという脅しは，控えめに，賢く使うことが重要である。

自宅謹慎は避ける

　教師のなかには，子どもの妨害行動や攻撃行動を懲らしめるのに，自宅謹慎こそが最も有効な手段であると信じている人がいる。このやり方によって，教師は一時的に安堵を覚えるかもしれないが，次のようなさまざまな理由から，これは実際には不適切な処分と言わざるを得ないだろう。第一に，この結果は長すぎるので，子どもにもう一度挑戦させたり，適切な行動を学習させる機会を与えることができない。第二に，子どもにしてみれば，学校から排除されたのも同然なので，子ども，保護者，教師の三者間で築かれつつあった信頼を壊してしまう。第三に，前述したように，この自宅謹慎処分によって両親が働きに出られなくなるとすれば，なおさら，これに腹を立てた親が子どもを過度に罰することがあるかもしれない。第四に，働きに出ている親のなかには，家でかわりに子どもの面倒を見てくれる人をすぐに見つけることができず，家にほったらかしにしておかざるを得ない人もいる。攻撃的で，自己マネジメント・スキルを持たないような子どもを何の監視もない家に一人でおいておけば，新たな問題を引き起こす可能性は極めて高い。単に，この子の問題を，学校の中から外へと移動させただけとな

る。最後に，学校が嫌いな子どもにとっては，教室で苦しむより家にいた方が断然魅力的なので，かえって自宅謹慎が子どものネガティブな行動を強化してしまう可能性がある。この場合，教師はタイムアウトや校内謹慎（休み時間や学校での特権を取り上げる）によって，子どもの問題行動に対処する方が有効である。

　それでもなお，子どものしたことが極めて重大であり，自宅謹慎が必要と感じるならば，その判断は一人の教師ではなく，チームで行った方がよい。同様に，謹慎処分を受けた子どもが「ヒーロー」のような扱いを受けることのないよう，十分に注意を払う必要がある。加えて，謹慎中の子どもが勉強に遅れをとらないように，学習課題を与えておくべきである。

校内謹慎

　もし，謹慎処分が必要だと判断されたら，自宅謹慎よりも，まずは校内謹慎を検討すべきである。校内謹慎とは，子どもが教室での活動に参加できなくなるものの，別の部屋で自習を行うというものである。

この他の指導原理

尋問や説教は避ける ── 簡潔，ていねいに

　次のような場面に遭遇したことはないだろうか。ある日，教師が校庭の見回りをしていると，エロンゾが手に持った泥を別の子どもに投げつけたのを目撃する。そこで教師は彼を呼びつけ，怒った声で，「何をしていたの？」とたずねる。エロンゾは，何も見られていないと思い，「何にも」と答える。すると教師はもっと腹を立てて，「嘘をつくんじゃありません。先生はあなたが何をやっていたのか，ちゃんと見てましたよ。なんであんなことをするの？」。エロンゾは肩をすくめ，足下を見ながら答える。「だから，どうしたっていうんだよ」。教師は言う。「教師に向かって，なんという言い方をするの。ちゃんとこっちを見なさい！」

　大人は往々にして，子どもに自らの過ちを認めさせ，なぜそのようなことをしたのか無理にでも言わせようとする。しかし，大人でさえ自分の間違いを認めることは難しいのに，まして子どもが自分のしたことの理由を理解し説明するなどということはできないのが当然である。しかも，こうした類の尋問は，今からそんなふうでは先が思いやられるとか，ろくな人間にはならないなどという，お説教につながっていく。また，エロンゾの例において，この教師は，自ら非難めいた口調や態度を示すことによって，もっと失礼な態度を取ることを子どもに教えているようなものである。

　もし，子どもがやったことを直接目にしたのであれば，子どもを尋問するようなことは避けるべきである。なぜやったのか理由をたずねたり，くどくどと説教することは，単に状況を悪化させるだけである。それよりも，子どものやったことを率直かつ穏やかに指摘し，ペナルティとしての結果を提示した方がよい。たとえば，「エロンゾ，先生はあなたがリカルドに泥を投げつけたのを見ましたよ。残りの休み時間，私の横で立っていなさい」とだけ伝えるようにする。普通，子どもは面と向かって叱られているとき，最初の20秒ほどしか聞いていないものである。よって，教師の話はできるだけ簡潔でなければならない。加えて，教師が穏やかで思いや

りのある態度を取り続けることで，相手を尊重することの例を見せることができる。

感情的になるのを避ける

　指導中，教師が必要以上に感情的になったり怒鳴ったりすることで，子どもの問題行動をエスカレートさせることがある。再びエロンゾの例を出すと，教師は嘘をつくエロンゾに対して，次のような説教を大声で始めるかもしれない。「だまりなさい！　あなたは今，大変なことになっているのよ。あなたを自宅謹慎処分にします。あなたって子は一度でいいから問題を起こさないでいるってことができないの？　明日は一日学校に来ちゃだめよ。そんなことばっかりして，あなたの行き着く先は何だかわかってる？　職なしよ！」。エロンゾはおそらくこのあたりから教師の話を聞くのをやめ，どうせこの人も僕のことなんて本当はどうなってもいいと思っているんだ，と考え始めていることだろう。さらにエロンゾが，「ふん。そんなこと，どうってことないよ。あんたなんか最低だし，こんな学校，大嫌いだもんね」と言い返せば，教師もまた，「そんな口の利き方はやめなさい！」と大声をあげ，これが延々と続くのである。

　このように，教師が感情的になることは，子どもとの対立をエスカレートさせ，他の子らの注目を集めるばかりか，かえってエロンゾの反抗心をかき立てるだけなので，避けるべきである。しかも，教師が怒鳴り散らせば，子どもたちもそうすることを学習するし，子どもによっては不安定になったり，落ち着きを失ったり，あるいは過度に興奮してしまうこともある。それよりも，教師は次のように穏やかな対応をした方がよい。「泥なんか投げなければよかったと思っているでしょうね。でも，もうやってしまったのだから，残りの休み時間はなしね」。このように語りかけることで，教師はこの場を沈静化することができる。こうした感情的ではない穏やかな対応が，成功の鍵である。

欲張った指導計画を立てない

　時として教師は，子どものすべての問題行動を一挙に正してしまおうと包括的な指導計画を立てるという罠にはまることがある。このアプローチは，とりわけ，複数の問題を抱えた子どもにおいて，失敗する運命にある。なぜなら，期待が大きすぎるからである。8歳男児のリードを例にとって考えてみよう。彼は，欲求不満の耐性が低く，教師に怒鳴り散らしては教室を飛び出していくということを繰り返していた。しかも，彼は学外に出て行こうとするので，校内謹慎を命じられることも度々あった。行動を小さなステップに分解して捉えることを頭に入れている教師であれば，リードにとっての当面の課題は教室にとどまることであり，口の悪さをどうにかすることは最後の方でよいことに気づくであろう。そこで，教師はまず，リードが教室にとどまっていることができれば，一日2ポイントを与えることにした。このときはまだ，リードがぶつぶつ文句を言うことは許されており，教師はクラスの皆に対して，リードが教室で落ち着いて座っていることを学習するまでは，彼の文句は無視しましょうと説明しておいた。教師はまた，週に2枚のカードをリードに渡し，どうしても教室から出て行きたくなったときにはこれを使うよう伝えた。そして，その時間に，リードはカウンセラーの部屋へ行き，5分したら教室に戻ってくるようにした。このカードを使えば1ポイントもらえるが，もし週に1枚しか使わなければ，3ポイントもらえた。この例で，教師は，段階的な指導計画を作成しており，一つか二つの行動だけをターゲットにしていることがわかるだろう。

教師による監督の必要性

　注意欠陥障害や衝動性，攻撃的行動などの障害を持つ子どもたちは，社会的スキルに重大な欠陥を持っており，自己マネジメント・スキルに欠けることを忘れてはならない。つまり，彼らは教師によるモニタリングや「足場作り」を必要としているのであり，これまで述べてきた指導法のみならず，再指示や警告，即時的なペナルティなど，さまざまな方略を用いる必要がある。こうした追加の指示や明確な指導は，教室環境を安全で思いやりのある場へと導くので，クラス全体への投資と見なすことができる。このような学級でこそ，子どもは学力や社会性を健やかに伸ばしていけるのである。ただし，こうしたやり方は，多大な時間，綿密な計画，忍耐，そして繰り返しを要する。そして，とりわけ必要になるのは，穏やかで，ていねいな態度である。

まとめ

- 結果は，厳しいほど効果があるわけではない。
- 「最低限の介入の法則」に従うこと。ネガティブな結果を用いる前に，無視や自己モニタリング，非言語的な再指示，警告，リマインダーを用いること。
- 結果は即座に，非罰的に，年齢に応じて，短く，対立を避けるよう提示すること。
- ネガティブな結果は，特定の状況，特定の子どもにぴったりあったものを設定すること。なぜなら，結果とは，その子どもが特に好きな何かを取り上げることであったり（特権の剥奪），その子どもの問題行動としっかり結びついたもの（自然に引き起こされる結果と理にかなった結果）であったりするからである。
- 子どもの心身に害があったり，プライドを傷つけたり，恥ずかしい目にあわせるような結果は用いてはならない。
- 可能なかぎり，結果は，子どもが選んだこととして提示すること。
- 友好的かつていねいに，しかし断固とした態度をとること。ネガティブな感情をコントロールすること。
- 無視したり，ネガティブな結果を提示している間，子どもが教師を試してくるのに備えること。
- 子どもを校長室へ行かせるのは避けること。
- 向社会的な行動を引き出すため，即座に新しい学習機会と教師の注目を与えること。
- 教師の指導計画は発達的に適切であること。

文　献

Brophy, J.E. (1996) *Teaching Problem Students*, New York: Guilford.
Stage, S.A. and Quiroz, D.R. (1997) A meta-analysis of interventions to decrease disruptive classroom behavior in public education settings, *School Psychology Review*, 26, 333–68.

Chapter Eight | Managing Misbehavior: TimeOut

第8章 問題行動への対処：タイムアウト

　他の子どもや教師を叩く，子どもたちが注意を集中できないほどの奇声を発する，ものを蹴飛ばしたり，ひっくり返したりする，教師の言うことにいつも従わない。こうした暴力行動を示す子どもは，これまでの章で扱ってきた子どもよりももっと妨害的な子どもであるので，もっと厳格な指導法が必要である。第6章と第7章では，教師による説教，大声での叱責，黒板に子どもの名前を書くこと，校長室に呼び出すことなど，日常よく用いられる指導法が，いかに効果がないかを示してきた（Bear, 1998; Martens and Meller, 1990）。事実，批判したり，言い争ったり，大声をあげたりすることは，結果的に，教師や仲間に対して，これらの行動を使うように子どもに学習させてしまうことになる。子どもたちが口汚い言葉を使ったり，指示に従わないときに，説教をしたり，黒板に子どもの名前を書いたりすることは，実際には，誤った行動を強化する教師からの注目を与えてしまったり，子どもにネガティブな自己イメージを作らせてしまうかもしれない。一方，攻撃的な行動をしたために子どもを家に帰すことは，家にいることを好む子どもにとっては，逆効果になってしまう。さらに，子どもを帰宅させるやり方は，ときとして，親の虐待を生み出し，子どもの問題をさらに悪化させ，教師と親との関係をまずくしてしまう。

　教師の仕事は，規律への正しい取り組みをすることである。つまり，暴力行動は，許されないことであると子どもに教えることで，適切な行動へのポジティブな期待を定着させ，合わせて，失敗があっても，しっかりと尊重されていることを子どもに伝えるのである。理想的には，この規律性育成プランが，学校全体のプランであるべきであって，一人の教師のクラスの問題になってしまってはいけない。すべての教師には，教室の外でもすべての子どもの世話をする役割がある。そして学校には困難な問題行動をもつ子どもに対応する教員全員をサポートする責務がある。したがって，学校のすべてのスタッフが，一貫した指導法をとることが重要である。

　これまでの章で取り上げたセルフモニタリング，無視，ペナルティとしての結果（consequence）の使用や特権の取り上げなどの方法は，子どもが示す多くの妨害行動に対処する効果的な指導法である。しかしながら，タイムアウトやクールダウンの方法は，仲間や教師に対する攻撃や

破壊的な行動のように，非常に強烈な問題に対応するための特にとっておきの方法である。また，この方法は，指示に従えない反抗的ないしは挑戦的な子ども（指示したことの75％以上を拒否してしまう子どもが該当する）にも有効である。なぜなら，指示に従えるようにすることは，親や教師が子どもを社会化していく能力の基礎となるものである。タイムアウトは，おそらく，妨害的な行動に対して教師が用いる最も短期強制的な方法である。タイムアウトは，教室の中で冷却期間を作り出したり，一時的に他の教室に移動させたり，学校指定のエリアに一時的に移動させたりして実施する。

　タイムアウトは，特に教師や仲間グループからの注目などといった，あらゆる正の強化子の供給源から短時間の間，子どもを引き離す手続きをとるので，「無視」の現実的な応用である。正しく実行されれば，タイムアウトは，教師の説教や強制帰宅といった昔ながらの方法に比べて，利点がいくつかある。この方法は，葛藤に対する非暴力的な対応の手本となり，葛藤と欲求不満を停止させ，子どもと教師の双方に冷却期間をもたらす。さらに，タイムアウトは，子どもが自分の問題と誤りについて教師に素直になれると感じるような，尊重された信頼関係を維持する効果をもたらす。また，タイムアウトは，子どもがしたことを思い起こさせたり，他の解決策をじっくり考えたり，子どもの責任感や良心の発達を促進する。タイムアウトは，不適切な行動が起こった直後に実施されること，子どもをすばやく教室に戻すことができること，上手くできるような新しい学習の機会を経験させることなどの条件がそろっているので，自宅に子どもを帰らせることよりも効果的である。一方，子どもを家に帰らせることは，通常，不適切な行動が生じた時から，少なくとも1時間以上後に（親が連絡を受けた後に）行われるので，子どもにネガティブな結果を与える効果は減少してしまう。さらに，家に帰された子どもには，教室に戻って，行動をやりなおし，状況を修復する機会をまったく与えられない。危険な行動は，許しがたい行動であり，子どもがその行動を示せば，一貫して一時的にその場から退場することになる。タイムアウトは，教師が子どもに教える機会を提供してくれている。タイムアウトによって，妨害的でない普通の子どもの権利もまた守られる。

タイムアウト・クールダウンの設定のステップ

　タイムアウトは，人によって異なる意味で使われている。他の指導法もそうなのだが，その使用の前後で考え方や使用法について明確に説明しておかなければ，濫用されてしまうことがある。タイムアウトは，指導法として決して単独で使うべきではなく，支援や協力に基づいた十分に考え抜かれた学校全体の方針が必要である。

　有効なタイムアウトを設定する際には多くのステップがある（Brophy, 1996; Doles et al., 1976; Forehand and McMahon, 1981; Gardner, Forehand and Roberts, 1976）。これらのステップは，実際に子どもに対して実施する前に，その十分な理解を深めておくために，教師同士で練習やロールプレイを行っておくべきである。

ステップ1：タイムアウトの場所

　クラスでタイムアウトを行う場合には，その場所を慎重に考えておく必要がある。できれば，教室の中の何もない片隅に置かれた椅子がよい（教室のほかのところから見えないようにする

ための仕切りがあると理想的である）。子どもが椅子におとなしく座らない場合に備えて，予備の部屋として使える別の部屋か教室があることも必要である。この部屋は，一人でいても安全で，しかも退屈になるような部屋が良い。さらに，その場所には，本やおもちゃを置かないこと，そして他の子どもが入れないようにしておくことが大切である。タイムアウト中には子どもにいかなる注目も与えてはいけないけれども，タイムアウトを監視する大人がいつもすぐ近くにいる必要がある。場合によっては，予備の場所として他の教師（またはカウンセラー）のいる部屋を使えるように，教師が調整することもある。子どもは，他の教師がいる教室では，同じような妨害的な行動を示さないことがよくある。予備の部屋に何度か送られると，教室にとどまってタイムアウトの椅子に座る方がよいことを学ぶようになる。タイムアウトは，クールダウンの場所をはじめ，いろいろな名前で呼ばれている。この場所を「行儀が悪い子のコーナー」とか「行儀が悪い子の椅子」などと決して呼ばないことが大切である。

ステップ2：タイムアウトをもたらす行動のタイプ

　まずタイムアウトが必要な問題行動を決めておく。教師や仲間にとって絶対に許されない暴力や妨害行動，あるいは悪態のような行動は選ばれてしかるべき行動である。最初は最も妨害的な行動（たとえば身体的暴力）を選ぶとよい。その後数週間たって，妨害行動が減少すれば，悪態のような別の攻撃的行動に対象を移すようにする。子どもの一貫した反抗や指示に従わない行動は，タイムアウトを適用できるもう一つのケースである。この場合，実際にタイムアウトを実行する前に，タイムアウトの警告を子どもに与えておきたい。他方で，暴力行動は，警告なしで「自動的」にタイムアウトに入る。タイムアウトは，授業に遅れて来るとか，大声で叫ぶとか，ふざけた行動のような軽微な妨害行動には決して使わないようにすべきである。

ステップ3：タイムアウトの長さ

　タイムアウトの一般的な時間は，3歳児で3分，4歳児で4分，5歳児以上の子どもで5分とする。多くの研究によれば，5分より長いタイムアウトがそれほど効果的ではない。しかしながら，静かな状態になって2分間経過するまでは，子どもたちが落ち着いたようにみえても，タイムアウトを解除すべきではない。これは，もし子どもが叫び声をあげたり，金切り声をあげ続けているならば，子どもの最初のタイムアウトが5分よりも長く続くことを意味している。子どもがタイムアウトを終わらせるために静かにしなくてはならないことを学習したら，タイムアウトを5分に制限することができる。大事なことは，タイムアウトをできるだけ短くして，タイムアウト後すぐに，子どもがうまくいくようやりなおせるような機会を与えてあげることである。

　タイムアウトの時間を測定するために砂時計やキッチンタイマーを用意するとよい。たいていの幼児は時間の概念がわからないので，時間は少しであってもしばらく座っているように言われるとパニックになるかもしれない。砂時計に注意を集中することは，ただ静かになるだけではなく，時間がどれぐらい残っているかを知る視覚的な手がかりになる。

ステップ4：タイムアウトの効果的な使用法

　行動が暴力的（攻撃または破壊）でなければ，警告を与えるようにする。そして，警告に対する子どもの反応を待ち，もし子どもが不適切な行動を続けるならば（あるいは指示に従えな

いなら),穏やかで落ち着いた声で,その行動は受け入れ難いので,タイムアウトの場所に行かなくてはならないことを告げる。子どもがなぜタイムアウトに行かされるのかを知っていることは重要である。ここで指示に従えない場合の例を挙げよう。

  教師 ── セス,あなたの席に行って,算数の課題を始めなさい。
  子ども ── (教室の中を徘徊しながら) いや,いやだよ,やらないよ。
  教師 ── 算数を始めないなら,タイムアウトに行かなくちゃならないよ。
  子ども ── 行きたくないよ。静かにししたくないもん。
  教師 ── セス,先生は算数の宿題を始めるように言いました。でも言うことを聞きませんでしたね。今すぐタイムアウトに行きなさい。

このケースでは,指示と「○○したら,○○になる」形式の警告とタイムアウトの実行が含まれていた。人を叩くと,自動的にタイムアウトに入る。たとえば,もしセスが他の子どもをぶっているのを観察したときに,「もし,もう一度サリーをぶったら,タイムアウトに行くことになるよ」と言うのは適切ではない。なぜなら,他の子をたたくチャンスをもう一度セスに与えてしまうことになるからである。たとえば,

  教師 ── セス,ジョニーをたたいたね。今すぐタイムアウトに行きなさい。

ステップ5:タイマーをセットする

　子どもがタイムアウトに入ったら,タイマーを3～5分間にセットして,子どもを独りにさせておく。1リットル入りのレモネードのビンを二つ用意する。砂時計に見えるように,ビンの口をテープでくっつける。一方のビンには砂を一杯に入れる。落ちていく砂は時間の経過を示すようになっている。砂が全部別のビンに入ったら,タイムアウトは終了となる。タイムアウトを実施している間は,子どもに話しかけないことが大切である。

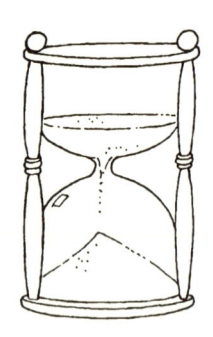

ステップ6:指示を繰り返す

　もし,子どもが指示に従わないためにタイムアウトを使うならば,タイムアウトが終わったらすぐに以前に出した指示を繰り返すようにする。

  教師 ── セス,今すぐ算数の課題を始めてください。
  子ども ── わかった。
  教師 ── あなたがすぐに作業を始めてくれたので,先生はうれしいです。よくできました。(もしセスが算数を始めることを拒否したなら,一連の手続きを繰り返すことになる。もしタイムアウトが人をたたくといった破壊的な行動のために使われるなら,タイムアウトが終わったらすぐに,子どもに強化を与えることができるような好ましい行動を探しておくとよい。)
  教師 ── セス,お友達と仲良くしているね。

ステップ7：すべての子どもにタイムアウト手順を試してみる

　タイムアウトに行くことを拒否する6歳以下の子どもでは，穏やかでありながら，しかし毅然としてタイムアウトの場所に連れて行く。もっと年長の子どもの場合，タイムアウトに行くことを拒否するたびに，タイムアウトの時間を最高8分になるまで，1分ずつ加えていく。タイムアウト時間を追加する時点で，タイムアウトに行くか，あるいは，パソコンの使用や休憩などの特権を失ったり，宿題が追加されることを伝える警告が与えられる。

　　教師 ── セス，席に座って，算数の問題を始めなさい。
　　子ども ── いやだよ，やりたくない。
　　教師 ── 算数の宿題を始めないなら，タイムアウトに行くことになるよ。
　　子ども ── 関係ないよ。そんなことできない！
　　教師 ── タイムアウト1分の追加です。
　　子ども ── かまうもんか！　あんまりだよ。
　　教師 ── 今6分です。
　　子ども ── へぇ～，先生，数えられるんだ。
　　教師 ── 7分です。今，行かないなら，今日休み時間がなくなりますよ。
　　子ども ── だけど，不公平だよ。（不満そうに低い声でぶつぶつ言ってタイムアウトの椅子に向かって歩く）
　　教師 ── ありがとう，よくできました。

ステップ8：タイムアウトの拒否
　　　　　　── 予備のタイムアウト部屋あるいは別の教室の使用

　もし子どもが教室の中のタイムアウトの場所から出て行くならば，おだやかな調子で特権を失うことの警告を次のように与える。「もしタイムアウトの時間が終わるまでにもう一度場所を離れたら，パソコンを使える特権を一日取り上げます」また，「教室の外でタイムアウトをしますよ」と警告することもできる。さらに，「もしあなたが再びタイムアウト椅子から立ち上がったら，C先生の教室でタイムアウトを受けることになります」と言って，どのような結果になるかを子どもに警告する。

　教室は子どもがさらに多くのことを学習する場であるので，可能であれば子どもを教室においておくのが望ましい。しかしながら，最初から教室でのタイムアウトで座りたがらなかったり，警告が与えられても落ち着かない子どものためには，予備の部屋を使うか，あるいは，引き続き「結果」に従わせるようにする。幼い子どもは逃げ出したりするので，ホールには行かせないほうがよい。

ステップ9：最初は，不適切な行動がもっと悪くなることがある

　子どもに初めてタイムアウトを使うとき，その行動が良くなる前に，いったん子どもの行動が悪化することがある。試し行動に備えておこう。

ステップ10：タイムアウトが終わったら，ポジティブに

　タイムアウトが終わったら，しかったり，説教をしたりしないことである。子どもが学級集団に戻ったことを歓迎してあげたい。この歓迎を示す再会場面は重要である。たとえば，「タイムアウトが今終わりました。席に戻りなさい。もう一回やりましょう。きっとできると思うよ。……算数の問題に取り組んでいたね。もうすぐ答えが見つかりそうね。あんなふうに考えてみたら」と言ってみるのもよい。そして，子どもがうまくやれそうな新しい課題をすぐに探してみる。

　ときとして，教師の中には，タイムアウトから出てくる準備ができているかどうかを子ども自分に決めさせるべきだと考える人がいる。しかし，規律を教えるような場面では，教師がタイムアウトの責任を持つことが重要なので，このような考え方は支持できない。タイムアウトの目的は，子どもをできるだけ早く学習環境に返すことなのである。

ステップ11：他の子どもにタイムアウトしている子どもを無視するように準備させる――ロールプレイ

　年度の初めに，教師が教室のルールやどのような場合にタイムアウトになるかを子どもたちに伝えておくことは重要である。子どもたちには，タイムアウトを受けている子どもを無視するように教える。併せて，タイムアウトを受けている子どもがいても，自分の勉強を続けることがとても大切であることを理解させる。もし子どもたちがタイムアウト中の子どもをからかったりするならば，これは単にその子に恥をかかせるだけではなく，タイムアウト中に与えられる仲間の注目が，子どもの問題行動を強化していることになる。クラスのルールを破ったために，タイムアウトに行かなければならない場面を設定して，指人形を使って，ロールプレイをしてみるのも効果的である。指人形がタイムアウトの間にクールダウンや深呼吸をする。その間，他の子どもはタイムアウト中の指人形を無視する方法を指導される。

ステップ12：子どもにタイムアウトの意味とタイムアウトをうまくこなす方法を教える

　最初の教示の一部として，子どもたちにタイムアウトの意味を説明する必要がある。たとえば，このように説明する。「もしあなたがタイムアウトに行かなければならないなら，それはあなたが間違ったことをしてしまったからです。どんな人でも時には間違えることがあります。タイムアウトは，あなたを落ち着かせ，そして何をしたかを考えるチャンスを与えてくれます。タイムアウトが終わったら，もう一度やりなおすことができます」

　タイムアウトは，反省と気持ちの安定を得る時間であることを子どもに理解させることに加えて，タイムアウト期間中に使えるポジティブな自己対話の使い方を子どもに教える。たとえば，クラス全体の子どもにこのように言う。「もし自分がタイムアウトに行かなければならないなら，自分になんと言い聞かせますか？」その時，教師は自分に言い聞かせる言葉を指導する。たとえば，「ちょっと待て。落ち着いて。そして考えてみよう。落ち着けるぞ。自分ならできる。これなら大丈夫だ。ちょっかいを出さずにいられるぞ。失敗したけど，もっとうまくできる。深呼吸をしよう。もう一回」行動上の問題をもった子どもは，「タイムアウト」に行くとき，「先生は私を憎んでいる。私はだめな子だ。私はできない。他の子は私が最低の子だと思ってる。誰も私が好きじゃない」といったネガティブで，自滅的な考えをよくする。タイムア

> ### 教師がタイムアウトを説明するための例
>
> 　最初に，担当している子どもたちに，口汚い言葉や，他の人たちを叩いたり物を壊したりするような攻撃的な行動が，タイムアウトをもたらすことを説明する。たとえば，教師は次のようにプログラムを導入する。
>
> 　みなさん，今日みんなは席について非常に速く準備ができました。先生はそんな皆さんをとても誇りに思っています。さて，みんなが怒りのコントロールをもっと上手くできるようになるためのお勉強をします。腹を立てることは誰にだってある普通のことです。でも，人を傷つけることは許されないことです。だから，誰かをぶったらタイムアウトをすることによって，怒りのコントロールの学習をしていきます。みんなは教室の隅にある椅子に座って5分間のタイムアウトを受けに行かなければなりません。そして，椅子から離れる前に少なくとも2分間は静かにしていないといけません。もし椅子に座って落ち着くことができなかったら，今度はスミス先生のクラスでタイムアウトを受けることになります。タイムアウトの間，「カメのテクニック」を使うと，落ち着いていることができます。さらに，イライラするような場面で落ち着いていられたり，自分の気持ちを上手に話したりするのを見かけたら，この記録用紙に記入していきます。クラス全体で35ポイントを獲得したら，パーティーを計画しましょう。

トの間に用いるべきポジティブな自己対話の仕方を指導することは，これらの子どもの自己統制の能力を増して，いっそうすみやかに落ち着くことを学ぶのに有効である。ここでも，子どもたちがタイムアウトの間に使うべき適切な自己対話を練習するのに指人形を使ったロールプレイが役立つ。

ステップ13：教室の環境が良好であることを確かめましょう

　タイムアウトは，教師が子どもとの間で好ましい関係を育むように一生懸命に努力し，子どもにとって大いに報われる教室環境を設けておかなければうまくいかないことを覚えていて欲しい。タイムアウトを効果的な指導法にするためには，教師の承認や注目をなくすこと，そして，タイムアウトの環境が子どもにとってほとんど強化のない環境となり，逆に教室が子どもにとって強化が強い環境となるようにコントラストを大きくしておくことである。これまでの研究によると（Brophy, 1996; Steinberg, 1996），最も上手な教師は，敵意のある攻撃的な子どもに対応する場合に，タイムアウト，警告，特権の剥奪のような方法を慎重に使用し，同時に賞賛，承認といったさまざまなポジティブな方法を組み合わせていた。

ステップ14：タイムアウトの使用について親に知らせる

　学年のはじめに教師が親に指導計画を説明しておくとよい。その説明の中では，倫理面に配慮しながら，タイムアウトをいつどのようにして使用するのかについての説明も行われる。
　タイムアウトをもたらす特定の破壊的問題行動をリストアップしておき，親にこのような状況ではタイムアウトを用いることへの同意の署名を求めておく。タイムアウトの椅子のそばの壁にタイムアウトの手続きを掲示しておく。この方法は学校のすべての子どもに適用できる学校全体の方針であることが理想的である。

４〜６歳児の
激しい破壊的行動のための教室でのタイムアウト

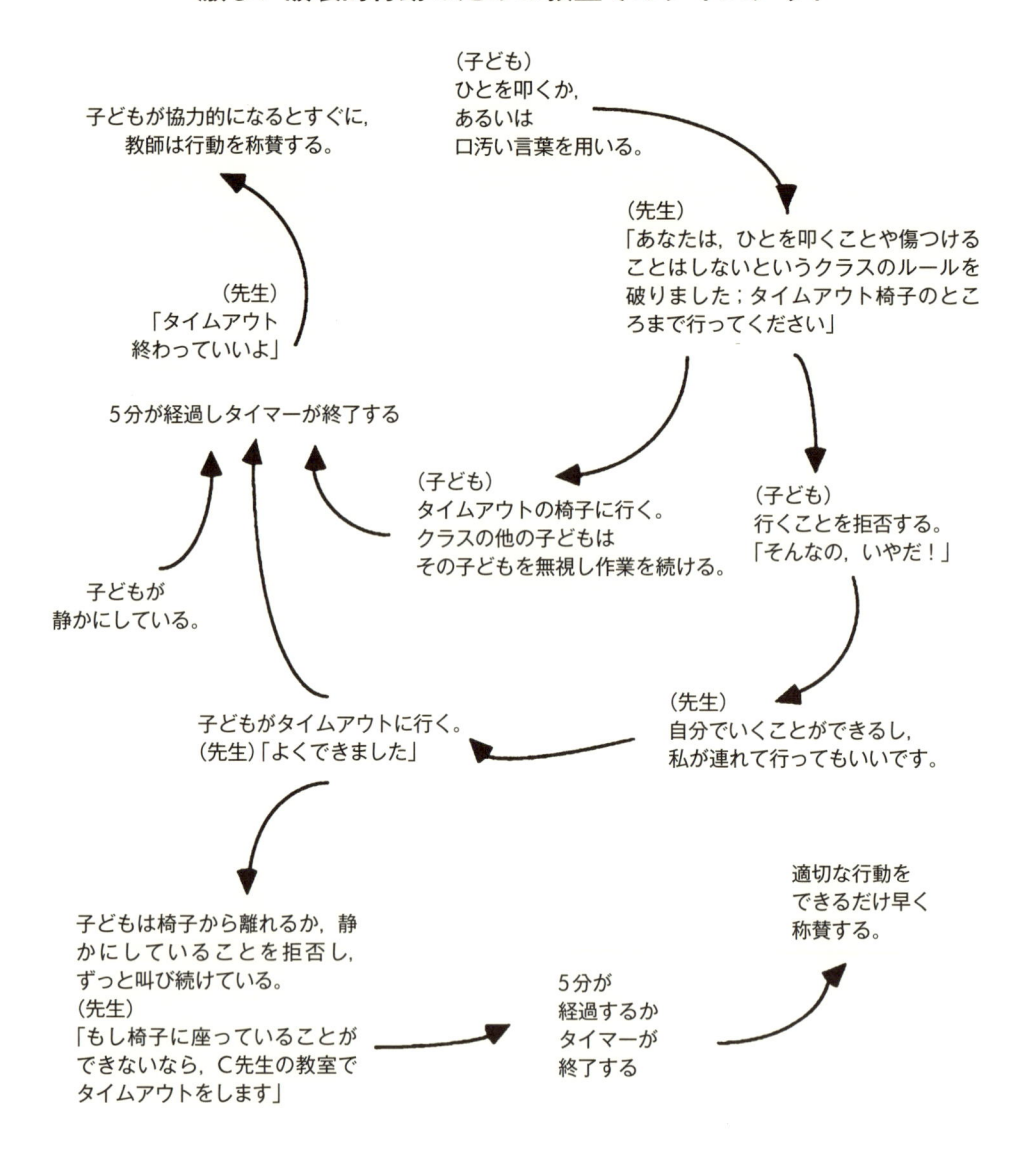

（子ども）
ひとを叩くか，
あるいは
口汚い言葉を用いる。

（先生）
「あなたは，ひとを叩くことや傷つけることはしないというクラスのルールを破りました；タイムアウト椅子のところまで行ってください」

子どもが協力的になるとすぐに，教師は行動を称賛する。

（先生）
「タイムアウト
終わっていいよ」

5分が経過しタイマーが終了する

（子ども）
タイムアウトの椅子に行く。
クラスの他の子どもは
その子どもを無視し作業を続ける。

（子ども）
行くことを拒否する。
「そんなの，いやだ！」

子どもが
静かにしている。

（先生）
自分でいくことができるし，
私が連れて行ってもいいです。

子どもがタイムアウトに行く。
（先生）「よくできました」

子どもは椅子から離れるか，静かにしていることを拒否し，ずっと叫び続けている。
（先生）
「もし椅子に座っていることができないなら，C先生の教室でタイムアウトをします」

5分が
経過するか
タイマーが
終了する

適切な行動を
できるだけ早く
称賛する。

6歳～8歳の子どものための，激しい破壊的行動ための教室でのタイムアウト

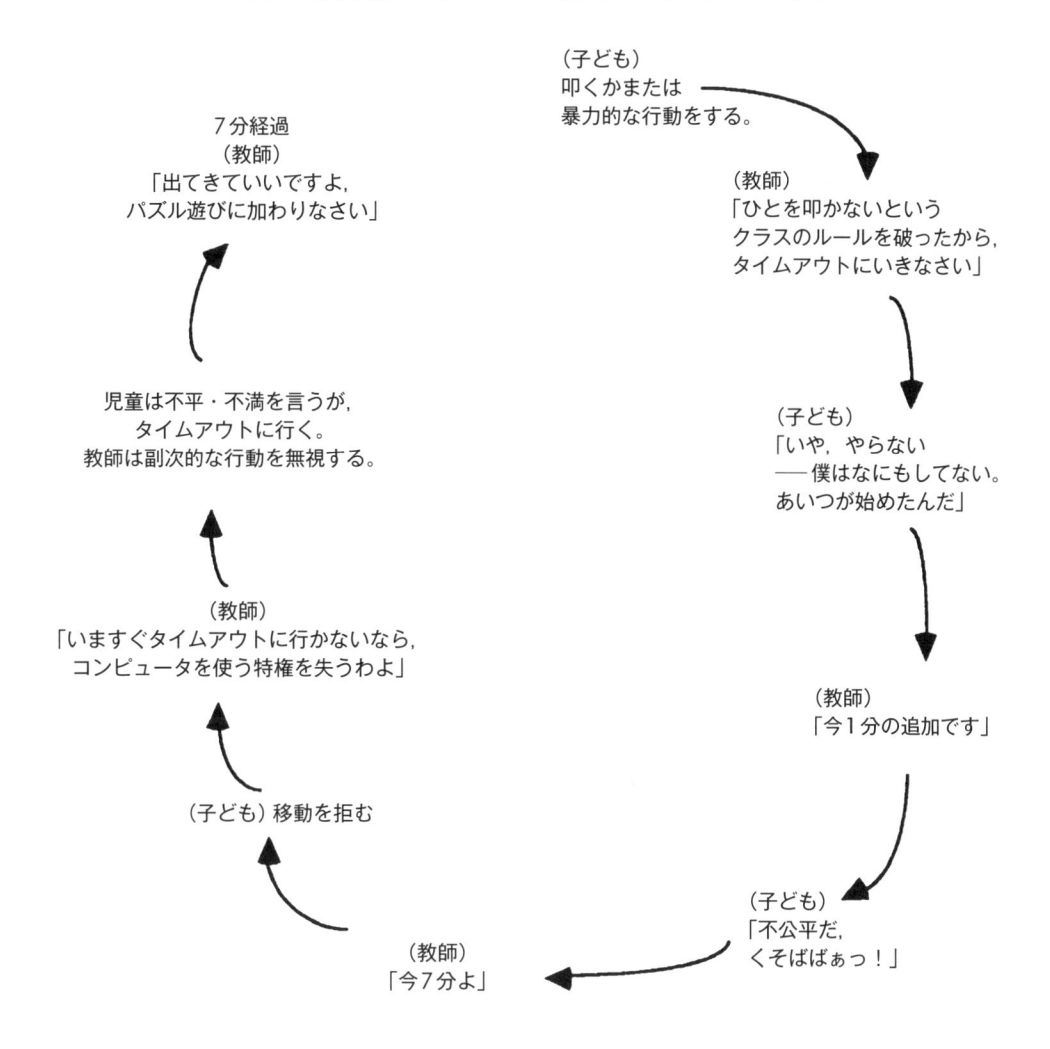

(子ども)
叩くかまたは暴力的な行動をする。

(教師)
「ひとを叩かないというクラスのルールを破ったから，タイムアウトにいきなさい」

(子ども)
「いや，やらない――僕はなにもしてない。あいつが始めたんだ」

(教師)
「今1分の追加です」

(子ども)
「不公平だ，くそばばぁっ！」

(教師)
「今7分よ」

(子ども)移動を拒む

(教師)
「いますぐタイムアウトに行かないなら，コンピュータを使う特権を失うわよ」

児童は不平・不満を言うが，タイムアウトに行く。教師は副次的な行動を無視する。

7分経過
(教師)
「出てきていいですよ，パズル遊びに加わりなさい」

タイムアウト実行の落とし穴

タイムアウトの使用においては，避けることができる多くの落とし穴がある。以下のページから，これから出会うかもしれない若干の問題と，それらに対処する方法を見つけることができるだろう。

批判と怒りの反応

子どもがあからさまに示す指示に従わない行動や攻撃的な行動に直面すると，教師が冷静でいられることは極めて難しい。ときとして教師は子どもを批判したり，タイムアウトに侮辱的なきつい言葉を添えることがある。例をあげると，「たまには何かいいことができないの？　タ

イムアウトに行きなさい」,「うんざりよ！　本当に私の言うことを聞かないのだから！　タイムアウトに行きなさい」,「今日は,ひどいわ。タイムアウトに行きなさい」,「何度やめるように言わなければならないの？」これらの批判の言葉は,子どもたちがタイムアウトに行くことを拒否するか,あるいは同じやり方で返答するという結果になる可能性をいっそう高める。教師が腹を立てて,感情的に反応すると,その結果,言い争いがますますひどくなるだろう。

　子どもが問題行動をとったり,権威に挑戦するような態度をとると,教師が怒りや落胆を感じてしまうのは了解できる。しかし,否定的なやりとりの激化を避けるためには,教師が批判を慎む決意をして,子どもが無礼で,イライラさせるような行動をとっているまさにそのときに,落ち着いて丁寧な対応をしなければならない。問題行動の話題は最少にとどめておこう。問題行動の話題は,教師自身の怒りを拡大させるだけである。表情はあまり変えないでいたい。このことは,タイムアウトのあとに説教をしないことも意味する。教師は,子どもがなぜタイムアウトに行かなければならなかったのかを思い出させなければならないと感じて,「ひとを叩いたから,タイムアウトをさせられたのです。ひとを叩くことは,この教室では許されないことを思い出しなさい」このように言えば,ミスについて子どもをなじっていらだたせることになる。いったんタイムアウトが終わったら,これまでのことをなかったことと見なすか,子どもが再度挑戦して成功を収めるための新しい学習の機会と見なすべきである。

反応を遅らせてしまうこと

　教師は,イライラさせられる行動に対して,しばらくの間は我慢するが,その後,我慢の限界が訪れて,怒りを爆発させてしまって言う。「今すぐタイムアウトしなさい！」ここにはいくつかの問題がある。第一に,これは,先生が怒りで煮えくりかえって理性を失うようになるまで,子どもに対する教師の反応がなかったことになる。第二に,子どもたちはまったく警告を受けていないので,結果的に,行動を修正するチャンスを与えられていない。そして最後に,なぜ自分がタイムアウトに送られるのかが子どもに明確に伝わっていない（なぜなら,隣の子どもを10回以上突っついたのに,それに対して教師から何も言われなかったからだ。）このやり方だと,イライラに対する爆発的な反応方法を子どもに教えているだけである。

　この教師は,自分が爆発するまで,ある行動によって引き起こされた怒りの高まりに気づいてさえいないのかもしれない。もしそうなら,特定の問題行動に対する自分の反応について考え,よく観察してみるとよい。もしある特定の行動が強い情緒的な反応を引き起こすことに気付いたら,長時間にわたって,この行動を無視することができないと判断するだろう。これは「ストライク三つでアウトというルール」を子どもに示す良い時である。たとえば,子どもたちに3回妨害をするとタイムアウトになると伝えてみて欲しい。子どもが最初に妨害行動をしたときに,「1回目の妨害行動です」,次のときに,「2回目の妨害行動です」,そして最終的に「これが3回目です。タイムアウトに行きなさい」このように言うと,その行動は不適切であり,教師のイライラのレベルの高まりに注意するように子どもに警告していることになる。このようなやり方をすれば,どのようなタイプの行動がタイムアウトをもたらすのかを明らかにすることができる。また,問題行動に対する効果的で落ち着いた合理的な対応の手本を示すことにもなる。

後悔を期待してしまう

　タイムアウトが効果的であるためには，子どもが自分の不適切的な行動に対して自責の念を示さなければならないと信じている教師がいる。また，子どもが謝らなければ，その経験からは学ばないと感じている教師もいる。もし，自責の念や謝罪が示されなければ，教師はタイムアウトがうまくいっていないと思い，誤ってその使用をやめてしまうかもしれない。さらに，親に知らせたり，停学にしたりするなど，いっそう極端な罰の形式を考慮に入れるかもしれない。なぜなら，そうした極端な罰は，子どもたちの涙や後悔の念を生み出しやすいからである。しかしながら，私たちがこれまでに見てきたように，過度の罰は，それがさしあたりは望ましくない行動を取り除くときでさえも，長い目で見れば，もっと多くの問題を起こす傾向にある。また，これらの罰は，子どもが望ましいやり方で対処することができる問題解決やクールダウンの仕方を教えることはない。涙と謝罪は先生の「ほんのデザート」程度の欲求を満たすことはあっても，必ずしも効果的な規律性の育成にはなっていない。

　もし子どもが「タイムアウトになっても平気だよ」と言っても驚かないで欲しい。そしてだまされないで欲しい。子どもはただ虚勢を張っているだけである（ブレア・ラビットのトリックを思い出して欲しい）。タイムアウトの目的は，報復をしたり，後悔させることではなく，むしろ，不適切な行動をやめさせ，先生と仲間から向けられている否定的な注目の強化効果をなくしてしまうことである。この点をしっかりと覚えておきたい。タイムアウトは，子どもに冷却期間を与え，自分がやってきたことについて考える機会を提供する。

長すぎるタイムアウトと効果のないタイムアウト

　子どもがうそをついたり，たたいたり，物を壊したりといった本当に良くないことをしたならば，タイムアウトは長ければ長いほど効果的であると考えがちである。タイムアウトをしているときに，子どもが大声で叫んだり，行儀悪くしていたなら，必ず時間を追加する教師がいる。これは特に問題である。なぜなら，タイムアウトをしているときに，「大声を出したから，もう1分追加！」と頻繁に子どもにフィードバックを与えているからである。この教師の注目は，実際には不適切な行動を増やすことになる。長すぎるタイムアウトは，子どもたちに怒りの感情を引き起こす傾向がある。そして課された隔離は，子どもたちが経験から学び再び試みて成功する新しい機会をとりあげてしまうのである。子どもにとっては，罪に見合った罰を与える必要はない。

　逆の反応もまた同じく問題である。時々，教師が1分間タイムアウトを用いているときに，子どもがドアをドンドンと叩いたり，泣いたり，あるいはちゃんと振る舞うことを約束したりすると，子どもをタイムアウトの場所から出してしまう。子どもがまだ不適切な行動をしている最中に，子どもを出してしまうことは，その不適切な行動を強化していることになる。そこで伝えられたメッセージは，「もしあなたが激しく蹴飛ばしたり（あるいは泣いたり，あるいは約束したり）すれば，あなたを出してあげるよ」ということになる。

　終わりに2分間子どもが静かにしていたら，最も効果的なタイムアウトに必要な時間は，たった5分である（子どもによっては，他の子どもよりも落ち着くのにもっと長く時間がかかることがある。）。より重大な違反行為をしたために更に時間を追加すること，あるいは子どもを早々とタイムアウトから出してしまうことは，タイムアウトの効果を減少させてしまう。実際，これらのミスは子どもの行動をもっと悪くさせてしまうことさえある。

タイムアウトの過剰な使用

　タイムアウトは，すすり泣き，叫び声や金切り声を上げること，離席行動，ものを投げたり，叩いたり，うそをついたりすることなど実にさまざまな行動に対してよく使われる。特に難しい子どもに対して，一日に6回から8回のタイムアウトを使ったと報告した教師もいる。この過剰な使用は，不適切な行動をとる子どもたちを，望ましい行動を学び実践する機会から遠ざけてしまう。過剰な使用は，子どもたちに新しいもっと適切な行動の仕方を教えない。頻繁なタイムアウトは，短期的に見れば，子どもたちに問題が生じないようにしているのだが，長期的に見れば，タイムアウトの過剰な使用が恨みの感情を引き起こし，そして子どもたちに，正しいことがなにもできないように感じさせてしまう。

　もし教師が「タイムアウト常習者」であるなら，タイムアウトを選び抜かれた不適切な行動のみに使用し，すねたり，課題を避けたり，ちょっかいを出したりする程度のささいな妨害行動には使わないようにしているか確認して欲しい。たとえば，多動で不注意な6歳児が示す離席や着席を改善するためにタイムアウトを使用すると，間違いなくタイムアウトが過剰になる。これは，おそらく発達的に見て，その子どもにはまだできないことをするように期待しているのである。このような子どもには，もし動き回りたいなら，数分間行くことができる「動けるスペース」を用意してあげるとよい。その子どもが活動の準備ができれば，嫌な思いをしないでグループに再び加わることができる。タイムアウトの過剰な使用が起こっていないことを確かめるために，教師はタイムアウトを与える特定の危険な行動を記したリストを持っておく必要がある。そして，タイムアウトを使うときには，常にタイムアウトを始めた行動，そこで起きたこと，持続時間，その子どもに働きかけた追加の行動計画などを記録として残しておくようにする。最も重要なことは，教師が否定的な行動に焦点を合わせるよりも，適切な行動を指示し，教え，そして励ます時間をより多くとっていることを確認しなければならない。タイムアウトが唯一効果を発揮するのは，適切な行動に対してポジティブな結果と教師の注目が頻繁に与えられているときである。

　タイムアウトが使われる回数が減ったことで，タイムアウトの有効性を判断すべきではないことも覚えておいて欲しい。むしろ，タイムアウトの時間が短くなることが，タイムアウトがうまく働いていることを示す最初のシグナルである。

実行性の欠如 ── 無意味な脅し

　時折，教師は，やりぬく覚悟もないままに，タイムアウトの警告することがある。たとえば，「タイムアウトをしたい？」，「タイムアウトを求めている？」，「タイムアウトの準備ができた？」などと言ってしまう。このような無意味な脅しは，教師の権威を弱める。子どもたちは，タイムアウトが使われないだろうと信じるようになり，結果として，タイムアウトを課されても，それへの抵抗を強めてしまうだろう。

　「もし○○なら，そのときは○○になるだろう」式の言葉を使うことは，タイムアウトの無意味な脅しよりも効果的である。「もしあなたがパソコンを止めないならば，そのときはタイムアウトに行かなければなりませんよ」その後，指示に従う機会を子どもに与えてから，タイムアウトを実行する。もし教師に時間と実行するエネルギーがあれば，タイムアウトのことだけを話に出すようにする。そうでなければ，不適切な行動を無視するほうがよい。

　最後までやりぬくということは，もし子どもが最初のタイムアウトが終わっても，言うことに従わないなら，タイムアウトを繰り返す用意をしておかなければならないということを意味

している。もし，ドナが指示に従わなかったことに対して，ドナにタイムアウトを実行したなら，タイムアウトが終わるとすぐに，教師は指示を繰り返さなくてはならない。もしドナが再び拒否するなら，彼女が従うまで，警告とタイムアウトを繰り返す。もし教師が最後までやりぬくことの重要な部分をうまく実行できないと，子どもは，やりたくないことを避けるためにタイムアウトを利用することを学ぶかもしれない。

注目によってタイムアウトを駄目にしてしまうこと

　子どもがタイムアウトしている間に，意図せずして，子どもに注目を与えてしまう教師がいる。たとえば，子どもが校長室に行かされたところ，そこで事務職員からビスケットをもらった。また，ティミーはタイムアウトの最中に叫び声をあげた。するとティミーの先生は「あなたが出てくるためには，その前にあなたが静かにしていなくてはならないのよ」と叫び声のたびに返答した。また，子どもの監視や，タイムアウトの場所から出てきてしまった子どもを連れ戻すために，タイムアウト部屋に出入りする教師がいたりする。これらすべての行動はタイムアウトの目的を台なしにしてしまい，子どもの不適切な行動をまさに強化してしまっている。

　子どもがタイムアウトしているときに，子どもとコミュニケーションをとるべきではない。もし，子どもが何かを壊すことを恐れて，教師がタイムアウトのエリアに入る可能性が高いなら，あらゆる壊れやすい品物をその場所から取り除くか，あるいは新しい場所を見つけるのがよい。もし教師がタイムアウト椅子を使っていて，その子どもが他の子どもの注意を引き付けるようとしているなら，椅子を教室の端から動かして離すか，あるいは，子どもを別の先生の教室に行かせてタイムアウトを行う必要があるかもしれない。

身体的な拘束

　子どもが何度もタイムアウトの椅子やエリアから出てきてしまうとき，教師はタイムアウト場所に子どもを引きずり戻したり，あるいは子どもを椅子に押さえつけるといった手段をとる。教師は，それが最後の手段として使われたことを理由にして，このような身体の拘束を正当化したり，それが効果的だからという理由で問題がないと信じてしまうかもしれない。残念なことに，言うことに確実に従わせることや統制力を維持することといった短期的な目標のみを焦点化しているこの「結果は手段を正当化する」というやり方は，タイムアウトの目的を台なしにしてしまう。身体的拘束の短期的効果は，長期的に見れば，はるかに多くの不利益を生み出してしまう。たとえば，身体的拘束が，子どもの攻撃性を高めたり，葛藤場面で暴力的なやり方をモデルとして示してしまったりする。このような状況は，タイムアウトと特権の剥奪か，タイムアウトが他の場所で行われるといった警告を組み合わせることによって，もっとうまく対処できる。たとえば，次のように伝えることができるだろう。「もし今すぐタイムアウトの場所に戻って，終わりまでそこにいなかったら，今日の休み時間はないよ」とか，「もしここで静かなタイムアウトをしないなら，デイ先生の教室でタイムアウトをしなければならなくなるよ」。このテクニックは，子ども同士の良好な関係と自他尊重を維持することができる暴力的でない方法の手本となる。

　身体的な拘束は，いくつかの理由により危険であり，勧めることはできない。第一に，拘束に伴って必ず生じる身体的な接触と成人の注目は，拘束を受けている子どもの反抗的な行動を実際に強化している。ネグレクトされてきた子どもにとっては，身体的拘束はかれらの生活の中で経験してきた最も集中的な大人からの注目であるかもしれない。そのために，かれらはそ

の注目を手に入れるために不適切な行動を増加させる。第二に，年少児の場合その抵抗の激しさのために，多くの大人が，子どもを拘束するときに，意図せずに子どもを傷つけるほどに，きつく抱いてしまうことが時々ある。確かに，教師やクラスの他の子どもたちにとって，身体的に子どもを拘束すること，あるいはタイムアウトするために子どもを引きずることは，非常にストレスの多いことである。第三に，身体的拘束は，大人が自分を抱え込むことによって，自分の気持ちを落ち着かせてくれるものであると子どもに教えてしまう。これに対して，タイムアウトが使われると，子どもはタイムアウトを通して最後には落ち着きを取り戻す能力を，自分自身の行動に帰結させる。このような自分自身で落ち着きを取り戻していくことは，長い目で見れば，子ども自身にとっていっそう有益な方法なのである。

　ひどい妨害的行動や攻撃的行動が生じたときに，その子どもを周囲の子どもたちから引き離すことができないならば，他の子どもたちをその子どもから遠ざける。担任教師がクラスの子どもたちを静かに別の場所に連れて行く間に，妨害的行動や攻撃的行動を示す子どもに指導してくれる補助の教師を呼ぶとよい。その子どもが落ち着きを取り戻し，教室に戻るよう指示できるようになるまでは，クラスから離れて時間を過ごす必要がある。その子どもが教室から出される時間及びクラスの子どもとその子どもが引き離されるのに必要な時間は，平均15分である。

タイムアウトに行くことへの抵抗

　幼児期の子ども（4歳～6歳）がタイムアウトを拒否するとき，「あなたは大きいお兄ちゃん（あるいはお姉ちゃん）のように自分でタイムアウトに行けるよね。でなければ，先生があなたを連れて行かなければならないのよ」と言ってあげるとよい。この言い方をすると，幼児は自分でタイムアウトに行く気になることが多い。しかしながら，もし子どもが自分で行かないなら，教師は穏やかではあるが，毅然として子どもの腕をとって，タイムアウトの場所に行かせなければならない。教師が確信と自信をもって行動するならば，このようなタイムアウトへの誘導は成功するはずである。

　もし子どもが，時間の概念を理解するのに十分な年齢（通常およそ6歳～7歳）であるのに，始めのうち，タイムアウトを拒否するならば，タイムアウトの時間にさらに何分かを加えるようにする。たとえば「口ごたえしてタイムアウトに行かないので，時間を追加します」。教師は，最大9分間までこのやり方を続ける。9分になった時点で，特権の剥奪についての警告を与えるようにする。「今，9分たちました。今タイムアウトに行かないなら，今晩サッカーゲームで遊ぶことができなくなるよ」教師が子どもの重要な特権の剥奪を実行すれば，子どもはすぐにタイムアウトに行くほうが良いことを素早く学ぶはずである。この方法の利点は，教師が子どもとの権力争いをせずにすみ，タイムアウト（10分間）にいくのを選ぶか，それとも，サッカーゲームができなくなるのを選ぶか，子どもに選択肢を与えることである。

　休憩，サッカーゲーム，遠足といった特権を取り去るのなら，その日一日だけにすることが重要である。休憩あるいはコンピュータの使用などの特権をその週ずっと取り去るような長期間の罰は，効果的でない。事実，その逆もまた真なりである。子どもは不公平に罰せられたと感じ，問題における自分の役割を内面化せずに，むしろ教師に怒りの感情を向けるようになる。長期間の罰は，子どもが月曜日にした不適切な行動を1週間中ずっと思い出させる。短期間の罰は，子どもに新しい出直しと成功の新しいチャンスを与えてくれる。さらに，もし教師がその週コンピュータ使用の特権を取り上げたのに，子どもが不適切な行動をするならば，二つ目の特権を取り除く必要があるだろう。子どもは，あっという間に非常に深い穴に落ちてしまうので，トラブルから自分自身を取り戻す方法を見いだせなくなる。やがて教師は取り去るべ

きものが何もなくなってしまう（この件については第7章を参照）。

タイムアウトから出ることへの抵抗

　タイムアウトを実行されている間には，行き詰まりもいくつか見られる。まず第一に，タイムアウトが終わっても，タイムアウトの場所から出てこない子どもがいる。このような場合，子どもが望めば，タイムアウト部屋にいさせる教師がいる。タイムアウトが指示に従わなかった結果として使われる場合，このやり方は不適切である。このような場合，教師はもともとの指示を子どもにしていないことになる。また，子どもは，タイムアウト部屋にいることによって，何かをすることから逃れることができることを学習する。

　もし子どもがタイムアウト場所から出ることを拒否するなら，タイムアウト時間に2分間を追加する。これは最高10分間続けることができ，その後には特権の剥奪が行われる。子どもが誰かをひっぱたいたために，タイムアウトしているなら，「時間が来ました。さあ出てきてもいいよ」と言ってあげる。もし子どもが出て来たがらないようなら，「今出て来て，勉強を始めないと，休憩時間がなくなるよ」と言うとよい。

その他の権力争い

　もう一つのタイプの行き詰まりは，タイムアウトが終了した後に，教師が子どもと長い間話をしないときに起こる。これは，ある意味で，タイムアウトを延長していることになる。前に述べたとおり，これは，適切な方法で葛藤に対処する方法を子どもに教えずに，むしろ，葛藤から逃げることを教えていることになる。

　不適切な行動の後で，長い時間その子どもと話をしないことは，ただ緊張と怒りを拡大させるだけである。このような状況において，教師は，何に悩んでいるのか，どのような行動を期待しているのかをじっくり考えて，これを明確に述べるべきである。

その他のタイムアウトの原則

　子どもに責任をもたせよう
　子どもが，タイムアウトに激しく反応することは少なくない。特に，タイムアウトの初めにはよく起こる。子どもは，ものを投げたり，机や壁を叩いたり，あるいは別な形で破壊的になる。もしタイムアウトの間に子どもがものを壊したりするなら，いくつかの方法でこれに対応できる。第一に，指示に従えないためにタイムアウトに入っている場合，最初に出した指示を繰り返す。たとえば，課題を行わなかったためにタイムアウトに入ったなら，子どもは，まず最初にその課題をしなければならない。そしてその後に，子どもはタイムアウトの部屋を掃除するように言われる。もし子どもが何かを壊したのであれば，もし可能なら壊したものを修理する責任を負わせるか，あるいはその日一日，子どもの特権をなくすようにする。

忍耐力を持ちましょう

　タイムアウトの間に，叫び声や金切り声をあげ，悪態をつき，壁をたたくような子どもは，教師にとっては疲れるものである。不安，意気消沈，あるいは腹を立てるような感情を持たずに，不適切な行動を行っている子どもに耳を傾けることは難しいことである。「彼女はいつかこれをやめるのだろうか？」あるいは「私が何か間違ったことをしただろうか？」あるいは「彼が落ち着きを失ってしまうのは健康によくないのではないか」。このような感情が，トータル5分のタイムアウトを完了することや，再度タイムアウトを使うことを難しくしてしまう。教師は，タイムアウトを使い続けることに悩み，その後はタイムアウトの使用を避けるかもしれない。こういうことが起こると，子どもにとっては，教師が規則を守り続けようとする気持ちを後退させることに成功することになる。

　すべての子どもが，どの程度の制限があるのかを試そうとするので，タイムアウトは時々困難になることを予想しておいたほうがよい。ひとを叩いたことに対してタイムアウトを用いたなら，子どもは，いつも一貫して予想できる形で教師が反応をするのかを見極めるために，再び何回か叩くだろう。攻撃に対して教師がいつもタイムアウトで応答するわけではないことを子どもが学習すると，怒りや葛藤に対処する方法としてひとを叩く行動を使い続けるかもしれない。一貫した態度を維持し，難しいタイムアウトを実施するというストレスにうまく対処するために，自分で気晴らしをするか，あるいは別の教師か校長のサポートを求めるとよい。

タイムアウト中の子どもを忘れないようにしよう

　私たちは，教室で行われるタイムアウトや校長室で行われるタイムアウトを見てきた。いずれの場合も，教師がタイムアウトのことを忘れてしまうことがある。教師はタイムアウトの終わりを示すためのタイマーをセットせずに，他の子どもとの活動に熱心に取り組んでいたために，タイムアウトされた子どものことを忘れてしまうことがある。これは，非常に多くの子どもたちがいて，しかも，子どもを監視する大人がほとんどいない運動場でよく起こる。その子どもが新しい学習の機会を持つことを保証するために，時間通りにタイムアウトを終わらせることを忘れないで欲しい。

攻撃的な行動にはタイムアウトやクールダウンの手続きを確実に行おう

　教師はよくタイムアウトを実行する時間がないと感じている。子どもが不適切な行動をとっているときでも，教師はクラスの他の子どもたちに教えることで精一杯である。タイムアウトを行って，教室の作業を停止する事態になったとき，教師は不適切な行動を見逃したり，その行動に屈服することを決めてしまう。このような決定は，タイムアウトの使用を一貫性のないものにしてしまい，教師が多忙なときに不適切な行動を増加させることになってしまう。したがって，まずは，二つか三つの重大な不適切行動に絞って，一貫した形でタイムアウトを使うことから始めるとよい。教師が新しい規則にどの程度関わる意欲を見せるかを子どもが試してくるので，数日間は厳しい経験をすることになる。しかし長い目で見れば，教室はいっそうスムーズに運営できるようになるはずである。

運動場や食堂でのタイムアウトの計画

　休憩時間の運動場や食堂のような自由度の比較的高い場所は，子どもが攻撃的になりやすい場所なので，そこでタイムアウトをどのように実施できるかを計画しておく必要がある。たとえば，学校には，子どもがタイムアウトを与えられたときにいけそうな場所やベンチがある。タイムアウトがうまく実施されるには，これらのエリアに適切なスタッフが配置されている必要がある。すべてのタイムアウトは，観察ノートに記録され，その後，教師間で引き継がれる。より重大な不適切な行動が生じた場合には，子どもたちは学校の中にある指定されたタイムアウト部屋に送られる必要がある。

難しいタイムアウトには協力して支援しよう

　ある教師がタイムアウトをしている間に，別の教師や学校職員が，子どもに話をかけて，タイムアウトを妨害したり，タイムアウトの使用に対して感情的に言い合ったりすることが時々ある。これはタイムアウトの実施を難しくし，そして子どもに「分断攻略」の機会を与えてしまう。

　子どもとの間の葛藤が，先生同士の間の葛藤に広がることがあることを先行研究は示している。したがって，教師がタイムアウトやクールダウンの手続きを行っているときには，他の教師から支援を得られるように合意しておく必要がある。共にクラスを教えている教師同士は，議論を重ねて問題解決に努め，タイムアウトの開始前に，次のことについて確実に合意すべきである。

- タイムアウトをするのはどの行動か。
- タイムアウトの実行において，リーダーシップをとる教師の決定方法。
- お互いがタイムアウトを管理しながら，支援をする方法。
- タイムアウトを終わらせるのに援助を必要とするとき，それを他の教師に知らせる方法。
- しつけをする際に受け入れやすいフィードバックの方法。
- タイムアウトが教室でできないとき，誰がどこに子どもを連れて行くか。

　教師が教室に一人しかおらず，タイムアウトの実施に若干てこずっているとき，子どもを教室から別のタイムアウト場所まで連れ出すのを手伝ってくれる教師のバックアップチームが，携帯電話等をもって『待機』していることが理想的である。学校は，安全にとって脅威である激しい破壊的行動を示す子どもがいた場合，すぐに援助が必要なときにいつでも使える危機管理マニュアルや厳戒警報（コード・レッド）の手順を準備しておかなければならない。もし教師がインターホンを持っていないならば，問題の子どもを職員室に連れて行くときに，援助が必要であることを知らせるために，その子どもに与えられるレッドカードのような指定コードを持っておくとよい。コード・レッドが出されたら，特別に訓練を受けた指定の教師が即座に教室にかけつける必要がある。

　これらの指定された教師は，極端に妨害的な子どもをタイムアウト室かクールダウン・エリアに連れて行く。これらの場所は，安全で，目が行き届くようになっており，その子どもが落ち着きを取り戻し，気持ちを切り替えることができやすい場所である。このタイムアウト部屋にいるときは，できる限り強化が与えられないようにする。この部屋では，次のことを知らせるポスターが壁に数枚貼られている：

担当：＿＿＿＿＿＿＿＿＿＿

問題解決シート

名前：＿＿＿＿＿＿＿＿＿＿＿＿＿　　　日付：＿＿＿＿＿＿＿＿＿＿

1. 何が問題でしたか？
   ＿＿＿＿＿＿＿＿＿＿＿＿＿＿＿＿＿＿＿＿＿＿＿＿＿＿＿＿＿＿＿
   ＿＿＿＿＿＿＿＿＿＿＿＿＿＿＿＿＿＿＿＿＿＿＿＿＿＿＿＿＿＿＿
   ＿＿＿＿＿＿＿＿＿＿＿＿＿＿＿＿＿＿＿＿＿＿＿＿＿＿＿＿＿＿＿
   ＿＿＿＿＿＿＿＿＿＿＿＿＿＿＿＿＿＿＿＿＿＿＿＿＿＿＿＿＿＿＿

2. どのように感じましたか？

   怖い　　腹がたった　　興奮した　　恥ずかしい　　悲しい　　その他

3. どのような解決策を用いましたか？
   ＿＿＿＿＿＿＿＿＿＿＿＿＿＿＿＿＿＿＿＿＿＿＿＿＿＿＿＿＿＿＿
   ＿＿＿＿＿＿＿＿＿＿＿＿＿＿＿＿＿＿＿＿＿＿＿＿＿＿＿＿＿＿＿

   それは安全でしたか？　　　　　　はい　　または　　いいえ
   それは公平でしたか？　　　　　　はい　　または　　いいえ
   みんながOKだと感じましたか？　　はい　　または　　いいえ

4. あなたが試みることができたほかの解決策は何がありますか？
_____
_____
_____
_____
_____

5. 何が一番良い解決策ですか？
_____
_____

　　それは安全ですか？　　　　　　　　はい　　または　　いいえ
　　それは公平ですか？　　　　　　　　はい　　または　　いいえ
　　みんながOKだと感じますか？　　　　はい　　または　　いいえ

6. あなたはもっと良くするために，今何ができるでしょうか？
_____
_____
_____

　　子ども：_____　　先生：_____
　　保護者：_____　　校長：_____

1. 深呼吸をして,「止まって,落ち着いて,そして考えよう」と自分に言い聞かせよう。
2. 「僕はこれをコントロールできる。僕は落ち着いていられる」と,自分に言い聞かせよう。
3. 教室から出るように言われたのはなぜか考えてみよう。
4. 破った規則が何か考えてみよう。
5. どうしたら解決できるか考えてみよう。

　気持ちが落ち着いて,タイムアウトの部屋から送り出された子どもには,タイムアウト報告を口頭か書面で求める。
　文字が読めない幼児の場合,タイムアウト椅子の横に用意した自己コントロールとマネジメントの手がかりカードの絵がクールダウンの仕方を思い出させるのに役立つ(第11章参照)。
　教師は,援助を求めることが弱さを示すサインであると受け取るのではなく,学校側が極端に妨害的な子どもに対処する方法を記した学校指針ととらえるとよい。

お手軽な解決策などありえない

　タイムアウトが子どもに有効ではないと主張する教師もいる。それは,前に論じた実施上の問題が,タイムアウトを効果的でないものにしてしまっているか,あるいは教師があまりにも早く諦めてしまったためかもしれない。たった4〜5回のタイムアウトの実施で問題行動を取り除くことができると期待するのは誤りである。
　タイムアウトはマジックではない！　子どもには反復して学習させる必要がある。子どもには,何回も失敗をしたり,不適切な行動をしたり,不適切な行動の結果から学ぶことが必要である。赤ん坊が何百回も練習して歩くことを学ぶのと同じように,子どもが教室での行動の仕方を学ぶためには多くの練習が必要なのである。したがって,タイムアウトが効果的に使われたときでも,行動はゆっくりと変化するものである。辛抱強く続けて欲しい。子どもが成熟した大人らしい行動を学ぶには,少なくとも18年の時間が必要である。

タイムアウトはポジティブな行動を教えない

　タイムアウトは,攻撃的行動を止めさせるための短期的解決策に過ぎない。それは,子どもに向社会的行動を学ぶ機会を提供するものではない。また,子どもに学校の勉強を動機づけるものでもない。教室行動をマネジメントする際の目標が,子どもたちがよりすぐれた選択をすること,より容認できる行動を学ぶこと,そして,成功のチャンスを与えてあげることなどを実現できるように援助することであるならば,タイムアウト自体は,その目標を達成するのに役に立たないだろう。むしろ,称賛,無視,再指示,警告,自然な「結果」とペナルティとしての「結果」を用いること,そして,特権を取り除くことなど他のやり方が失敗に終わったときに,タイムアウトが最後の手段となる。攻撃的行動を減らすためには,教師は,タイムアウトの使用に加えて,適切な社会的スキルに加えて,問題を処理するための暴力的でない問題解決アプローチを子どもに教えることをめざした行動マネジメントのプランを開発する必要がある(第9章,第10章,第11章を参照)。

教師自身の「タイムアウト」の必要性に注意しよう

　教師が真剣に教える努力をしたにもかかわらず，子どもの行動にはっきりとした改善が見られなくて，疲れ切ってしまったり，腹を立てたり，あるいは，やる気をなくしてしまい，子どもの不適切な行動に過剰に敏感になってしまうことがある。また，教師が教室とは関係のない，個人的ないしは職業上の出来事のために，腹をたてたり，やる気をなくしてしまうこともある。子どものことで腹をたてている教師は，本当は，あまりに多くの子どもをクラスに割り当てられていること，あるいはアシスタントを加配してくれなかったことで，校長に対して腹を立てているのかもしれない。あるいは，家庭での個人的な状況で生じたストレス（たとえば，子どもの病気や結婚生活の崩壊など）のために，子どもの騒音を対してイライラしているのかもしれない。教師の気分やエネルギーのレベルの違いによって，ある日には子どもの行動が可愛らしく感じられたり，また別の日には気に障ったりするようである。

　最も親切で，最も好意的な教師でさえも，子どもにイライラしたり，怒ってしまったりすることがある。完璧な人などいないのである。重要な課題は，教師が子どもをとらえる際に持ち込むフィルターや気分に気づくこと，そして，教師自身の感情への対処法を身につけることである。仕事上の問題で落ち込んでいるならば，数分間リラックスし，見通しをつかむために，自らクラスを離れタイムアウトをすることも良い方法かもしれない。校長か同僚の教師のことで怒りを感じているなら，問題解決をするためのタイムアウトが必要であろう。子どもが，攻撃性を低下させ，建設的に葛藤を解決して処理する力を高めるように援助する際に，教師自身が怒りや葛藤を処理するために，タイムアウトうまく用いることを手本として示すことが肝要である。

　教師にとっては，身体的に危険な状況に対処するためには，学校職員に手助けが必要であるというサインを発することが必要であることは既に述べた。これと同じように，教師が休息あるいは短いタイムアウトを必要としていることを知らせる安全弁の仕組みもまた必要である。これがうまく運営されるためには，「人を非難しない」雰囲気がなくてはならない。たとえば，教師は，短時間の休憩を必要としていることを合図するために，「職員室に私へのメッセージが来ている」というコードを使うことができる。また，別の教師が，同僚の教師の教室が混乱した状態になっているのを見つけたとき，「あなたのクラスの子どもを数人，数分間，借りることができるかしら？（援助の促し）」というコードシグナルを使うことができる。そうすれば，部屋から見えない場所で，子どもたちの行動について話し合いをもてる。この短時間の同僚のサポートは，困難な子どもの行動に直面した時に，落ち着いた態度を維持するために非常に役立つ。

教師の規律性の階層を発展させる

　すでに述べてきたように，教師は，子どもの不適切な行動に対して，教室での規律性育成プランか結果の階層表を持っておく必要がある。私たちは，多くの子どもの不適切な行動を上手に処理するために，再指示，リマインダー，無視，警告，自己モニタリングのような教師があまり立ち入らない介入法を用いることの重要性について考えてきた（第3章と第6章を参照）。しかしながら，これらの介入を用いても不適切な行動が持続するときには，（第7章で述べたように）特権を取り去る，雑用の作業を与える，ペナルティとしての結果を準備する，計画的な

話し合いを行うなど，階層においてより高いレベルの介入に移行しなければならない。最後に，攻撃的あるいは破壊的な行動のような重度の不適切な行動に対しては，即時タイムアウトかクールダウンの手続きを使うことが可能である。

　教師は，規律性育成プランをわかりやすくするために，それらを壁に掲示したり，年度当初のオリエンテーションにおいて子どもや親に説明するとよい。破壊的な行動のための階層表のサンプルは，以下のようなものである。

破壊的な行動のための階層表サンプル

初回――結果として起こることについての警告

（「静かにしなさいと2回注意しましたよ。あなたが，近くの友達の邪魔をしたり，話しかけるのをやめないなら，一人で過ごさなければならなくなりますよ」）
2回目（同日）――5分間，グループから離れなさい。／または，イエローカードの提示
3回目――タイムアウトに加えて，3分間の休み時間の剥奪／レッドカード
4回目――タイムアウトに加えて，休み時間全部の剥奪

または，

破壊的な行動のための階層表サンプル

初回――教室での5分のタイムアウト
　　（「クロエ，あなたはクラスのルールを守れませんでした。ですから，5分間のタイムアウトになります」）
2回目――タイムアウトコーナー／教室の中に置かれた椅子でのタイムアウト
3回目――タイムアウトしなさい（加えて，保護者との面談）
4回目――タイムアウトしなさい（加えて，勉強の遅れを補うために休み時間の居残り）

　もしタイムアウトが教室で完了できないなら，教師は，5分間のタイムアウトを完了するために，結果の延期（たとえば休み時間なし）か，あるいは子どもを別の教室か部屋に連れて行く手続きを使うかどうか決める必要がある。

青，黄，赤の信号灯カードの切り替えシステム

　年少児の興味をひきつける規律性育成階層表を設定する効果的な方法の一つは，信号灯カードによる切り替えシステムである。先生は，掲示板の上に，すべての子どもの名前を書いた小さいポケット封筒（図書館のカードホルダーから作られている）を貼っておく。それぞれのポケットには，青・黄・赤の3枚のカードがおかれている。教師は，特定の不適切な行動に対する警告と結果を示すために，このカードシステムを用いる。たとえば，教室の中で，他の子どもを傷つけるような言葉や失礼な話し方をなくすためにこのシステム用いる。ラターシャが失

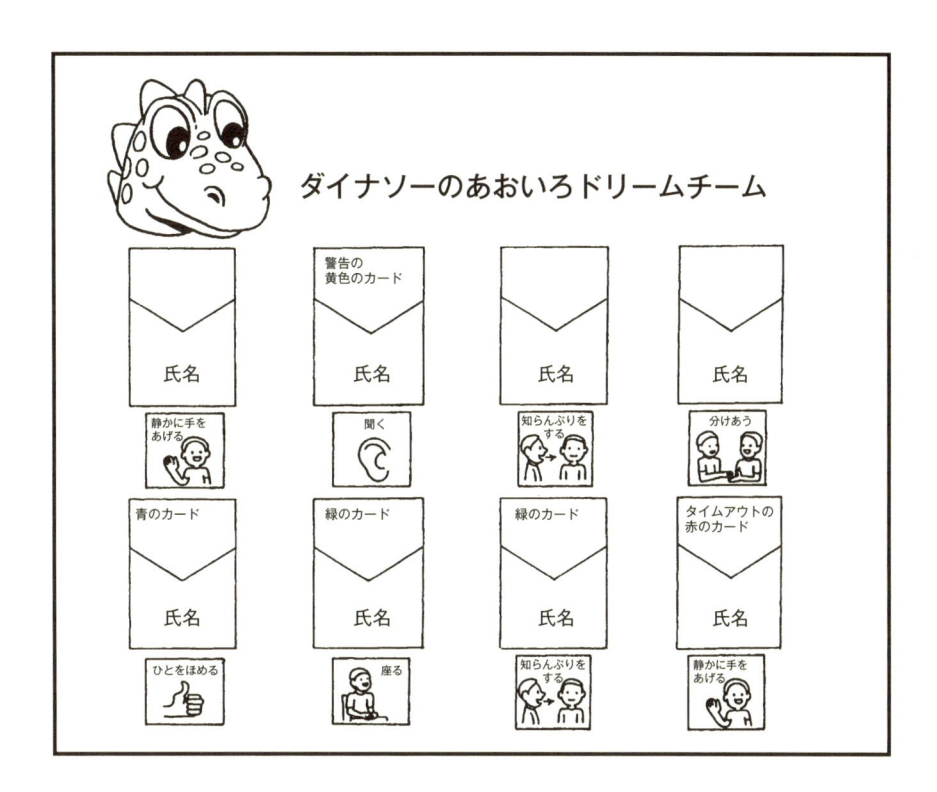

礼な言葉を言ったら，教師は，「ラターシャ，あなたのカードを黄色に変えてほしいわ。あなたはジェニーに失礼な言葉を使っていました」ラターシャがカードを変えると，教師はラターシャがていねいな話し方をしているときを探して，それを称賛するようにする。しかしながら，もし彼女が失礼な言葉を繰り返すようなら，教師は彼女にカードを赤にするように告げる。この場合，教師は，赤いカードを受けとると，ラターシャの朝の休み時間がなくなることを説明する。

　休み時間が終わると，すべての子どもの黄色や赤のカードが青に戻される。そして，子どもには新しい学習の機会と成功するチャンが与えられる。その一方で，教師は，子どもたちが黄色と赤色のカードを一日に何枚得たかを記録しておく。ランチ前の次の授業時間中に，ラターシャが青のカードのままであれば，教師は「青のままでいて，えらいね。どのようにしたら青のままでいられたの？」と言ってみる。それに対してラターシャは「先生から名前を呼ばれたときに，静かに，ていねいにはっきり言いました」と答えた。この適切な行動を言葉でリハーサルすることは，子どもに何が期待されているのかを覚えておくのに役立つ。このプログラムは一日中続けられ，毎時間ごとにまたは他の2枚のカードが青に戻るたびに，子どもたちは汚点のない経歴での「新規まき直し」を宣告される。

　この信号灯カード切り替えシステムは，離席，不服従，反抗的な行動のような妨害的な行動にも用いることができる。システムが動いている期間中，教師は子どもが叩いたら即座にレッドカードになることを決めておく。教師は，困難な子どもには，赤か黄色のカードをもらわないで，午前中いっぱいを過ごすことができるとか，前日よりも黄色のカードの数が減るといった達成目標を個人的に示すことができるだろう。

　子どもたちには，その日に青いカードをいくつ手に入れることができると思うかを意思表明

してもらう。教師は，国語の時間とか自由遊びのときに，クラス全体で青カードのみを手に入れるという目標に挑戦させて，面白さを高めることもできる。また，この達成目標をクリアできると，個々の子どもやクラスにご褒美を設けることもできる。

> **注意メモ**——このようなカード切り替えプログラムは，教室全体にも，また，不適切な行動，不従順，攻撃的行動などを示す子どもにも設定できることを確認しておきたい。また，結果を一貫して適用さることも忘れてはならない。すなわち，誰が不適切な行動をしても，同じ行動に対して同じ結果が適用されなければならない。子どもたちは，特定の子どもには結果を与え，他の子どもには与えない場合，教師の不公平をすばやく見抜いてしまう。

問題をもつ子どもに対する個別行動計画の作成

　上述したことはもちろんのこと，これまでの章で論じた介入は，クラスの中のどんな子どもが不適切な行動をするときにも用いることができる一般的な教師のための教室マネジメント法であった。
　慢性的に不適切な行動を示す子どもに対しては，教師がどの点に注目し，同意にいたった結果にどのように従ったらよいかという点についての支援をするために，個別行動プランを作成することが大切である。この計画を作成するために行動マネジメントシートを使うことができる。

不適切な行動を識別する

　最初に，人を突っついたり，だしぬけに声をあげたり，失礼な言葉を吐いたり，つかんだり，徘徊したり，あるいは離席行動をしたり，引っ込み思案だったりといった，教師が減少させたいと思っているネガティブな行動を識別する必要がある。そしてそれらの行動を明確に定義しておくことが重要である。たとえば，失礼とはどういう意味でしょうか？　子どもの眼球があちこち動くことが失礼であると感じる教師もいるし，一方では，ひとを罵ったり，口汚い悪口をいうような明示的な行動を失礼と感じる教師もいる。
　次に，これらの行動のうちどれを最初に介入の対象にしたいかを決める。いったんターゲットとなる不適切な行動が選ばれたら，それらの頻度，強さ，持続時間と，それらが起こる場面または状況を観察して記録する。たとえば，特定の不適切な行動は，構造化されている場面と構造化されていない場面のどちらでより多く生じるだろうか（すなわち，運動場，食堂，廊下，それとも教室）？　その問題は，ふだん，家庭でのストレスが多い週末の後の月曜日のような特定の日に起きるのだろうか？　その行動は午前中より午後に起こりやすいだろうか？　それらは，通常，特定の子どもと一緒にいるときに起こるのだろうか？　それらは，先生の目が届きにくい特定の場面で起こるのだろうか？　あるいは授業の間の移動のときに生じるのだろうか？　通常，不適切な行動を引き起こす引き金は何だろうか？　たとえば，子どもが不適切な行動をするのは，仲間集団からからかわれたり，拒否されたりしたときだろうか？　あるいは，話し合いでかやの外におかれたときだろうか？　それとも，学習課題があまりにも難しくて，イライラしているときだろうか？

行動プラン

<u>　　　　　　　　　　</u>用

計画立案者 <u>　　　　　　　　　　</u>

日付 　<u>　　　　　　　　　　</u>

　この計画は，子どもや親に直接関わる教師，セラピスト，カウンセラー，または互いに協力し合う子どもの両親によって作られたものです。この計画は1年にわたって用いられ，そして次年度担当の先生への引継ぎ計画を作成するために活用されます。例と同じようにできるだけ具体的に記述して下さい。

Ⅰ．予防法

　次の予防法は，特にこの子どもに効果的です。

> たとえば：席に座って作業をするときには，教室の後部の教師の近くに子どもを座らせます；時間割の移行がスムーズになるように，机の上に授業のスケジュールを説明した時間の流れチャートを貼ります。動き回る機会をつくっておきましょう。手がかりは動作やしぐさで伝えます。

Ⅱ．適切な行動の奨励

ポジティブな行動の増加を目標にします。
　次のポジティブな行動は，追加の支援と強化の目標になります。

> たとえば：手はひざの上に；作業に集中；静かな挙手；教師の指示に従う；集団で意見を交わす；人の話を静かに聴く；読みの練習

効果的な動機と誘因。

以下の教授法は，この子どもを動機づけ，向社会的な行動や学力を向上させる効果があります．

> たとえば：子どもが示したポジティブな行動がはっきりわかるように，頻繁に言葉で賞賛する。その子どもが作業をしていないときに，近くにいて作業を頑張ってしている他の子どもたちを称賛する。シールやクーポンがもらえるポジティブな行動を標的とする行動シール表を作成する。シールやクーポンは，25枚たまると商品と交換できる。大きな成果には，「ハッピーグラム」クーポンが与えられる。子どもは，コンピュータの時間の延長や先生の助手となる時間が大好きである――先生からの注目は特に強力な動機づけとなる。子どもは，教室活動のリーダーとなるのが好きなので，この特権があればやる気を出す。

Ⅲ．不適切な行動を減らす

ネガティブな行動の減少を目標にします

以下の行動はすでにうまく減すことができました：

次の行動はその発生を減少させるために，あらかじめ決められた結果を受けます。

> たとえば：授業中の妨害。特に大きな集団での活動中の授業からの脱走。教師の教示に対する不服従

不適切な行動に対処するための効果的な方法。

次のマネジメント法はこの子どもに役立ちます：

> たとえば：明確な非言語的な手がかりやリマインダーは，教室からの脱走のような行動をやめさせ，課題の方に向き変えるのに役立つ。結果の警告は，しばしば不適切な行動がエスカレートするのを阻止することができる。指示に従うことを拒否するような破壊的な行動のためにタイムアウトの警告をすると，しばしば不適切な行動をやめさせることができる。人をたたくと即座にタイムアウトになる。タイムアウトは，部屋の隅で5分間の着座で行われる。もし子どもが椅子に座らないなら，職員室に電話し，5分間のタイムアウトを隣の部屋で与える。一日に2回以上のタイムアウトをうけると，コンピュータを使うといった特権が剥奪される。

Ⅳ．子どもの気質や関心における親と先生の洞察――連携のためのヒント

> たとえば：関心――サッカーカードの収集やバレエなど。気質――ハグが好き，よくもじもじしていて，アイコンタクトを避けるが，情報吸収は速い。新しい出来事や自分を見せるのは不安がる。ものを書くことが嫌いだが，コンピュータが助けになる；家族――ラフィーという犬を飼っている。離婚調停中。

V．親との協力プラン

保護者は学校で子どもたちのうまくいくように真剣に支援してくれます。そして以下のやり方が相互支援につながるということで同意しました。

> たとえば：毎日ポジティブな行動の行動シール表を家に送る。この表を持って帰ると，子どもは親から追加のご褒美がもらえる。両親は子どもに対して，支持的に，ポジティブに，希望を抱いて接する。両親は，子どもの成功したところに注目する。規律性の計画は，両親で同意しておき，学校でうまくいかなかった日があっても，罰を与えることは避ける。なぜなら，不適切な行動については既に教師から指導が行われている。母親にはポジティブな行動について電話をする。母親は野外活動や教室での読書会などに参加したいと思っている。もし問題があったら，母親が授業の変わり目に援助できる。両親は，子どもがやる気を出すことが分かっているほうびを使ってよい。教師と両親は，連絡帳，留守番電話，メールで毎週コミュニケーションをとるようにする。

以上で話し合われ同意されたプラン（日付）＿＿＿＿＿＿＿＿＿＿＿＿＿＿＿＿＿＿＿＿

再評価されるべきプラン＿＿＿＿＿＿＿＿＿＿＿＿＿＿＿＿＿＿＿＿＿＿（必要であれば）

　記録をとっていくことは簡単なことではないが，そこで得られた情報は，子どもの特定のニーズに基づいた介入法を開発する際に，教師にとってとても重要な情報になる。たとえば，もしその問題が午後に多く生じるなら，その時間に褒美が頻繁に出てくるプログラムを設定する必要がある。あるいは，もし問題が，大人の目が届きにくい食堂のみにおいて発生するなら，その場合の介入には，昼食時間の追加観察が必要となるだろう。もし問題が，特定の子どもたちと一緒にいるときに多く生じるのなら，教師はこれらの子どもたちを別々に分ける遊びグループの編成をするとよい。また，これらの記録は，教師がどのような介入法を用いても，その観察を容易にしてくれる。

不適切な行動はなぜ起こるのか？（機能的アセスメント）

　次に，子どもがなぜ不適切な行動をするのかについての仮説を立ててみよう。以下のチェックリストは，子どもがなぜ特定のやり方で行動してしまうのかを考えることによって，教師が子どもを理解するのに役立つだろう。
　行動に対する子どもの動機づけと自己認識を理解することは，個々子どもに合わせた，そして適切な介入計画を策定するための鍵となる。たとえば，注意欠陥障害か多動性を持っている子どもは，長い間じっと座っておくことができないし，また，ぴくぴく動いたり，小さな声でぶつぶつ言っていることに気付きさえしない。より望ましい行動を行うための発達的能力がまだ備わっていない子どもをしつけようとするのは不適当である。他方，不適切な行動を用いて他の子どもを圧倒しようとしたり，あるいは，他者の注目を得るために不適切な行動を使う子どもは，不適切な行動ではなく，適切な行動をすることによって，力と注目を得ることができ

> ## 不適切な行動の理解
>
> はい／いいえ
>
> この子は注意を得るために不適切な行動を用います
> この子は不適切な行動をすることでフラストレーションを発散しています
> この子は他の行動をする発達上の能力を持っていません
> この子は，ストレスや不快な課題を避けるために不適切な行動を用います
> この子はその行動自体に面白さを見いだしています
> この子は，その行動をしていることに気が付いていません
> この子は，他を凌ぐ力を得るためにその行動を用います
> この子は，復讐するためにその行動を用います
> この子は，他のもっと適切な向社会的行動を教えられていません
> この子の家庭環境あるいは生育暦では，大人を理解することや信用することをこの子に教えられてません
> この子の住む地域が，その行動を支持しています
> この子の行動はこの子の無力感を反映しています

るように介入していく必要がある。さらに，すぐにイライラしたり，ストレスが多く不快な状況を避ける子どもは，自己コントロール法を学ぶ必要があるだろう。汚れていて臭いのする子どもは，この種の社会的スキルの重要性を家庭で教えられていないので，衛生習慣を教える必要がある。

不適切な行動の代わりになるポジティブな行動の増加を目標としよう

　不適切な行動のすべてについて，それらに置き換えることができる望ましい行動を見つける必要がある。たとえば，クラスの中で引っ込み思案でまったく仲間に入れない子どもの場合，仲間に入ることや，向社会的行動を増加させながら，教室での話し合いに参加することを目標にするであろう。衝動的な子どもには，重要な代替行動として，静かに手を上げて指示を待つことや順番に交替することを選ぶ。教師の保証をいつも求める子どもにとっては，最初は一人だけで課題のいくつかに取り組むことが目標となる。その子どもの能力内に収まるこれらの目標は，達成可能であり，また，測定可能であることが重要である。ポジティブな目標や行動の特定を目ざしたこのステップは，行動計画の有効性を引き出す鍵となる。ふくれっつらや癇癪，だしぬけに発言することをなくすといった否定的な目標を達成しようと努力することは，子どもが肯定的な選択肢を思い描く手助けにならないので，効果的でないようである。

望ましい行動に与えるその子ども独自の強化子を決定する

　望ましい行動が特定されたら，次の課題は，この子どもを動機づける働きをする特定の強化子を見つけることである。子どもの中には，教師の称賛と励ましにすぐに反応する子どももいるが，逆に，これらには懐疑的な子どももいる。また，物的な報酬によって動機づけられやすい子どもがいる一方で，教師の助手役を与えられるとがんばる子どももいる。不適切な行動のもととなっている動機づけを理解すると，この子どもに効果的に働くごほうび（誘因）を選ぶのに役立つ。不適切な行動が起こる場面を理解しておくと，どれぐらいの頻度でごほうびを与えればよいかを判断するのに役立つ。たとえば，午後に多くの問題が生じる子どもは，15分間隔でごほうびを与えられるシステムが必要であるが，午前中は1時間の間隔でよいかもしれない。強化子を決定するときには，その子どもにとって効果的なごほうびが何であるかを親から聞き出しながら，この子どもに効果がありそうなあらゆる方法をたくさん挙げて箇条書きにして話し合うブレーンストーミングをしてみるとよい（ごほうびのプログラムについては第5章を参照のこと）。

不適切な行動に与えるその子ども独自の結果を選択する

　最後に，特定の不適切な行動に与えられるその子ども独自の結果を決定し，行動プランの中で明確に説明する必要がある。教師はなにかにつけてつい口をはさみがちなのだが，相手を傷つけるような言葉は使わない子どもの場合，静かに手を挙げて待つことに対する賞賛と組み合わせて，無視を使用するように決めるとよい。他方，相手を傷つけるような言葉を口走る子どもには，礼儀正しい話し方に対してポイントを与えることとともに，（2分の休み時間の取り上げるといった）穏やかな結果を与えるとよい。衝動コントロールに問題を持つ子どもには，人をたたく行動に対してタイムアウトを用いるとともに，他者との協力や自己モニタリング，そして社会的スキルトレーニングに対してはポイントを使うように決めるとよい。

　いったんそのプランが合意されたら，実施計画を書面で作成する。そこに含まれる内容は，ごほうびの準備，データの記録，親への連絡，社会的スキルの教示，自己モニタリング計画を誰が準備するかなどである。結果を再評価するためにデータをとり続けるとよい。

　個別の行動プランを試行されている子どもは，そのプランを試行されることによっては特別な特権を得るわけではないことを覚えておいて欲しい。むしろ，学習上の問題を持っている子どもが，追加的に個人的な指導を受けるのと同じように，その子どもは個別のサポートを受けることができる。

進行の記録をとり，規律性のシステムを分析すること

　これまでに見てきたように，子ども個々の行動プランは一つの解決法というよりもむしろ異なった方法（結果と誘因）の組み合わせからなっている。もしそのプランがうまく働くなら，数週間以内に不適切な行動はある程度減少するはずである。しかしながら，無視とタイムアウトのところで触れたように，不適切な行動に改善が見られる前に，行動の悪化がいくらか生じることがある。計画を一貫して実行しても，不適切な行動が長期間減少しないならば，そのプランは十分に強いポジティブな誘因があったかどうか，あるいは，ネガティブな結果があまりにも多く使われていなかったかどうかを確認するための再評価をすべきである。

　もし教師がきちんと記録をとっているならば，標的とした不適切な行動を減らすために規律

ひとを叩くことによるタイムアウトの記録
1週目

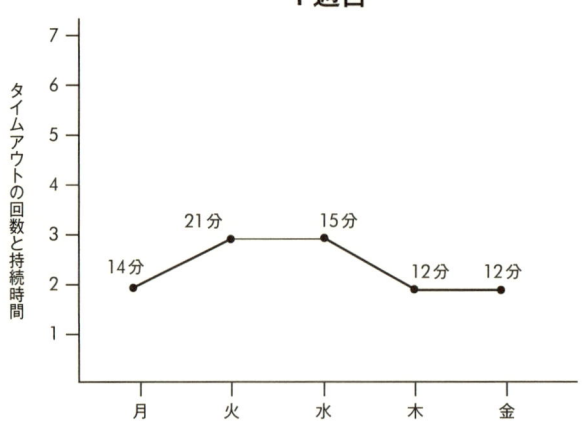

(グラフ：縦軸 タイムアウトの回数と持続時間、横軸 月火水木金)
- 月：2回、14分
- 火：3回、21分
- 水：3回、15分
- 木：2回、12分
- 金：2回、12分

ひとを叩くことによるタイムアウトの記録
2週目

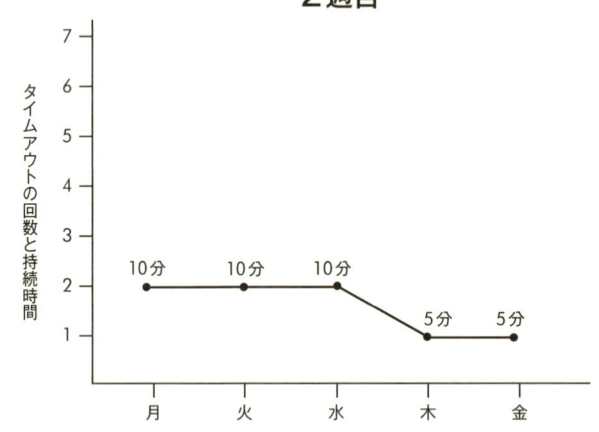

(グラフ：縦軸 タイムアウトの回数と持続時間、横軸 月火水木金)
- 月：2回、10分
- 火：2回、10分
- 水：2回、10分
- 木：1回、5分
- 金：1回、5分

性育成計画が機能しているかどうかを査定するための分析は容易である。不適切な行動のタイプ，出現頻度，使用された結果とその効果を把握するシステムが必要となる。実行されているプランによって，不適切な行動が減少しているかどうかを判断するには，数週間のグラフを描いてみるとよい。さらに，この記録を保存していると，子どもたちが規律性育成法の階層の中で，どのレベルにあるのかを知ることができるばかりでなく，タイムアウトや特権の剥奪といったより厳しいタイプの結果をどれぐらい子どもが経験しているのかを監視するのに役立つ。

たとえば，ある教師は，子どもの無作法な言葉と教師の指示への不服従に対して，カード切り替えシステムを使ってきた。彼女は，一日に4回，赤色や黄色のカードを青色カードに戻し切り替えていた。週の終わりに教師がシステムを分析して分かったことは，ロビーが，一日に少なくとも3回の赤色カードを得ており，改善の兆候を見せていなかったことである。教師は，ロビーが成功しやすくなるためには，一度に一つの不適切な行動に取り組むようにし，そして，カードを青色に戻す時間の間隔を短くしなければならないことに気づいた。このようにして，

教師は，ロビーの不服従に対して赤色や黄色のカードを与えながら，しばらくの間，無作法な言葉は無視するようにシステムを変更した。さらに教師は，ロビーのカードを一日に6回リセットするようにした。この修正によって，ロビーは，週の終わりに黄色のカードをもらえるようになっており，赤色カードはほんの時々もらう程度になった。その後，彼の従順さの問題が十分に改善した後で，教師は無作法な言葉プログラムに入れるように修正した。この教師の分析が，行動プランの成功の鍵となったのである。

不適切な行動を客観的に記録し，図表にまとめることのもうひとつの重要な理由は，実際には行動プランが効果を発揮しているのに，教師が主観的にプランはうまくいっていないと考えてしまう「悪い日」が生まれることがあるからである。行動プランを受けている子どもは，まだ「悪い日」はあるけれども，「よい日」が徐々に多くなり始めている。行動上の問題が徐々に減少傾向を示し，「悪い日」の間隔が大きくなっていくと成功である。

再発にそなえる ── 学習試行と「再開カード」を中心にして

子どもに対する効果的な行動プランを準備するために非常に懸命に働き，そのプランが数週間うまく働いていたように見えたのに，その後突然子どもが悪化してもとの破壊的な行動に逆戻りしてしまったとき，教師はがっかりしたり，憤慨したりすることがある。「あの子はどうしてあんなことをするのだろう。あれだけ真剣にやったのに」教師のこんな声を何回聞いたことがあるだろうか。こうした再発が時々起こるのは，子どもがとても良くなったので，ポジティブな注目を与えなくなったからである。再発は，子どもがまだもっと承認やサポートを必要としていることを教師に知らせているのかもしれない。しかしながら，再発はまた，子どもの学習のプロセスの中で，必然的で，予想できることなのである。子どもの発達のまさにその本質は，新しい事柄を学習し，徐々に成熟していき，自立と自信を深め，そしてその次に以前の未熟な行動パターンに退行するところにある。この退行は，まだそこに限界があり，それを乗り越えてさらに前進できることを子どもが理解するためのよりどころとして役立つ。「一歩戻って，二歩進む！」という古いことわざがあるが，これはおそらく何か新しいことを学ぶときに，成人子どもを問わず万民に同じように当てはまることである。

子どもの退行は，その子がまったくゼロに戻ってしまったことを意味しているのではない。ほとんどの退行は，最初のときよりもいっそう容易に上向きに立て直すことができる一時的な逆行である。退行に対処する一つの方法は，「再スタートカード」，すなわち，改善することが望まれる行動を書いたカードを子どもに与えることである。「誰でも良くない日があるものです。でもあなたは今までうまくやってきました。あなたはすぐに立ち直るでしょう。席に座ってもらったシールでカードがいっぱいになったら，あなたが復活したことがわかります」

適切な社会的スキルが子どもたちの対人関係の中で安定するまでには，多くの練習が必要であることを覚えておきたい。多動であったり，衝動的であったり，学習障害であったり，あるいは何らかの形で家族を失うという経験した子どもは，気質的に熟慮的で，注意深く，社会的スキルの学習を重視している家庭の子どもよりも，学習するまでに多くの練習が必要であろう。それにもかかわらず，教師の一貫した，暖かい，そして思いやり深い対応によって，すべての幼い子どもたちは，最終的には学習を通して，社会的に有能で，教室によい影響を与えられる人になることができるのだ。

親を規律性育成プランに引き入れる

　教室での規律性育成プランを成功させる鍵は，このプランに親のサポートがどれくらい得られるかである。学校での最初のオリエンテーションで，教師が提案した規律性育成の考え方を親たちと共有しておくとよい。タイムアウトは，学校の明確な方針としてタイムアウトやクールダウンを使用する，最もデリケートで，立ち入った規律性育成の方法であるので，親に対しては書面でしっかりと説明しておく必要がある。この方針は以下のように説明する必要がある。

- タイムアウトの目的（子どもたちと先生の安全を守ること；クールダウンとコントロールを取り戻す時間を与えること；子どもたちに，攻撃的な行動はきっぱりと制止されることを教えること）。
- どの行動がタイムアウトになるか。
- タイムアウトを安全に慎重に実施する方法。
- タイムアウトの使用が観察され記録される方法。
- タイムアウトを，運動場や食堂で行う方法。
- 教室内でのタイムアウトを完了することができない子どものために，どのようなバックアッププランがあるか。
- 親がいつ知らせを受けるか。
- 攻撃的な行動をストップさせるには，タイムアウトに加えて，問題解決や怒りのコントロール法を教えるためにどのようなフォローアップ計画が用意されているか。

　また，最初の学校オリエンテーションにおいて，学校で起こりうる行動上の問題について，親とコミュニケーションをとる方法（たとえば，夜に電話でなど）も話し合っておくと良い。親がどの時間帯に電話をかけられることを好むか，あるいは，留守番電話，連絡帳，メールなどの他の方法で連絡をとるのがよいのかを聞いて，それぞれ個別に対応する。教師が，親と連絡をとる方法は，問題行動が起こる前に，家庭の事情に応じて選ばれる。さらに，教師に連絡をとることができる時間を親に知らせておく。

　可能ならば，教師と親が，共同して行動プランを準備し，有意義な誘因システムを決めるとよい。これによって，親は，家庭で子どもの学校での成功を強化することができる。しかしながら，学校での行動プランは単独で成立しているべきで，親を当てにすべきではない。もし計画が親に依存してしまうと，それらは精神疾患，仕事のスケジュール，関心がないなどのために親が関与できない子どもを差別することになる。親が家庭でなんらかの役割を果たすようなプランは，親が家庭でどれくらい関与するかを現実的に決めておかなければならない。たとえば，非常に多くのストレスの中で生活している家族は，報酬記録表に記入したり，子どもの行動を観察することが非常に難しいと感じる。この場合，親がどれぐらい参加することを望んでいるかを判断する際には，教師と親が協力する必要がある。親が行動プランにどの程度参加しているかにかかわらず，子どもがプログラムでどれくらいやっているのか，また，子どもの努力がどれくらい強化されているのかを教師が親にフィードバックすることが大切である。子どもは示したポジティブな結果を手紙や電話で知らせることは，子どもに対する親の家庭での励ましを引き出してくれる。

学校での子どもの行動上の問題を，
どのようにして親に知らせるべきか？
子どもの問題行動の詳細報告を子どもに持ち帰らせてよいか？

　親は子どもの学校での一日の様子について知りたがり，また，しっかりと関与することを望むが，電話で教師を煩わせることには気が進まない。同様に，教師には時間がなく，親と連絡を取るのにてこずるかもしれない。親と教師が話し合うことが難しいとき，教師は子どもの問題に関する客観的なメモを家に送るという手段をとらざるを得ないかもしれない。ただその方法が，親の側の憤りを助長したり，親と教師の間に誤解が生まれたりするかもしれない。特に，教室で挑戦的な態度をとる子どものケースでは，親と教師が，どのように情報を伝え合い，共有するかについて実行可能で，互いが同意できるプランを持っておくべきである。

　教室での子どもたちの問題行動を記した連絡帳を，家にいる親に送ってはいけない。多くの親は，連絡帳をどのように解釈してよいかわからないものである。ある親は，学校での不適切な行動を家庭でしつけするように言われていると解釈して，罰や過度な批判によって子どもに対応するだろう。その結果，子どもは二重の罰を受けてしまう。こうした親の対応は，親子関係に悪い影響を与えるだけでなく，学校での実際の問題行動から非常にかけ離れた形で与えられる家庭でのしつけは効果的ないだろう。実際，このやり方は，子どものネガティブな行動に注目を与えてしまうために，もっと大きな問題を引き起こしてしまうかもしれない。時々，親は子どものネガティブなメモを読んで，防衛的になったり，腹を立ててしまったりする。そして，その問題に対して教師の責任を問うことさえするかもしれない。よって，われわれが勧めていることは，教師が親とスケジュール調整をして，教室で起こった問題について個別の面談をすること，そして，不適切な行動に対する対応プランを互いに共有しておくことである。

　「ハッピーグラム（うれしいことの記録帳）」や他の良いことに関する報告書を家庭に送ったり，子どもがその日にしたポジティブなことを定期的に電話で知らせたりすることによって，教師が親と一緒に「ポジティブ預金口座」をつくるとよい。こうしたポジティブな基盤が教師と親の信頼関係を醸成する。この信頼関係があれば，もし行動上の問題について話し合わなければならないときでも，親は教師に対して心を開くことができ，教師と協力して問題行動に対応できるようになる。

　「ハッピーグラム」を家庭に送ったり，子どもの行動や態度のポジティブな面についてのほめ言葉の記録を親に送ったりすることには，もっと他の利点がある。それは，親が子どものうまくいったことに焦点を当てたり，子どもにうまくいったことに焦点をあてさせたりするのに役立つのである。このようなことを親が示すことで，子どもは翌日から親と同じやり方で行動するために備えができるのである。

規律性を超えた進展

修復と再建

　衝動的，反抗的，不注意，そして攻撃的な子どもには，再指示，警告，リマインダー，一貫して結果を与え続けることなどを含む教師の観察が必要である。しかしながら，教師が妨害的

な子どもに教えるとき，最も困難で，最も重要なものの一つは，教師－子ども関係や子ども同士の緊張した関係を修復し，再構築するために，タイムアウトを越えて進展させることである。このことは，結果が実行された後，わだかまりや憤慨を持ち続けないで，戻った子どもをクラスの大切なメンバーとして喜んで迎え入れ，そしてより効果的な問題解決法を教え続けることを意味している。そこにあるのは「のんびり行こうよ」の哲学であって，日ごとに子どもに新しい学習機会や新規まき直しの機会を用意したり，寛大さを身につける実践をしたりする。そのために，「今日は昨日とは違いますように。なぜなら，もしあなたが……」と言うかわりに，教師は子どもを励まし，今日はうまくいく日であると予言する。すなわち，「良く来たね。新しい日の始まりよ。何か新しいことを学ぶ新チャンスよ」

自己マネジメントへの移行

扱いが難しい攻撃的な子どもの場合，教師は，子どもの行動をコントロールするために，はじめのうちは，きっちりとした外的なマネジメントと一貫した規律性が必要となる。事実，研究が明らかにしているように，誘因，分化強化，タイムアウト，ネガティブな結果を用いる教師は，望ましくない教室行動の減少とポジティブな社会的スキルの向上をもたらす。（たとえば，Charlop et al., 1988）。しかし，最終的には，教師のみによるマネジメントから次第に離れて，子どもの自己マネジメントスキルを徐々に増加させる方向に移行させていく。このような移行が必要なのは，子どもが，教師への依存を少なくして，自らの行動の方向性と誘因を自分で動かすようにならないといけないからである。このような介入は，教室以外の場面でも持続的で，般化可能な行動を生み出していくことをねらいとしている（Nelson et al., 1991）。

確かに，行動上の問題を持っている多くの子どもたちの中心的な特徴の一つは，自己マネジメントスキルの欠如である。この理由の一部は，このような子どもは，自己認識と現実感覚が歪んでおり（Webster-Stratton and Lindsay Woolley, 1999），不適応的な自己陳述（Dush, Hirt and Schroeder, 1989）をしてしまうことにある。彼らは，自分の行動を誇張した感覚でとらえるときもあれば，自分の能力を非常にネガティブにとらえるときもあるなど，自身の行動を評価することが苦手である。実際，彼らは，人が助けてあげようとしているときに，その人の意図を誤って敵意があるととらえてしまうことがある。子どもに期待されている自己マネジメントの程度は，子どもの年齢，発達上の能力，気質などで異なっているけれども，教師は，幼児や重度障害のある子どもであっても，自律性スキルのいくつかを促し始めることができる。残念ながら，これらのスキルを子どもに教えることはめったにない。このことは，行動上の問題を抱える子どもに特に当てはまる。

自己マネジメントの介入には，一般に自分自

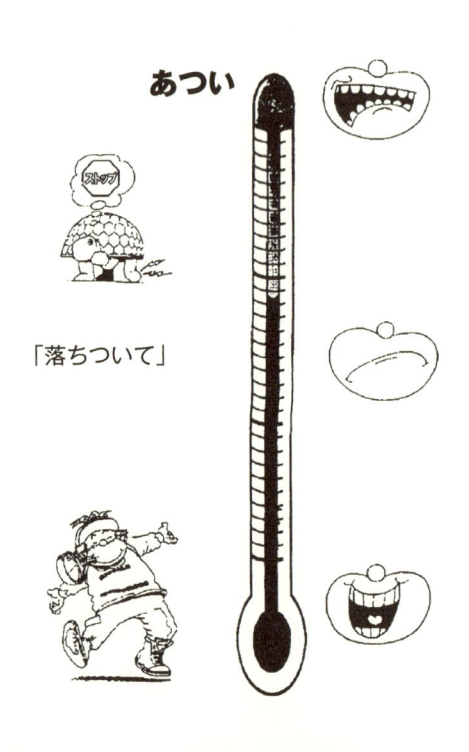

怒りの温度計

あつい
「落ちついて」

身の行動を変えたり，維持したりすることと関連するさまざまな方法が含まれている（Shapiro and Cole, 1992）。自己マネジメントの介入には，自己評価と自己強化の技法が含まれている。たとえば，教師は，子どもの自己認識と自己評価能力の正確さの感覚をとらえるために，子どもがその日どのように行動したかをふり返るように求めた。言語スキルや情緒的語彙が不足している子どもには，落ち着いている状態（青色：冷たい）から過度に興奮している状態（赤色：熱い）を示す温度計を見せて，その日のある授業時間中にどれくらい積極的に取り組んだかを指し示すように求める。こうすることによって，教師は子どもの自己認識の正確さについてフィードバックを得ることができるし，子どもが自分でうまく気分を落ち着けたり，課題に取り組んだりしているときの回数を覚えるのに役立つ。また，怒りをコントロールする能力や教室活動への関与度のレベルを子どもに自己評価させるときにも，類似の温度計を使用できる。行動上の問題を持っている子どもは，自分の誤りによく注目する。しかしながら，子どもにそ

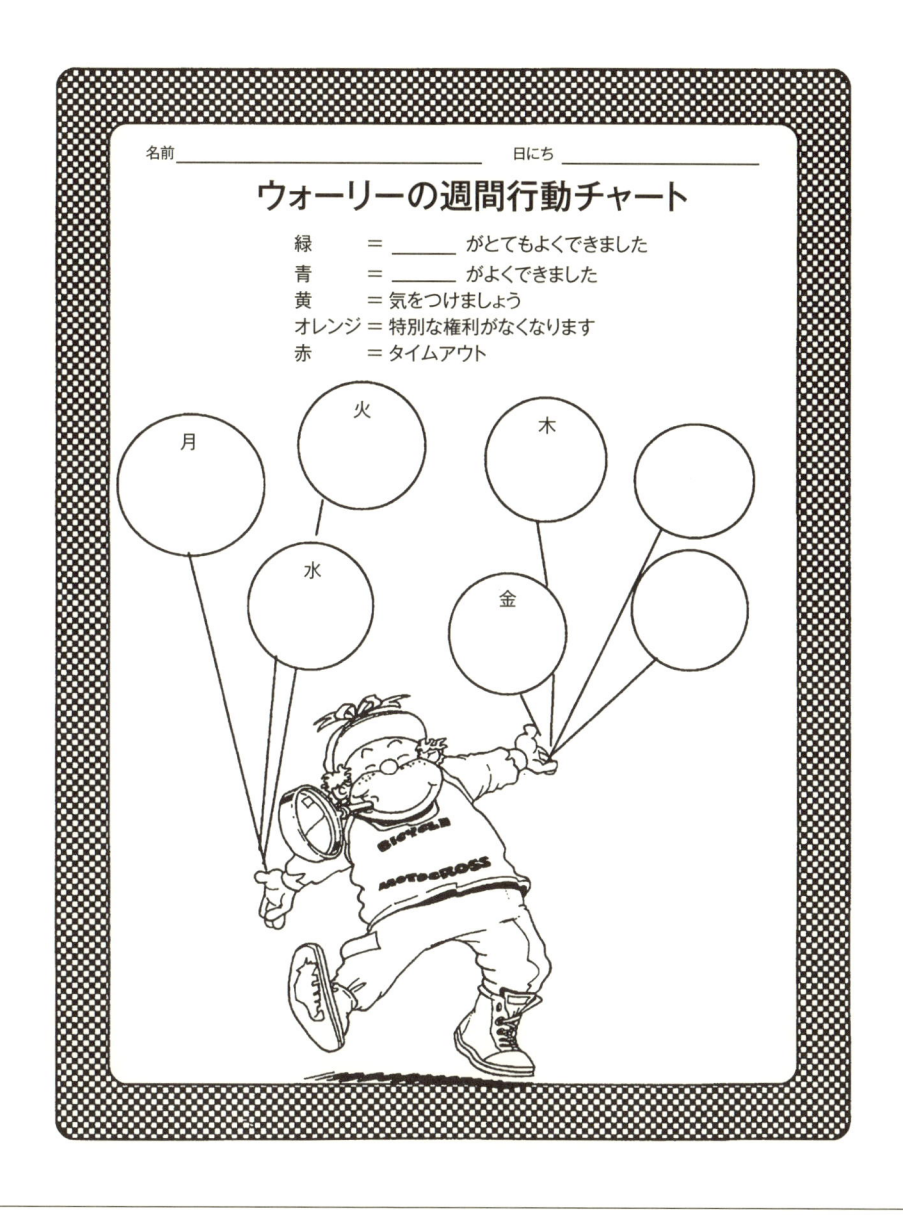

ウォーリーの週間行動チャート

名前＿＿＿＿＿＿＿＿＿＿＿＿＿　日にち＿＿＿＿＿＿＿＿＿

緑　　　＝ ＿＿＿＿＿＿ がとてもよくできました
青　　　＝ ＿＿＿＿＿＿ がよくできました
黄　　　＝ 気をつけましょう
オレンジ ＝ 特別な権利がなくなります
赤　　　＝ タイムアウト

（月・火・水・木・金 の円が描かれた図）

の日良かったところをふり返ってもらうことによって，教師は子どもが肯定的な帰属を増やすように援助することができる。

　もう一つの自己評価法は，（第5章で示したように）自己動機づけチャートや，あるいは日中のある特定の期間をとり上げるウォーリーの風船チャートのような書式（たとえば，国語の時間，サークルタイム，自由遊び，昼食時など）に記入させるものである。望ましい行動（たとえば，静かに挙手すること，一生懸命にやること，席に座っていることなど）が特定されたら，子どもは自分の課題達成度を，非常に優れているときは緑，良いときは青，いくらかおしゃべりをしたら黄色，特権の剥奪やタイムアウトをされたときには赤というふうに色を用いて評価する。これらは，一日のうちのさまざまな時点で記入されるので，教師がその日の終わりに「さて，今日はどのように過しましたか？　どんな色の一日だったかな？」などと言いながら，ふり返ることが理想的である。子どもは「だいたい緑の日だった！」と答えるかもしれない。そこで教師は，「そうでしたね。黄色がたった2回だけで，素晴らしい緑の日でした。明日もう一つ緑色をとれるといいね！　緑色をとるために何をしなければならないか覚えておいてくださいね！」と答える。風船と色を用いて，子どもは，うまくいったことに注目するように教師の援助を受けながら，学校での一日をふり返ることができる。緑や青よりも赤や黄色の方が多い子どもがいた場合，うまくいったことを評価する時間を短縮し，規律性育成プランを再評価する必要がある。

　自己マネジメント介入には自己モニタリング法も含まれる。たとえば，第6章で述べた子どもたちが授業中におしゃべりをしなかったときにはいつでも記録できるように，「静かに手を上げることとおしゃべり」の用紙を子どもの机の上に置くといったものがある。教師は，子どもがもしある基準（たとえば，10回静かに手を上げる）を満たしたら，好きな報酬を与えるといったことを子どもに挑戦させてみる。その挑戦に歯が立たなかったり，逆に，その課題を上回る能力を持っていて，天井効果に達してしまっていたりする子どもを落胆させないように，「ミステリー挑戦」を使うこともできる。これは，教師が事前に紙に書いて封筒の中に入れておいた課題内容に対する挑戦である。決められた時間が終了すると，封筒が開けられ，子どもは，ミステリー基準と自分の出来具合を比較して，基準を超えていれば報酬を得ることができる。この手続きは自己モニタリング手続きを面白くし，子どもの関心を高める。授業中の作業行動や課題に関連した行動，教室での丁寧な言葉遣い，一定量の作業の達成などの，行動を自己モニタリングするために，類似のプログラムを設定することができる。

　問題行動を修正するために使われるもう一つの自己マネジメント法は，自己陳述の内面化のような自己教示を子どもに教える方法である（Meichenbaum, 1993）。たとえば，授業中のほとんどの時間，課題と関係のない行動をしている学習困難な子どもは，ネガティブな思考（たとえば，「私は学校が嫌い！」あるいは「それは絶対できない。バカだから！」）を心に抱いており，それが学習困難の問題を長引かせてしまっている。ポジティブな自己陳述（たとえば，「最後にはきっとできる。集中して取り組もう！」）を教えることは，課題の達成を改善できる。（第4章の自己称賛，第6章の「私はできる」の缶詰を参照。）第11章では，怒りの対処法を子どもが学習するのに役立つ方法として落ち着くための自己陳述やせりふについて説明している。最後に，第9章と第11章で解説されている社会的問題解決訓練は，自分の行動に対する意思決定と責任を果たすことに含まれる考え方や社会的スキルを子どもが学習するのを援助するために開発されたものである。

まとめ

- 準備が鍵である──慎重に不適切な行動に対する対応の階層表を計画しよう。
- 試し行動に備えよう。
- 急な感情の爆発を避けるために,怒りを観察しよう；警告を与えよう。
- 2分の静かな時間で終わる5分のタイムアウトを行うこと。
- タイムアウトを用いる行動の数を慎重に制限しよう。
- 選んだ不適切な行動に対して一貫したタイムアウトを用いよう。
- 準備ができていないなら,タイムアウトをすると言って脅かしたりしないこと。
- タイムアウト中は,子どもを無視しよう。
- タイムアウトのバックアップとして特権の損失のような暴力的でない方法を用いること。
- タイムアウトは最後までやり遂げよう。
- タイムアウト中の散らかしや破壊は子どもに責任を負わせること。
- 同僚の教師のタイムアウトの使用をサポートしよう。
- タイムアウトのみに頼らないこと──タイムアウトを,無視することやペナルティとしての結果,問題解決のような他の技法と組み合わせよう。
- 期待された望ましい行動には確実に報酬を与えよう。
- 学習のためには何度も繰り返しが必要なことを予想しておこう。
- リラックスや充電のために,自己タイムアウトを用いよう。
- 特定の不適切な行動に対して,色カード切り替えシステムのような規律性階層表を作成しよう。
- 規律性計画では親のサポートを得ること。

文　献

Bear, G.G. (1998) School discipline in the United States: prevention, correction and long-term social development, *School Psychology Review*, 2 (1), 14-32.
Brophy, J.E. (1996) *Teaching Problem Students*, New York: Guilford.
Charlop, M.H., Burgio, L.D., Iwata, B.A. and Ivancic, M.T. (1988) Stimulus variation as a means of enhancing punishment effects, *Journal of Applied Behavior Analysis*, 21, 89-93.
Doles, D.W., Wells, K.C., Hobbs, S.A., Roberts, M.W. and Cartelli, L.M. (1976) The effects of social punishment on noncompliance: a comparison with time-out and positive practice, *Journal of Applied Behavior Analysis* (9), 471-82.
Dush, D.M., Hirt, M.L. and Schroeder, H.E. (1989) Self-statement modification in the treatment of child behavior disorders: a meta-analysis. *Psychological Bulletin*, 106, 97-106.
Forehand, R.L. and McMahon, R.J. (1981) *Helping the Noncompliant Child: A Clinician's Guide to Parent Training*, New York: Guilford.
Gardner, H.L., Forehand, R. and Roberts, M. (1976) Time-out with children: effects of an explanation and brief parent training on child and parent behaviors, *Journal of Abnormal Child Psychology*, 4, 277-88.
Martens, B.K. and Meller, P.J. (1990) The application of behavioral principles to educational settings. In T.B. Gutkin and C.R. Reynolds (eds.) *Handbook of School Psychology* (pp.612-34), New York: Wiley.
Meichenbaum, D. (1993) Changing conceptions of cognitive behavior modification: retrospect and prospect, *Journal of Consulting and Clinical Psychology*, 61, 202-4.
Nelson, J.R, Smith, D.J., Young, R.K. and Dodd, J. (1991) A review of self-management outcome research conducted with students who exhibit behavioral disorders, *Behavioral Disorders*, 16, 169-79.
Shapiro, E.S. and Cole, C.L. (1992) Self-monitoring. In T. Ollendick and M. Hersen (eds.) *Handbook of Child and Adolescent Assessment* (pp.124-39), New York: Pergamon Press.
Steinberg, L. (1996) *Beyond the Classroom: Why School Reform Has Failed and What Parents Need to Do*, New York: Simon and Schuster.
Webster-Stratton, C. (1997) From parent training to community building, *Families in society: The Journal of Contemporary Human Services*, March/April, 156-71, 61, 202-4.
Webster-Stratton, C. and Lindsay Woolley, D. (1999) Social competence and early-onset conduct problems: issues in assessment, *Journal of Child Clinical Psychology*, 28, 25-93.

Chapter Nine | Teaching Students to Problem-Solve

第9章 問題解決のやり方を教える

なぜ問題解決を子どもに教える必要があるのか？

　年齢の低い子どもは，効果的でないやり方で問題に対処しようとすることがある。泣いたり，わめいたり，他の人をたたいたり，かみついたり，攻撃的になったりする。また，親や教師に言いつけたり，嘘をついたりする子もいる。こうしたやり方では満足のいく対処法はほとんど見つからないため，実際には，新しい対処法を見つける必要がある。しかし，これまでの研究によると，二つの理由から，子どもは効果的でないやり方をし続けてしまうことがわかっている。一つ目は，より効果的な方法を学んでこなかったこと。もう一つは，親や教師や他の子の反応によって，効果的でない対処法が気づかないうちに強化されてきたことである。

　さらに，子どもの気質によって，効果的な問題解決スキルを学習する能力に違いがみられる。特に，多動傾向が強く，衝動的で，不注意で，攻撃的な子どもは，社会的問題解決に困難を抱えやすいことが知られている（Asarnow and Calloan, 1985）。このようなハイリスクな子どもは，社会的場面を敵意的に解釈したり，向社会的な対処法を考え出す数が少なかったり，攻撃行動の結果を一面的に予測する傾向がある（Dodge and Price, 1994; Rubin and Krasnor, 1986; Slaby and Guerra, 1988）。こうした子どもたちは，他の人の視点に立ったり，攻撃的でない対処法について考えを巡らすことなく（Asher et al., 1990），攻撃的あるいは衝動的に行動してしまう。反対に，適切な問題解決法を使おうとする子どもは，より建設的に行動したり，仲間から好かれたり，家や学校で仲間と協力する傾向が強い（Shure, 1983）。攻撃的であったり，衝動的であったりする子どもに問題解決を教育するときには，教師が重要な役割を果たすことになる。ここで言う問題解決の教育とは，問題場面で子ども自身が向社会的対処を考え出したり，より良い意思決定ができるようになったり，結果的に効果的な対処ができるようになることである。重要な点は，ハイリスクな子どもには，意思決定プロセスの流れを修正したり，対人関係の問題を増長するリスクを下げたりするような思考パターンを促進する必要があるというこ

とである。

　もちろん，効果的な問題解決を教えることは，特にハイリスクな子どもには有効であるが，カリキュラムに則ってすべての子どもの社会的スキルや問題解決を向上させることも必要である。さらに，こうした訓練の中に，ハイリスクな子どもや特別な配慮を要する子どもと，健常な子どもを一緒に参加させることで，いくつかの新たな効果が期待できる。たとえば，ハイリスクな子どもが，仲間から排斥されたり，否定的な評価を受けたりするリスクを下げることができる。また，クラス全体の凝集性を高めたり，子ども同士の共感性を高めたり，共に学習する機会を提供することもできる。

　事実，十分な意思決定ができて，特にストレスのかかる状況下で，対人的な葛藤に臨機応変に対処することができる責任ある市民となるように子どもを育てあげることは，教師と親の双方の義務である。ガードナー（Gardner, 1993）が指摘するように，対人処理能力や個人的処理能力は，数学の能力と同じくらいに，健康的に生活するために必要不可欠な能力である。子どもが順調に発達を遂げ，社会の一員となっていくためには，生まれもった能力や文化的背景，家族背景よりも，合理的な判断ができること，効果的な意思決定スキルがあること，そして他人の視点から物事を見ることができることが成功の鍵を握っている。これらのスキルを早い段階で子どもに教えることで，薬物乱用や早期の妊娠，退学，自殺などといった問題行動の発生を予防することができる。

問題解決法に関する実証的エビデンス

　子どもに対する社会的スキルや問題解決の介入プログラムに関する知見を概観すると，その介入効果が支持されていることがわかる（Beelmann, Pfingste, and Losel, 1994; Schneider, 1992）。シュア（Shure, 1994）によって開発された「I Can Problem Solve」（ICPS）は，子どもの社会的スキルと問題解決の最も先駆的な介入プログラムの一つであり，3歳から11歳の子どもを対象として25年にわたって効果の検討が進められてきた。その結果，対人行動と学業に短期的な改善効果が示された。その他にも，「Skillstreaming」（Miller, Midgett, and Wicks, 1992）や「Social Problem Solving」（Camp and Bash, 1985）をはじめとして多くのプログラムが開発されており（e.g. Battistich et al., 1989; Elias and Clabby, 1989），社会的スキルや協調的な葛藤解決法に有意な改善があったことが報告されている。さらに，これらのプログラムの長期的追跡研究によると，介入効果は，学級活動の中にプログラムが継続的に組み込まれたり，親を巻き込んだプログラムが実施された場合に限って，場面間で般化したり，長期的な維持が認められることが明らかになった。たとえば，行動上の問題を抱えた攻撃行動が非常に強い年少児を対象とする際には，子ども本人だけでなく親への介入を同時に行った方が，介入効果が般化したり維持したりしやすくなることが報告されている（Kazdin et al., 1987; Lochman and Curry, 1986; Webster-Stratton and Hammond, 1997）。

先生は良きモデル

　当然のことであるが，教師はすでに子どもたちに適切な問題解決法を自然と教えている。特に，教師が問題解決をする様子を子どもたちが学校で見る機会があるのであれば，なおさらである。教師が子どもや他の教師と一緒に葛藤場面の解決をしたり，対処法の効果を検証したりする様子を見るのは，子どもにとって，とても貴重な学習の機会となる。たとえば，これから学級運営を行っていく上で必要となる道具を，とても小さな買い物カゴに入れて買わなければならないとしよう。ここで，この問題を解決するための対処法を，子どもたちに包み隠さず見せてみる。必要な物の優先順位をどのようにつけるのか。どの道具がクラスの子どもたちにとって重要となるのかを，どのように判断するのか。また，日々の困りごとや学校で起きる問題に教師が対処したり，子ども同士のトラブルが生じたときに，教師が問題解決を促したりする様子を見ることでも，多くを学ぶことができる。そのときには，考えていることをあえて声に出して，向社会的な問題解決とはどういうものかを明示すれば，子どもたちの問題解決の学習をさらに促進することができる。たとえば，パソコンが壊れる，床一面に絵の具が飛び散っている等の葛藤場面で，子どもたちに聞こえるように考えを声に出してみる。「どうやってこの状況を解決しようかしら？　ちょっと立ち止まって考えよう。まずは落ち着かなきゃ。1回大きく深呼吸しよう。さて，この問題を解決するために，どんなプランが思いつくかしら？」。

ゲーム形式や指人形，仮想場面を駆使して問題解決のプロセスを教える

　社会的問題解決にはさまざまなスキルが含まれている。ズリラとゴールドフリード（D'Zurila and Goldfried, 1971）などの問題解決に関する研究によると，問題解決のプロセスは，少なくとも六つのステップに分けられ，各ステップは以下のような質問によって引き出される。

1. 問題は何か？（問題とそれに対する自分の感情を理解する）
2. どんな対処法がある？　他にどんな対処法がある？（ブレインストーミング技法）
3. 結果はどうなる？　次に何が起こる？
4. 一番良い対処法は？（安全性，公平性，良い気分になれる等の観点から対処法の結果を評価して，良い選択をする）
5. 計画通りにできている？（対処法の実施）
6. どうだった？（結果を評価して，努力したことを強化する）

　3歳から8歳程度の子どもを対象とする際に獲得を目指したいスキルは，2番目のステップである対処法の案出である。年長児を対象とするときには対処法を評価して実施するということが行いやすい。しかし，年少児の場合には，まずはさまざまな対処法を考えて，ある対処法が他の対処法よりも良い結果を生むことがあるということを知る必要がある。対処法の結果を予測して評価する能力を身につけることは，子どもにとって大きな発達課題であり，特に多動で衝動的な子どもには難しいスキルである。

ここからは，問題解決の各ステップを教えるための，教師にもできる方法や工夫点を紹介する。

ステップ1：問題は何だろう？　問題があるって，どうやったらわかる？

　問題解決の勉強を始めるときには，問題の解決をする「探偵」になろうと提案すると，楽しく始めることができる。探偵帽をかぶらせ，仮想問題場面を提示して，さぁ始めよう。

　子どもが問題に気づくのを手助けするための最初のステップは，自分の感情を意識することである。もし，悲しみや怒りや不安といった不快な感情があるのであれば，それは，解決すべき問題があるということを示す重要な手掛かりになる。そのため，「気持ちの指紋（Feelings Fingerprints）」に意識を向けるように教える必要がある（Elias and Clabby, 1989）。これは，不快なストレスを感じていることを身体の状態から知るためのユニークな方法の一つである。身体からのストレスのサインは，人によって，汗をかいたり，手の平に汗をかいたり，お腹が痛くなったり，心臓がドキドキしたりする。こうした身体のサインを感じたときに，身体のサインを気持ちの指紋と呼ぶことで，「今，問題解決が必要なときだな」ということに気づくためのきっかけが得られる。つまり，気持ちの指紋に意識を向けることは，子どもが問題解決を学ぶ上で，最初の重要なステップであると言える。子どもが自分自身の感情に気づき，その感情に適切な言葉をつけることができるようになったら，問題を正確に理解する方法を教えても良い時期である。たとえば，「僕は怒ってる。だって，クラスの子が僕をサッカーに入れてくれないんだ」「遊びに入れてくれないと，イライラするし，キレそう」などのように問題が明示される。

　問題理解のステップのもう一つの重要なポイントは，問題場面で他の人が感じている感情について考えてみるように促すことである（例：「サッカーをしている子はどんな気持ちなのだと思う？」）。他の子の感情に気を留めない子や，感情の読み取りと解釈がうまくできない子は，結果として，不適切な問題解決をしてしまうかもしれない。また，その感情にふさわしい言葉を見つけるための能力を十分に獲得していない子もいる。具体的には，感情を表す言葉として「怒った」と「うれしい」ぐらいしか知らないなど，語彙力が低いケースがある。こうした子どもたちを有能な問題解決者として育てるためには，誇らしい，心配だ，落ち着いている，ストレスを感じる，興奮する，恐い，混乱する，恥ずかしい，がっかり等，さまざまな感情を表現し分けるための語彙を増やしていくことが必要となる（詳細については第11章を参照のこと）。こうした感情語をたくさん獲得することで，ただ感情に支配されて動かされている状態から，自分自身が感じている感情を知り，コントロールすることができるようになる。

1　僕の問題はなんだろう？

ステップ2：アイディアを考えよう

　問題の理解が一通り済んだら，次は，問題を解決するためにできる対処法をできるだけたくさん考え出すステップに進む。このステップでは，ものごとを柔軟に考える方法を子どもに教

え，問題を解決するための有効な方法は時として一つだけではないという基本的態度を育成する。ここでは，どんなにバカげたアイディアに思えても，子どもたちが考え出したアイディアを批判したり，笑ったりすることは避けなければならない。むしろ，子どもが独創的なアイディアを出すことを励まし，教師自身が斬新なアイディアを出すモデルになるように努める。子どもが問題を解決しようと「努力していること」そのものをほめることを忘れないようにしたい。特に，子どもが今までと違うアイディアを出したときにほめる（例：「うん，新しいアイディアだね」）ことで，同じようなアイディアに固執するよりもバラエティに富んだ対処法の獲得を強化することができる。

　もし，介入に参加している子どもがどうしても対処法を考え出すことができないようであれば，教師自身がいくつかアイディアを出してみせたり，ウォーリー解決探偵マニュアル（Wally's Solution Detective Manual）を見て，アイディアを探すように促したりするとよいかもしれない。このマニュアルには，立ち去る，少し待ってみる，お願いをする，何か他の楽しいことをする，交渉する，一緒に使おうと言う，親や教師に助けを求める，無視する，丁寧に聞く，落ち着く，ミスを認める，謝る，敬意を示す，忘れる等の対処法が紹介されている。また，介入の参加者が高学年児であれば，子どもたち自身の目標を聞くことで，対処法を考え出しやすくなることがある（例：「この問題が解決したら，あなたは何をしたい？　または，他の人に何をしてほしい？　この場面がどんなふうに終わったらよいと思う？」）。

　可能であれば，ゲーム形式や指人形，物語による仮想問題場面などを使うことで，アイディアを考え出すための活動に子どもが参加しやすくなる。問題解決のステップ1と2を教えるにあたっては，以下のようなゲームが活用可能である。

2　解決策は何？

3　他に解決策はないかな？

もしもゲーム

　このゲームでは，子どもは最初に「もしもカード」の山から1枚のカードを引く。カードには，解決すべき問題場面が，絵と文字で書かれている。カードを引いた子どもが問題場面を読んだ後，クラス全体で対処法を考え出す。もし，カードを引いた子どもが問題場面を読めないようであれば，教師が読んであげてもよい。毎日の学校生活で起きている出来事をもしもカードとして作ることは，教師にとっては難しいことではないだろう。また，「学校での問題を解決するためのウォーリー探偵ブック」や「家庭での問題を解決するためのウォーリー探偵ブック」（Webster-Stratton, 1998）にも，たくさんの問題場面が紹介されている。

　もしもカードの問題場面において対処法を考え出したら，対処法のロールプレイをしてみる。つま

（ムシする　交換する　一緒に使う　お願いする　お母さんを呼ぶ　順番を待つ）

もしもゲーム

　以下に，もしもカードの例があります。もしもカードには，これからクラスで取り組む問題場面が書かれています。これは，共感性，社会的スキル，そして問題解決スキルを小さな子どもに教える，ダイナソー・カリキュラムというビデオプログラムから抜粋したものです（Webster-Stratton, 1991）。

- もしも，あなたよりもずっと年下の子があなたをたたき始めたら……。あなたなら，どうする？
- もしも，あなたがコンピュータで遊びたいのに，ある男の子がそのコンピュータをずっと使っていたら……。あなたなら，どうする？
- もしも，ピザが残り1枚しかないのに，あなたとあなたのきょうだいが両方ともそれを食べたいとしたら……。あなたなら，どうする？
- もしも，あなたがお父さんの大切なランプを壊してしまったら……。あなたなら，どうする？
- もしも，学校の他の子からしつこく嫌がらせやいじめを受けたら……。あなたなら，どうする？
- もしも，新しい友だちが欲しいなと思ったら……。あなたなら，どうする？
- もしも，先生があなたに，「他の子があなたに悪口を言ったわけでもないのに，あなたはクラスメイトに悪口を言った」として，休み時間中は教室に居残るように言っ

> てきたら……。あなたなら，どうする？
> - もしも，お父さんがあなたにプレゼントしてくれた新しいズボンを，あなたがうっかり破いてしまったら……。あなたなら，どうする？
> - もしも，お店でかっこいい靴を見つけてすごく欲しくなったのに，お母さんは「それは高すぎる」と言ってきたら……。あなたなら，どうする？
> - もしも，あなたが大事にとっておいたお菓子がなくなっていて，あなたのきょうだいの口に砂糖がついているのを見たら……。あなたなら，どうする？
> - もしも，あなたが人形で遊んでいるのを見て，赤ちゃんみたいだ，バカみたいだと他の子が言ってきたら……。あなたなら，どうする？
> - もしも，他の子に一緒に遊ぼうと言ったのに嫌だと言われたら……。あなたなら，どうする？
> - もしも，あなたが2週間もかけて作った模型をあなたのきょうだいが壊してしまったら……。あなたなら，どうする？
> - もしも，あなたの親友が，あなたが嫌っている人と友だちになってしまったら……。あなたなら，どうする？
> - もしも，あなたの身近に「人気者」グループがあるのだけれど，そのグループは威張り散らしていて，あなたがやりたいことをさせてくれなかったら……。あなたなら，どうする？
> - もしも，あるグループがクラブを作ったのに，あなたをクラブに誘ってくれなかったら……。あなたなら，どうする？
> - もしも，あなたが，読むのが苦手だったり，どもってしまったりしたときに，他の子がそれを笑ったり，からかってきたら……。あなたなら，どうする？
> - もしも，校庭で鬼ごっこをしていたら，だんだん乱暴になってきて，お互いに押したりたたいたりするようになってきてしまったら……。あなたなら，どうする？
> - もしも，あなたの隣の席の子が，あなたの髪の毛をいじったり，机の下であなたを蹴ってきたりしたら……。あなたなら，どうする？
> - もしも，大縄飛びで遊んでいる子たちがいて，あなたが大縄飛びに入りたいと思ったら……。あなたなら，どうする？

り，どのように振る舞うのかをその場でやってみる。たとえば，サッカーボールを他の子と一緒に使うのを嫌がる男の子がいるという場面で，「その子を無視する」という対処法が考え出されたときには，どのように無視するのかを目の前でやってもらう。子どもを一人選んでサッカーボールを独り占めしようとする役をしてもらい，別の子にサッカーをしたいと思っているクラスメイトの役をしてもらう。こうしたロールプレイは，子どもが喜んで参加する上，特定の対処法が具体的にどう振る舞うことを意味しているのかを知り，適切なスキルを練習するのにも役立つ。ロールプレイは時として，教師が導入に躊躇してしまうこともある。しかし，問題解決のための新しい行動を子どもたちが学んだり使ったりするためには，適切な行動を具体化しない机上のディスカッションよりも，スキル訓練の練習をする方がはるかに重要であるということは，火を見るよりも明らかである。一つ一つの問題場面を丁寧に練習するためには，1回の練習で扱うもしもカードは二つから三つ程度に留めるのが理想的である。

> ## ウォーリーとモリーと仲間たちは，みんなに助けを求めています！
>
> - ウォーリーは，宿題（または先生から渡された行動計画表）を家に持って帰る勇気がなかなか出ません。なぜなら，それを持ち帰ると，学校の勉強がうまく進んでいないことがわかってしまうからです。
> - ウォーリーは，他の子が遊びに入れてくれないと，その子と校庭でケンカをしてしまいます。
> - モリーとウォーリーは，テレビのチャンネルのことでケンカをしてしまい，「ケンカをするならテレビは禁止」と言われ，結局どちらもテレビを見ることができませんでした。
> - モリーは，クラスのほとんどの子が呼ばれている誕生日パーティーに呼んでもらえません。
> - ウォーリーは，サッカーボールを買ってもらえないので，友だちのサッカーボールを奪いました。
> - ダチョウのオスカーは，両親がケンカをするのが恐いので，砂に頭をつっこんで隠れています。両親が彼のことでケンカをしているのを知っているのです。
> - 小さな亀さんは，彼に対して怒ってくる大人が恐くて，おびえています。
> - ウォーリーは，トラブルに巻き込まれるのが恐くて，嘘をつくことがあります。
> - ウォーリーは，見た目をからかわれるので，もう学校に行きたくありません。
>
> 「聞いてよ！」「どうしたの？」

指人形を使って問題場面を体験する

　問題解決についての話し合いを生活の中に導入したり，子どもをそれに乗せていったりする際には，小さい子が好む人形劇を活用することができる。やや大きく，口を動かすことができて，実物大のサイズの指人形があるとよい。指人形は，問題の解決に困って子どもたちに助けを求めるということが基本的な役割となる。ウォーリーやモリー（訳注：いずれも擬人化されたクマのキャラクターの名前）などの指人形が，あるセッションで話し合いのための問題を示し，次のセッションでは子どもたちが案出したアイディアを実際にやってみたらどうなったかを報告してくれる。また，難しい問題にどのように対処したかを子どもたちに教えてくれる。以下に，ウォーリーやモリーが子どもたちに助けを求める問題の例と，ウォーリーが子どもたちに最後の助けを求めるときの台本例を示す。

探偵帽ゲームでアイディア集めの練習をする

　仮想問題場面を提示するためのもう一つのゲームとして，「探偵帽ゲーム」がある。このゲームは，サークルタイムに行うとよい。仮想問題場面とそれに関する質問が小さな紙切れに書かれており，シャーロックホームズの探偵帽に入れられる。子どもは輪になって座り，音楽が鳴っている間，探偵帽を隣にまわしていく。音楽が止まった瞬間に探偵帽を持っている子どもは，探偵帽の中から紙切れを一つ取り上げて，紙に書かれている質問に答える。もし質問に答えられないようであれば，友だちの助けを借りてもよいこととする。指人形と教師もこのゲー

指人形劇の台本例——「からかわれたウォーリー」

ウォーリー——先生！ 今日，学校の子が僕をからかってきたんだ。僕の顔がサルみたいだって言うんだよ！
先生——そう。それでどんな気持ちになったの？
ウォーリー——ムカついたよ。こっちだって，悪口を言い返してやったんだ！
先生——言い返したら，どんな気持ちになった？
ウォーリー——あまり良い気分じゃないよ。あいつら，僕のことバカって言うし，もう遊んでくれないって。
先生——ひょっとして，もっと良いやり方があるんじゃないかな？ 人形劇を見ているみんなに，どうしたらよかったのか聞いてみるのはどう？
ウォーリー——いいけど……，きっとみんな，人からからかわれたことなんてないよ。
先生——あら，誰だって人からからかわれることはあるわよ。
ウォーリー——本当？ みんなだったら，からかわれたとき，どんな気持ちになる？
先生——（ここで，子どもが感情に言葉をつけるのをサポートする）
先生——さて，こんな感情が，問題があるっていうことを教えてくれる手がかりになりそうだね。OK？ じゃあウォーリー，問題をもう一度整理してみて。
ウォーリー——問題は，あいつらが僕をからかってきて，僕がすごく怒っていること。
先生——うん，よく整理できているね。じゃあ，その問題を解決するために，どんなことができるだろう？ どんなアイディアがある？（ここで，子どもに対処法を考えさせる。たとえば，無視する，立ち去る，ユーモアを使ってからかいを笑いに変える，深呼吸をして落ち着く，気持ちを伝える）
先生——ウォーリー，みんなが考えてくれたアイディアを見てよ。みんな，優秀な問題解決探偵みたいだね。
ウォーリー——これ，いくつか練習してもいい？ ちゃんとできるかどうかわからないんだ。
先生——OK。じゃあ，一緒に練習をしてもらう人を二人選んで。からかわれたときにどうするか，見せてもらいましょう。ウォーリー，あなたは，からかう方の役ね。（二人の子どもに協力してもらう）
ウォーリー——おいおい，見ろよ，サルみたいな顔だぜ！
子ども——（考え出した対処法をロールプレイで実践する）
ウォーリー——ああ，それいいかも。僕，二人のどっちがやってくれたことも，自分ではやってなかった。僕のやり方じゃダメだった。次，誰かにからかわれたら，そのやり方でやってみるよ。やってみたら，どうなったか教えるね。

次のセッションで

ウォーリー——先生，僕またからかわれて，バカだって言われて，サッカーに入れてくれないって言われたんだ。それで，僕はどうしたと思う？
先生——どうしたの？
ウォーリー——（身振り手振りを交えながら）すごくムカついたから，からかわれてどんな気持ちかを言おうと思ったんだけど，それはできなかった。だから，深呼吸して少し落ち着いて，「気にするな，僕はあいつよりも強いんだ」っていう心の声を使った。それから，他のところに行って，一緒に遊ぶ人を探したよ。
先生——それで，どんな気持ちになった？

> ウォーリー――良かったよ。何だか，強くなったって感じ。
> 先生――（子どもに向かって）さて，ウォーリーがやってみたやり方について，みなさんはどう思いますか？ フェアだったかな？ ウォーリーは良い気分になれたかな？ それから，悪いことは起こらなかったかな？

ムに参加して，文字を読めない子どもが問題文を読むのを助けたり，考えをあえて口に出すことで適切に考えている様子をモデルとして見せたりする。また，子どもたちが考え出したものとは異なる，新しい対処法を提案することもある（例：「さて，困ったな。何だかいやがらせをされているし，嫌な感じだ。どうしたらいいだろう？ あんな子は無視すればいいってジョニーは言うし，やめるように言ったらどうかってアンナは言ってる。どっちも良いアイディアだけど……誰か，他にアイディアはないかな？」）。ここに探偵帽ゲームへのアドバイスがある。ゲーム中にはできるだけジョークも交えるとよい。そうすると，子どもはときに，問題を指摘するよりもむしろクラスに笑いを求めるようになる。以下に，探偵帽ゲームでアイディア集めの練習をするときの教示の例を示す。

探偵帽ゲームで，アイディア集めの練習

- 友だちがあなたのところに来て，からかわれたときにどうしたらいいか知りたいと言ってきました。
- そんなとき，どんな解決法がありますか？
- 問題があるということに，どうやって気づいたらよいでしょう？
- 誰かが，何も言わずにあなたの縄跳びを持って行ってしまいました。そんなとき，どんな解決法がありますか？
- あなたは，友だちが使っているブランコ（本，テレビなどでもよい）を使いたいと思っています。そんなとき，どんな解決法がありますか？
- あなたの隣に座っている人が，あなたの髪の毛をいじったり，ひそひそと話しかけてきたりして，あなたを困らせています。そんなとき，どんな解決法がありますか？
- サッカーをしている子たちがいて，あなたはサッカーに入りたいと思っています。そんなとき，どんな解決法がありますか？
- あなたがクラスのみんなの前でプロジェクトの発表をしていたところ，あなたの友だちの一人が嫌そうな顔をしはじめました。そんなとき，どんな解決法がありますか？

ステップ3：そのアイディアを実際にやったらどうなる？ 一番良い作戦はどれだろう？

　たくさんの解決策を考え出すことができたら，次は，解決策を実際にやったらどうなるかを予測するステップに進む。たとえば，サッカーボールを手に入れるために「ぶんどる」や「たたく」などのやり方が出されたときには，「ボールを無理矢理とったとして，その後どうなるか，想像してみよう」などと聞く。子どもからの典型的な反応は，友だちがいなくなる，先生に怒られる，ケンカになる等である。このときに気をつけたいのは，考え出された解決法がたとえ不適切なものであっても，批判的でないやり方で話し合うことである。もし子どもが「自分のアイディアが批判された」と感じてしまったら，それ以上アイディアを出すのが嫌になってしまうだろう。

　次に，一緒にサッカーをすることを丁寧に提案するなど，他の解決法の結果についても予測させる。このような解決法が，友達からはねつけられたり，無視されてしまったりすることもあるだろうし，上手く受け入れられることもあるだろう。このとき，計画通りにことが進まないと，子どもはびっくりしたり動揺したりすることがある。こうした動揺は，少し立ち止まって解決法から生じる結果についていくつかの可能性を予測しておくように教師がサポートすることで，ある程度は予防することができる。このとき注意すべき点は，対処法の結果を予測することを，面倒なものだと感じさせたり，強迫的にやり遂げなければならないものだと感じさせたりしないことである。すべての対処法を一つ一つ検討して結果を予測する必要がない子どももいる。

次に何が起こる？（結果）

ステップ4：一番良いアイディアはどれだろう？

　いくつかの解決策の結果について検討したら，次は，一つか二つ程度の解決策を選ぶステップに進む。ここでは，「選ぶ」という言葉をあえて用いることで，問題の解決の責任を子ども自身に伴わせる。

　一番良いアイディアを選ぶステップでは，子どもに以下の三つの質問をする。(1)悪いことは起こらないか？ (2)それはフェアな対処法か？ (3)良い気分は得られるか？　もしこの三つの質問に「はい」と答えることができるようであれば，ロールプレイでの練習セッションに移り，実際に試してみることになる。ロールプレイ場面で対処法を体験することで，学習のプロセスに子どもを乗せるだけでなく，さまざまな解決策の結果を皆で観察する機会にもなる。

最もよい解決策はなんだろう？

指人形劇の台本例──「盗んでしまったフェリシティ」

フェリシティ──あのね，今日はちょっと困ったことがあって，助けてほしくて来たの。
先生──ここにいるみんなは，とても優秀な問題解決探偵だからね。きっと，助けてくれるよ。
フェリシティ──この間，学校であったことなんだけど。私の友だちのスージーがね，かわいいぬいぐるみを持っていて，彼女はそれをロッカーに入れていたの。私，ああいうぬいぐるみがすごく欲しくって，何というか，盗んじゃったの！　あの子，すごく動揺していた。とっても大切にしていたぬいぐるみだったから。
先生──それからどうなったの？
フェリシティ──うん，先生が来て「スージーのぬいぐるみをとったのは誰？」って。何だか言い出せなくて，「私じゃない」って嘘をついちゃった。だって，私がやったって彼女が知ったら，とんでもないことになるんじゃないかと思って。もちろん，ぬいぐるみをとっちゃいけなかったってことはわかってる。でも，とったのが私だってスージーが知ったら，スージーはきっともう友だちではいてくれない。それに，先生は家に手紙を書くし，そうしたら，家で絶対にたたかれるし，家から出られなくなってしまう。
先生──さて，みんなも知っているとおり，困ったときには，良い結果になりそうな対処法を選ぶのだったね。フェリシティが選んだ対処法は，良かったと思いますか？
子ども──（悪いことは起きないか，フェアか，良い気分につながるかという三点から，なぜフェリシティの対処法がベストではないと思うのかを話し合う）
フェリシティ──わかったわ。私が嘘をついちゃったから，一つだった問題が二つになっちゃったってことね。私はこれからどうしたらいいの？
子ども──（解決法を考える。たとえば，やってしまったことを認める，先生とスージーに謝る，ぬいぐるみを返す）
フェリシティ──みんな，私を嫌いになったのね。手くせが悪いとか思っているんでしょう？
先生──フェリシティ，誰でもミスはするものよ。みんなは，フェリシティに対してどんな気持ちかな？
子ども──（フェリシティに，気持ちを伝える）
フェリシティ──うん……本当はね，私がやったってきちんと伝えられないんじゃないかって，心配なの。もしよかったら，練習に付き合ってもらってもいい？
先生──もちろん。じゃあ，先生役と，スージー役，それからフェリシティ役を，誰かにやってもらいましょう。（スージーと先生にミスを謝るロールプレイを行って，解決策の結果を体験する）
フェリシティ──OK，じゃあ私がやってみるから，見てて。「スージー，ごめんね。ぬいぐるみをとったの，実は私なの。ぬいぐるみは返すね。私，すごく反省してるし，何とか埋め合わせもしたい。もしよかったら，私のオモチャをしばらく使ってもいいよ。それから……，これからも友だちでいてくれる？」。どうかしら？

アイディアがうまくいかなかったら，
そのアイディアがもっとうまくできるように，探偵帽ゲームで練習だ！

　対処法がうまくいかなかったときにどうするかを練習しておくことは，非常に重要である。たとえ「一緒にサッカーをしよう」と丁寧にお願いしたとしても，まだボールを諦めきれずにその願いを拒む子もいるかもしれない。ここで子どもに伝えておきたいことは，良い選択をしたとしても，いつも必ず良い結果が保証されるわけではないということである。むしろ，最初に選択した対処法がうまくいかなかったら次の対処法を試すということを学ぶ必要がある。以下に，最初に選択した対処法がうまくいかないという状況をどう乗り切るかを学習するための，話し合いやロールプレイに活用できる仮想場面を示すことにする。

　これらの問題場面では，他の人の視点や気持ちになって考える，少し待ってみる，無視する，立ち去る，何か他の楽しいことをする，気持ちを落ち着ける考えをしてみるなどのさまざまな

探偵帽ゲームで，対処法がうまくいかなかったときの練習

- あなたは友だちに，一緒にゲームをしようと丁寧に頼みましたが，友だちはそのゲームをしたくないようです。
- ひそひそと話しかけてきてあなたを困らせてくる子に，話しかけてくるのをやめるように言いました（または，無視しました）が，やめてくれません。さて，その次はどうしますか？
- あなたは，コンピュータを使う順番を辛抱強く待ちましたが，前の子はあまりにも長くコンピュータを使っています。
- あなたの好きなテレビ番組が始まろうとしているとき，あなたのお母さんが，テーブルの準備をするように言ってきました。（この問題によって，一度立ち止まって他者の視点や感情について考えることを教える）

対処法を練習することができる。ただし，ここでは，不適切な対処法ではなく，あくまでも向社会的な対処法のみを子どもが練習するよう配慮する必要がある。もし，ロールプレイで試す対処法として不適切な対処法が選択されたならば，それは不適切な選択であるということを，指人形が相手になって示す（この役は子どもにはさせない）。

ステップ5：問題解決スキルを使ってみよう

　問題解決ゲームの5番目のステップは，皆の意見で一致した対処法を使うべき状況について考えることである。または，日常生活で実際に問題が起きたときに，対処法を使ってみるよう促すのもよい，たとえば，問題解決の話し合いを行った後で，クラスの子がコンピュータを独り占めしていると訴えてくる子どもや，友だちが石けり遊びに入れてくれないと泣いて現れる子どもがいるかもしれない。そのようなときには，問題解決のステップにしたがって対応してみる。子どもに「こうしなさい」と言ってしまう誘惑にかられることもあるかもしれないが，子どもたちと一緒に解決策を考える方が有効である。現実の問題の渦中にあるときには，仮想

場面や困り感や不快な感情が伴わない場面よりも問題解決が難しくなる。目の前の子どもは，怒ったり焦ったりしているために，冷静に考えることができなくなっているかもしれない。話し合いを通して子どもを落ち着かせれば，子ども自身で解決策を考え出すこともできるようになる。あまりに感情的になりすぎていると思われるときには，タイムアウトの時間をとったりして気持ちを落ち着ける。教師と子どもの双方が落ち着いたり，他の視点から問題を見たりする時間を持つ必要があるのであれば，少し時間をおいてから話し合いをするのがベストである。

問題解決のステップを学習し，仮想問題場面での練習も済んだら，子どもたち自身の個人的な問題について話し合いをしてもよい時期になっている。教師が仮想問題場面を提示して話し合いを始めるときと違って，ここでは，「解決したい問題がある人？」という問いかけが開始の合図となる。子どもたちがこの話し合いを楽しみに待つようになるまでには，そう時間はかからない。なぜなら，この話し合いは，困っていることを皆で共有して対処法のアイディアを得ることができる時間であることを，子どもたちも知っているからである。さらに，実際に言い争いが生じたときに教師がそこに居合わせることができるので，問題解決のステップにしたがって子どもたちを適切な対処へと導くこともできる。

解決策が使えるかな？

ステップ6：ふり返りをしよう

このようなことを考えたり，クラスの子の親から聞いたりしたことがあるだろうか。「ジョーイは何度も同じミスをするんです。何だか，経験から学ぶとか，以前に同じことをしてどうなったかを思い出すとか，そういうことをしてないみたい」。これは，先の見通しを予測するために過去の経験を使うというスキルを獲得していないためである。このスキルを獲得していない子どもは，過去の経験を思い出す方法や，今起きていることに過去の経験をあてはめる方法を知らない。こうした子どもたちには，問題解決の6番目のステップが非常に重要である。問題解決の6番目のステップでは，仮想場面であれ，現実場面であれ，何らかの問題を解決したときに，何が良かったために解決に至ったのか，これから先も同じ対処法が使えるかどうか等をふり返って評価する方法を学ぶ。具体的には，過去の出来事についてふり返り，そこで選択した対処法がこれから先の出来事でも良い選択となり得るかどうかを考える。対処法の結果をふり返って評価するときには，対処法を選ぶときと同じ質問をするとよい。たとえば，（1）悪いことは起こらなかったか？　傷つく人はいなかったか？

どうしたらいいのだろう？

(2)フェアな対処法だったか？ (3)自分自身はどんな気持ちになったか？　他の人はどんな気持ちになったか？　良い気分になったか？　もしこれらの質問のすべてに「はい」と答えることができないようであれば，子どもと一緒に新しい対処法を考える（例：「そうか，やってみたアイディアはあまり良くなかった。嫌な気分になるなら，もうこの対処をしたくはないよね。じゃあ，また同じようなことがあったら，他のアイディアの中でどれを選ぼうか？」）。最後に，このステップで最も重要なことは，問題の解決のために子どもが努力していることを強化することである。子どもから出された解決策の良し悪しに関わらず，適切な考えをしようと子どもが頑張ったということをほめるようにしたい。

悪いことは起こらないかな？

問題解決をもっとうまくする

　ここからは，子どもに問題解決を教える際に，教師が直面する可能性のある問題にスポットライトを当てる。また，問題解決をうまく教えるための方法についても触れる。

最初に把握したいのは子どもなりの問題の見方

　教師はときに，子どもの問題であると考えていることについて，あまりにも性急に結論を出してしまうことがある。ここで少し例を挙げよう。ジュアンの担任教師は，ジュアンは他の子どもと分け合うことができないと考えていた。しかし，ジュアンにとってみれば，問題は，ジュアンの友だちがボールを奪って他の場所へ行き，彼をゲームに入れてくれなかったことである。また，マリアは友だちとクレヨンを一緒に使おうと思って渡したはずなのに，友だちはクレヨンを返してくれなかった。もしここで教師が，何が問題であるかを性急に決めようとしたら，間違った方向にエネルギーを費やしてしまうかもしれない。状況の解釈が誤っているために，教師はジュア

解決策はフェアかな？

良い気分になれるかな？

ンとマリアにものを一緒に使うよう指導する可能性がある。これでは，子どもが問題解決プロセスに対して抵抗するようになってしまう。自分がしていないことを取り上げて非難されるなどの不当な扱いを受けたら，誰だって良い気持ちはしない。もし子どもが，事態の不公平さに気をとられたり，クレヨンやボールを取り返すことだけを考えているようであれば，教師がいくら良いアイディアを出しても聞く耳を持たないだろう。

ここで教師が取り組むべき最初の課題は，子どもの視点から問題を理解することである。そのときには，「何があったの？」「問題は何だと思う？」「そのことについてどう感じているか，教えてくれる？」などといった質問が役に立つ。これらの質問は，子どもが自分自身の視点から問題を明確にするのを助けるだけでなく，何が起きているのかを教師が飛躍して誤解してしまうのを防いでくれる。たとえば，前述した事例では，ジュアンの担任は次のように声をかけることができるだろう。「何が問題なのかはわかりました。あなたがボールを貸したら，友だちはずっとボールで遊んで返してくれなかった。それで怒ったのね」。子どもが問題から何かを学ぶためには，問題に対する子どもたちの視点に解決法が合致していることが重要である。子ども本人としても，教師が自分の見方を理解してくれていると感じると，教師と一緒に問題に取り組む意欲も湧くものである。

できるだけたくさんのアイディアを考えるように子どもを乗せる

教師はときに，子どもに問題への対処法を教えることで，子どもが問題解決を獲得すると思いこんでしまうことがある。たとえば，園庭で三輪車を一緒に使えずにケンカをしている二人の子どもに対して教師は，「一緒に遊ぶか，順番に使いなさい。力ずくは良くないわよ」と言ったり，「仲良く使いなさい。一緒に使えないなら，ラマルは怒って友だちじゃなくなっちゃうわよ。ものを奪ってまわってはダメ。もし彼があなたにそんなことをしたら，あなたは嫌でしょう？」と言うかもしれない。このやり方のまずい点は，子どもの視点から問題がどう見えているかを理解せずに，子どもがとるべき対処について教えようとしてしまっている点である。また，するべきこと（あるいはするべきでないこと）を直接教えることで，子どもが自分自身で問題への対処法について考える機会を奪ってしまっている。

より有効なやり方は，対処法を直接教えることよりも，何が問題を生じさせたかを考えるよう，また，たくさんの対処法を自分自身で考え出すよう，子どもを導くことである。いろいろな解決策を子どもが考え出せるようにさせたいものである。自分自身で問題を解決する習慣を子どもに身につけさせたいのであれば，子ども自身にものごとを考えさせる必要がある。感情を言葉で表現し，問題を解決するためのアイディアについて話し合い，解決策を使ったときに起きることを予測するように促す。子どもたちが自分のアイディアを言えるようになったら，解決策のレパートリーを拡充するために，教師がいくつかのアイディアを提案するのもよい。

コマッタ先生の問題解決 ──「私のよ！」

二人の子どもがボールをとりあってケンカをしていて，手からボールを離しません。
先生 ── こら！ オモチャを奪い合っちゃいけないって，何回言ったらわかるんだ！
子どもA ── でも，私のだもん！
子どもB ── 僕が最初に持ってたのに，こいつがとったんだ！
子どもA ── 違う！ とったのはあなたでしょ！
先生 ── なんで一緒に遊べないんだ？ 分け合うってことを覚えなさい！（ケンカは続く）

アザヤカ先生の問題解決 ──「あの子がたたいた！」

ティナが腕を押さえて泣いています。
先生 ── どうしたの？
ティナ ── サラにたたかれた。
先生 ── サラと何があったの？（ティナなりの問題の理解の仕方を聞こうとしている）
ティナ ── いきなりたたいてきたの。
先生 ── 何もしてないのに，サラがたたいてきたの？（原因についてティナに考えさせている）
ティナ ── ううん，私が最初にサラをたたいたの。
先生 ── どうして？
ティナ ── サラが読んでいた本を見せてくれなかったの。
先生 ── それじゃあティナだって怒るよね。ティナがたたいたとき，サラはどんな気持ちだったと思う？（他者の感情についてティナに考えさせている）
ティナ ── 怒ったかも。
先生 ── きっと，それでたたき返してきたのかもね。サラがどうして本を見せてくれなかったか，何か思い当たることはある？（他の子の視点から問題を見るように促している）
ティナ ── わかんない。
先生 ── どうしたらわかるかな？
ティナ ── サラに聞いてみる。
先生 ── うん，良いアイディアだね。（事実を知って問題を理解するよう促している）

その後
ティナ ── サラがね，私に本を見せてもらったことがないからだって。
先生 ── そう，それで本を見せてくれなかったんだ。サラが本を見せてくれるように，ティナはどうしたらいいと思う？（解決法についてティナに考えさせている）
ティナ ── 「見せてくれないんだったら，もう友だちじゃない」って言う。
先生 ── うん，それも一つのアイディアだね。それをしたら，どうなると思う？（解決法の結果についてティナに考えさせている）

> ティナ――もう私と遊ばなくなるし，友だちじゃなくなる。
> 先生――うん，そうかもね。サラとは友だちでいたい？
> ティナ――うん。
> 先生――サラと友だちでいられるように，他のアイディアはないかな？（さらに解決法を考えさせている）
> ティナ――代わりに私の本を1冊貸してあげる。
> 先生――うん，良いアイディアだね。それをしたら，どうなると思う？

問題解決をそっとガイドする

　子どもたち自身で問題を解決するように教師が伝えることによって，子どもを援助しようとするときには，別の問題が生じることがある。これは，年齢の低い子どもに多く，本当は効果的な問題解決スキルを持っているのにそれがうまく機能していないときに生じる。例を挙げよう。マックスとテイラーは，本の取り合いでケンカになる。長く続いた言い合いの結果，攻撃的なテイラーが本を手に入れる。欲しがっていた本が手に入ったことで，テイラーの不適切な行動（攻撃行動）が強化される。また，マックスが身を引くことでケンカが収まったので，マックスの譲る行動も強化される。

　ここで教師は，子どもたちをそっと導くことで，問題解決ステップを使って対処することを子どもたちに学ばせるように支援することができる。考えていることを口に出させてみたり，解決のためのアイディアや試みをほめたりする。こうした支援を通して，あらゆる問題に対応できる考え方のスタイルを子どもに獲得させることができる。まずは，たくさんの解決策を考えさせる。その次に，それぞれの解決策から生み出される結果に意識を向けさせる。そして，

> ### 日常の問題解決のサンプル事例――「遊びに入れてくれないの」
>
> リジー――（教室に走り込んできて泣き出す）キミなんかもう親友じゃない。嫌いよ！　遊びに入れてくれないの。
> キミ――私，そんなこと言ってない！　嘘よ！
> 先生――二人とも，興奮してるし，嫌な気持ちでいるみたいだね。まずは落ち着いて。それから，何が問題なのか，どうしたらいいのかを考えるのはどう？（二人の席をしばらく少し離したり，給食の時間に改めて話し合うようにするのもよい）
> 先生――問題解決のときのルールは覚えてる？（二つのルール「悪口を言わない」「じゃまをしない」を確認する）OK，まずはリジー，問題は何だと思う？（リジーが問題を言う）あなたはそれでどう感じたの？　じゃあキミ，あなたは，問題は何だと思う？（キミが問題を言う）それでどう感じた？　それじゃあ，この問題を解決するためにできることを考えてみて。（もしどうしてもアイディアが思いつかないときには，問題解決対処キットを参照する）

最後に，一番良い方法を選ばせる。

　これらの例では，ティナの担任は，なぜサラがティナをたたいたのか，問題は何かを考えることをサポートしている。ティナが最初に手を出したと知ったとき，担任は具体的なアドバイスは与えず，サラの気持ちについて考えるよう促した。ティナの担任は，問題解決プロセスを通して，ティナが問題を理解したりさまざまな解決法を考え出したりするのをサポートしたのである。

　感情があまりに高ぶっているときには，問題を解決する余裕がなくなってしまうかもしれない。この例で教師は，まずは子どもたちが気持ちを落ち着けられるようにした。この後は，子どもたちが一緒に問題解決をしていけるように，ステップごとのヒントカードなどを使って問題解決を導く。

問題解決は明るく楽しく

　子どもが考え出した解決法が不適切だったり，まったくバカげていたり，成功が見込めないものであると，教師はつい手を出してしまいたくなる。そうすると，子どもは自分の考えが否定されたように感じて，自分で考えるのをやめてしまうかもしれない。また，教師があまりに強迫的に問題解決プロセスを使おうとして，解決法やその結果を無理矢理考えさせるようになってしまうと，子どもとの対話がかみあわなくなってしまう。

　子どものアイディアをバカにしたり，批判したり，否定的な評価を下すのは避けたい。それよりも，子どもに自由にイメージを展開させて，さまざまなアイディアが出せるようにしたい。もし，一つのことに注意を持続できる時間が短かったり，問題解決に飽きてしまったりしているようであれば，すべての解決法の結果について詳細に検討する必要はない。最も有望な解決策を二つか三つ程度選択して，それらを集中的に検討すればよい。

気持ちを聞く

　問題解決をするときに，感情が話題に挙がるのを避けて，考え方のスタイルや解決法とその効果等に焦点をあてようとする教師がいる。しかし，そのような人は，子どもがその問題についてどのように感じたか，そしてその場にいた他の人がどのように感じたかを聞くのを忘れてしまっている。教師自身が自分の感情に気づくということもまた重要なのである。校庭に連れて行かれて他の子をたたくように強要されたなどという訴えを子どもから聞いたりすると，担任教師は怒り，気持ちが高ぶり，目の前が真っ暗になるかもしれない。そんなときは，まずは教師自身がそれらの感情をコントロールした上で，訴えてきた子どもの気持ちを聞くことが大切である。

　子どもに身につけさせたいのは，問題場面で感じている感情や対処法の結果について考えを巡らすことと，他の人の視点に立って状況を見直すということである（例：「それをしたとき，ジュリーはどんな気持ちだったかな？　ジュリーがあなたにそうしたら，あなたはどんな気持ち？」）。また，他の人の気持ちや考えを推測したときの，子どもなりの根拠について聞くこと（例：「ジュリーがあなたのアイディアを気に入ったって，どんなところからわかった？　ジュリーが悲しんでいるか喜んでいるか，どこを見てそう思っているの？」）。こうした質問を通して他の人の感情や視点に意識を向けさせることで，共感性が高まり，協力したり，妥協したり，問題解決をする意欲も湧くようになる。また，教師自身の感情をあえて話題に挙げることで，「教師は自分たちに共感してくれている」ということに子どもたちが気づくこともある。

たくさんのアイディアが出ることが目下の目標

　子どもが解決策を考え出したとき，その一つ一つを批判しないようにしたい。アイディアの良し悪しや効果の有無について当面はコメントをせずに，子どもたちにできるだけたくさんの解決策を考えさせる。その後で，教師からいくつかのアイディアを提案してもよい。ただし，あくまでも一つの提案としてアイディアを出すのであって，「こうしなさい」という命令のようになってはいけない。これまでの研究から，適応的な子どもとそうでない子どもの違いの一つとして，適応的な子どもはそうでない子どもと比べて，より多くの解決策を考え出す傾向があることがわかっている。つまり，ここでの目下の目標は，子どもたち一人一人ができるだけたくさんのアイディアを考え出せるようになることである。

開かれた質問と言い換えを駆使する

　開かれた質問は，問題について子どもに考えさせるための最大の方法の一つである。出来事の「なぜ」を聞く質問（例：「なんでそんなことをしたの？」）や，何かを選ばせるような質問（例：「あの子をたたいたのは，怒ったから？　あの子があなたを笑ったから？　それとも……」）や，閉じられた質問（例：「あなたがたたいたの？」）をしたくなっても，それらの質問はできるだけ避けるようにする。このような質問をしても，「はい」「いいえ」という答えが返ってくるだけであるか，非難されたように感じて防衛的で頑なになり，話をしようとしなくなってしまう。ここでは，出来事の「何」と「どのように」を聞く質問をする。聞き方の例としては，「何があったの？」「どんな気持ちだった？」「他にどんな気持ちがあった？」「他の人はどんな気持ちだっただろう？」などがある。こうした開かれた質問をすることで，子どもを問題解決プロセスに乗せやすくなる。

　子どもが以前に言ったことを言い換えて表現したりすることで，子どもは，自分の話はしっかりと聞いてもらえている，あるいはアイディアが尊重されていると感じるようになる。言い換えることのメリットの一つは，子どもが以前に言ったことを，より適応的な言葉で表現し直すことができるということである。たとえば，自分の気持ちを聞かれて「あんなやつバカだ」と答えたとき，教師は「あの子に対して本当に怒っているんだね」と言い換えることができる。こうしたやりとりを通して，問題解決に役立つ語彙力を高めることができる。

ヒントカードと対処法カードで子どもの問題解決をサポートする

　前述したウォーリーの問題解決6ステップにあるようなヒントカードは，子どもが問題解決のステップを思い出したり考えをまとめたりするときに役に立つ。これらのカードは，頻繁に子どもに見せたり，教室の壁に掲示しておいたりすると，いざというときにすぐに使うことができる。また，さまざまな解決策をカードにして，ケースに入れたりファイルに綴じておく。ファイルには，「問題解決探偵マニュアル」などの名前をつけてもよい。日常生活での問題について，子どもたちだけでは解決策がなかなか思いつかないときには，このファイルを参照させるとよい。

問題解決探偵マニュアルを作る

　また，話し合いの中で書き出されたアイディアや，宿題を通して考え出されたアイディアを活用することで，問題解決の話し合いをさらに盛り上げることもできる。たとえば，生活の中で起きた問題と，その問題にどのように対処したかを書く（問題場面については絵で描いてもよい）という宿題を出す。宿題を通して集まった例や，それに対する話し合いの内容を集めることで，あなたのクラスだけの問題解決探偵マニュアルを作ることができる。できあがったマニュアルは，保護者や他のクラスの子ども，他の教師等，さまざまな人が閲覧することができる。

アイディアの良い結果も悪い結果も両方考えておく

　考え出した解決策が生み出す結果について検討しようとすると，教師はつい，悪い結果に目を向けてしまいがちである。たとえば，相手をたたくことで欲しいボールを手に入れるという対処法の結果について，みんなで話し合う。すぐに思いつく結果は，他の子が泣く，嫌な思いをする，担任教師に叱られるということである。もちろん，ほとんどの教師はこれらの結果を想定する。しかし，相手をたたくという対処法が欲しいボールを手に入れるために機能しているかもしれないということは，多くの場合，見落とされている。対処法の良い結果も悪い結果も，両方とも平等に検討することが大切である。相手をたたくことが短期的には機能しているということがわかったら，次に，相手をたたくという行動の長期的効果について検討する。特に，自分と遊びたいという友だちの思いがどう変化するかという点について考える必要がある。解決策から生じる結果をさまざまな観点から検討することで，それぞれの解決法がどのような効果を持っているかということについて，より適切な判断をすることができる。

自分自身が考えていることを言葉に出して聞かせる

　学校生活での毎日の問題解決を観察することは，問題解決を学ぶ良い機会となる。子どもたちは，教師やTT（チーム・ティーチングのスタッフ）が道具を運ぶ人をどのように決めるのか，家庭への手紙を書く人をどのように決めるのか，また，遠足の行き先をどのように決めるのか等を間近で見ることで，生の問題解決を学ぶことができる。教師が問題について話し合い，解決策を考え，どれが一番良い方法かを評価する様子を子どもが見る機会は，無数にある。また，以前にうまくいかなかった解決法を教師がどのように評価し，以後の問題場面で別の解決法をどのように選択するのかを見ることも，問題解決を学ぶ良い方法である。これまでの研究から，大人が問題を解決する様子を見ることは，子どもの問題解決スキルを高めるだけでなく，問題が解決されていない状態での子どものストレスや不安を下げるためにも，非常に重要であると指摘されている。

考えることとセルフマネジメントに力を注ぐ

　教師はときに，問題場面での最良の解決策を見つけることが問題解決の目的だと考えることがある。もしそれが可能であれば，確かに素晴らしい。しかし，問題解決プロセスに則って話し合いをすることの本当の目的は，「正しい」解決法を見つけることではなく，ものごとの考え方とセルフマネジメントの方法を教えることである。
　そのため，子どもと一緒に問題解決をするときには，どのような結論に至ったかよりも，そ

> ### コマッタ先生の問題解決──「今，助けてほしいの！」
>
> 子ども──先生，ここ教えて。
> 先生──今はダメ。先生は忙しいんだ。
> 子ども──ねぇ，お願い。ちょっとでいいから。
> 先生──今はこれをやらなきゃいけないんだ。あとでね。
> 子ども──先生，お願い。今教えてほしいの。私一人じゃできない！
> 先生──先生がこの仕事を終えるまで，まずは自分自身でやってみなさい。一人でできるようにならなきゃ。いつもあなたが思うとおりに助けてあげられるわけじゃないんだよ。
>
> 5分後
> 子ども──先生，仕事は終わった？
> 先生──終わったら，と言っただろう。あまり先生を邪魔するようだったら，もう助けてあげないよ。
>
> ### アザヤカ先生の問題解決とセルフマネジメントの向上
>
> マーティー──先生，ここ教えて。
> 先生──今，アンナとお話をしているの。アンナとのお話が終わったら，相談に乗りましょう。
> マーティー──お願い，今教えてほしいの。
> 先生──アンナとのお話がまだ途中だから，今すぐは無理よ。
> マーティー──本当に困ってるんだ！　僕一人じゃできないよ！
> 先生──じゃあ，先生がアンナと話している間，他にできそうなことを考えておくことはできる？
> マーティー──できない。
> 先生──困ったわね。何からならできそう？
> マーティー──絵を描くのはできる。
> 先生──うん，それもあなた一人でできることね。
> マーティー──それか，他のページをやっておいて，この難しいところは後でやる。
> 先生──うん，二つも良いアイディアを思いついたね。だんだん，問題解決のできる素敵なアイディアマンになってきているみたい。アンナとのお話が終わったら，その難しいところはちゃんと教えてあげるからね。

の結論に至るまでにどのように考えたかという点に注目する。ここでの目標は，子どもたちが問題場面を柔軟で気楽にとらえられるようになり，良い解決策を考え出して良い選択ができるような知識を身につけ，解決法がもたらす結果を予め考えておくための方法を知ることである。このような認知的社会的問題解決スキルを獲得することで，日常生活で直面する問題のセルフマネジメントができるようになる。子どもが自分自身で解決法を見つけられるようになるためには，まずは教師が，使えるときにはいつでも問題解決プロセスを使ってみることである。ページ上部に，非常に依存的で不安定な子どもが自信を持って自立するようになるために，ある教師が行った工夫の例を紹介する。

上記の例のように，マーティーと担任が問題とお互いの問題の見方を共有したのであれば，感情への直面化は必ずしもしなくてもよい。マーティーは，教師がどんな気持ちであるのかについて考えるよう促され，マーティーがどんな気持ちであるのかを教師が理解してくれていると感じることで，今構ってもらえていないことを受け入れ，望み通りの状況になるのを少し待つことを学習する。

指人形に命を吹き込む

　前述したとおり，子どもに問題解決の考え方を教えるときには，指人形が非常に役に立つ。特に年齢の低い子どもは，指人形に夢中になり，大人と話すときよりも，侵襲性の高い問題について話すことができるようになる。「指人形をうまく動かすことができなくて……」などと気にする必要はまったくない。子どもはそんなことを気にしていない。大切なことは，明るく楽しく，遊ぶように指人形を使うことである。子どもにとって指人形は「生きている」ので，指人形には，名前や年齢，性格，好きなことや趣味，家族構成などを決めておく必要がある。もし二つ以上の指人形を持っているのであれば，できるだけ性格や家族構成が異なるキャラクターにするとよい。たとえば，短気なのか，恥ずかしがり屋なのか，養子なのか，片親なのか，あるいは祖父母に育てられたのか。また，指人形は，子どもと同じように，クラスのルールにしたがって行動したり考えたりする。こうした設定を活用して，イライラをうまく処理できるようになったり，新しい対処の仕方を経験から学べるようになったり，特に難しい問題をうまく解決できるようになるための手本を示すことができる。また，指人形が「生きている」という感覚を子どもに持ち続けてもらうためには，指人形が着る服を毎週替えるなどの工夫をするとよい。

サークルタイムを定期的に設ける

　問題解決ステップを教えたり，問題について話し合いをするにあたっては，クラスでの話し合いの時間，つまり，サークルタイムを定期的に設けたい。サークルタイムは，少人数のグループで，机を使わずにイスを輪にして行うとよい。サークルタイムを始める前には，「みなさ

サークルタイムのルール

- 一度に話すのは一人まで。
- 人が話しているときは，その人の方を見て話を聞く。
- 一度に話し合うのは一つの問題まで。
- 意見を交換するときは，「人が嫌がる言葉」を使わない（誰に対しても，親に対しても，教室の外の他の子どもに対しても）。
- 手や足を出さない。
- サークルタイムは1回につき30分まで。
- みんなで自由に意見を出し合う。
- 意見を言いたくないときや困ったときは，パスしてOK。

ん，サークルタイムのルールを覚えていますか？」と，サークルタイムの「共通ルール」を教師から伝える。

共通ルールの確認が済んだら，話し合いたい問題を募り，今回のサークルタイムのテーマを決める。もし，話し合いたい問題があるという子どもが何人もいるようであれば，今回のサークルタイムで扱う問題を一つか二つ程度選び，残りの問題は他の機会で話し合うことにする。文字を書ける子どもであれば，「テーマ箱」をクラスに一つ作っておくとよい。テーマ箱には，1週間の生活の中で気になったことやサークルタイムで話し合いたいことを，紙に書いて入れておくことができる。これによって，どのようなことを話し合いたいのかを，子どもはいつでも教師に伝えることができるようになる。ただし，すべての訴えがすぐに話し合いのテーマになるわけではないということは，子どもにもはっきりと伝えておいた方がよい。

話し合う問題やテーマが決まったら，その問題に対して抱いている感情について話し合い，問題の解決のための解決策を考える。解決策を出すときには，一つの提案としてアイディアを発表させるとよい（例：「……というのはどうだろう？」）。また，テディベアやおもちゃのマイク等，アイディアを提案するときに道具を一つ持って話すようにするのもよい。アイディアを一つ出したら次の人にマイクを回し，マイクを持った人がまた一つアイディアを言う等の使い方ができる。発言をしたくない人はパスをしてもよい。人前で話すのが苦手な子どもの場合は，テディベアを持って，腹話術のようにテディベアに自分の意見を言ってもらうのもよい。サークルタイム中の教師の動きとして大切なことは，どんな意見も尊重すること，子どもの意見を要約すること，発言への横やりや批判を防ぐこと，サークルタイムのルールを守ることなどである（例：教師も質問があるときは静かに手を挙げる）。また，サークルタイム中は感じていることを言っても大丈夫だと子どもが感じられるようにすることが大切である。

また，教師自身が問題解決のサポートを必要とすることもあるだろう。たとえば，校庭での事件やいじめ，教室内での嘘や悪口，クラス全体が静かにできない等の問題がある。小学2年生のある女性の担任教師は，教室内で悪口が飛び交っていることを心配して，サークルタイムを設けた。「みなさん，私たちのクラスの「礼儀正しくするルール」を覚えていますか？ みんなが良い気持ちになれる言葉を使って，お互いを尊敬し合おうというルールですね。それから，教室には「優しさゾーン」を作りましたね。でも，どうやらまだ少し，人が嫌がる言葉が使われているみたいです。ひょっとしたら，人が嫌がる言葉を使っている人は，自分ではそれが人が嫌がる言葉だと気づいていないんじゃないかと先生は思っています。そこで，人が嫌がる言葉ってどんな言葉なのか，先生が試しに使ってみますので，よく聞いていてください」。子どもたちは，彼女からの説明を受けて，悪口のリストアップした（例：デカ頭，変人，まぬけ，「ふん，バカなアイディア」，「お前の母ちゃん，犬みたいな顔だな」）。子どもの中には，リストアップされたものを見て，悪口のように嫌な思いをさせるものではなく，むしろ面白い言葉だと感じる子もいたかもしれない。彼女はここで話し合いを続け，リストアップされた言葉で自分が呼ばれたらどんな気持ちになるか，これらの言葉を使う人は，なぜこのような言葉を使うのか等について子どもに問いかけた。次に，相手の意見に同意できないときの適切な表現について，子どもたちに考えさせた。そのとき，彼女は「礼儀正しくするルール」を改めて伝えて，誰かがクラスメイトに礼儀正しい言葉をかけるのを見たらシールをあげることにした。最後に，礼儀正しい言葉をかけるためのさまざまなアイディアを，ロールプレイなどを通して実際に練習した。

話し合いの時間にゲストを入れる

　サークルタイムでは，子どもや教師だけでなく，指人形も，問題解決のための問題を提案することがある。問題の中には，あまりに繊細で侵襲性が高いために，皆の前で言うことができないものもある（例：いじめ，万引き，担任あるいは親が怖い，体を触られる）。このような問題は，ウォーリーやモリーなどの指人形から提案する。給食時間や休み時間の問題についてサークルタイムで提案することもある。たとえば，給食指導や休み時間指導の教師，バスの運転手がサークルタイムに参加して，テーブルマナーやスポーツマンシップ，バスでの行動に関する問題を提案するのもよい。また，サークルタイムに保護者を呼ぶことで，家庭と学校の連携が強くなることがある。

問題解決を練習して向社会的な解決法を強化するための仕掛けを作る

　サークルタイムで話し合った内容について練習するために，小人数でのグループ活動を設けることは，非常に重要である（グループ活動の詳細については，第10章を参照のこと）。ここでの教師の役割は，適切な問題解決法を教えて，子どもがそれを使ったらすかさずほめることである。

ほめて，ほめて！《一人一人の目標，クラスの目標を作る》

　教師は，一日を通して，教室や校庭などのさまざまな場所で，子どもが適切な選択をしたり，効果的な問題解決をしたりする場面を見ることがあり，子どもが問題解決法を使うことを，仕事の手を止めて強化することもある（例：「君たち，何だか本当の探偵みたいに問題を解決してしまったね！　気持ちを落ち着けるのも，問題を解決するのも，本当にうまくなった」）。また，「良い対処法を〇〇個思いつく」というゴールを達成しようとするときには，クラス全体あるいは一人一人に目標を設定することもできる（例：「これから，クラスのみんなが何回，問題解決をして良い選択ができるか，数を数えることにします。50回を達成したら，みんなでお祝いをしましょう」）。または，問題解決が特に苦手な子がいれば，「マシュー，君に一つ，指令を出そう。10個の対処法を思いつくことができたら，探偵クラブのレベル1に合格だ」などのように声をかけることができる。また，数字の書かれたスタンプカードを渡して，良い選択をしたらスタンプをもらえるようにするのもよい。

保護者を巻き込む

　もし，問題解決について保護者が説明を受けて，子どもの問題解決を家庭でも強化することができれば，問題解決ステップの学習はさらに加速する。問題解決の6ステップを図解する手紙を各家庭に送り，問題が起きたときには問題解決の言葉かけを使ってみるように提案する。たとえば，きょうだいゲンカがあったときに，親が率先して問題解決を始めることができる（例：「問題は何？」「どんな解決法がある？」「その解決策をやったら，どうなると思う？」「他にはどんなやり方がある？」「一番良いのはどの方法だと思う？」）。また，学校で行っているものと同じ言葉かけを家庭でも行うことで，困ったときでも，言葉かけを聞くことで子どもがすぐに問題解決の考え方を使えるようになる。もちろん，教師が問題解決法の研修会を保護者向けに行うことができれば，保護者が家庭で問題解決プロセスをより確実に使うことができるようになる。最後に，特定の問題について親と話し合ってくることを問題解決の宿題にするとよ

い。たとえば，ダイナソー・カリキュラムでは，親や養育者との話し合いを通して完成する活動を盛り込んだ探偵活動マニュアルを活用している。(例：あなたは，車の助手席にどちらが座るか，テレビのチャンネルをどうするかといったことで，あなたのきょうだいと激しくケンカしています。あなたのお母さんは，ケンカしているのを見てあなたに怒り始めました。この問題にどのように対処するかをお父さんやお母さんに話し，アイディアをクラスで発表してください)。「学校での問題を解決するためのウォーリー探偵ブック」や「家庭での問題を解決するためのウォーリー探偵ブック」(Webster-Stratton, 1998) は，家庭で親と一緒に読む子ども用の問題解決の本として良著である。これらの本には，誰でも経験するさまざまな問題に直面したときに使えるさまざまな対処法が収録されている。

結論

　社会的問題解決のステップを教えることは，長除法（訳注：13以上の数字で割る計算）や地理学などの複雑なスキルを教えることと比べると，何ら難しいことではない。最初にステップバイステップの手続きを教えて，教師が実際にやってみせて，さまざまな問題場面で練習と強化を繰り返す。時間をかけて，練習をして，問題解決プロセスの「青写真」にしたがうことで，問題解決プロセスは自動的に行われるようになる。また，実際の経験を通して，問題解決プロセスは子どもの中で拡がったり統合されたりする。数学などを教えるときもそうであるが，問題解決スキルが1年やそこらでマスターできると期待してはいけない。むしろ，継続的な指導や学級活動への導入が，子どもへの教育全体を通して行われなければならない。また，読みや書きといった特定の学業スキルに困難を示す子どもがいるように，社会的手がかりを読み取るのが苦手な子もいれば，問題を解決する方法を理解するのが苦手な子や，感情をうまく表現するのが苦手な子もいる。教師が粘り強く指導することで，子どもは有能な問題解決者であると自覚するようになり，思春期などの発達段階において経験することが多い問題に立ち向かえるだけのスキルを獲得するのである。

まとめ

- 問題解決ステップの練習のための仮想問題場面を提示するときには，ゲーム形式と指人形を使う。
- 子どもが問題を明確に理解したり，問題場面での感情に気づけるようにサポートする。
- 就学前の子どもに問題解決を教えるときは，解決策をたくさん出すことに力を注ぐ。
- 楽しく，自由に，ユーモアを交えながら取り組む。
- 小学生に問題解決を教えるときは，それぞれの解決策が生み出す結果について考えることに力を注ぐ。
- 解決法がうまくいかなかったときに何をするべきかを，考えさせる。
- 効果的な問題解決を教師自身がやってみせる。
- 問題解決は，正しい答えを見つけるプロセスであるというよりも，問題場面での考え方を学ぶプロセスであるということを忘れないようにする。

文　献

Asarnow, J.R. and Callan, J.W. (1985), Boys with peer adjustment problems: social cognitive processes, *Journal of Consulting and Clinical Psychology*, 53, 80-7.
Asher, S.R., Parkhurst, J.T., Hymel, S. and Williams, G.A. (1990), Peer rejection and loneliness in childhood. In S.R. Asher and J.D. Coie (eds.) *Peer Rejection in Childhood* (pp.253-73), Cambridge: Cambridge University Press.
Battistich, V., Schaps, E., Watson, M., Solomon, D. and Schaps, E. (1989), Effects of an elementary school program to enhance prosocial behavior on children's cognitive social problem-solving skills and strategies, *Journal of Applied Developmental Psychology*, 10, 147-69.
Beelmann, A., Pfingste, U. and Losel, F. (1994), Effects of training social competence in children: a meta-analysis of recent evaluation studies, *Journal of Abnormal Child Psychology*, 5, 265-75.
Camp, B.W. and Bash, M.A.S. (1985), *Think Aloud: Increasing Social and Cognitive Skills —a Problem-Solving Program for Children in the Classroom*, Champaigne, IL: Research Press.
D'Zurilla, T.J. and Goldfried, M.R. (1971), Problem solving and behavior modification, *Journal of Abnormal Psychology*, 78, 107-26.
Dodge, K.A. and Price, J.M. (1994), On the relation between social information processing and socially competent behavior in early school-aged children, *Child Development*, 65, 1385-97.
Elias, M.J. and Clabby, J.F. (1989), *Social Decision Making skills: A Curriculum Guide for the Elementary Grades*, Gaithersburg, MD: Aspen.
Gardner, H. (1993), *The Multiple Intelligences: The Theory in Practice*, New York: Basic Books.
Kazdin, A.E., Esveldt, D.K., French, N.H. and Unis, A.S. (1987), Effects of parent management training and problem-solving skills training combined in the treatment of antisocial child behavior, *Journal of the American Academy of Child and Adolescent Psychiatry*, 26 (3), 416-24.
Lochman, J.E. and Curry, J.F. (1986), Effects of social problem-solving training and self-instruction with aggressive boys, *Journal of Clinicial Child Psychology*, 15, 159-64.
Miller, M.G., Midgett, J. and Wicks, M.L. (1992), Student and teacher perceptions related to behavior change after skillstreaming training, *Behavioral Disorders*, 17, 291-5.
Rubin, K.H. and Krasnor, L.R. (1986), Social-cognitive and social behavioral perspectives on problem-solving. In M. Perlmutter (ed.) *Cngnitive Perspectives on Children's Social and Behavioral Development. The Minnesota Symposia on Child Psychology* (Vol.18, pp.1-68), Hillsdale, NJ: Lawrence Erlbaum Associates.
Schneider, B.H. (1992), Didactic methods for enhancing children's peer relationships: a quantitative review, *Clinical Psychology Review*, 12, 363-82.
Shure, M. (1994), *I Can Problem Solve* (ICPS): *An Interpersonal Cognitive Problem-Solving Program for Children*, Champaign, IL: Research Press.
Shure, M.B. (1983), Enhancing childrearing skills in lower income women. *Issues in Mental Health Nursing*, 5 (1-4), 121-38.
Slaby, R. and Guerra, N. (1988), Cognitive mediators of aggression in adolescent offenders: 1. assessment, *Development Psychology*, 24, 580-8.
Webster-Stratton, C. (1998), *Wally's Detective Book for Solving Problem at Home*, and *Wally's Detective Book for Solving Problems at School*, in Incredible Years Training Series for Parents, Teachers and Children, Seth Enterprises, 1411, 8th Avenue West, Seattle, WA98119, USA.
Webster-Stratton, C. and Hammond, M. (1997), Treating children with early-onset conduct problems: a comparison of child and parent training interventions, *Journal of Consulting and Clinical Psychology*, 65 (1), 93-109.

Chapter Ten | Peer Problems and Friendship Skills

第10章 仲間関係の問題と友情スキル

　ほとんどの教師には，子どもにとって友情が重要であることを説得する必要はない。友情の形成を通じて，子どもは，協力，分かち合い，葛藤解決などの社会的スキルを学ぶ。また，友情は子どもの集団への所属感を育てたり，共感スキル（他者のものの見方を理解する能力）を促進したりする。友情の形成や欠如は，子どもの後の社会適応にずっと影響し続ける。先行研究では，仲間からの孤立や拒否などの仲間関係の問題が，青年期や成人期の抑うつや中途退学，他の精神医学的問題を含むさまざまな問題を予測することが明らかにされている（Ladd and Price, 1987）。

なぜ，子どもによっては，友だち作りが難しいのか？

　年少の子どもの中には，友だち作りが容易でない子どもがいる。多動性，衝動性，不注意などの難しい特性がある子どもは，友情の形成や維持が特に難しいことが明らかにされている（Campbell and Ewing, 1990）。衝動性のコントロールが不適切であると，攻撃的な反応，問題解決のまずさ，共感性の欠如，そして自分の行動の結果を推測することができないといったことが生じやすい。これらの子どもは，順番を待つことや仲間の提案を受け入れることの困難，何かを命令ではなく提案することや仲間との遊びで協力することの困難といったような遊びのスキルにも明らかな遅れがある（Webster-Stratton and Lindsay Woolley, 1999）。会話スキルが未熟な子どもは，仲間から拒否されやすいことも明らかにされている（Gottman, Gonso and Rasmussen, 1975）。こうした子どもは，会話を始めるときに何と言えばよいのかとか，他者の申し入れにポジティブに反応するやり方の知識が不足している。その結果，集団に参加することが困難になるのである（Putallaz and Gottman, 1981）。

対人的困難を抱える子どもは，対人場面において，自分に期待されていることを間違って判断してしまうことが多い。つまり，こうした子どもは，集団に加わるときに衝動的であったり，妨害的であったりする。また，共有したり順番を待ったりすることもうまくできず，不適切な意見や批判的な意見を述べたりする。その結果，彼らのやりとりは，他の子どもをいらいらさせることが多くなる。衝動的な子どもがすぐに感情的になったり，攻撃的になったりすることで，周囲の子どもは脅かされる。そうすると，周囲の子どもは，衝動的な子どもを孤立させたり，拒絶したり，笑いものにしたりするだろう。この種の仲間関係の問題を示す衝動的な幼い子どもは，寂しさや低い自尊心といった内的な悩みを報告する（Asher and Williams, 1987; Crick and Dodge, 1994）。このような自己認知は，仲間の発言に過剰に敏感になったり，他の子どもに近づくことへの自信をなくしてしまったり，そして結局は仲間とのやりとりや集団活動に消極的になることによって，さらに仲間との関係を難しくしてしまう。仲間から孤立してしまうと，社会的なやりとりの機会や適切な社会的スキルを学ぶチャンスがますます少なくなる。そして最後には，クラスメイトや他の仲間の間に悪い評判が広まり，社会的に孤立するかもしれない。

　教師にとっての大きな課題は，すべての子どものために仲間からの拒否や排斥を予防し，効果的な社会的スキルやポジティブな友情を形成することである。大きな仲間集団の中で子どもが困難を示すとき，親はそばにいて助けてあげることができないので，この課題を克服するためには，親よりも教師が重要な役割を果たすと言える。この章では，多くの社会的スキルプログラムで使われていて，よい友情を育てるために子どもが学ぶ必要があると言われている社会的スキルのうちのいくつかを，教師が教える方法について考えていく（Bierman, Miller and Stabb, 1987; Elias and Tobias, 1996; Greenberg et al., 1995; Gresham, 1995; Gresham, 1997; Grossman et al., 1997; Knoff and Batsche, 1995; Webster-Stratton and Hammond, 1997）。

仲間とのやりとりを始めたり，集団に参加する方法を教える

　年少児に教える最初の社会的スキルの一つは，会話への入り方や，他の子どもやグループとのやりとりの始め方である。子どもの集団がすでに活動に取り組んでいるときに，会話を始めたり，集団に仲間入りすることを，恥ずかしがったり，恐れる子どもがいる。また，過剰に興奮するせいで，トラブルを起こす子どももいる。このような子どもは，頼んだり，仲間に入るきっかけを待ったりせずに，遊んでいる子どもの集団に強引に入る。その結果，集団から拒否されることが多くなる。両方のタイプの子どもは，集団への近づき方や会話するきっかけを待つ方法，仲間入りの頼み方を学ぶ必要がある。教師は，遊んでいる子どもの集団に入りたいと思っている子どもをロールプレイすることによって，これらの集団参加スキルを教えることができる。問題解決を教えるために，第9章で説明したように，サークルタイムで大きな等身大の操り人形（ウォーリーとモリー）を使うことは，適切な集団参加スキルのモデルを見せたり指導したりするためのよい方法である。以下は，教師が子どもと一緒に実施するロールプレイの例である。

　このロールプレイは，子どもの集団参加に必要な四つのステップを強調している。（1）脇からよく観察して興味を示す。（2）よく観察し続けて，子どもが遊んでいることについて何かよいことを言う。（3）遊びに入れてと頼む前に，遊びが途切れるのを待つ。（4）丁寧に入れてと

> ### 操り人形の台本のサンプル「集団参加を開始する」
>
> （ロールプレイをしたいと手を挙げた3人の子どもが，教師からボードゲームを始めるように頼まれる）
> ウォーリー──（集団に近づき，立ち止まって，しばらくボードゲームをする子どもをおもしろそうに見る）
> ウォーリー──おもしろそうなゲームだね。（何か良いことを言い，反応を待つ）
> ウォーリー──（しばらく待って遊びを見て，ゲームのルールに注目する）一緒に遊んでもいい？（許可を求める）
> 子ども──いいよ，たった今始めたところなんだ。
> ウォーリー──ありがとう。どの駒を使えばいいの？（どのように参加すればよいかを尋ねる）
>
> 別のバージョン
> ウォーリー──（集団に近づき，立ち止まって，しばらくサッカーをする子どもを見る）
> ウォーリー──すごいゴールだ。（仲間からの反応を待つ）
> ウォーリー──（しばらく待って，彼らの試合を見る）一緒にやらせて？
> 子ども──試合の最中だからだめだよ。
> ウォーリー──わかった，また今度ね。試合が終わって，ぼくも入れてもう1試合したくなったらいいなぁ。（決定を受け入れる）（一人で考える）それじゃあ，ぼくは，フレディをトチの実ゲームに誘ってみるよ。
>
> 役割変更──操り人形のウォーリーが仲間集団の役をやり，別の子どもが集団参加スキルをやる。

頼み，相手の反応を受け入れる。子どもは遊びに入れてと頼んでも，2回に1回は断られてしまう。そのことが痛手とならずに，一緒に遊ぶ別の集団を探すことができるようにするための準備をしておくことが重要である。

年少の子どもに遊び方を教える

教師は，遊びスキルを友好的に使うことについて，すべての子どもを励まし賞賛する必要があるけれども，衝動的，不注意，多動，あるいは社会的に孤立している子どもを指導する場合には特に注意する必要がある。このような子どもは遊びスキルに遅れがあり，多くは，協調性や互恵的な関係のバランスの原則をまだ身につけていない。彼らは，協調的で対等なやりとりを進めるのに必要なスキルを欠いている。これを教えるのに適した時間は，サークルタイムや小集団の時間である。教師は，子どもが友好的な行動と考えていることを引き出すための質問をするところから始める。「どうするとよい友だちができますか」とか「あなたはどうやって友

だちと遊びますか」といった質問をすることで，よい友だちの振る舞い方について子どもの意見を引き出すようにする。次に，子どもに，ブロックやレゴで教師（または，操り人形の一つ）と遊ぶところを見せて欲しいと頼む。他の子どもには，遊びを始める前に，教師と子どもが友好的に遊んでいるときにはいつでも，それに注目するように言っておく。特に，子どもは，以下の友好的な行動に注目するよう言われる。

- 分かち合う
- 提案する
- 待つ
- 許可を求める
- 交替でする
- 手伝う
- ほめる
- 認め合う
- 援助を求める
- 丁寧にする（例：「お願い」とか「ありがとう」と言う）
- 順番を誰かに譲る

援　助

次に，他の子どもと順番にこれらのスキルを使いながら遊ぶ練習をする。そして，サークルタイムで，この友好的な遊び方が子どもにモデルとして示されたら，一緒にいろいろな遊び方ができるおもちゃ（ブロックやお絵かきなど）を使って学んだスキルを練習するために，子どもを二人か三人の組にする。その際に，社会的能力のある子どもとあまりスキルがない子どもとをペアにするとよい。これらの遊びの間，社会的な能力の低い子どもが，交替をしていたり，分かち合ったり，丁寧に尋ねたり，待ったりできていたときは，常に彼らに声をかけ，賞賛することに特に注意を払う必要がある。もちろん，助手や親がこれらの遊びスキルの訓練を受けていれば，教室で援助できる。そうすると，教室のすべての小集団が，大人の指導と励ましを受けることができるようになる。教師は，社会的スキルの高い子ども（または，以前に訓練を受けた年長の子ども）を「コーチ」役にして，他の子どものすべての友好的な行動に注目し，賞賛するように頼むこともできる。

分かち合い

指示に従う方法を教える

　友だちと一緒にうまく遊ぶために学ぶべきことには，助け合ったり，分かち合ったり，提案したりするだけでなく，他の子どもの意見や指示を受け入れることも必要である。指示に従えなかったり，衝動的であったりする子どもは，親や教師だけでなく，友だちからの指示を受け入れることにも困難を抱えている。教師は，さまざまな指示ゲームを通して，子どもが指示を聞いたり従ったりするスキルを学ぶ手助けをすることができる。たとえば，「サイモンさんが言いました（Simon says）」のバリエーションに「ウォーリーが言いました」がある（「視線はここ」，「口を閉じて」，「手は膝」，「鼻をかきなさい」などと指示するゲーム）。もう一つのウォーリーの指示ゲームでは，ウォーリーとモリーの紙人形と紙の衣服，アクセサリー，帽子，靴を子どもに渡す。子どもには注意して聞いて，指示に従うように言い，「ウォーリー，カウボーイ帽子とサッカーシャツを着なさい」という指示を始める。子どもがうまく聞き取り，指示に従えるようになったら，アイテムの数を徐々に増やす。子どもは注意深く聞いたり，教師の指示に正確に従うことができると賞賛される。そして，教師が指示を与える方法でこのゲームを数回実施した後，子どもはペアを作り，交互に指示を与えたり指示に従ったりする。

賞賛

友だちとの話し方を教える

　既に述べたように，会話スキルのまずさは社会的コンピテンスや仲間からの拒否と関連している（Ladd, 1983）。一方，会話スキルの訓練は，人気のない子どもの社会的機能を促進することが明らかにされている（Bierman, 1986; Bierman, Miller and Stabb, 1987; Ladd, 1981）。ロールプレイとゲームを通して，教師は，自己紹介すること，話を聞いたり待ったりすること，他の子どもの気持ちを尋ねること，交互に会話をすること，提案すること，興味を示すこと，誰かを賞賛すること，感謝すること，謝ること，誰かを遊びに誘うこと等の効果的な会話スキルを子どもに練習させ，コーチする。最初の練習の時には，これらの会話スキルの一つか二つに焦点を絞って行う。そして，それらのスキルが，教室やカフェテリア，運動場でも見受けられた時にはいつでも，そのことを賞賛し，強化する。

　以下に，教師が友好的な話し方や話を聞くスキルの練習に用いることができるいくつかのゲームや活動を示す。

話すこと聞くこと

第10章　仲間関係の問題と友情スキル　　219

サークルタイムで友好的な話し方を教えるためのゲームと活動

サークルタイムでの賞賛と分かち合い——一日または一週間をサークルタイムの賞賛で終えるとよい。この時，教師は，手を上げる人に（または，くじ引きで），その日にクラスメイトが友好的であったり，親切にしてくれたりしたことについて話すように言う。それぞれの子どもに話す順番がくるが，子どもがほめる相手は必ずまだ当たっていない子どもを選ぶように言う。子どもには，「私は……したことについて話したいです。どうしてかというと……」といった言い方で話すように促す。年少の子どもの場合は，ほめられる人にテディベアを渡すようにするとよい。そして，その子どもがほめる番になったら，別の子どもにテディベアを渡す。これは特に，言語スキルが制限されている子どもの場合に役立つ。なぜなら，彼らは，テディベアを誰かに渡すことでほめるという意志を表すことができるからである。

さらに，分かち合いのサークルタイムを定期的に設けることは，子どもの信頼感と集団の結束感を高める。これを始める質問の例として，「これまでにあなたに起こった最もラッキーなことは何ですか」，「あなたの好きな動物または食物は何ですか」，「雨の日には何がしたいですか」といったものが挙げられる。質問は次第に，「今週誰かがあなたを助けてくれた時のことを話してください」とか「本当に怒っていたけれども我慢したときのことを話してください」，「あなたが親切にしたことを話してください」といった，より個人的なものになる。分かち合いのサークルタイムは，午後の授業のスタートや切り替えのときに用いることができる。

誘導されながらブロックを作るゲーム——子どもをペアにする。それぞれのペアに二つの同じセットの大きな木製のブロックを二山（ふたやま）に分けさせる。一方の子どもが他方の子どものブロックを見ることができないように，二山のブロックの間に厚紙のついたてをおく。ペアの一方の子どもに，ブロックで形を作るように言う。それが完成したら，もう一方の子どもに，相手のブロックを見ずに同じものを作るように言う。子どもは，相手に質問をし，相手から助けてもらう必要がある。（このゲームのバリエーションとして小麦粉粘土でもできる）このゲームは，子どもが，質問の仕方や聞き方，交互に会話をする方法，提案の仕方，助け方を学ぶのに役立つ。

20個の質問ゲーム（なーんだ？）——おもしろそうな雑誌から集めたたくさんの写真のファイルを作る。それから，一人の子どもに，その特製ファイルから内緒で一つの写真を選ぶように言う。そして，他の子どもに，その写真が何かを推理するために，20個の「はい」か「いいえ」で答えられる質問をするように言う。

粘土の形（なーんだ？）——このゲームでは，一人の子どもが，粘土で何かを作り，他の子どもは，その子が何を作っているのかを当てるために質問するように言われる。

モリーの聞くゲーム——子どもはペアになり，お気に入りのスポーツ，自分たちが幸せを感じたときのこと，興奮したこと，好きな映画，家族のこと等について話すように言われる。一人一人の子どもには，1分間の話をする時間が与えられ，その間，相手の子どもは耳と目で話を聞く。話し手が話をやめた後，聞き手は，話し手が言ったことのキーワードをいくつか言う。そして，ペアの子どもは，別のペアに近づき，グループのメンバーが言ったことを繰り返す。

他者との話し方を練習するために探偵の帽子を渡す

　以下のような質問のいくつかを探偵の帽子に入れて，子どもに，質問を選んで答えるロールプレイをやってほしいと言う（輪になって帽子を隣に廻し，音楽を止めて子どもを当ててもよい）。これらの質問は，子どもが，話を遮るときには丁寧にすること，親の許可を求めること，手助けを求めること，待つように自分に言い聞かせること，子どもの集団にうまく入る方法を学ぶこと，他の人の視点について考えること等の友好的な会話スキルを練習するために用いられる。

友好的に話をする練習のための「探偵帽ゲーム」

- お父さんとお母さんは話をしています。あなたは，両親に，夜，友だちの家に行ってもいいかを聞きたいと思っています。（友だちが電話にでています。）あなたは何と言いますか？
- 放課後，先生があなたに話をしています。お母さんが駐車場であなたを待っています。あなたは何と言いますか？
- お母さんが電話にでています。あなたは，お母さんに，友だちとサッカーの試合に行ってもいいかを聞きたいと思っています。あなたはどうやって話を切り替えることができますか？
- あなたは，助手席に座りたいのに，先に妹がそこに座ってしまいました。あなたは何と言いますか？
- 何人かの子どもがボードゲームをしています。あなたは遊びたいけれども，彼らはゲームの途中です。あなたは何と言いますか？
- 誰かがあなたのお弁当箱を隠してしまったので，午後の授業が始まるまでに昼食を食べることができませんでした。あなたはそのことをどのように先生に説明しますか？
- 広場で2試合のサッカーが行われているので，自分の試合ともう1試合がごちゃ混ぜになります。どうすればこの問題を友好的な方法で解決できますか？
- あなたのクラスの転校生は，フェンスのところに一人でいます。どのように彼をゲームに入れてあげることができますか？

友情を形成する他のアイディア

　すべての子どもの名前を入れた帽子をまわす。それぞれの子どもが選び出した名前の子どもが，その日の自分の内緒の友だちになる。

友情スキルを教えるために話し合いや
協同的な学習活動をさせる

　教師が，友情やよい友だちになることの意味について子どもと定期的に話し合うことは役に立つ。助け合い，分かち合い，よいチームプレーヤーになるなどの概念は，子どもに理解させるための鍵となる考えである。これらの話し合いは，定期的に（たとえば，週に1回）行われるべきで，できれば子どもが床に円になって座って実施する。このような学級会において，教師は，友だち関係の問題に直面している友だちの物語を読む。たとえば，上手ではないけれど友だちのサッカーチームに入りたいと思っている子ども，あるいは数人の子どもから仲間はずれにされている友だちなどの話をする。これらの話をすると，教師は「もしあなたたちが，仲間はずれにされている友だちを見たら，

チームワーク

どうしますか？」という質問がしやすくなる。子どもが社会的孤立やいじめをやめさせる方法について考えることを支援するためには，教室や校庭での具体的な例を用いる必要がある。

　友情について教室で話し合うだけでなく，子どもが，分かち合い，助け合い，チームワークなどの友好的な行動を練習するのに有効なゲームや協同的学習活動を組み入れることも重要である。慎重に計画された集団の行動に注目した協同的な活動は，集団のメンバーの間に相互のポジティブな信頼を形成する。一人一人の集団のメンバーに，他のメンバー全員が課題に取り組むことに対する責任を負わせると，子どもは連帯責任を感じるようになる。実際，集団活動の企画を頻繁に行うと，教室全体のまとまりがよくなる。小集団での協同的な学習活動も，仲間からの拒否を防止するのに役立つ。以下にあるのは，友好的な行動を促進する協同的な活動のリストである。活動それぞれの集団の大きさは，子どもの年齢や特徴，指導する大人の人数によって変わってくる。教師は，多動で衝動的な子どもと静かで熟慮的な子どもとを組み合わせるとよい。孤立している子どもやいじめられやすい子どもは，ポジティブで友好的な子どもと一緒にするとよい。大きな子ども集団に参加させる前に，ペアで指導することが必要な子どももいるかもしれない。交友関係に困難がある子どもは，社会性のある子どもよりも，教師から多くの指示や指導が必要であろう。以下のリストのそれぞれの活動で，教師はターゲットとなる友情スキルを伝え，強化することが重要である。

協同的学習のためのゲームや活動

　目隠し迷路——子どもはペアになり，迷路をするように言われる。一方の子どもは目隠しされて，もう一方の子どもは，目隠しされた子どもが鉛筆を動かして迷路をとくのを手助けするような指示を出すように言われる。3～5歳の子どもには，教師がマスキングテープで床に迷路を作り，目隠しされた子どもを友だちが体を使って迷路

を進ませるようにする。それぞれの子どもは，交互に目隠しをされる。この活動は，子どもに誰かから助けてもらう体験をさせ，友情に含まれることの一つが信頼であることを理解させるように計画されている。このゲームのバリエーションとして，椅子やカバン，テーブルのような障害物があるコースを作り，目隠しされた人を，障害物をよけながら誘導することもできる。

紙のチェーン──子どもには，細長い紙とテープが渡される。子どもは自分の紙の輪に色づけし（または，秘密のメッセージを紙の輪に書く），みんなで一緒にチェーンにする。この活動は，分かち合い，協力，およびチームワークの概念を教えるために計画される。

協力してポスターを作る──子どもを4〜6人のグループに分ける。教師は，子どもに，一緒にポスターを作るように指示し，どんなポスターにするかを一緒に決めて，分担するよう促す。子どもには，ポスターの用具（大きいポスターボード，接着剤，ラメ，絵の具，はさみ，ステッカー，雑誌の写真など）が渡されるが，子どもが貸し借りせざるを得ないようにするために，それぞれのテーブルに数を制限して配られる。この活動の間，教師は，適切な頼み方，分かち合い，話し合い，助けあい，順番を待つことができた子どもをほめる。この活動は，子どもが協力するのに必要なすべてのスキルを練習するのに役立つ。

協力して「好きな物」のポスターを作る──子どもは4〜6人のグループに分けられる。個々のテーブルには，いろいろな雑誌や写真そしてポスターボード一つが配られる。それぞれのテーブルの子どもは，グループの好きな動物や食物を表すポスターを作るように言われる。この課題を行うために，子どもは，互いに質問をし，自分たちの好みや興味を共有する必要がある。この活動では，子どもの相互理解を支援することで，協力するスキルを獲得させ，自己表現を高め，友情を築く。

協同でする組み立ておもちゃ／レゴ／粘土遊びをする──この活動のために子どもをペアにし，一緒に計画を立てて，組み立ておもちゃ，ブロック，レゴ，または粘土で何かを作るように言う。交互にすること，ほめあうこと，分かち合うこと，部品を取ってと頼むこと，友好的に提案すること，問題解決することなどを通じて，子どもが親密になるよう促す。うまくなったら，3〜4人の子どもをチームにして，より多くの貸し借りや分かち合いをするようにさせる。

ウォーリーの塔──子どもをペアにし，紙やはさみ，テープ，いろいろな古いシリアルの箱，トイレットペーパーの芯，卵のパックを渡す。それぞれのペアに，一番高くてしっかりした，そして一番格好のよい塔を一緒に作るように言う。

図案を考えてTシャツをつくる──子どもは，Tシャツの図案を話し合い，一緒にデザインする。

イスを共有する──子どもはペアになって，二人が足を床から離して一つのイスに座る方法をできるだけ多く考える。

友情のモービル──それぞれの子どもは，教室にぶら下げる自分のモービルを作る。このモービルは，端に穴が空いている短冊（10.2センチ×15.2センチ）でできていて，糸でぶら下げられる。モービルのそれぞれには，自分の名前，好きな色，好きな事，教師から言われた自分のよい性格，他の子どもが言った自分のよいところ二つが書かれている。

グループで人の絵を描く──もう一つの協同的活動は，クラスまたは小集団の子どもにグループで人の絵を描かせることである。一人の子どもが手を，別の子どもが肩を，もう一人が耳を描く。この活動のバリエーションとしては，ペアになった子どもに，大きな画用紙に互いの体の輪郭を写させるものがある。それぞれの人型のそばに，教師は，子どもが相手のことについて言ったポジティブなコメントを書く。

よくある人間関係上の問題に対処するために
ロールプレイを使う

　サークルタイムでの話し合いや子ども同士の協同的活動だけでなく，教師は，ロールプレイを用いた指導を通して，よくある友人関係の問題に対処する方法を，子どもに学ばせるよう援助することができる。ここでも，操り人形を使うことで，子どもを学習に取り組ませることができる。以下は，教師が子どもと取り組めるロールプレイの例である。

　このロールプレイでの強調点は，からかいを静めるために，ユーモアを使ったり，無視したりすることで，平静を保つことにある。子どもは，からかいに対してユーモアで言い返すための，他のおもしろい反応を考え出すかもしれない。もちろん，からかい返さないことの重要性を強調することも大切である。

操り人形の台本の例「からかい」

教師——ウォーリーは，グラウンドでからかわれました。彼は，どのように対処したかについて私たちに話したいそうです。そこで，彼がどうしたのかを誰かにウォーリーをからかってもらいたいと思います。

1番目の子ども——ウォーリー，おまえは間抜けだ。猿みたいじゃないか。ボールも蹴れないだろう！

ウォーリー——それは古くさくて，決まりきった言い方だね。（あるいは）僕がそういうことを初めて聞いた時，僕は恐竜の背中から落ちちゃったよ。

教師——すごーい！　あなたは本当に落ち着いたままね！　あなたはそんなことに悩まずに，冗談が言えているわ！　クラスの中で，からかいに対する他の方法を見せてくれる人は誰かいますか。こんどは，ウォーリーがからかう人になりますよ。

2番目の子ども——（自分から前に出てくる）

ウォーリー——いやなやつ，いやなやつ，おまえは間抜けだ！

2番目の子ども——（興味を示さず，無視し，何回か深呼吸をする）

ウォーリー——おまえは間抜けで，おまえのかあちゃんも間抜けだ！　なんで言い返さないんだ？　僕ならいつもそうするのに。なんであいつ無視するんだ？　僕には反応しない。あいつはけっこう強いぞ。あの呼吸は何だ？　もう，全然おもしろくない。あきらめようかなあ。

教師——すごーい。からかいを無視することはすごいアイディアですね。どうやって無視し続けたの？

2番目の子ども——僕は，自分に，僕はできるんだと言い聞かせただけです。

教師——すばらしい，今，からかいを解決する方法が二つ出ましたね。他に誰か別の意見がありませんか？（あるいは）不愉快な名前を呼ばれるとどんな気持ちがしますか。その名前で呼ばれるのをやめさせるにはどうしたらよいでしょう？

操り人形の台本の例「仲間に入れてくれない！」

ウォーリー――（混乱している様子で，子どもに涙ぐんで話をする）今日，問題があって，君たちの助けが必要なんです。僕はひどいと思っています。僕は運動場の友達と遊びたかったのに，入れてくれなかったんだ。彼らは，不器用すぎる僕にはサッカーができないって言ったんだ。僕は，どうすればいいかわからなかった。君たちには何かアイディアがあるかい？

教師――ウォーリー，それはひどかったね。

ウォーリー――うん，それは嫌だったし，誰からも好かれていない気がするよ。

教師――（子どもに尋ねる）ウォーリーは今何をしたらよいでしょう？

子ども――（可能な解決策を出し合う）
- 楽しいことを考える。
- 気持ちを落ち着けるために深呼吸をする。
- 一緒に遊んでくれる他の友だちを探す。
- 彼らの決定を受け入れて，無視される時もあると考える。
- 自分の気持ちを相手に言う。
- しばらく待って，また後で頼む。

教師――なるほど，それではこのアイディアをいくつか練習してみましょう。最初にやりたい人？

　子どもは，ロールプレイを続け，他の子どもから「入れてあげないよ」と言われたときにどのように対処するかを演じる。

操り人形の台本の例「落ち込みに対処する！」

ウォーリー――（混乱している様子で，涙ぐみながら子どもに話をする）えーっと，僕は時々学校の勉強が本当に難しくて，他の人よりもちゃんとしていないのはわかっています。でも，今日，ケイティーが来て，「あのね，ウォーリー，あんたの字は，まるでつぶれたハエみたい。なんかゴミね！　私のを見てよ。私はもう終わって，先生は花丸をくれたのよ」と言いました。

教師――まあ，それであなたはどんな気持ちになったの，ウォーリー？

ウォーリー――勉強するのをやめてお母さんのところへ走って帰りたくなりました。

教師――（子どもに尋ねる）ウォーリーは今どうしたらよいでしょう？

子ども――（可能な解決策を出し合ったり，年上の子どもと一緒にカードにアイディアを書くように言う。それから，**数枚の**カードを無作為に選び，解決策の話し合いをするために，それを書いた人が誰か尋ねる）
- 「がんばり続ければ，字が上手になるって分かってる」と自分に言いきかせる。
- 自分の得意とするものについて考える。たとえば，「自分は字が上手でないけど，絵を描くのは得意だ」と考える。

- 自分がどんな気持ちでいるかをケイティーに言う。
- 落ち込んでいることを認めて,「そんなことを言った相手も心の中では気分がよくないんだ」と自分に言いきかせる。
- 落ち込ませるようなことを言う人は,人気者になれると思っているのかもしれないけど,そんなことはないということを思い出す。
- 何か他のことについて考える。

教師――なるほど,それではこのアイディアをいくつか練習しましょう。最初にやりたい人？

対人関係上の問題に対処する
他のアイディアについての操り人形の台本の例

- ウォーリーは,誰かが陰で自分のことについて卑劣なことや嘘を言っていることを知っている。
- モリーの友だちが,モリーが教えてくれた秘密を他の人にしゃべってしまう。
- モリーの友だちが,約束を破る。
- あなたのクラスには,いつも一番になりたがる人がいる。
- クラスに,内気で友だちがいなくて,本当に寂しいと感じている子どもがいる。新しい友だちの作り方や,寂しそうな人を助けるための方法について話し合うように言う。

他のサークルタイムの活動

ほめ言葉やけなし言葉が書いてあるカードを用意する。サークルタイムで,子どもに,カードを音読して正しいところ(ほめ言葉またはけなし言葉のカードの山)に置くように言う。そして,なぜそれがほめ言葉なのか,あるいはけなし言葉なのかを説明するように求める。(例　けなし言葉:「おまえの仕事はゴミだ」,ほめ言葉:「コートを探すのを手伝ってくれてありがとう」)

友好的になる方法を練習するために探偵の帽子を廻す

ここでも,探偵の帽子ゲームは,友情スキルのロールプレイや練習を始めやすい方法と言える。帽子に入れてもよさそうないくつかの質問の例をここに示しておく。それらは,感情を共有する,友好的なことを言う,手伝う,教師に話すといったスキルを練習するために作られたものである。

友好的な社会的スキルを練習するための「探偵の帽子ゲーム」

- 分かち合おうとしない子どもをどうやって助ける？
- 運動場で，ゲームから仲間はずれにされ，友達にいじめられ，小突かれている友だちを見かけました。あなたはどうしたらよいでしょうか？
- 友だちが新しい靴をなくしたところです。あなたは何と言えばよいでしょうか？
- あなたのお父さんは，怒っているみたいで，「今日はよくない日だ」と言いました。あなたは何と言ったらよいでしょうか？
- 友だちの一人が，他の子どもから仲間はずれにされています。あなたはどうしたらよいでしょうか？
- あなたは，運動場で泣いている友達に気づきました。あなたはどうしたらよいでしょうか？
- 誰かを手助けした時のことを分かち合いなさい。
- あなたの友人のなかに，ちょっと困った人がいます。彼は自分のチームが負けるといつもカッとなり，泣くときもあります。彼は，何が何でも勝ちたいようです。彼はごまかしたりルールを破ったりします。相手チームがファールをしていないのに，ファールをしたと言ったり，コーチと言い合いになったりしたこともありました。彼はいつもボールにしがみついています。どうしたら彼はよいスポーツマンになれるでしょうか？
- クラスメイトの一人は，他の子どもがするようなことを何もしたくないと思っています。彼女はいつも勝手にやめてしまい，一人でいます。あなたにどんな手助けができるでしょうか？
- 親友が誰か他の人と遊びたいと思っています。あなたは何と言ったらよいでしょうか？
- あなたは，自分が言ったことについて友だちに謝りたいと思っています。あなたは何と言ったらよいでしょうか？

共感訓練

　子どもが対人的にうまくやっていくための鍵は，他者が気にしていること，目標にしていること，感じていることなどに配慮できるようになることである。もし子どもが相手の立場に立って考えることができなければ，社会的手がかりを誤認してしまい，どのように対応すればよいかがわからないであろう。共感の発達には時間がかかり，この年齢の子どもは，「自己中心的」であるけれども，教師は他者の感情や視点への気づきを育てることができる。以下のゲームは，共感スキルを育てるのに役立つ。

他者の気持ちを考える練習をするために探偵の帽子を廻す

　今度の探偵の帽子ゲームは，謝ること，説明すること，ほめること，友好的であること，正直であること，スポーツマンシップを身につけること，その場をうまく治めるよう援助を申し出ること，そして仲間からの圧力や誘惑に抵抗することの大切さを，子どもに理解させるために行う。以下に質問を示す。

他者の気持ちを考える練習のための「探偵帽ゲーム」

- あなたは友だちとチェスをして，負けてしまいました。あなたはどうしますか？
- 友だちがあなたのプラモデルを壊したので，あなたは友だちに怒鳴りました。あなたはどうしたらよいですか？
- あなたは新しい上着をなくしました。上着を失くしたのは2回目です。あなたはどうすればよいですか？
- あなたは，お母さんに頼まれた用事をするのを忘れてしまいました。あなたはどうすればよいですか？
- 友だちが，お菓子を買いに自転車でお店に行こうと誘ってきました。けれども，お母さんは，外出してはいけないと言いました。あなたはどうしたらよいですか？
- あなたのお兄さんはチョコレートを机に入れています。あなたはひとかけら欲しいと思っています。あなたはどうしたらよいですか？
- あなたは，一日に1時間だけテレビを見てもよいと言われています。好きな番組があるのに，既に1時間テレビを見てしまいました。お母さんが「どのくらいテレビをみたの？」と尋ねました。
- あなたは，居間でアイスクリームを食べて，ソファにしみをつけてしまい，家族のルールを守れませんでした。お母さんは怒っている様子で，「居間でアイスクリームを食べたの」とあなたに尋ねました。あなたはどうしたらよいですか？
- クラスメイトの一人は，読みの勉強で苦戦しています。あなたはどうすることができますか？

問題解決と葛藤解決を子どもに教える

　交友関係を始めることと，維持することは異なるものである。交友関係を維持する上で必要な鍵となるスキルは，葛藤解決の方法を知っていることである。このスキルが欠如していると，攻撃的な子どもの多くは，通常，自分勝手なやり方をする。そういったことが起こると，誰もが交友関係を維持できなくなる。たとえば，攻撃的な子どもは，交友関係を乱す傾向にあり，攻撃性が原因で仲間から拒否される経験をするかもしれない。一方，消極的な子どもは，いじめられる傾向にある。交友関係の維持にとって重要な側面は不仲を解決することである。この方法を子どもに学ばせるために，教師にできる支援方法についての議論は，第9章で述べている。

Apologizing

ポジティブなセルフトークを教える

　子どもが仲間から拒否されていたり，失望を感じたりしているとき，子どもは感情を増幅させるようなネガティブな思考をしていることが多い。子どもは，そういった思考を声に出して表現することが多いが，それらを「セルフトーク」と言う。たとえば，「私はとても悪い子で，誰も私を好きでなく，私は正しいことを何もできない」と言う子どもは，ネガティブなセルフトークをして，教師とそれを分かち合っているのである。教師は，ネガティブなセルフトークを特定して，欲求不満への対処や怒りのコントロールに役立つポジティブなセルフトークに変えることを，子どもに教えることができる。たとえば，一緒に遊ぼうという誘いを断られたときに，子どもは，「大丈夫！　一緒に遊べる別の子が見つかるよ」とか，「腹を立てずに，また誘うことができるよ」，あるいは「10まで数えて，大丈夫と言おう」，「ちょっと止まって，まず考えよう」などと自分に言い聞かせることができる。この方法で，子どもは，行動的な反応に影響を与える認知的な反応を調整することを学ぶ。ポジティブなセルフトークは，仲間との感情の調整も可能にする。

　ここでもウォーリーなどの操り人形を使って，セルフトークの言語化やネガティブなセルフトークをよりポジティブなものに変えることを子どもに教えることができる。以下に実施できそうなロールプレイの例を示す。

> **操り人形によるロールプレイの例「感情を外に出そう!」**
>
> ウォーリー——サミーは誕生会を開いたのに,ぼくを招待してくれなかったんだ。彼は僕のことが好きでないんだと思うよ。誰も僕のことが好きじゃないんだ。僕はすごく寂しい。僕はどうしたらよいだろう?
>
> 子ども——(もっとポジティブなセルフトークをする)サミーは友達を少ししか招待できなかっただけで,別にぼくが嫌いだということではない。僕は親友だし,それに,僕は一緒に遊ぼうと誰かを誘うこともできる。

人づきあいが苦手な子どものための賞賛と強化子をもたらすプログラム

　内気,不安,反抗的,攻撃性,不注意など,人づきあいが苦手な子どものために,特定の友情スキルを伸ばす動機づけプログラムが作られている。内気な子どもに対しては遊びに参加するとか,攻撃的な子どもに対しては待ったり交代したりするなどの増加させたい社会的行動を一つか二つ選ぶところから始める。そして,子どもと一緒に具体的な行動の練習を行い,彼らがそれらを理解したかどうかを確認して,記録表にリストアップする。このリストは子どもの机に置くか,子どもの近くに置いておく。そうすると,教師はすぐにそれを見ることができる。そして,子どもがこれらの行動の一つを行っているのを見た時にはいつでも,その行動を覚えていたことに対して彼らをすぐにほめ,そのポジティブな行動に対してシールやスタンプを与える。他の人に聞こえないところで賞賛や強化をするために,遊びグループから彼らを呼び出しても,7歳以上の子どもであればあまり戸惑わないだろう。

　ほめるときには,会話や遊びの邪魔にならないように,必ず休憩時間まで待つようにする。特定の問題を示す子どもの標的行動だけを賞賛してはいけない。問題を示す子どもも含めて,協同的な行動を示した子どもたちや,どのようにしたらよい友達になれるかについて話した子どもたちも一緒に賞賛すべきである。たとえば,彼らが塔を一緒に作っているとき,「あなたたち二人は協力して,一緒にとても上手に遊べていますね! あなたたちはとても仲良くできていて,お互いに助け合ってかっこいい塔を作れていますね」と言う。教師は毎日,子どもの記録表に目を通して,取り組んでいる社会的スキルについて確認する。そして,最初の社会的スキルの一つか二つが,一貫して確実にできるようになったら,別の社会的行動に移り,それらを記録表に記すようにする。

親と協力する

　親は，自分の子どもが大きな子ども集団の中にいる場面を見る機会がほとんどない。そのような場面こそが，スキルを練習する必要のある場面なのである。教室での行動は，家にいるときの行動と大きく異なっている。一人の友だちが家に来たときは上手に遊べていても，より大きい集団の場面では，深刻な仲間関係の問題を抱えているかもしれない。子どもの社会的なニーズについて親と話し合うことは，教師にとって重要なことである。何らかの社会的な困難がある子どもの場合，教師と親が協力して，子どもと取り組みたいと思ういくつかのポジティブな社会的なスキルを特定することが重要である。たとえば，子どもが静かに手をあげたり，仲間と協力したりすることを促すために，教師は教室記録表を準備することができる。また一日の終わりに，「仲良し友だちカード」を子どもに持ち帰らせ，親は，学校でもらった「良かったところ」を家庭でのごほうび表に加えることができる。たとえば，学校で「良かったところ」を五つチェックされていると，家で特別な「お話の時間」や特別な活動に交換してもらえる。教師が学校で動機づけプログラムを実施できれば理想的である。たとえば，子どもは毎日，コンピュータを特別に使える時間や昼食の行列の指揮をとる，学級会の議長をするなどの特別な活動を選択できるだけの所定のチェック数を獲得できるようにする。教師が特別に責任のある係を子どもに割り当てることは，クラスメイトが彼らを肯定的に見るようになることにも役立つ。

　過剰に気が散りやすい子どもの場合，スクールカウンセラーや「コーチ役」のアシスタントや教師を配置するのも有効である。このコーチは，記録のために子どもと一日に3回5分間会う。この記録の間に，コーチは子どもの行動記録表を確認し，仲間とうまく関わりができたことをほめる。コーチは，朝の休み時間に子どもがきちんと教科書を準備し，ノートに言われたことを書いているかの確認もする。昼食の間，コーチは，昼食や休み時間における約束事ができているかどうか確認する。さらに，コーチは，帰宅前に，家庭に持ち帰る行動記録表，本，宿題をちゃんと持っているかどうかを調べ，その日の子どもの行動を再確認する。

クラスメイトを家に招くように親に勧める

　親は，子どもの学校の友だちは誰かとか，どのクラスメイトと子どもがよく遊んでいるのかを知らないことがよくある。教師は，どのクラスメイトがよい行動のモデルになっているかとか，どのクラスメイトが子どもの気質のよさを引き立ててくれるような興味や気質をもっているのかを，親が知る手助けをするのに最適な立場にいる。親や子どもに，放課後や週末にクラスメイトを招くように勧めるとよい。しかしながら，いくつかの例（特に多動や引っ込み思案な子ども）については，友人を招いたときは，遊び時間をきっちりスケジュール化したり，監督したほうがよいことを，教師が手助けして，親に理解させる必要がある。さらに，子どもと一緒に友だちを招く計画を立て，レゴや工作をしたり，ビスケットを焼いたり，フットボールをしたりなどの協同的な活動をすることが大切であることを，親に理解させるように支援する。これらの活動は，子どもが適切な社会的スキルを学ぶことや友情をより親密なものにすることに役立つ。親は，子どもがテレビを見ることに時間を費やして，社会的相互作用や互いに知りあう機会が少なくならないように注意しなければならない。内気な子どもや多動な子どもにつ

いては，最初に遊びに招くときには，親が近くで監視しながら，比較的短時間で楽しいときを過すようにする。そうすれば，相互作用がコントロール不能に陥ることもなく，子どもにとって楽しい時間になる。

家で子どもと遊ぶように親に勧める

　家庭で親子が一緒に遊ぶことの大切さを親に伝えておくことは有益である。教師は「子ども主導」の親子の遊びの価値を強調する。すなわち，親が命令したり，子どもの遊びを邪魔したり，代わりにやったり，批判したりしないで，むしろ，話をよく聞き，彼らがしていることについて説明するような意見を言ったり，順番を待ったり，アイディアを受け入れたり，ルールに従ったり，遊びスキルをほめたりするようなやり方で，子どものリードに従うのがよい。親子が，子ども主導の遊びスキルを用いた遊びの時間を定期的に設けることは，親が友好的なスキルを子どもに教えることなのだということを親に理解してもらうように支援する。たとえば，子どものアイディアや提案を受け入れるというモデルを親が示すことで，子どもは他者のアイディアに，より協同的になることを学んでいる。したがって，定期的な親子の遊びは，子どもが適切な遊びスキルや仲間との関わりに必要な社会的スキルを学ぶことを支援するのに非常に有効であると言える。

教室，学校，コミュニティでの子どものネガティブな評判を変えるのに教師はどのような支援ができるか？

　承知のように，5歳の子どもであっても，ネガティブな自己イメージを作ってしまい，学校で（たぶんコミュニティにおいても）「乱暴者」とか「問題児」という評判をもたれることがある。子どもが学校に入学する前から，教師は，特定の子どもがコミュニティで「難しい子ども」と見なされていることを知ることがある。一旦学校に行き始めると，そのような評判は，他の子どもの「君はいつも問題を起こしている」とか「君は悪い子だから，先生は君が好きじゃない」とか，「うちのお母さんが，君はトラブルメーカーって言っているから，僕の誕生会に来ちゃだめ」といった反応によって強められることがよくある。もし教師がこの種の非難を適切に抑えることができないと，この子どものネガティブな評判は，クラスを越えて学校や親のコミュニティにまで拡大するだろう。それは雪だるま式に大きくなる。たとえば，子どもが「またロビーにぶたれた」と親に不満を訴えると，親のロビーに対する怒りが増す。もしロビーの親に乱暴な振る舞いについて苦情を言ったら，その怒りはロビーの家族にまで及ぶことになるかもしれない。時には，学校で暴力を許したことに対して，教師に非難が向けられることさえある。自分の子どもや他の子どもがいじめられているとか，特定の子どもにぶたれたということを耳にしたとき，親は他の親と一緒になって問題児をクラスにおいておけないと校長に言う。この種の「集団リンチ」心性は，ロビーの今後の成長だけでなく，すべての子どものクラス内の関係性や学校コミュニティにとっても有害である。本質的には，それは，すでに困っている

子どもに対する大人のいじめであると言えよう。こうしたことが浸透すると，学校は誰もが互いに助けあうような広い責任をもつところではないというメッセージを送ることになる。そうなると，コミュニティ意識や教師へのサポートは低下し，特定の困難を示す子どもとその家族を疎外することが増え，教師と子どものポジティブな関係を損なう結果になるだろう。

この連鎖反応を防止するために学校や教師に何ができるか？

学校の理念と方針を設定する

　明確な学校の方針は，いじめの防止やいじめに巻き込まれる子どもの支援に極めて重要な役割を持っている。学校方針では，いじめは許されることではなく，断固として対処されるものであるという，はっきりとしたメッセージを，子どもや親，そして教師に伝えなければならない。方針では，規則を明確にし，規則を破ったらどうなるかということを明示する。いじめられっ子は，いじめっ子からの仕返しが怖くて，いじめられていると打ち明けることを恐れているかもしれないので，学校は，子どもがスクールカウンセラーを匿名で呼ぶことができるような手続きを設定すべきである。カウンセラーは，いじめられている子どもに担任教師や親に話すように勧めたり，いじめられっ子を支援するにあたって，適切な人に関わってもらうようにすることができる。学校の方針が定められていないと，教師は不適切な関わりを直接してしまうかもしれないが，方針が定められていれば，教師が家庭に話をするのに役立つ。

家庭でいじめについて子どもと話ができるようにする

　学校は，いじめ（いじめっ子といじめられっ子の両方）の意味について家庭に教育するという重要な役割を担っている。こうした努力は，特別な研修会や定期的な保護者会を通じて実施することができるだろう。いじめは，子どもの気質や社会的行動，コミュニケーションスキル，自尊心や自信のレベル，さらには家庭や学校，社会の影響などの各種の相互に関連する要因が起因する多面的な問題である。社会，家庭，あるいは子どもなどの一つの原因を非難するよりも，その問題に寄与するさまざまな要因が何であれ，学校が積極的に取り組まなければならないのは，いじめの予防である。

　学校は，いじめを引き起こしている社会化の難しさに対応するだけでなく，予防にも役立つような包括的な訓練をするべきである。この訓練は，子どもや教師の個人の努力以上のものを必要としている。つまり，学校全体で対処していく必要がある。支持的な教育，社会的スキル訓練，問題解決，共感訓練，自尊心の確立などは，いじめの根本的な原因への対処であり，これらが，学校にとっては長期の好ましい結果をもたらす。

　いじめは受け入れられないことであるということを子どもにはっきり示す際には，親のサポートを引き出すことが，学校や教師にとって重要になる。親は子どもと，「クラスの誰かがいじめられたり，無視されたりしていたらどうする？」と話をしたり，質問したりすることで，いじめの問題を子どもに伝えるように教師から勧められるかもしれない。親は，いじめへの受動的な参加，あるいは仲間はずれのような「潜在的な」いじめの概念の説明を受けることによって，子どもの問題の理解を深めることができる。親は，子どもがいじめられっ子に共感するかどうか，あるいはそのいじめられっ子をどうにかして助けようとするかどうかを決めさせるように子どもに働きかける。また，親は，いじめを教師に報告するよう励まし，「話をすること」は決して悪いことではなく，長い目で見れば，いじめ（あるいは潜在的ないじめ）をなくすことになると子どもに説明する。親は，自分の子どものいじめられっ子に対する共感性を育み，自分の子どもが「いじめられっ子」をピクニックや放課後の遊びに誘うことで，いじめを終わらせ

ることに関わらせることができる。

クラスでの子どもの評判の変容：家庭のようなクラスの雰囲気をつくる

　教室の中で，すでにいじめっ子またはトラブルメーカーという悪い評判がある子どもについて，教師は，その子どもの評判をどのように変えるかの方法を明確にして計画をたてる必要がある。たとえば，この子どもと良い関係を築くための活動を特に熱心に行うことなども一つの方法である。また，この子どもの攻撃的なイメージに反するような長所を見つけて，それを伝えてみるのもよい。たとえば，「ロビー，あなたはよい友だちね。あなたはうまく交替で遊べているし，おもちゃを丁寧に扱っていますよ。ジョシュは，あなたと遊ぶのが楽しいみたいよ」と話しかける。規則的に子どもが互いにほめ言葉を伝え合うほめ合いサークルタイムを毎日設定するのもよい。教師は，ロビーが手助けしたり協力したりしている時，他の子どもに注目させる言い方をしてみるのもよいだろう。つまり，教師は，ロビーが特定の行動（例：お願いすること，つかみかかったり殴ったりしないこと）を学ぶことに熱心に取り組んでいるということを，他の子どもに知らせたり，ロビーが役に立つことをしたり，上手に言えたりしたことを，他の子どもが気づけるような指導をする。これらは，他の子どものロビーに対する見方を変容させるための主要な段階である。子どもがロビーの良いところに気づいたときには，それを賞賛する。そうすれば，怒りに適切に対処することを学んでいるロビーの良いところを子どもたちがよろこんで探すようになるだろう。この方法は，読み書きや算数の学習に特定の困難のある他の子どもに対しても同じように用いることができる。すなわち，教師は，認知や行動，および社会的能力には個人差があることを子どもが学習したり，友だちの「個人的な目標」を達成できるように手助けするようなクラスの雰囲気を作ったりするのである。子どもが，互いの成果を認めて，賞賛することを学んでいるときに，コミュニティ感覚がクラスに作られる。したがって，彼らは互いに意味のある関係を築いているのである。

友情の促進

　ロビーとうまく関わっている友だちを親に知らせるのも良いだろう。これらの友だちは，ロビーを家に招いたり，訪ねたりするようになるかもしれない。評判の良くない子どもにとって，攻撃性に同様の困難がある子どもではなく，むしろ人気があり適切な社会性のある友だちをクラスに一人でも二人でもつくることが重要である。教師は，集団での協同的活動や野外活動のために意図的にグループを作ったり，子どもが互いによい友だちになれたことに気づかせたりすることによって，良い友人関係作りを上手に導くようにする。たとえば「二人とも仲良くできているわね，ジミーはよい友だちね」と言ったりする。

親との率直なコミュニケーション

　もしクラスにすべての保護者から攻撃的だと思われている子どもがいるならば，教師はクラスの子どもと攻撃的な子どもに関係するトラブルが起こったときはいつでも保護者を呼び出す必要がある。教師は，それがエスカレートする（または，保護者が他の人からそのことを耳にする）前に，状況を保護者に説明する。そして，教師は，攻撃的な傾向のある子どもを注意深く観察していると保護者に知らせる。教師は，自分の子どもは安全であると保護者を安心させる必要がある。教師は，保護者の協力やすべての子どもへの社会的スキルトレーニング，問題解決トレーニング，主張トレーニングでクラスの問題に対処していることを説明する努力をすることで，保護者の支持を引き出すことができるだろう。クラスの中で実施されている介入について説明する際の教師の楽観性と自信，そしてそれはうまくいくだろうという教師の信念は，

親からの支持と忍耐を得る重要な要素である。教師は，仲間集団から仲間はずれにされるような子どもの感情の危険性について指摘し，その子どもの長所やその子のクラスへの貢献について話すこともできる。最後に，「問題児」の行動に対して学級会や特別な訓練，円になってのほめ合い，さらに仲間からの強化などの方法を通して取り組むことで，その子どもだけではなくて，すべての子どもが，人間関係上の葛藤に対処する適切な方法を学習することになると話しておくことも，クラスの他の子どもの親には非常に有益であろう。その子どもをクラスから排除し，追い出すことによって，問題を処理してしまうと，問題解決や葛藤への対処，関係性の発展などについて，子どもに何も教えないことになる。

家と学校の相互の責任

　上述したように，学校には，問題の程度と原因を家庭に知らせる重要な責任がある。いじめは深刻な問題に発展するので，学校はいじめや社会的な孤立の些細なケースでも真剣に取り組んでいることを家庭に伝える。さらに，問題が解決するまでは，慎重な観察の結果，管理職や教師からの連絡が増えることがあることを親に知らせておくほうがよい。逆に言えば，もし自分または他の子どものいじめが疑われるならば，教師との関わりを続け，連絡をとるために，率直なコミュニケーションをとるように親に求める必要がある。

　子どもが他の子どもをいじめている，またはいじめられていることを発見したならば，関係する親に連絡をとり，変化を起こす際に協力を求めることを，親に知ってもらわなければならない。親たちには，状況について話し合い，協力して問題解決するための計画を立てるために面談をしてもらう。自分の子どもがいじめをしているのではないかと疑っている親は，自分の子どもの協力的な行動を賞賛したり，よい行動を強化するシステムを設定したり，不適切な行動に対して暴力的でない罰（例：特権を失う，タイムアウト，雑用をする）を与えたり，いじめを重大なことと受け止め，そういった行動を許さないという明確なルールを設定することによって，協力することができる。もし学校と親の両方が，暴力的でない罰を用いるならば，いじめの再発は少なくなるだろう。上手くいっていない家庭の場合には，二，三の家庭のルールを作り，ルール違反に対する結果を決め，それを貼っておくように親に勧めるとよい。また，子どもがルールを守っているときには，ほめるように親を促す。親は子どもと一緒に過ごし，子どもの友だちのことを知るように努めるとよい。

　自分の子どもがいじめられているのではないかと疑っている親は，教師にできるだけ早く知らせるべきである。また，子どもが友人関係を築きあげることができるように，そして，自力で主張的に生きていくことができるように援助しながら，いじめられっ子の自信を高めるようにする。いじめられている子どもを保護したいという思いは理解できるが，親が過保護になることは避けるべきである。なぜなら，親のこのような態度は，仲間からの孤立感を強め，その結果，問題を悪化させてしまうかもしれないからである。親と教師が互いに非難せずに解決に協力し合えば，いじめを大幅に縮小させることができる。

子どもの行動を標準化する

　子どもに対するネガティブなレッテルを打ち破る他の方法は，彼らの行動を標準化することである。どんな子どもでも腹を立てたり，指示に従わなかったり，本の片付けを忘れて，時々攻撃的に行動してしまうことがあることを思い出して欲しい。ネガティブなレッテルを打ち破るもう一つの方法は，子どもが行ったポジティブなことを思い出してみることである。その子どもが特別な絵やきれいにした机を見せて教師を驚かせたときのことを考えてみよう。特に破滅的な気持ちになったときには，こうした特別でポジティブな瞬間を思い出すようにしよう。

まとめ

- 話し合いやロールプレイを通じて,子どもに集団参加する方法,遊び方,友だちと話をする方法を教えよう。
- 子どもが友情スキルの練習をするのを支援するために,協同的な学習活動を設定しよう。
- 対人関係に困難のある子どもに対して,賞賛し,強化するプログラムを設定しよう。
- 家庭で子どもの社会的スキルを促進するために,親と協力しよう。

文　献

Asher, S.R. and Williams, G.A. (1987) Helping children without friends in home and school, *Children's Social Development: Information for Teachers and Parents*, Urbana, IL: ERIC, Clearing House on Elementary and Early Childhood Education.

Bierman, K.L., Miller, C.M. and Stabb, S. (1987). Improving the social behavior and peer acceptance of rejected boys: effects of social skill training with instructions and prohibitions, *Journal of Consulting and Clinical Psychology*, 55, 194-200.

Campbell, S.B. (1990) *Behaviour problems in preschool children: Clinical and developmental issues*, New York: Guilford Press.

Campbell, S.B. and Ewing, L.J. (1990). Follow-up of hard-to-manage preschoolers: adjustment at age 9 and predictors of continuing symptoms, *Journal of Child Psychology and Psychiatry*, 31 (6), 871-89.

Crick, N.R. and Dodge, K.A. (1994) A review and reformulation of social information processing mechanisms in children's social adjustment, *Psychological Bulletin*, 115, 74-101.

Elias, M.J. and Tobias, S.E. (1996) *Social Problem Solving: Interventions in Schools*, New York: Guilford.

Greenberg, M.T., Kusche, C.A., Cook, E.T. and Quamma, J.P. (1995) Promoting emotional competence in school-aged children: The effects of the PATHS curriculum. Special issue: Emotions in developmental psychopathology, *Development and Psychopathology*, 7, 117-36.

Gresham, F.M. (1995) Social skills training. In A. Thomas and J. Grimes (eds.) *Best practices in School Psychology —III* (pp.39-50), Bethesda, MD: National Association of School Psychologists.

Gresham, F.M. (1997) Social skills. In G.G. Bear, K.M. Minke and A. Thomas (eds.) *Children's Needs II: Development, Problems and Alternatives* (pp.39-50), Bethesda, MD: National Association of School Psychologists.

Grossman, D.C., Neckerman, H.J., Koepsell, T.D., Liu, P., Asher, K.N., Beland, K., Frey, K. and Rivara, F.P. (1997) Effectiveness of a violence prevention curriculum among children in elementary school, *Journal of American Medical Association*, 277, 1605-11.

Knoff, H.M. and Batsche, G.M. (1995) Project ACHIEVE: Analyzing a school reform process for at-risk and underachieving students, *School Psychology Review*, 24, 579-603.

Ladd, G.W. (1981) Effectiveness of a social learning method of enhancing children's social interaction and peer acceptance, *Child Development*, 52 (1), 171-8.

Ladd, G.W. (1983) Social networks of popular, average, and rejected children in school settings, *Merrill-Palmer Quarterly*, 29, 283-307.

Ladd, G.W. and Price, J.P. (1987) Predicting children's social and school adjustment following the transition from preschool to kindergarten, *Child Development*, 58, 16-25.

Putallaz, M. and Gottman, J.M. (1981) An interactional model of children's entry into peer groups, *Child Development*, 52, 986-94.

Webster-Stratton, C. and Hammond, M. (1997) Treating children with early-onset conduct problems: a comparison of child and parent training interventions, *Journal of Consulting and Clinical Psychology*, 65 (1), 93-109.

Webster-Stratton, C. and Lindsay, D.W. (1999) Social competence and early-onset conduct problems: Issues in assessment, *Journal of Child Clinical Psychology*, 28, 25-93.

Chapter Eleven | *Helping Students Learn to Handle their Emotions*

第11章 情動への対処の学習を支援する

　攻撃性と衝動性の不適切なコントロールは，効果的な問題解決や幼少期に良好な友人関係を築くにあたって大きな妨害となりうる。怒りや攻撃性をもつ幼児は，手助けがないと，仲間からの拒否を経験することが多く（Coie, 1990），数年経っても社会的な問題が持続する（Campbell, 1995; Pope, Bierman and Mumma, 1989）。第9章，第10章で述べてきたように，そのような子どもは，社会的問題解決スキルや葛藤解決スキルが欠けていることがわかっている（Asarnow and Callan, 1985; Mize and Cox, 1990）。そのような子どもは，攻撃的ではない方法や向社会的な解決策を考えないで，対人葛藤場面で敵意的な方法を用いてしまい，攻撃的な解決策がもたらす結果を予期することがほとんどない（Dodge et al., 1986; Quiggle et al., 1992; Rubin and Kransnor, 1986）。つまり，彼らは葛藤場面に対処するときに，ネガティブな感情を調整することが難しいのである。

　そのような子どもは，また，社会的手がかりを歪めてとらえるか，あるいは，社会的手がかりを十分利用しない。そのために，どのように社会的状況を「読み取る」べきか，わかりにくいのである（Gouze, 1987）。それ以上に，攻撃的な子どもは，あいまいな状況を敵意もしくは脅威として，誤って解釈する傾向がある（Dodge et al., 1986）。このように他人が敵意的な意図をもっていると読み取る傾向は，彼らの攻撃行動の一つの源として考えられている。親，教師，仲間とのネガティブな社会的経験は，一つには社会的コンピテンスのなさの結果であるが，それ以上にそのような社会的経験が，適応を難しくし，攻撃的な行動問題と自己調整の欠如を長期化させ（たとえば，Patterson, Reid, and Dishion, 1992），彼らのゆがんだ知覚や社会的認知を強固にする。

　第9，10章で見てきたように，教師は，問題解決の方法やコミュニケーションスキルを教えること，社会的状況の適切な読み取りを支援すること，ポジティブな自己陳述や他の認知的な調整方法の使い方を教えることで，怒りが喚起される葛藤状況（たとえば，からかわれる，たたかれる，がっかりする）において，子どもがより効果的な解決方法を身につけることを手助けできる。しかしながら，効果的に問題解決ができるようになる前に，子どもは自分自身の情

動反応を見分け，調整できるようにならなければならない。教師は，子どもが怒りの対処法を学ぶことを手助けするという重要な役割を担うことができる。それらは多くの場合，子どもが出来事の起きた原因についてこれまでとは違う考え方をする手助けしたり，怒りを感じる状況に対して適切に対応する準備を子どもにさせたり，冷静さを保つために子どもに自己対話やリラクセーションを使うように促すことによってなされる。教室において他の子どもによって示されているネガティブな感情や攻撃に対して，冷静さを保ち，攻撃行動を示さないでいられるように，教師が子どもに対して強力なモデルとして働くことができる。

情動調節とは何か？

　情動とは，人の感情に影響を強く与える刺激や状況に対する反応である。情動的反応は三つのレベルで起こる。第一に，最も基礎的である神経生理学的，生化学的な刺激に対する反応があり，これには自律神経系が司るすべての身体反応プロセス，心拍，血流，呼吸，ホルモン分泌（エピネフリン，コルチゾール），神経反応（EEG）が含まれる。たとえば，怒りを示している人は，心拍や顔面の紅潮を感じる。情動反応の第二のレベルは，人の行動で表現されるという行動的なものである。このレベルには，表情や，たとえば，泣くこと，不機嫌に見えること，他人との関わりで引っ込み思案であること，挑戦的な行動，反応の遅れといった行動が含まれる。第三のレベルは，認知的レベルである。たとえば，「私は怒っている」というように，人が自分の感情にレッテルを貼るための言葉が（話す，書く，考えのどれであっても）含まれる。

　子どもの情動的な反応には，かなりの個人差がある。というのは，子どもの情動の頻度や範囲はもちろん，情動の表現方法も異なっているからである。たとえば，7歳のビリーは決勝戦でサッカーチームが負けたため，泣きべそをかいていた。一方，彼のチームメイトであるダンは，怒りながら壁を蹴り上げ，相手チームの選手にボールを投げつけた。さらに，もう一人のチームメイトのエリックは，グラウンドから出て行き，不機嫌に黙りこくって話すこと拒んでいる。一方，別の子どもは反則があり決勝点は無効であると考え，大きな声で監督に暴言を吐いていた。つまり，まったく同じ状況で，同じグループの同年代の男子によって四つの異なった情動反応が見られたのである。子どもは，情動（自分自身と他人の両方）を理解する繊細さ，ポジティブな情動を共感するときに示す喜びの程度，葛藤状況でのネガティブな反応を調整・コントロールする能力においても大いに違いがある。

　情動調節は，情動が喚起される状況において，自分の情動反応（神経生理的，生化学的，行動的，認知的）を適切にコントロールする能力のことである。**情動調節障害**とは，慢性的に自身の情動をコントロールできなくなる人について説明するための用語である。たとえば，衝動的な怒りや攻撃があまりにもひどいため，友人関係を維持できなくなっているような行動問題を持つ子どもや，やりがいのある状況を避けることがあまりにも習慣化しているため，何も新しい活動に取り組めなくなっているような子どもが含まれる。

子どもは情動調節をどのように学ぶか？

　歩くこと，話すこと，トイレット・トレーニングと同じように，情動反応の調節は，生まれつき備わっているものではなく，誕生後に身につけていくものである。つまり，学ばなければならないのである。初期の調節は，環境によってもたらされる。おむつがぬれていたり，お腹がすいていたり，退屈であったりする乳児を想像してみよう。その子が苦痛を表現できるただ一つの方法は，泣くことである。その子は，身体的状態の調節や内的な緊張状態を軽減するために，環境からの手助けを必要としている。親は，乳児の情動的覚醒の調節を助ける役割を一手に引き受けている。つまり，親は，赤ん坊がどうして泣いているのか，その意味を理解しようとつとめ，その後で，その子をなだめるのに必要な行動をとる。誰もが知っているように，赤ん坊の中にはなだめやすい子もいれば，なだめるのが難しい子もいる。このことは，乳児が自己調節を獲得する能力に個人差があることを示している。

　乳児期からヨチヨチ歩きの時期に移行する間に，子どもの情動調整システムが成熟してくるのである。この発達期間中に，情動調整の担い手が，親から子どもへと少しずつ移り始める。情動調節の出現と結びついた最も重要な発達上の成果の一つは，言語とコミュニケーションのスキルを子どもが獲得することである。子どもは言語スキルが発達するにつれて，自分の情動，考え，意思に名前を付けることができるようになる。子どもは，自分の複雑な要求や感情を伝えることできるようになるにつれて，自分の情動的反応を上手に調節できるようになる。つまり，自分自身を落ち着かせるために，自分が求めていることを親や教師に知らせるということがいくぶんか含まれるようになるのである。

　就学前期から学齢期への移行において，子どもは自身の情動調節により大きな責任を担い始める。その結果，多少は目をつぶってもらえるものの成人並の調節を求められるようになる。とはいえ，親と教師は，子どもの情動調節のサポートにおいてまだ大きな役割を果たし続けることになる。学齢期の間，情動調節はますます複雑で抽象的なプロセスへと変化する。つまり，情動調節は，乳児期は身体的な不快に導かれたより初期の反射的なものであるのに対して，学齢期では，子どもの自己感覚と環境から導かれたより内省的なものになる。以前なら怒ったり，イライラして誰かをたたいたり，かんしゃくを起こしたりしていた子どもであっても，学齢期になると友だちや先生と言葉で話し合うようになるだろう。また，我慢できないと泣き叫んでいた子どもも，じっと待てるようになる。さらに，走り回ることで興奮を表していた子どもも，自分の興奮の状態を話すことができるようになる。怒り，苦痛，興奮といった極端な情動的反応は，学齢期までにある程度弱くなる。それ以上に，子どもの情動調節の能力が発達するにつれて，情動の内的・主観的側面は，情動（もしくは，感情）が外的に表現されることと区別されるようになる。こうして，ある出来事によって内的に苦痛を感じていても，表向きには情動的な兆しを見せない学齢期の子どももいる。青年期には，ホルモンの関与により，青年が何年にも渡って学んできた情動調節が試されるという，子どもの情動システムにおいて激変が起きる。青年と関わる親や教師には，10代の若者の情動調節は，3〜5歳児に逆戻りしたかのように思えてしまうのである！

子どもが情動調節をいかに早く学ぶかを決定するのは何か？

　子どもが歩き始め，話し始め，トイレット・トレーニングを学び始める時期には，大きな個人差があるのと同じように，神経調節や自己調節システムの発達が，他の子どもよりも遅い子どもがいる。そのようなタイミングの違いに影響する要因については，まだあまり知られていない。しかしながら，研究によって，子どもの情動調節能力の発達の基礎となるプロセスが，少なくとも四つあることが明らかにされている。

1. 子どもの神経抑制系の成熟
　子どもの神経系の成長と発達は，最終的に情動のコントロールに必要な神経「ハードウェア」の獲得をもたらす。

2. 子どもの気質と発達の状態
　学習障害，言語の遅れ，注意欠陥，多動性，および他の発達的な遅れによって，情動調節が苦手な子がいる。

3. 親の社会化と周囲のサポート
　家族のメンバーが，自分や他のメンバーの感情についてどのように話題にするかが，子どもの感情表現法の違いや，情動調節や他人の感情理解能力の成長と関連している。周囲から慢性的にストレスを感じている子や先の見えない不安定な生活をしている子は，情動調節がより難しい。

4. 学校や教師による情動教育の重視
　子どもに対する教師の感情の伝え方や，子どもが学校で直面する葛藤場面においてネガティブな情動を表現することに対する教師の反応は，子どもの情動調節の能力と関連している。

教師に何ができるか？

　上に挙げたうちの最初の二つ，つまり，子どもの神経系，気質と発達の状態は変えることができないが，教師にとって重要なことは，第三の要因である社会性と周りからのサポートによって，子どもの情動調節の能力に大きな影響を与えることができるという点である。以下の章では，子どもが情動調節を学ぶことを教師がどのように支援できるか，その方法をいくつか説明する。これらの方法は，効果的な怒りマネジメント・プログラムの研究が基礎となっている（Larson, 1994; Lochman and Dunn, 1993; Webster-Stratton and Hammond, 1997）。

できる限りしっかりとした安定と一貫性を与えよう
　協力的な雰囲気とともに学級に安定と一貫性をもたらすことで，教師は子どもの情動調節の発達を援助することができる。たとえば，一貫性のある制限設定，明確なルール，見通しのき

いた手順などによって，子どもは何を期待したらよいかわかるようになる。言い換えると，これらによって，子どもは落ち着きと安心を感じることができる。学級は安定しており，安心できる場所であると子どもが理解し，教師は自分たちのことを個人として本当に大事にしてくれると感じたときに，見通しのきかない教室外の世界に対処するために必要な情動資源を発達させ始めるのである。

子どもの情動と情動反応を受け入れてあげよう

　子どもが情動的に爆発しているときには，これらの行動は意図的なものではなく，教師が教えることを困難にさせようとの周到な試みでもないことを覚えておくことが重要である。子どもは誰でも，ときどき不機嫌になったり，目上の人に対して大声を出したり，乱暴に反応したり，あるいは背を向けて一人で放っておいてほしいと思うこともあるという事実を受け入れたい。情動的な調節が難しく，他の子どもと比べて簡単に情動的にバランスを崩してしまう子どもがいる。このことは，子どもを「甘やかしている」「無視している」「虐待している」というサインには必ずしもならないという事実を受け入れよう。むしろ，このようなことは，気質的に衝動的な子ども，言語的なスキルの発達が遅れているため適切に自分の感情を表現できない子ども，もしくは，多動・注意欠陥的な特徴のために，社会的な手がかりを見過ごし，比較的中立的な出来事に対して誤った解釈をし，情動的な反応をしているという子どもの存在を示しているのかもしれない。このような情動反応は，教師を疲労させ，苦痛にさせるかもしれないが，教師の忍耐力と受容は，子どもにとっては情動反応への対処方法を学ぶ重要な要因となる。子どもの情動的な状態を「受信する」こと，理解することによって，子どもが多くの情動的な緊張に耐えられるように支援することができる。

あなた自身の感情を表現しよう

　感情を表現したり，自分の情動的反応を調節したりすることを子どもが学習できるように支援する方法の一つは，教師自身が子どもに対する感情を言葉にすることである。たとえば，先ほど述べたサッカーの例で言うと，教師はこのように男子に言うことができるかもしれない。「ゲームを通じてうまくいっていたのに，あなたたちのチームが負けて，私は本当にがっかりしたわ。あなたたちが負けたことが悲しいわ。でも大切なことはあなたたちがとてもいいゲームをしたことです。あなたたちはベストを尽くしたし，あなたたちはとてもいいチームよね。だって，みんな本当に一致団結していたから。わたしはあなたたちを誇りに思うわ」自分の情動状態を表現し，他人の（非言語的な）情動状態を読み取るために，情動に関する言葉を頻繁に用いる教師，つまり，子どもが情動を正確に識別できるようになり，感情について話すことに慣れるために，感情について話をする教師は，子どもの情動調整に強力な影響を与えることができる。そのような教師の下で学んだ子どもは，ネガティブな情動を行動的な爆発によって訴えることが少なくなるだろう。情動的な言葉を使うことを学んだ子どもは，非言語的な情動的表現をよりコントロールすることができるということが研究によって示唆されている。言い換えると，そのような子どもは，情動調節能力が高められていると言えよう。感情を言葉で表すことによって，教師は有益な対処スキルを子どもに伝えるだけでなく，特定の感情への対処方法を示すことになる。反対に，自身の情動を知的に話す，もしくは，特定の情動について「自分自身を含めずに語る」教師は，過剰にコントロールされた対処スタイルを用いることを促すことになる。つまり，子どもに自身の情動を調節することよりも，「押し殺す」ことを学ばせることになる。

何もかも許してはいけない

　一時期，怒っている子どもを扱うときには，大声を上げさせたり，枕をたたかせたり，バッグをなぐらせたりしていた。この理論によれば，人間はふたを閉められたヤカンに似ており，彼らのシステムから閉じこめられた怒りを解放することが必要であるとしている。しかしながら，何らかの方法で言語的，身体的な攻撃を促すと，怒りのコントロールの問題が改善するという証拠はまったくない。事実，怒りを本当に促進してしまっているように見えるのだ！　したがって，子どもが怒っているときに，おもちゃや他のものに対してでさえも，攻撃的に振る舞うことを許すことは，決して良い考えではない。その代わりに，怒りを言語で適切に表現させるように促したり，一走りする，きびきびと歩く，おもちゃを片付けるなどによって，適切に身体的緊張を解放させることができる。この方が子どもを落ち着かせるのにはるかに役立つだろう。

感情について話すことを子どもに促そう：感情について指示するのをやめよう

　子どもが自分の情動について多くを語らないのは，経験不足から来るものではなく，親や教師がある種の情動の表現を認めないという経験をさせているからである。たとえば，サッカーの試合で負けて泣いていたビリーは，泣くのではなく，むしろ怒りなさいと言われてきたかもしれない。情動の表現について大人が指示を与えると，子どもは自分の本当の感情を把握するのが難しくなり，そのため情動の調整が難しくなるかもしれない。たとえば，「悲しんではいけません」や「そのことで怒るべきではありません」といった発言は避けたい。その代わりに，子どもの感情に正確な名前をつけ，その情動について話すように促すのがよい。たとえば，「あなたはそのことで悲しんでいるように見えるわ。何が起きたか教えてちょうだい」と言う。子どもが自分の経験について話したときには，判断やアドバイスはしないで注意深く聞くようにしよう。子どもの経験と一致する自分のかつての経験を共有することが役に立つかもしれない。たとえば，「私がボールを落として，そのせいでゲームに負けてしまったことを覚えているわ。つらかったわ」。

　ある子どもはブロッコリーが好きで，もう一人の子どもは好きでないといったこととちょうど同じように，人は同じ出来事でもまったく違った感情を抱くということを，子どもが理解することは重要である。また，人は同時に複数の感情さえも持つということを理解することもまた重要である。どんな感情であっても悪いことはない，つまり，すべての感情は普通で自然なことであるということを教えることが非常に大切である。ある感情は心地よく，素晴らしいが，一方で，苦しい感情もある。しかし，それらはすべて現実であり，大切な感情なのである。教師として，私たちは，子どもに感情を教えているのではない。行動をコントロールすることを教えているのだ。教師は，自分の感情にしたがって行動することは，いつでも認められるわけではないが，感情について話すことはいつでも認められるというメッセージを子どもに伝えることができる。

　情動について話す能力は，子どもがネガティブな情動を調節できるように援助するだけでなく，感情や関心を表現したり，愛情を求めたり，受容したり，さらに教師はもちろん，仲間グループとの新しい親密な関係を得るためにも非常に大きな力となる。

ゲームや活動を用いて感情語の使用を促そう

　サークルタイムは，感情について話し合ったり，感情ゲームをしたりするための理想的な機会である。以下は，子どもの感情語の発達を促し，特定の感情を示す顔や耳からの手がかりを理解するのを手助けするゲームの例である。

感情語を促進するためのサークルタイムのゲームと活動

感情の輪ゲーム──子どもは円になって座り，交代で矢を回す。そして矢が止まったところの顔について，その感情の名前と，それを感じたときのことについて話す。無表情な顔に矢が止まった場合，ある動作かある表情をして，他の子どもにどんな感情であるか推測させる。この輪は，感情に名前をつけることができないときに，その感情に子どもの注意を向けさせるために用いられる。

目が見えない探偵ゲーム──このゲームでは，ある子どもが幸せ，怒り，悲しみ，心配に聞こえるような声の調子で話している間，他の子どもたちは目を閉じておく。目を閉じていた子どもには，話した子どもの声からどのような感情なのかを当てるように言い，なぜその人がそのような感情であると考えたのかを説明を求めた。ここでは，声の調子を通じて感情の手がかりを探すのである。

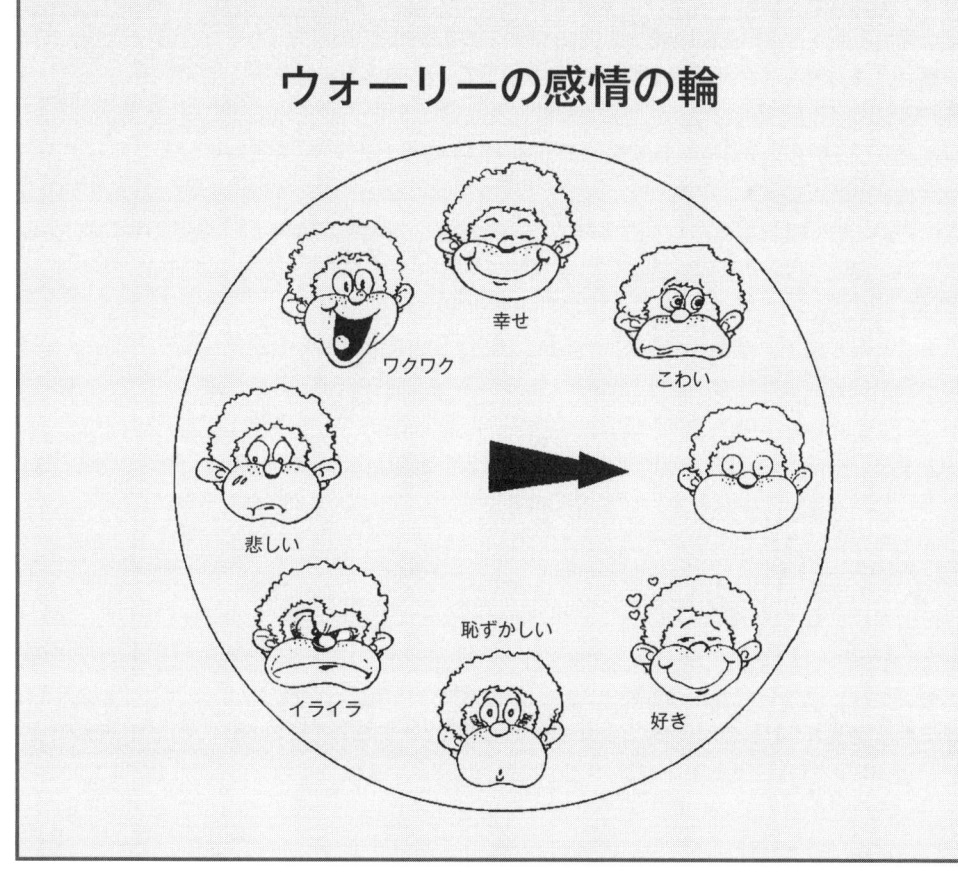

ウォーリーの感情の輪

（幸せ／ワクワク／こわい／悲しい／イライラ／恥ずかしい／好き）

ウォーリーの感情の輪

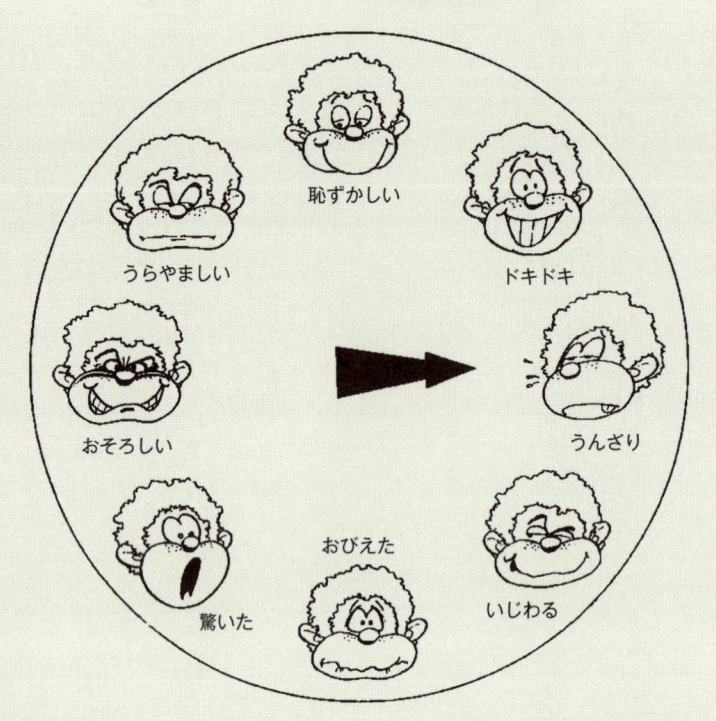

（恥ずかしい、ドキドキ、うらやましい、うんざり、おそろしい、いじわる、驚いた、おびえた）

耳が聞こえない探偵ゲーム——このゲームでは，（声を出さずに）子どもが交代で表情を作り，残りの子どもがその感情を推測する。このゲームのバリエーションとして，「ダイナソー・カリキュラム　感情の理解と発見（Webster-Stratton, 1990）」の中から，いくつかの感情のビデオを見せ，音声を消して，画像から感情の名前を尋ねる方法がある。この場合も，感情を示す視覚的な手がかりに子どもは気づくことになる。

感情の仮面を作ろう——このゲームでは，子どもに紙の皿を渡し，（誰にも言わないで）ある感情をとり上げ，絵を描くように指示を与える。感情の仮面が完成したら，子どもはお互いの感情を推測し，それを感じたときのことを話す。

ウォーリーの感情の顔ゲーム

このゲームはサークルタイムの中で,個別でも集団形式でも実施することができる。まず,大きく引き延ばしたウォーリーの顔と,感情を表す顔のパーツ(眉毛,目,口,鼻,など)を,個人やペアごとに配布する。そして,以下のお話を子どもたちに読み聞かせ,続いてその下に書かれている内容について指示を与える。他の顔のパーツを使って,このお話を増やしていくこともできる。

ウォーリーは笑って一日を過ごしました

1. すべては,クラスの男子がウォーリーのことを猿みたいな顔と呼んだことから始まりました。猿みたいな顔と呼ばれたときのウォーリーの感情を表している口を探しなさい。

第11章 情動への対処の学習を支援する

2. お昼ご飯のときに，誰もウォーリーが同じテーブルに座ってほしくないと思っていました。のけ者にされたときのウォーリーの感情を表している口を探しなさい。
3. ウォーリーがお昼ご飯を終え，6年生（12歳）の男子たちが座っているテーブルに歩いていったとき，間違ってマークの牛乳に当たってしまいました。「おい，おまえ！　ここを片付けろよ！　お前に話がある」
怒っている6年生の男子を見たときのウォーリーの感情を表している口を探しなさい。
4. ウォーリーは自分を落ち着けるために，「3回深呼吸をしよう」と自分に言いました。深呼吸しているときのウォーリーの感情を表している口を探しなさい。
5. ウォーリーは，牛乳をわざとこぼそうとしたわけではないということをその男子に伝え，ごめんなさいと謝りました。そして，拭くのを手伝いますと言いました。マークは，このことでウォーリーにとても親しみを持ち，ウォーリーに「かげ鬼」を友だちと一緒にやりたいと言いました。
上級生と混じっているときのウォーリーの感情を表している口を探しなさい。

このゲームの他の方法として，教師が感情の名前を言い，子どもが適切な表情を作るというものがある。

ゲームと活動を使って他人の感情の理解を促そう

自らの感情を伝えるだけでなく，他人への気づかいや感情についてよく考えるという子どもの能力は，社会的にうまくいくための鍵となる（Putallaz and Wasserman, 1990）。子どもが他人の見方を受け入れられない場合，社会的な手がかりを誤解したり，感情に間違った名前を付けたりして，適切に応答する方法が分からなくなってしまう。教師はサークルタイムを，子どもにそれぞれの状況で，それぞれの感情や考え方について話し合うように働きかける時間に充てることができる。以下に示すゲームは，サークルタイムで子どもに感情について考えさせたり，なぜ人は異なる感情を持っているのかを考えさせたりするために使うことができる。これらのゲームは子どもに共感スキルを学ばせるのに役に立つ。

他人の感情理解を深めるためのゲームと活動

写真をみて感情を当てる探偵ゲーム——このゲームでは，新聞や雑誌から人や出来事の写真を切り抜く（それらをラミネート加工する）。子どもは交代で，感情のバッグの中から写真を取りだし，その感情がどのようなものであるか確認する。子どもに尋ねるのは以下のようなことである。

- その人はどのように感じている？　その感情を他の言葉で言い表すことができるかな？
- どの手がかりからそう思った？（目，口，歯，体，など）
- その人がそう感じるのはなぜだと思う？
- 何がその人にそう感じさせたと思う？

- 次には何が起きると思う？（予測）

ウォーリーの「どう感じる？」ゲーム——以下に挙げた状況でどのように感じるか演じてみるようにウォーリーが子どもにお願いする。子どもの発達段階と感情を伝える能力に応じて、この活動では追加の質問を使う。「次には何が起きると思う？」「そのときあなたはどのように感じるだろう？」「他の人はどのように感じると思う？」特に、感情を区別する言葉がまだ使えない場合は、幼い子どもにとって、感情の予測能力と結果の予期能力は難しいスキルになる。このような場合、教師は感情を伝える言葉を学ぶことと、他人の感情を理解するための手がかりを見つけることを一番の焦点とする。次の段階として、なぜ人はそのような感情を持つのか、その感情に対処するためにどのようなことをするのかといったことを子どもが予想できるように手助けをする。

ウォーリーの「どう感じる？」

- 自転車から落ちて頭を打ったとき。（悲しい、苦痛、不快）
- クラスメートの誕生日会に招待されなかった。（がっかりした、悲しい）
- 友人とお泊まり会をしていいとお母さんが言った。（ワクワクする）
- あなたが仲間と同じチームに入って遊ぶことをある子どもが拒否した。（怒り）
- 先生があなたに何か良いことを言った。（幸せ）
- 新しいサッカーボールをなくしてしまった。（悲しい、心配）
- 大人があなたに怒鳴りつけてきた。（恐怖、不安）
- あなたが楽しい番組を見ているときに、妹がチャンネルを変えてしまった。（怒り）
- ある子に突き飛ばされ、どこかに行ってしまえと言われた。（悲しい、怒り）
- 海にいくことができる。（幸せ、ワクワクするもしくは心配）
- 犬の糞を踏んでしまった。（嫌な気分）
- 新しいクラスに知っている人が一人もいない。（恐怖、恥ずかしい）
- お母さんが夕食にベークトビーンズを作ってくれる。（幸せ、嫌な気分）
- 先生があなたの絵を黒板に張った。（誇らしい、恥ずかしい）
- パーティーに招待された。あなたはパーティーが好きだったが、そこには知っている人が一人もいなかった。（ワクワクする、恥ずかしい）
- 両親が離婚している。訪ねていた父親の家を離れる時間が来た。あなたは楽しい時を過ごし、もう少し長くいたかった。一方で、荷物をまとめているとき、あなたは家の母親や弟のことを考えて、会うのが待ちきれなかった。（悲しいとワクワクする）

私が心配するときは……——子どもが読み書きの能力を備え、他人に対する共感や感受性を促すことができる年齢であれば、このゲームが導入できる。子どもは、「私が心配するときは……」と書かれた紙を1枚渡される。そして、名前を書かずに続きの文章を書き、それを円の中心におかれた箱に入れる。その後、順番に心配事が書かれた紙をとっていき、なぜそこでは心配を感じるのかを説明する。教師は、人は異なったことで心配になるということを子どもが理解できるように手助けする。

感情の変化を理解するためのゲームと活動

感情の変化──「どう感じる？」ゲームの他のバージョンでは，ある状況を説明し，子どもに「私はかつて（状況：以下のリストを参照）の状況で _____ と感じたことがあります。しかし，今ではその状況で _____ と感じています」と言うように指示する。このゲームのポイントは，時が経つと感情は変化しうるものであり，永久に続くものではないことを子どもが理解できるように援助することである。変化することによって引き起こされる感情について子どもに考えてもらうことにもなる。

- 学校に行く
- ベークトビーンズを食べる
- お医者さん（歯医者さん）に行く
- 兄弟について
- 読みを習う
- 家事を手伝う
- 新しい町に引っ越す
- 弟がうまれて，注目がすべてその子に行ってしまう
- 両親が離婚する
- おばさんが死んでしまった
- 気に入らない髪型にされる
- クラスの前で話す

ウォーリーの偶然あてっこゲーム──このゲームでは，子どもは偶然やったことと意図があってやったことの違いについて考える練習をする。教師は，子どもに以下のことは偶然であると思うか意図があって行われたことであると思うか話し合うように発問する。子どもが意図的であると話し合うようになった場合，教師は子どもに偶然の状況であるようにロールプレイするように指示する。そして，そのときに生じる感情や，どのように謝り，友人関係を修復したらよいかについて，子どもが考えられるように手助けする。このゲームは，自らに起きたことについて敵意的な帰属をしがちな子どもに有効である。

ウォーリーの偶然あてっこゲーム

- 自分のサッカーシューズを取るときに見てなくて，代わりに友だちのシューズを手にとってしまう
- 他の子の胸にボールをぶつける
- 猫のしっぽを引っ張る
- 妹が自分のお小遣いで買ったお菓子を隠す
- 相手がたたいてきたから，相手をたたく
- 牛乳を取るときに見てなくて，弟の牛乳をこぼす
- 別の子の悪口を言う
- 足を伸ばして座っていたら，誰かがそれにつまずく
- 友だちの誕生日を祝うのを忘れてしまう

子どもに自分で落ち着く方法と
リラクセーションの方法を教える

　怒りをコントロールするためには，子どもは自分の感情に名前を付けることだけでなく，自分を落ち着かせる方法を学ばなければならない。子どもが怒りを「沈める」方法を身につけていれば，自己コントロールの感覚を得ることができ，かんしゃくを起こしたり感情が爆発したりするほど怒ることを防ぐことができる。以下のリラクセーションとイメージの練習は，教師が子どもに自分を落ち着かせる方法を教えるのに役立つ。

ぼろぼろウォーリーとブリキの男

　この練習は，子どもがリラックスしているときと，緊張しているときを区別できるように実施する。初めに，ブリキの男になる練習をする。子どもは腕や足に力を入れ，ガチガチになって部屋を歩くのである。次に，「ぼろぼろウォーリー」になる練習をする。つまり，子どもは，ちょうどバラバラな動きをするぼろぼろの人形のように，足を引きずり，手や頭をぶらぶらさせる。子どもは全身がだらりとなるまで，体のそれぞれの部分をだらりとさせる。そして，秘密の合図で床にぐったり倒れ込み，リラックスする。

イメージリラクセーション

　多くの子どもはイメージの練習を上手く行うことができる。クラス単位で用いる場合の説明は，ホールによる著書（Hall, Hall, and Leech, 1990）に書かれている。以下にその本の中から，年少児に適用できる二つのリラクセーション・シナリオを取り上げる。教師は，子どもに目を閉じさせ，リラックスして雲に座っているイメージ，あるいは心配から解き放たれた場所にいるイメージをするよう促す。いったん，子どもが心の中で特別なリラックスできる場所を思い浮かべられるようになったら，子どもが怒り出したり，不安になったり，何かを心配したりすることに教師が気づいたときに，その場所に行きなさいと言うことができる。以下に，クラスの子どもたちに使うことができる台本が二つある。くれぐれも，穏やかに，リラックスした調子の声で，ゆっくり台本を読んでみよう。

リラックスする学習：「雲はやわらかい」

　　　目を閉じて。どこか別の場所にいくことをイメージしますよ。ゆっくり深く息を吸って……吐いて……さあ，もう一回，ゆっくり，深く吸って……吐いて……今日は一緒に雲に乗りますよ……雲はとてもやわらかいですね……雲の中に沈むように，腕をだらりとさげてみましょう……つまさきをピクピクさせながら，足も雲の中に沈ませましょう──肩も沈ませてみましょう……モクモクの大きな雲に座っていますよ……私が言うのに合わせて，体の一部をやわらかい雲に深く沈ませましょう……（教師はさまざまな体の部位を言う）。さあ，目を開けましょう。私たちはこの前と違った方法でリラックスしましたね。前回は，ぼろぼろウォーリーのまねをしましたが，今日は雲に浮かびました。

安全でリラックスできる場所を思い浮かべる

　目を閉じて……ゆっくり，深く息を吸って……吐いて……もう一回，ゆっくり，深く息を吸って……ゆっくり吐いて，全身をリラックスさせましょう……ちょっとだけ，心配なことを思い浮かべてみてください。

　それでは，心配のいらない，安全な場所に行くことができますよ……安全な場所を心に描いてみてください……それはどんなところですか？　よーく見渡してください……安全な場所のどんなところが好きですか？……どんな色ですか？……どんな香りがしますか？　安全な場所にあるものはどんな感じですか？　さあ，この安全な場所に実際にいるところを想像してみてください……すぐに何がしたいですか？……どんな気持ちですか？……あなたがいたいだけ，この場所にいていいですよ……必要になればいつでもすぐに戻ってくることもできます……穏やかに部屋に戻って来られるように，この気持ちを持ち続けましょう。

　年少の子どもの場合，上に挙げた質問に大きな声で答えを言ってしまうことが時々ある。このようなことが起きたら，質問を言い切りの形にして言い換える方がより良い場合もある。

誕生日会

　この練習では，子どもに大きく息を吸って，イメージで想像した誕生日ケーキのローソクにゆっくり息を吹きかけるように言う。そして，静かに目を閉じさせ，願い事をさせ，幸せなことを考えさせる。チョコレートミルクセーキに浮かんでいるとか，風船をふくらましている，といったさまざまなイメージをこの練習で使うことができる。

「ハッピーブック」をつける

　攻撃的な年少児は，自分の怒り感情について，注目しすぎていたり，話題にしすぎていたりすることが多い。このような方法は，良くないやり方で行動するよりも，適切に言葉で感情を表現することを学ぶ手助けとなるため，そのような子どもにとっては有益である。しかし一方，結果として怒りの情動を強調しすぎてしまう可能性も高い。事実，このような子どもの多くは，自分の怒りの情動のみに気づいていることが多く，興奮，不安，心配，悲しみ，幸せ，といった他の感情と，怒りとを混同しているときもある。子どもが，広い範囲の感情を表現するために，情動や言語を学ぶのを手助けすることは重要である。特に，悲しみと怒りを感じている子どもは，彼らが喜び，幸せ，興奮，落ち着き，誇りを感じているときにそれらの情動に焦点をあてることが有効になる。子どもが幸せを感じたときや，ほめられた特別な瞬間やそのときの感情を例として集めた「ハッピーブック」を始めると良い。

情動調整のモデルを示そう ── 落ち着きを保つ

　あなたはどのようにして自分の情動を処理するだろうか。簡単にカッとなる方だろうか，それとも不満の訴えを引っ込めてしまう方だろうか。情動的な緊張，過剰な刺激と並んで，子どもの感情的な爆発に影響するのは，モデリング（すなわち，自身の怒りや不満の爆発を見せている大人にさらされること）であることを覚えておこう。あなたが日々の不満をうまく扱おう

と努力していると，子どもはあなたのしていることを真似するようになる。落ち着きを保ち，自分の感情や対処方法を適切に言葉によって表現することが，子どもにはとても役に立つ。たとえば，課題について一生懸命教えようとしているときに，子どもたちが集中していないことに不満を感じているならば，子どもに対して激怒する代わりに，「課題を続ける前に，いったんやめて，落ち着いて，少しリラックスした方がいいわね。みんなが話を聞いていないので，私はイライラしています。これ以上，イライラしたくありません。どのようにすべきかがわかるまで，しばらく休むことにします」もしくは，「いったん落ち着けば，耳を傾ける準備ができるでしょう。私には休憩が必要です。そうしたら，このことに対処する準備ができます」と打ち明けることができる。いつものように，子どもにしてほしいと期待するような行動のモデルを教師が示す必要がある。もし，子どもに自身の情動をうまく処理して欲しいと思うなら，子どもに同じようにするところを見せ，やり方を示してあげることが重要となる。

　もちろん，教師も人間であり，ときどきは，怒ること，間違えること，子どもに対して我慢できないことがある。このようなことが起きたとき，子どもに謝ることは，教師の権威を損なうことではなく，むしろ高めることになる。子どもは，誰でも間違えることがあり，そこから学ぶことができるのだということに気づくことになる。ある教師が，時にはつむじを曲げるという自分の問題について説明した。「私はときどきイライラして怒りっぽくなってしまいます。そんな時はあなたたちに手助けしてほしいと思っています。だから，イライラ怒りっぽいなと私が感じたときにはいつでも，この帽子をかぶるようにしますから，その間，みんなは静かにしてもらえないかしら」このような教師が子どもに援助を求めるやり方は，クラスの子どもに本当のチームスピリットを呼び起こすことができる。

　子どもが情動的反応をエスカレートさせているときには，教師が落ち着きを保っておくことが特に重要である。子どもが，イライラし，緊張や怒りが高まっている様子であるときには，ときとして教師も不安やいらだちをもって反応してしまうことがある。教師は，腕や背中を撫でながら，子どもを落ち着かせ，なだめるように言葉かけをすべきである。そのようなサポートがあると，子どもは落ち着きを取り戻し，自分の気持ちをはっきり述べられるようになる。

出来事についてのポジティブな自己対話を教えよう

　子どもが，怒り，不満，落胆といったネガティブな情動を感じたときには，しばしば情動に伴って発生し，情動を助長し，激しくするような裏に潜んだ考えというものがあり，それが情動を引き起こしていることさえある。子どもはときどき声に出して言うこともあるが，これらの考えは「自己対話」と言われる。たとえば，落胆した子どもは「僕はダメな子だ」「正しいことができない」「あきらめた方がいいや」「私のこと好きじゃないんだ」「僕を失敗させようとしているんだ」「誰も助けてくれない」といったことを自分自身に言っているのかもしれない。

　サッカーの例では，同じ出来事について異なることを自分自身に言っているので，ビリーとエリックは違った反応をしているのかもしれない。もしビリーになぜ泣いているのかと尋ねたら，「僕たちのチームは負けてしまったから，お父さんはすごくがっかりしてしまうよ。僕は，なんてへたくそなんだ」と言うかもしれない。もしダンになぜ怒っているのかと尋ねたら，「卑怯だ！　あっちのチームはずるをしたじゃないか」と言うかもしれない。ビリーはネガティブな自己対話を示しているのに対して，ダンは相手チームを責めており，どちらのケースであってもネガティブな反応やネガティブな情動を引き起こす。そして，「ベストを尽くした」や「練習さえすれば勝てるはずだ。誰でも負けることはある」といった異なる言い方をすれば，このことを避けることができるかもしれない。

ネガティブな「自己対話」をする子どもは，ポジティブな自己対話をする子どもよりも簡単に怒りやすいことが研究から明らかにされている。子どもにネガティブ自己対話を特定し，ポジティブな自己対話に置き換えるように指導することができる。自分を落ち着かせる考え，自分自身をコントロールするのに役立つ考え，秩序を持って状況を整理できるような考え，を自分自身に静かに語りかけることで，避けることができない不満や侮辱と折り合いを付ける方法を子どもに教えよう。たとえば，他の子どもに馬鹿にされた場合，教師はその子に「うまくやれるわ。無視すればいいだけだもの。こんなことで腹を立てたらばからしいわ。私は落ち着いていられるわ。強いんだもの」と考えてみなさいと促すことで，子どもを落ち着かせることができる。先ほど述べたサッカーにおいては，「『僕はうまくプレーした。お父さんはそれを喜んでくれるはずだ』または，『僕たちはすごいゲームを戦った。どちらかは必ず負けるんだ。僕らはいさぎよい奴らだ。』と自分自身に語りかけてみなさい」と言うことで，教師は子どもにこのように考え始めるように促すことができる。このような方法で，子どもは自らの認知的な反応を調節する方法を学び，それが次に行動や心理的な反応へと影響していくのである。

ポジティブな自己対話の例
- 3回息を吸おう。
- 楽しいことを考えよう。
- 気にすることはない。
- 冷静さは失わないぞ。
- 誰だってからかわれるときはある。
- これはうまくやれるよ。
- 落ち着くことができるよ。
- 好きでいてくれる他の友だちがいるよ。
- あいつはわざとやったんじゃない，これはたまたまだ。
- 誰だって間違える。完ぺきな人なんていないさ。次はもっとうまくやれる。
- もっと練習すればできるはずだ。
- あの子は機嫌が悪かっただけ。後でよくなるわ。
- 落ち着くことができるはずだ。勇気の出る言葉を使おう。
- 間違ってしまっても，友だちは私を好きでいてくれる。
- ちょっと経てば楽しくなるはず。
- ちょっと落ち着こう。
- たいしたことじゃない。
- 深呼吸をしよう。

「カメテクニック」を教えて，何回も練習しよう

　ポジティブな自己対話と問題解決法を使うように子どもに教えることは，認知レベルの情動調節の意味を伝えることになる。しかしながら，神経生理学的もしくは，生化学的な情動覚醒への対処について，子どもを支援する必要があるときもある。たとえば，子どもの中には（もしくはある状況においては誰でも），心臓がどきどきしたり，呼吸が速くなったりして，非常に動揺しているために，自己対話によるコントロールができなくなったり，必要とされる問題解決ができなかったりする。つまり，身体的な覚醒によって，認知的な混乱が引き起こされるのである。子どもには，ポジティブな自己対話によって，このような覚醒がある程度改善するこ

とを教えることができる。その一方で，子どもは早く落ち着くために，追加の方法を必要としているかもしれない。「カメテクニック」は，子どもを落ち着かせるのに効果的な方法であり，問題解決に入る前の有効な第一のステップであることが研究によって明らかにされている。

「カメテクニック」を教えるときには，怒りを感じ始めたら避難できるカメのような甲羅をみんなが持っていると想像させる。そして，イメージの甲羅に入らせ，静かに3回深呼吸をさせ，「ストップ（止まれ）。深呼吸をしよう。落ち着いて。そして考えよう」と自分自身に言わせる。子どもがゆっくり深呼吸を続けているときに，筋肉をリラックスさせるために，呼吸に集中し，空気を腕や足に行き渡らせるようにさせる。時々，子どもには甲羅で，自分が一番リラックスできる場面を思い浮かべるように言う。そして子どもがゆっくり深呼吸をつづけているときに，「落ち着くことができるはずだ。できるはずだぞ。コントロールできるさ。けんかに関わらないようにできるぞ」と言わせるようにする。甲羅から出てきて，やり直すことができるくらい落ち着くまで，甲羅の中にいるようにさせるとよい。身体的反応をコントロールするのに，他の子どもよりもほんの少し長い時間を必要とする子どももいるかもしれない。子どもが出てきたときには，賞賛し，子どもの努力を評価する。

落ち着くための自己対話の台詞を頻繁に指導し，実践することは重要である。なぜならば，実生活の葛藤場面に子どもが直面したときには，結局のところ，落ち着かせ，内的な言語を引き出すために，正確な言葉「ストップ（止まれ）。深呼吸をしよう。落ち着いて。そして考えよう」が必要となるからである。また，子どもに「ウォーリーは小さなカメから学んだ」を読ませたり，この学習を高めるためのダイナソー・カリキュラムから「小さなカメ」を見せたりする

必要があるかもしれない（Webster-Stratton, 1990）。

　指導やロールプレイに加えて，教師自身が「カメテクニック」のモデルを示すと良い。たとえば，休み時間の後，子どもがなかなか自分の席につかないので，教師自分がイライラしているのに気がついたとする。その場合，教師は次のように言ってみよう。「あなたたちが，落ち着いて先生の話を聞けるようになるのにとても時間がかかっているので，イライラしてきてしまいました。先生は，しばらくの間甲羅の中に入って，落ち着いた方がいいわね。カメの力を使った方がいいと思うの，深呼吸をして……自分にこういったらいいわ。『ストップ（止まれ），深呼吸をしよう。落ち着いて，そして考えよう』あら，気分が良くなったわ。他の方法を考えるのもいいわね。自分の席にもう座っている人にはステッカーをあげようかな」

　学業スキルを教えるために，モデリング，リハーサル，ロールプレイ，フィードバックを用いるのと同じように，このように子どもに社会的スキルを教えればよいのである。

緊張が増してきたことを知らせる体の手がかりに気づかせよう

　怒りやネガティブな情動の第一の「初期警告」段階は，すべての教師や親にとってなじみ深いものである。子どもは小さい声で不平を言ったり，機嫌が悪くなっているように見えたり，ふくれて教室の中を歩き回るかもしれない。第二段階では，子どもは，落ち着かず，不機嫌になる。つまり，教師が何を提案しても，子どもは満足せず興味を示さないように見えるのである。ささいな気に障ることでさえも，感情を爆発させるかもしれない。子どもは叫び，ののしり，ものを壊しさえするかもしれない。この爆発段階では，教師がコントロールしようとするのに抵抗することがしばしばあり，教師の言ったことすべてに反発しだすかもしれない。第三段階は，かんしゃくが収まった後に，怒りが落ち込みに変わる段階である。この段階を「かまわないで」の段階と言ってよい。子どもは悲しみ，おとなしくなり，教師や仲間と関わろうとしなくなる。第四段階では，子どもは通常の活動に戻ることができるようになり，何もなかったかのように振る舞うであろう。

　「カメテクニック」や落ち着くための自己対話の台詞，以前話し合ったリラクセーションの方法を用いて介入する教師にとってのポイントは，第一段階にある。第二，第三の段階では教えられる瞬間はほとんどない。しばしば，第一段階の子どもは，苦しみの身体的サインに気づいておらず，怒っていることや不満を感じていることにさえも気づかないことがある。結果として，かんしゃくがピークに達するまで，自分の感情に気づかないのである。したがって，初期警告段階において，怒りや苦しみの始まりを知らせる身体のサインに，もっと自分で気づけるように，そして，自分の不満を適切に表現できるように，子どもを援助することは有益である。「誰かがちょっかいを出しているみたいというあなたのつぶやきが聞こえたわ。手伝うことがあるかしら」と言ってみよう。もし，子どもが自分のことをうまく表現できないようであれば，子どもがきっとこう考え，感じていると思う言葉に置き換えてみることもできる。また，子どもの感情を知るために怒り温度計やリラックス温度計を使って尋ねてみてもよい（下記参照）。この段階での教師の理解と気遣いは，ネガティブな感情や怒り感情が起こるのを軽減するのに大いに役立つ。いったん，子どもが最初に現れる苦しみの身体のサインを認識することを学んだら，深呼吸，「カメテクニック」，落ち着くための自己対話，リラクセーション法といった，さらに悪化を防ぐ落ち着くための手法を使うように教師が合図するとよい。

　もう一つ介入できる時期としては，出来事が終わった第四段階がある。この時点では，教師は問題解決の手法を通じて子どもを指導することができる。出来事について話し合うことは，どのようなきっかけで（たとえば，からかわれた），なぜそれが起きたのか，そして次にこれま

でとは違ってどのように上手に対処できるかなどについて子どもの理解を促進するのに役立つ。この話し合いには，この出来事の原因，初期の警告，将来の問題に対する解決策について，教師と子どもがそれぞれ感じたことが含まれるとよい。さらに，いったん子どもと教師がコントロールを失ったきっかけを理解したら，ストレスのかかる状況に上手に対処するためのロールプレイや練習を始めることができる。

　人形を使うことで，子どもは怒りや興奮がひどくなっていく初期警告を見分けることを効果的に学ぶことができる。以下に考えられる例をあげる。

人形の例――「怒りの始まりの合図を見つけよう」

ウォーリー――学校で今日ちょっとした問題があったよ。休み時間にね，校庭で遊んでいて，スターウォーズのキャラを砂で作っていたんだ。大きなデストロイヤーとファルコン，そしてそのほかのキャラを作ったよ。それで，一人でいるときにトニーとデイヴとイアン，3人はかっこよくて人気があるのだけど，その3人の方を見ると，彼らは僕の方に向かって歩いてきたんだ。僕はとてもワクワクしたよ。だって，彼らがスターウォーズのおもちゃを持ってきているのを知っていたし，もしかしたら僕と一緒に遊びたいのかもしれないって思ったから。僕はすごくワクワクしていた。そして，彼らがやってくると，僕をからかい始めた。「ウォーリーを見ろよ。誰も遊んでくれるやつがいないんだぜ。ウォーリーの作ったださいスターウォーズのキャラを見ろよ。俺らのおもちゃはもっとかっこいいぜ」えっ……，僕は自分の手に力が入っていき，顔が赤くなり，感情が爆発するのを感じた。そのとき，僕は自分の体のこの感じが怒り出す合図で，「ストップ（止まれ），考えよう，そして落ち着け」をしなければならないことを思い出したんだ。誰かが怒り出すときに，どのような合図を示すのか，気づいたことがある人はいるかな。お家の人や先生はどうだろう。

子ども――（子どもは親や教師や友人が怒り出すことに気づいたときのことを話し合う）

ウォーリー――僕の先生が怒る時は，いつでもわかるよ。だって，先生は歯を食いしばって，あごをピクピクさせるからね。みんなが怒ったときに，体にはどんなことが起きるかな。僕と同じように拳を強く握るのに気づいた人はいるかな。みんなが怒ったとき，体はどのようになるかな。

子ども――（子どもは自分の身体反応について，お互いに気づいたことについて話し合う）

ウォーリー――おー，みんな怒ったときに教えてくれる体の合図をもっているんだね。それでは，このようなことを感じたら，次の時にはどんなことができるだろう。

（カメの甲羅に入って，ストップ（止まれ），落ち着いて，考えようと言う；深呼吸をする；逆に数字を数える；幸せな場所について考える；といったブレーン・ストーミングをしてみよう。）

不適切な怒りの爆発にはタイムアウトを使おう

　タイムアウトは，子どもの不適切な行動をやめさせ，子どもを落ち着かせるために有効な方法であることが明らかにされている。他の子をたたいてしまったり，破壊的であったりする子どもがタイムアウトの場所に連れて行かれたとき，攻撃的な行動に対して注がれていた大人の注目は得られなくなる。注目を浴びたい子どもにとっては，ネガティブな注目でさえも，まったく注目されないよりもましであり，注目することはその行動を強化することになる。したがって，誤った行動に対して怒鳴りつけることや，情動的な爆発に屈してしまうことにより，実際には，それらの行動が将来に渡って継続する可能性は高くなるのである。逆に，誤った行動に何も与えられない場合，教師が注目をしなくなる場合，特に，ほめてあげられるような代わりの行動を教える場合，攻撃的な行動は弱まるだろう。

　誰かをケガさせてしまってタイムアウトに子どもを連れて行くときには，いつルールが適応されるかという事実確認を確実にするようにしたい（同情や怒りはみせてはいけない）。たとえば，「残念だわ，ジョシュ。よくないわね。そのやり方は良くないし，危険だから，タイムアウトしましょうね」ということができる（第8章にタイムアウト実行方法のより詳しい情報あるので参照のこと）。

ネガティブな感情を適切に表現する

　先に述べたように，怒り，不安，悲しみ，他のネガティブな感情といったすべての感情は受け入れられるものであり，それらの感情を避けることはできず，ごく普通であることを子どもは知る必要がある。しかし，そのような感情を表現する方法はさまざまであり，感情をどのように表現するかについては，選ぶことができるということも知る必要がある。子どもには，ネガティブな感情を主張的ではあるが，敵意的ではない言葉で表現するように教えるべきである。教師は，子どもが自分の権利を主張することと誰かを傷つけることの違いについて学ぶのを手助けすることができる。また，難しい感情を上手に表現できたときには，子どもをほめてあげるとよい。

情動が爆発するきっかけとなる典型的な状況を明らかにし，問題解決と怒りマネジメントの足がかりとして使おう

　いったん，子どもが怒りを感じる合図として，体の手がかりを見分けることを身につけたら，次に，カメテクニック，深呼吸，イメージのリラクセーションといった怒りを静めるスキルの使い方を学ぶ必要がある。怒りを感じるような架空の状況を設定し，子どもがその場面で対応する練習をすることは有益である。これは将来子どもが怒りをコントロールすることを学ぶのに役立つであろう。いったん，子どもがそのような状況で先を見越し，対処する方略を学ぶと，衝動的に反応しないで，自分のペースで対処できるようになる。ロールプレイで練習するときには，実際の生活で起きた状況において生じた感情の強さを疑似体験しようとすることが大切である。人形を使って多くの子どもに実際に起きている状況を呈示することができる。例とし

ては，車の助手席にどちらが乗るかできょうだいげんかをすること，友だちからかわれたり，悪口を言われたりすること，教師や親から怒鳴られること，仲間はずれにされること，いじめられてしたいことをさせてもらえないことなどがある。

探偵帽子を廻せ　怒りコントロールの練習

　探偵帽子ゲームは楽しく，子どもにロールプレイや怒りコントロールスキルを導入するのに簡便な方法である。以下に示した質問は，次のような答えを引き出すために作られている。すなわち，落ち着くための自己対話（「落ち着け。リラックスしよう。僕ならできる。勇ましい言葉を使おう。もしケンカしたら，たいへんなことになってしまう。僕は彼よりも強い。だから，ケンカしないんだ」），深呼吸，ポジティブなイメージ（幸せで安全な場所を想像すること），ケンカや口げんかした結果を考える，感情について勇敢な言葉を使う，ケンカから一歩身を引いて結果を受け入れる，である。以下に質問例を示す。

怒りコントロール練習のための「探偵帽子ゲーム」

- カメの甲羅に入ったときに何を考えることができますか。
- ウォーリーの顔は怒っているように見える。本当に怒っているなら，どう声をかけますか。
- なぜケンカをしないことは大切なのでしょうか。
- あなたが学校に着てきた服について友だちがからかい，あなたにバカ，デブと言いました。あなたは怒りをコントロールするために何ができますか。
- ある子がブランコから降りたがらず，あなたはすでに10分待っており，腹が立ってきました。落ち着くために何ができますか。
- 落ち着くためにあなたが行くことができる場所はどこですか。
- あなたが落ち着くのを助けてくれるすてきな考えはどのようなものですか。
- タイムアウトの後によく起きることは何ですか。
- お母さんが居間を掃除しなさいと言いました。友だちと二人で散らかしたのに，友だちは掃除を手伝いたがりませんでした。
- クラスの友だちがぶつかってきたので，あなたは転びケガをしてしまいました（友だちは謝りませんでした。）あなたは自分自身にどう言い聞かせますか。
- あなたは友だちの家で遊んでいましたが，友だちはあなたがしたいことをしたがりません。あなたはどうしますか。
- あなたがボードゲームでずるをしたとクラスの友だちが文句を言いました。落ち着くために何ができますか。
- うまく音読できなかったことをクラスの友だちからからかわれました。あなたが怒っているかどうかをどのように見分けますか。
- あなたのボールを取られてしまいました。あなたはどうしますか。
- 「あなたは困った子だわ。妹を助けようとも，仲良くしようともしない。それにそうしようという努力もしていないわ」と親に言われました。自分の怒りにうまく対処するために何ができますか。
- 友だちは鬼ごっこをして遊んでいますが，あなたは入れてもらえません。友達が自

分を嫌っていると思いました。このような考えに対してあなたは何ができますか。
- お父さんは妹とケンカをしたので，サッカーの試合に連れて行かないとあなたに言いました。
- 自分の行動のせいで，あなたは遠足に行けなくなってしまいました。がっかりした気分にどのように対処することができますか。
- サッカーをしている最中，他の子どもにずっとたたかれていました。
- イヤな日でした。気分をよくするためにあなたは何ができますか。

フェアーゲーム

このゲームでは，子どもにある状況を示し，その状況についての解決策を考えるように指示します。そして解決策が公平なものであるかないか，その状況についてそれぞれの人がどのように感じるかを考えさせます。このゲームは，公平と感情という点から，子どもが自分たちの解決策を評価するのに役立ちます。

公平？　それとも不公平？

- ある人がテレビを見ていたら，もう一人が部屋に入ってきてチャンネルを変えました。これは公平ですか。その理由は。
- 一切れのピザが残っていて，子どもは二人います。一人の子どもがピザを食べました。これは公平ですか。その理由は。
- 兄と妹がキャンプに行きます。カメラは1台しかありません。妹はカメラを持って行くと言っています。これは公平ですか。その理由は。
- あなたは本を読みたいのですが，他の子が読んでいて，その本をあなたに渡そうとしませんでした。これは公平ですか。その理由は。
- 先生が言ったことをある子がしませんでした。そのため，休み時間がなくなってしまいました。これは公平ですか。その理由は。

自分を観察するために怒り温度計を使おう

怒りの爆発の問題を持つ子どもにとっては，自己コントロールを教え，改善を観察するために怒り体温計を使うとよい。使用する体温計はここに書かれているものでもよいし，子どもと一緒に作ってもよい。子どもはよく温度計に絵で飾りをつけて楽しむ。温度計には「1」はとても落ち着いている，「10」はとても興奮した状態を示しているとして，1から10の数字を書き加えるようにする。そして最近の問題について考え，子どもと一緒に怒りの爆発に至る段階をたどってみる。怒りをひどくさせるような行動，考え，言葉を書き出してみよう（たとえば，要求が厳しい，「彼はいつも僕をいじめる，彼らは何もさせてくれない」という考え，怒鳴る，ドアを乱暴に閉める，蹴るなど）。次に，怒りを収めるために使うことができる考え，言葉，行動について子どもと話し合う（たとえば，ケーキのろうそくを吹き消そう，楽しい場所をイメージしよう，「冷静になれ」と考えよう，リラックスしよう，筋肉に力を入れてみる，など）。葛藤場面をたどるときには，最初に怒りを感じだした時点を，子どもが示すことができているか

どうか確認してみよう。これを「危険ポイント」として温度計に印を付けましょう。

いったん，子どもとこの場面について話し合い，危険ポイントを明らかにできたなら，その後，危険ポイントに名前を付けさせる。たとえば，落ち着こう，頭を冷やせ，赤信号など。この暗号は，限界に達する怒りや緊張の合図としてお互いに用いられる秘密の言葉となる。この暗号は，教師か子どものどちらかによって使われるとき，この言葉は一緒に考えたり，温度計に記載したりした落ち着かせるための対処法を用いるきっかけとされる。

この温度計は，他の感情の爆発が起きたときには，時間経過とともに作り替えたり，拡張したりすることができる。何週間か使用した後，暗号を用いた回数と怒りの爆発の減少という点から，子どもの改善をふり返ることができる。それぞれの週で，子どもにとって成功となる回数を決めておくとよい（4回以下の爆発）。もし目標に達したら，お祝いをする。

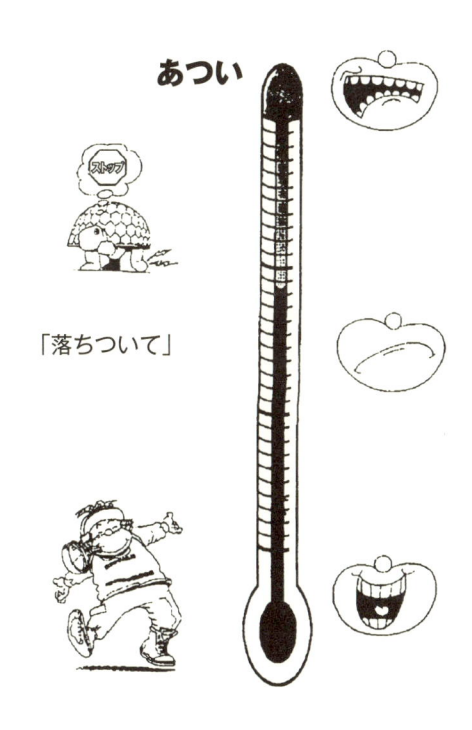

あつい

「落ちついて」

怒りの温度計

情動を調整しようとする子どもの努力を賞賛しよう

秘密の暗号や合図の約束を守ったこと，怒りのコントロールを失わずに不満にうまく対処したことについて子どもを賞賛しよう。「負けてしまったけれども一生懸命がんばったことは本当にうれしいわ」攻撃的で衝動的な子どもは，他の子どもに比べて批判的なフィードバックや否定的な命令を多く受けており，ほめられることが少ない。それは，適切な振る舞いを見せたときでさえも当てはまる。要するに，そのような子どもの情動的反応に応じていると，教師はあまりにも消耗してしまうので，その子のよい行動に対して賞賛したり強化したりしなくなってしまうのである。しかしながら，他の子どもよりも攻撃的な子どもは，より多くのポジティブなフィードバックを必要としている。それなのに，こうした子どもは，ほめられてもそれに気がつかなかったり，うまく処理できなかったりする傾向がある。このことは，教師は，ほめることができるすべてのポジティブな行動を見つけ出すように，特別に努力しなければならないことを意味している。

特にほめるべき行動として，難しい課題に対する自己コントロール，ねばり強く取り組むこと，適切な感情表現（ポジティブ，もしくはネガティブなものがある），不満や失望を感じる場面で情動の爆発をうまくコントロールすることなどがある。がっかりしたり，不満が生じたりした出来事の後で，落ち着くことができ，目的のある活動ができた場合には，強化（賞賛）しよう。たとえば，「すごいね！　自分で落ち着くことができたわ。上手にできたね」もしくは「かっこいいわ！　難しい算数の宿題にイライラしていたのに，我慢して宿題をやり続けることができたね」また，子ども自身が強化する方法も教えることができる。「僕はよくやった」とか，「本当に落ち着いている，心が強くなったわ。私は自分自身に辛抱強くなった，ついに報われたわ。私はよくやった」といったポジティブな自己対話を使って，大きな声を出して自分自

身をほめることを教えよう。

　教師は，ほめることを通じて，情動にうまく対処できるという自己イメージを，子どもに持たせることができる。子どもが情動調節を完璧にできるようになるのを待つ必要はない。「なりつつあるという言葉」を使うことで，子どもが将来本当にできるようになるのだという自信を表明するのである。つまり，「あなたは本当に怒りをうまくコントロールできる人になっています。あなたは強い心を持っています」と伝えることで，それが本当に実現するのを手助けできるのである。

親と協力しよう

　親が感情語やカメテクニックを子どもと一緒に使ってくれると，自然に，子どもが情動を調節できるようになる援助はさらうまくいくだろう。まず，子どもはどのようにして感情に間違ったラベルを貼ってしまうのか，あるいは，子どもの感情に適切なラベルを貼ることがどうして重要なのかを説明した週刊通信を子どもに持ち帰らせる。たとえば，子どもが興奮，幸せ，心配，怒り，落ち着き，不満，悲しみを感じ始めた時に，それに気づいて，その感情に名前を付けるように親に頼む。「感情当て」ゲームや「なぜ？　なぜなら……」ゲームを使うように提案してみる。このゲームでは，親は「私は幸せです」と言い，子どもになぜかを推測させる。その後，子どもと役割を交代する。怒り，悲しみ，不満といった感情だけでなく，幸せ，満足，リラックス，楽しさといった感情について話すように促すことも大切である。親の感情を責めてはいけないことを子どもが理解することも重要である。親子で楽しい時間を共有し，次の日のサークルタイムのときに，その楽しい時間を持ち寄るような宿題も考えられる。

　親と教師が，小さなカメの台詞，「ストップ（止まれ），深呼吸をしよう。落ち着いて，そして考えよう」を理解することも重要である。そうしておけば，子どもが怒りを感じ始め，コントロールを失い始めたと親や教師が気づいたときに，いつでもそれを収めるための反応の手がかりを子どもに与えることができる。子どもに落ち着きを取り戻させ，より効果的な手助けをするためには，台詞通り正確にできるように親に働きかけたい。怒りマネジメント法の適用を教師と親が一緒になって支え合うことは，子どもにとって情動調節を学ぶ上で必要不可欠な周囲からのサポートを得ることにつながる。

まとめ

- 感情に関する話を通じて自分の感情について話すように子どもを促そう。
- 子どもの情動調節能力における個人差を受け入れよう。
- 感情語を教え，他人の感情が異なることを理解するためにゲームや活動を使おう。
- 破壊的な行動にはタイムアウトを用いよう。
- 子どもに自己対話法を教えよう。
- 怒りに対処するための「カメテクニック」を教えよう。
- 仮想の葛藤場面を用いて怒りの対処を練習しよう。
- 怒りに対処したり，子どもに感情表現の仕方を教える際には，親のサポートを引き出そう。

文　献

Asarnow, J.R. and Callan, J.W. (1985) Boys with peer adjustment problems: social cognitive processes, *Journal of Consulting and Clinical Psychology*, 53, 80-7.
Campbell, S. (1995) Behavior problems in preschool children: a review of recent research. *Journal of Child Psychology and Psychiatry and Allied Disciplines*, 36 (1), 113-49.
Coie, J.D. (1990) Toward a theory of peer rejection. In S.R. Asher and J.D. Coie (eds.) *Peer Rejection in Childhood* (pp.365-98), Cambridge: Cambridge University Press.
Dodge, K.A., Pettit, G.S., McClaskey, C.L. and Brown, M.M. (1986) Social competence in children, *Monographs of the Society for Research in Child Development*, 51 (Serial No.213).
Gouze, K.R. (1987) Attention and social problem solving as correlates of aggression in preschool males, *Journal of Abnormal Child Psychology*, 15, 181-97.
Hall, E., Hall, C. and Leech, A. (1990) *Scripted Fantasy in the Classroom*, London: Nichols.
Larson, J. (1994) Violence prevention in the schools: a review of selected programs and procedures, *School Psychology Review*, 23, 151-64.
Lochman, J.E. and Dunn, S.E. (1993) An intervention and consultation model from a social cognitive perspective: a description of the anger coping program, *School Psychology Review*, 22, 458-71.
Mize, J. and Cox, R.A. (1990) Social knowledge and social competence: number and quality of strategies as predictors of peer behavior, *Journal of Genetics Psychology*, 151 (1), 117-27.
Patterson, G., Reid, J. and Dishion, T. (1992) *Antisocial Boys: A Social Interactional Approach*, (vol.4), Eugene, OR: Castalia.
Pope, A.W., Bierman, K.L. and Mumma, G.H. (1989) Relations between hyperactive and aggressive behavior and peer relations at three elementary grade levels, *Journal of Abnormal Child Psychology*, 17 (3), 253-67.
Putallaz, M. and Wasserman, A. (1990) Children's entry behavior, in S.R. Asher and J.D. Coie (eds.), *Peer Rejection in Childhood* (pp.60-89), Cambridge: Cambridge University Press.
Quiggle, N., Garber, J., Panak, W. and Dodge, K.A. (1992) Social-information processing in aggressive and depressed children, *Child Development*, 63, 1305-20.
Rubin, K.H. and Krasnor, L.R. (1986) Social-cognitive and social behavioral perspectives on problem-solving. In M. Perlmutter (ed.) *Cognitive Perspectives on Children's Social and Behavioral Development. The Minnesota Symposia on Child Psychology* (vol.18, pp.1-68), Hillsdale, NJ: Lawrence Erlbaum Associates.
Webster-Stratton, C. (1990) *Dina Dinosaur's Social Skills and Problem-Solving Curriculum*, Seattle, WA: 1411 8th Avenue West.
Webster-Stratton, C. and Hammond, M. (1997) Treating children with early-onset conduct problems: a comparison of child and parent training interventions, *Journal of Consulting and Clinical Psychology*, 65 (1), 93-109.

監訳者あとがき

　本書は，ウェブスター－ストラットン（Webster-Stratton）の著作「How to promote children's social and emotional competence, 1999」の全訳である。本書は，ウェブスター－ストラットンが開発したIncredible Years（IY）シリーズの一つ，IY TCM（Incredible Years Teacher Classroom Management）の教師向け実践書であり，3歳から10歳の子どもが在籍する教室で，教師が学級マネジメントを円滑にできるように，教師をトレーニングすることを目的として書かれたものである。IYシリーズは，ペアレント・トレーニング，子どもトレーニング，そして教師トレーニングの3部作から構成されており，子どもたちのメンタルヘルスや適応的行動を多角的に増進させることをめざしている。

　2008年に公刊された児童青年の破壊的行動に対するエビデンスに基づいた心理社会的治療の評価（Eyberg, Nelson, and Boggs, 2008）によれば，ウェブスター－ストラットンのペアレント・トレーニングと子どもトレーニングは，「十分に確立された治療法」に次ぐ「おそらく効果的な治療法」にランク付けされており，効果的な治療技法としてすでに定着している。本書で取りあげる教師トレーニングは，これら二つのトレーニング技法よりも遅れて開発されたものであり，効果的な治療法としてまだ評価されていない。しかし，ここ数年の間に，教師トレーニングについても無作為割り付け臨床試験（RCT）によるデータの蓄積やウェブスター－ストラットンの研究グループ以外の研究者による追試研究が行われ，「十分に確立された治療法」または「おそらく効果的な治療法」により近い治療法となりつつある。

　教師トレーニングに関するいくつかの研究を紹介しよう。たとえば，ウェブスター－ストラットン，レイド，ハモンド（Webster-Stratton, Reid, and Hammond, 2004）は，133名の行為問題をもつと診断された子どもを対象にして，子どもトレーニング，ペアレント・トレーニング，教師トレーニングのあるなしの間で，訓練の効果を比較した。その結果，訓練後の教室で教師行動の観察を行ったところ，教師トレーニングを取り入れた条件で，一貫して優れていることがわかった。つまり，訓練を受けた教師は，統制条件の教師と比較して，批判や手厳しさが少なく，養育的で，一貫性があり，賞賛を多く使い，教えることに自信をもっていた。さらに，訓練を受けた教師が担任する教室では，攻撃的行動が少なく，教師に協力的であり，子どもの学習能力が高まったと報告されていた。

　また，子どもトレーニングと組み合わせて，教師トレーニング・プログラムを評価したウェブスター－ストラットン，レイド，スツールミラー（Webster-Stratton, Reid, and Stoolmiller,

2008）においても，無作為割り付けによって介入群と統制群の比較を行っている。介入群では，ヘッドスタート幼稚園の園児と小学1年生を対象にして，153名の教師と1,768名の子どもにトレーニングを行ったところ，介入学級の教師は，介入時に習得したポジティブな教室マネジメント法を多く使用しており，この学級の子どもは，社会的コンピテンス，情緒的自己調整，学校レディネススキルが統制群の子どもよりも高く，行為問題が減少していた。また，介入群の教師は，親との好意的な関与が高かった。

さらに教師トレーニングは，ウェブスター－ストラットンの研究グループ以外の研究者によって独立に効果の査定が行われている。たとえば，ベーカー－ヘニンガム，ウォーカー，ポーウェル，ガードナー（Baker-Henningham, Walker, Powell, and Gardner, 2009）は，ジャマイカにある市街地の24の保育園でプログラムを実施した。8-9日間の終日のワークショップ形式で行われた教師トレーニングの結果，教師の教室マネジメントが上達し，教室の雰囲気が改善した。介入群では，子どもにも改善が認められた。

以上の研究結果を総合すると，ウェブスター－ストラットンの教師トレーニング・プログラムは，効果的な学級マネジメントの知識とスキルを教師に伝達し，落ち着いた，安定感のある，そして協調的な学級を，そして子どもたちを育むのに成功していると言える。こうしたプログラムが，教育現場で必要となっているのは，アメリカ合衆国でも，わが国でも事情は同じようである。たとえば，最近のある調査（Reinke, Stormont, Herman, Puri, and Goel, 2011）によると，アメリカ合衆国の小学校教師は，教室での適切な行動マネジメントを身につけることが，最も大きな課題だと報告しており，そのための対処法のトレーニングやサポートを求めているという。また，新人教員のほぼ半数が就職後5年以内に退職していて，子どもの問題行動への対応が困難であることが退職の主な理由の一つに挙げられている。一方，わが国でも，小1プロブレムと称される問題が指摘され，また，さまざまな行動上の問題を抱える子どもが増え，その対応に教師が苦慮しているという現実がある。小1プロブレムの現象は，幼児教育の現場には，小学校にあがる子どもたちにどのような資質を準備させればよいかを問いかけ，また小学校の教育現場には，どのようにしてこのプロブレムを解消させればよいかを考える機会を提供している。

ウェブスター－ストラットンは，先に紹介した三つのプログラムを開発するにあたって，青年期以降の行動上の問題を予防するためには，親や教師が行動マネジメント法やスキル訓練などの認知行動療法に基づいた技法を身につけることによって，家庭で，そして学校で，早期から問題解決スキル，社会的スキル，感情コントロールスキル，行動マネジメントスキルを子どもたちに教えていくことだと考えているように思われる。本書は，教師トレーニングという形で，こうした教育現場の現実に対処する糸口を与えてくれる。本書を通して，幼児や児童が安心して楽しく協力的に過ごせる学級づくりのノウハウを学び，社会性豊かで，情緒の安定した，対人関係スキルに優れた子どもの育成にぜひ挑戦してもらいたいと願っている。

本書は，幼児教育，小学校教育に携わり，日々子どもの問題行動と向き合っている保育園，幼稚園，小学校の先生方にぜひ読んでいただきたいと思っている。また，これから保育士や教師をめざす学生の皆さんには，子どもとの対応の仕方を学ぶのに役立つだろう。さらに，保育士養成，教員養成に携わっている大学，専門学校の先生方は，教師トレーニングの実際を本書から読み取ることができるだろう。こうした多くの方々に本書が活用されることを願っている。

　　　平成25年4月

佐藤　正二
佐藤　容子

索引 *Index*

あ

アイコンタクト
　.............. 18, 72, 118, 119, 123, 133
遊ぶこと 41, 42, 44, 62,
　97, 143, 162, 232, 247
家と学校の相互の責任 235
怒り
　——温度計 258
　——感情 250, 254
　——コントロール 257
　——の温度計 182
　——マネジメント
　　................ iv, v, 9, 240, 256, 260
ウォーリー
　——の感情の輪 243-246
　——の週間行動チャート
　　.. 183
　——の緑パトロール 104
落ち込みに対処する 225
おはようございますと
　さようなら 51
親
　——教育グループ 12
　——と協力する 231
　——との効果的な
　　コミュニケーション 14
　——と問題を話し合う面談
　　.. 26, 27
　——の抵抗や不満 24

か

学業スキル 74, 80

学習環境 47
仮想場面 189
学級新聞 12
葛藤解決 63, 188, 215, 229, 237
活動回転表 128
家庭への文書の送付 11
家庭訪問 12, 34
カメテクニック
　.......... 5, 252-254, 256, 260
机間指導 79
奇声を発する 149
気そらし 120, 130
機能的アセスメント 175
気持ちを聞く 205
共感訓練 227, 233
教室でのルール 48
教師
　——と親の協力関係 9
　——の期待 137
　——の気遣い 36, 45
　——の規律性 169
切り替えチケット 84, 85
規律性育成プラン 180
金のドングリ賞 97
クールダウン 149, 150
傾聴 17-19
現実的な変化 22
攻撃性 .... vi, vii, 161, 169, 229,
　230, 234, 237
校長室へ行かせる 145
肯定的な自己対話 40, 45
校内謹慎 146
子どもなりの問題の見方 201
子どもの興味調査票 33

子どもの注意を引きつける
　.. 52
個別行動計画 172-175
ごほうび
　.............. 83, 85, 89, 93, 95, 98, 99
　——プログラム
　　.................. 26, 90, 101, 105, 112
　——ルーレット 110
「五本指」ストップ合図 52

さ

サークルタイム
　........ 13, 14, 27, 38, 39, 50, 88-91,
　98, 99, 104, 106, 130, 184, 194,
　209-211, 216-218, 220, 224, 226,
　234, 243, 245, 246, 260
　——のルール 209
再指示 53, 117, 130
自己評価 87
自己マネジメント 182, 184
指示 219
　現実的な —— 56
　効果的な —— 57
　——の回数を減らす 54
　「〜したら，〜になる」と
　　いう —— 61
　「しなさい」という —— 58
　丁寧でポジティブな ——
　　.. 59
　「始めなさい」という ——
　　.. 60
　明確な —— 56
　短い —— 62

自宅謹慎 145
実証的エビデンス 188
指導ピラミッド .... v, vi
シャイな生徒 75
社会的コンピテンス iv
社会的スキル 74, 80, 188, 227
集団に参加する方法 216
集団をほめる 77
称賛 63
賞賛 65, 76, 230
　　自己── 6
　　──の効果 71
情緒リテラシー iv
情動調節 238-241, 252, 260
情動への対処 237
身体的な拘束 161
信頼 39-41, 45
ストレスマネジメント 3-7
すべきことと
　　してはいけないこと ... 115, 116
制限 53
セルフコントロール 37, 121
セルフマネジメント 207, 208
セルフモニタリング
　　............... 117, 124, 125, 134, 149

た
対処法カード 206
ダイナソー
　　──・カリキュラム
　　............. iv, 192, 212, 244, 253
　　──のあおいろドリーム
　　　チーム 171
　　──の学校スケジュール
　　............................... 50
　　──の行動チェック表
　　............................... 107-109
タイムアウト 149, 150, 256
　　効果のない── 159
　　──の過剰な使用 160
　　──の拒否 153
　　──の原則 163
　　長すぎる── 159
対話日誌 36
他者の気持ちを考える練習
　　............................... 228
他人の感情理解 246
探偵帽ゲーム ... 194, 196, 199, 221
探偵帽子 257
電話連絡 11, 34
特別な表彰 96
特権の剥奪 142
友だち作り 215
友だちとの話し方 219

な
内発的動機づけ 86
仲間関係の問題 215-236
仲間とのやりとり 216
二者面談 13
人間関係上の問題 224
ネガティブ
　　──な考え方 3-7
　　──な感情 256

は
破壊的行動 156, 157
励まし 65
　　──の効果 71
　　──プリント 88
　　非言語的な── 78
ハッピーグラム 37, 45, 181
ハッピーブック 250
ヒントカード 205, 206
不適切な怒りの爆発 256
不適切な行動の理解 176
ふり返り 200
ブレインストーミング 25
放課後の居残り 143
保護者を巻き込む 211
保護者を呼び出すこと 145
ポジティブ
　　──な考え方 3-7
　　──な言葉による再指示
　　............................... 130
　　──な自己対話 113, 251, 252
　　──なセルフトーク
　　............................... 229, 230
ほめ合う時間 79
ほめ言葉 71-73
ほめられ記録表 97

ま
毎日の挨拶 36
見捨てずにいる 123
無視 117-120
　　──する 121
もしもゲーム 191, 192
問題解決 187-212
　　──シート 166, 167
問題の解決に焦点を当てる
　　............................... 21
問題行動
　　──への再指示 126
　　──への対処 135, 149
　　──を管理する 117
　　──を無視する 118

や
友情スキル
　　........... 215, 222, 226, 230, 236
友情の促進 234
指人形 189, 194

ら
リマインダー
　　............... vi, 66, 70, 71, 117, 127,
　　130-135, 137, 142, 148, 169, 181
リラクセーション
　　............... 238, 249, 254, 256
レッテル貼り 59
連絡帳 34, 35, 87
ロールプレイ
　　...... 48, 49, 121, 150, 154, 155, 191,
　　193, 195, 197-199, 210, 216, 217,
　　219, 221, 224-226, 229, 230, 236,
　　248, 254-257

監訳者略歴

佐藤　正二［さとうしょうじ］

宮崎大学教育文化学部教授。広島大学大学院博士課程前期（教育心理学）修了。

［主な編著書・訳書］
『学校でできる認知行動療法──子どもの抑うつ予防プログラム　小学校編』（共著，日本評論社）
『学校におけるSST実践ガイド──子どもの対人スキル指導』（編著，金剛出版）
『実践！ソーシャルスキル教育　小学校編──対人関係を育てる授業の最前線』（編著，図書文化社）

佐藤　容子［さとうようこ］

宮崎大学教育文化学部教授。広島大学大学院博士課程前期（教育心理学）修了。

［主な編著書・訳書］
『学校でできる認知行動療法──抑うつ予防プログラム　小学校編』（共著，日本評論社）
『学校におけるSST実践ガイド──子どもの対人スキル指導』（編著，金剛出版）
『臨床心理学　ベーシック現代心理学8』（共著，有斐閣）
『特別支援教育の理論と実践II　指導』（分担執筆，金剛出版）

訳者一覧

訳者	所属	担当
佐藤　寛	関西大学社会学部	第1章担当
下津　咲絵	神戸山手大学現代社会学部	第2章担当
石川　信一	同志社大学心理学部	第3章／第11章担当
磯部　美良	南九州大学人間発達学部	第4章／第7章担当
佐藤　美幸	京都教育大学	第5章担当
尾形　明子	広島大学教育学部	第6章担当
立元　真	宮崎大学教育文化学部	第8章担当
高橋　史	信州大学教育学部	第9章担当
戸ヶ崎　泰子	宮崎大学教育文化学部	第10章担当

認知行動療法を活用した
子どもの教室マネジメント
社会性と自尊感情を高めるためのガイドブック

発行	2013年5月30日	発行者	立石 正信
二刷	2016年4月20日	発行所	株式会社 金剛出版
			〒112-0005 東京都文京区水道1-5-16
著者	ウェブスター−ストラットン		電話 03-3815-6661
			振替 00120-6-34848
監訳者	佐藤 正二	装丁	和井田 智子
	佐藤 容子	本文レイアウト	
			石倉 康次
		印刷	シナノ印刷

ISBN978-4-7724-1314-5 C3011   Printed in Japan©2013

教師のためのほめ方ケースワーク20
行動観察で子どもが変わる！クラスが変わる！

［著］＝小笠原恵

●四六判　●並製　●200頁　●本体2,200円＋税

行動を観察すれば子どももクラスもみるみる変化する！20ケースを題材に、ちょっと困った子どもに悩む教師のための「ほめ方ガイド」！

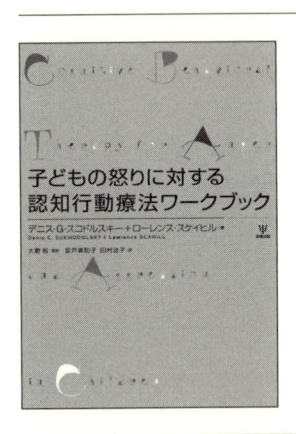

子どもの怒りに対する認知行動療法ワークブック
ACTの育児支援ガイド

［著］＝デニス・G・スコドルスキー　ローレンス・スケイヒル
［監修］＝大野裕　［訳］＝坂戸美和子　田村法子

●B5判　●並製　●230頁　●本体3,000円＋税

10の治療セッションに沿って、感情調節、問題解決、ソーシャルスキルを学んでいけるよう構成された「キレる」子どもに対する治療プログラム。

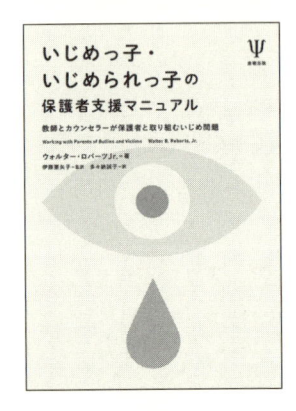

いじめっ子・いじめられっ子の保護者支援マニュアル
教師とカウンセラーが保護者と取り組むいじめ問題

［著］＝ウォルター・ロバーツJr.
［監訳］＝伊藤亜矢子　［訳］＝多々納誠子

●A5判　●並製　●224頁　●本体2,600円＋税

保護者と教師が対立する悪循環を断ち切り、保護者－教師－カウンセラーのチームワークと問題解決スキルを育てる「いじめ解決マニュアル」決定版！